POSITIVE PSYCHOLOGY
The Science of Wellbeing and Human Strengths
(Third Edition)

积极心理学
有关幸福和人类优势的科学
（原著第三版）

［爱尔兰］艾伦·卡尔（Alan Carr）／著

盖笑松　吴晓靓　等／译

高理想　刘宏刚／审校

中国轻工业出版社

图书在版编目（CIP）数据

积极心理学：有关幸福和人类优势的科学：原著第三版 /（爱尔兰）艾伦·卡尔（Alan Carr）著；盖笑松等译. -- 北京：中国轻工业出版社，2025.6. -- ISBN 978-7-5184-5228-6

Ⅰ. B84

中国国家版本馆CIP数据核字第2024CS0574号

版权声明

Positive Psychology: The Science of Wellbeing and Human Strengths, 3rd edition by Alan Carr.
Copyright © 2022 Alan Carr.

Authorized translation from the English language edition published by Routledge, a member of the Taylor & Francis Group, LLC.

All rights reserved. No part of this book may be reprinted or reproduced or utilised in any form or by any electronic, mechanical, or other means, now known or hereafter invented, including photocopying and recording, or in any information storage or retrieval system, without permission in writing from the publishers.

Copies of this book sold without a Taylor & Francis sticker on the cover are unauthorized and illegal.

保留所有权利。非经中国轻工业出版社"万千心理"书面授权，任何人不得以任何方式（包括但不限于电子、机械、手工或其他尚未被发明或应用的技术手段）复印、拍照、扫描、录音、朗读、存储、发表本书中任何部分或本书全部内容（包括但不限于光盘、音频、视频等）。中国轻工业出版社"万千心理"未授权任何机构提供源自本书内容的电子文件阅览、收听或下载服务。如有此类非法行为，查实必究。

责任编辑：朱胜寒　　责任终审：张乃柬
策划编辑：孙蔚雯　　责任校对：刘志颖　　责任监印：吴维斌

出版发行：中国轻工业出版社（北京鲁谷东街5号，邮编：100040）

印　　刷：三河市鑫金马印装有限公司

经　　销：各地新华书店

版　　次：2025年6月第1版第1次印刷

开　　本：850×1092　1/16　印张：28

字　　数：520千字

书　　号：ISBN 978-7-5184-5228-6　定价：126.00元

读者热线：010-65181109

发行电话：010-85119832　　010-85119912

网　　址：http://www.chlip.com.cn　　http://www.wqedu.com

电子信箱：1012305542@qq.com

版权所有　侵权必究

如发现图书残缺请拨打读者热线联系调换

221139Y2X101ZYW

译 者 序

通常传统心理健康研究更重视如何把-10分的心理生活质量修复回0分，而21世纪新兴的积极心理学则更重视如何把0分的心理生活质量提升到10分。马丁·塞利格曼（Martin Seligman）和米哈伊·奇克森特米哈伊（Mihaly Csíkszentmihályi）2000年在《美国心理学家》（*American Psychologist*）上发表了论文"积极心理学导论"，从此建立起积极心理学的学科知识体系，大量心理学研究者被吸引到这个领域，数万篇积极心理学视角的研究成果开始出现在各种学术期刊上，一批大师的专题著作也被陆续翻译引入国内。这些专著的质量固然很高，但大多聚焦在一个主题上，更适合作为对单一专题深入理解的读物，并不适合作为初学者阅读的、能够反映积极心理学全貌的教材。

自2012年起，我开始承担本科生《积极心理学》课程的授课任务。在备课和教学过程中，我一直在比较国内外各版本积极心理学教材的优缺点。艾伦·卡尔（Alan Carr）编写的《积极心理学——有关幸福和人类优势的科学》（*Positive Psychology: The Science of Happiness and Human Strengths*）是其中一本体系非常完整的优秀教材，第一版中文版（郑雪等译校）由中国轻工业出版社于2008年出版。艾伦·卡尔是爱尔兰国立都柏林大学的临床心理学教授，在儿童心理障碍干预和家庭系统治疗等领域有着杰出的研究成果，出版和发表了超过25卷的著作及300篇论文及学术报告，在积极心理干预和积极心理学教学等领域也有卓越的贡献。2013年，中国轻工业出版社出版了由丁丹翻译的第二版。2022年，泰勒弗朗西斯（Taylor & Francis）出版集团推出了这本教材的第三版，并将书名中的"Happiness"改为"Wellbeing"。

第三版跟进了积极心理学这个快速发展领域的新近研究成果，覆盖了包括幸福感、品格优势、乐观、感恩、品味、心流、正念、情绪智力、创造力、天赋、智慧、成长型思维、毅力、自尊、自我效能、适应性防御机制、功能性应对策略、积极关系和积极心理干预等重要主题。

本书的第一章详细梳理了积极心理学自创立以来的演变过程，回顾了幸福感理论及相关研究，特别介绍了马丁·塞利格曼的PERMA理论*；第二章聚焦于目标设定和品格优势的分类、测量、功能与培养等；第三章探讨了对过去和未来的积极认知，涵盖了感恩、希望和乐观的影响因素、功能和培养方法等；第四章探讨了与当前心理状态相关的心理过程，如品味、心流和正念；第五章是关于情绪智力的测量、发展、神经生物学基础与培养；第六章讨论了与成就相关的主题，包括天赋、创造力、智慧、成长型思维和毅力等；第七章涉及有助于人们构建心理韧性的四个自我系统，分别是自尊、自我效能、适应性防御和功能性应对策略；第八章探讨了积极人际关系，包括友谊、伴侣关系、亲子关系，并讨论了积极心理学在人际关系中的核心问题，如社会支持、依恋、共情、利他、善良和宽恕；最后，第九章专注于积极心理干预及其在临床和非临床环境中的应用，如医院、学校和工作组织。

第三版保留了之前版本中受读者欢迎的所有特点，包括学习目标、主要理论的论述、相关研究的回顾、自我测评问卷、自助练习、章节总结、关键术语定义、为学生提供的研究问题及论文主题、为学生练习提供的个人发展问题和进一步阅读的建议等。

本书的翻译工作由东北师范大学从事积极心理学教学和科研的师生团队共同完成。各章译者分别是：前言（吴晓靓、马娟），第一章（吴晓靓），第二章（王国霞、周子承、路博文、许洁、于海峰），第三章（马媛春、梁萧、张婵），第四章（宿哲骞、王影、于博充），第五章（李松靓、王琳），第六章（王佳莹、顾婷玉），第七章（闫艳、吕丹诺），第八章（王元、王晓宁、郭娟、王苏），第九章（林东慧）。全书最后由盖笑松、吴晓靓、刘宏刚、高理想进行了统核。**在整个翻译校对过程中，"万千心理"的编辑孙蔚雯提供了很多有价值的建议。

---

* 即"幸福五元素"理论。五个字母分别取自幸福的五个元素的单词首字母：积极情绪（Positive emotion）、投入（Engagement）、人际关系（Relationship）、意义（Meaning）和成就（Accomplishment）。——译者注

** 阜阳师范大学外国语学院的高理想博士、苏州大学外国语学院的刘宏刚教授承担本书的审校工作。两位老师所从事的研究与积极心理有关，发表了多篇围绕积极心理展开的高水平文章，熟悉书中的理论与相关研究。在审校过程中，二位老师先以同一章节作为审校对象，分别审校后，互换校对稿，研究差异之处。在确定审校重点和标准后，再分别校对书中剩余章节。审校过程中，二位老师与主译人员多次沟通，对于译文的流畅度、忠实度、心理学领域术语的广泛接受度等进行了严格把关，对翻译所带来的译文不顺畅等问题进行了修正，确保全书以流畅的中文帮助读者解密神奇的积极心理世界。

尽管我们尽力确保翻译的准确性和流畅性，但限于水平，书中难免存在不妥之处，恳请广大读者批评指正。

盖笑松
2024年8月26日
于东北师范大学

前　言

大约20年前，在我编写《积极心理学》（*Positive Psychology*）第一版时，关于这一主题的简洁易懂的书籍还很少。这带来了一些问题，因为当时我将积极心理学的内容纳入了临床心理学的入门课程，但缺乏配套的文本材料。正是因为这个愿望和长期以来对心理韧性（resilience）的兴趣，我写了《积极心理学》的第一版。本书的第一版和第二版受到的热烈欢迎，以及过去10年来积极心理学研究的激增，促使我写了第三版。

第三版保留了前两版中受欢迎的所有特点，包括对主要理论和相关研究的介绍、学习目标、章节总结、对争议问题的讨论、研究和个人发展问题、进一步阅读的建议、关键术语的定义，以及如何应用积极心理学的研究结果来提高个人幸福感。由于该领域近年来的重大进展和研究成果的指数级增长，与前两版相比，第三版的内容已经完全更新。

本书的开篇之章追溯了积极心理学运动自诞生以来的发展历程，回顾了关于幸福感的理论及相关研究，尤其介绍了马丁·塞利格曼的幸福五元素（即"PERMA"）理论。第二章介绍了目标设定和品格优势。第三章的主题是对过去和未来的积极认知，包含感恩、希望和乐观。第四章涉及与当下有关的心理过程，特别是品味（savour）、心流和正念。第五章讨论了情绪智力的主题。第六章涉及与成就相关的主题，涵盖了天赋、创造力、智慧、成长型思维以及毅力。第七章着重论述有利于人们形成心理韧性的四个自我系统，分别是自尊、自我效能、适应性防御和功能性应对策略。第八章探讨了关于积极关系的话题，包括友谊、伴侣关系、亲子关系，还讨论了积极心理学中关于人际关系的一系列核心问题，包括社会支持、依恋、共情、利他、善良和宽恕。第九章侧重于积极心理干预及其在临床和非临床环境（例如学校和工作组织）中的运用。

我的临床来访者在阅读第二版《积极心理学》后，发现其中的"自我发展练习"很有用，这促使我专门为普通读者编写了一本《积极心理学与你——自我发展指南》（*Positive Psychology and You: A self-development guide*）。这本指南拓展了关于在日常生活中实施积极心理学干预的内容，是《积极心理学》第三版的配套读物，后者则聚焦于积极心理学的理论与研究。

艾伦·卡尔（Alan Carr）

2021年6月

致　　谢

感谢以下材料提供方准许复制或改编。

Peggy Kern for Table 5, p. 17 in Butler, J., & Kern, M. (2016). The PERMA-profiler: A brief multidimensional measure of flourishing. *International Journal of Wellbeing, 6*(3), 1-48. Copyright © by Peggy Kern. Reproduced in 1.1. PERMA profile.

Taylor and Francis for Table 1. p. 72 in Diener, E., Emmons, R., Larsen, R., & Griffin, S. (1985). The Satisfaction with Life Scale. *Journal of Personality Assessment, 49*, 71-75. Copyright © Taylor & Francis. Permission conveyed through Copyright Clearance Center, Inc. Reproduced in 1.2. Satisfaction with Life Scale.

Ed Diener for the scale on pp. 153-154 in Diener, E., Wirtz, D., Tov, W., Kim-Prieto, C., Choi, D., Oishi, S., & Biswas-Diener, R. (2010). New well-being measures: Short scales to assess flourishing and positive and negative feelings. *Social Indicators Research, 97*(2), 143-156. Copyright © 2009 Ed Diener. Reproduced in 1.3. Scale of positive and negative experiences for assessing your positivity ratio.

American Psychological Association for Appendix, The Gratitude Questionnaire-6 (GQ-6), p. 127 in McCullough, M. E., Emmons, R. A., & Tsang, J. (2002). The grateful disposition: A conceptual and empirical topography. *Journal of Personality and Social Psychology, 82*(1), 112-127. Copyright © 2002 American Psychological Association. Reproduced in 3.1. Gratitude Questionnaire.

American Psychological Association for Appendix, p. 585 in Snyder, C. R., Harris, C., Anderson, J. R., Holleran, S. A., Irving, L. M., Sigmon, ... Harney, P. (1991). The will and the ways: Development and validation of an individual-differences measure of hope. *Journal of Per-sonality and Social Psychology, 60*(4), 570-585. Copyright © 1991 American Psychological Association. Reproduced in 3.7. The Hope Scale.

American Psychological Association for Table 6, Items composing the Revised Life Orientation Test, p. 1073 in Scheier, M. F., Carver, C. S., & Bridges, M. W. (1994). Distinguishing optimism from neuroticism (and trait anxiety, self-mastery, and self-esteem): A reevaluation of the life orientation test. *Journal of Personality and Social Psychology, 67*(6), 1063-1078. Copyright © 1994 American Psychological Association. Reproduced in

3.8. The Life Orientation Test-Revised.

Lawrence Erlbaum for Table 5.1. Differentiating four primary savouring processes and their associated positive feelings, p. 137 in Bryant, F. B., & Veroff, J. (2007). *Savouring: A new model of positive experience.* Mahwah, NJ: Lawrence Erlbaum. Copyright © 2007 Lawrence Erlbaum. Permission conveyed through PLSclear. Reproduced in 4.1. Four primary savouring processes and related positive feelings.

Blackwell for Table 1, Items used to measure beliefs about avoiding, coping, obtaining, and savouring, p. 782 in Bryant, F. B. (1989). A four-factor model of perceived control: Avoiding, coping, obtaining, and savouring. *Journal of Personality*, 57(4), 773-797. Copyright © 1989 Blackwell. Permission conveyed through Copyright Clearance Center, Inc. Reproduced in 4.2. Perceived ability to savour positive outcomes scale (PASPO).

Springer Nature for Appendix, p. 170 in Engeser, S., & Rheinberg, F. (2008). Flow, performance and moderators of challenge-skill balance. *Motivation and Emotion*, 32(3), 158-172. Copyright © 2008 Springer Nature. Permission conveyed through Copyright Clearance Center, Inc. Reproduced in 4.9. Flow Short Scale.

SAGE Publications for Appendix, p. 318 in Bohlmeijer, E., ten Klooster, P., Fledderus, M., Veehof, M., & Baer., R. (2011). Psychometric properties of the five-facet mindfulness questionnaire in depressed adults and development of a short form. *Assessment*, 18(3): 308-320, Copyright © 2011 Sage. Permission conveyed through Copyright Clearance Center, Inc. Reproduced in 4.13. Five Facets of Mindfulness Questionnaire.

Guilford for points 2-7, pp. 130-131 of Williams M., Teasdale, J., Segal, Z. & Kabat-Zinn, J. (2007). *The mindful way through depression.* New York: Guilford. Copyright © 2007 Guilford. Permission conveyed through PLSclear. Reproduced in 4.14. Mindfulness of the breath and body.

Guilford for pp. 183-184 of Williams M., Teasdale, J., Segal, Z. & Kabat-Zinn, J. (2007). *The mindful way through depression.* New York: Guilford. Copyright © 2007 Guilford. Permission conveyed through PLSclear. Reproduced in 4.16. Three-minute breathing space.

Hogrefe Publishing for Table 4, p. 204 in Davies, K. A., Lane, A. M., Devonport, T. J., & Scott, J. A. (2010). Validity and reliability of a brief emotional intelligence scale (BEIS-10). *Journal of Individual Differences*, 31(4), 198-208. Copyright © 2010 Hogrefe Publishing www.hogrefe.com. Reproduced in 5.2. Brief Emotional Intelligence Scale (BEIS-10).

The authors for Table 6, p. 405 in Glück, J., König, S., Naschenweng, K., Redzanowski, U., Dorner, L., Straßer, I., & Wiedermann, W. (2013). How to measure wisdom: Content, reliability, and validity of five measures. *Frontiers in Psychology*, 4, 14. Copyright © 2013 Author. This is an open access publication. Reproduced in 6.1. Brief Wisdom Screening Scale.

Taylor & Francis Group, LLC (Lawrence Erlbaum) for Table 1 on p. 167 of Duckworth, A. L., & Quinn, P. D. (2009). Development and validation of the short grit scale (GRIT–S). *Journal of Personality Assessment*, *91*(2), 166-174. Copyright © 2009 Taylor & Francis Group, LLC. Permission conveyed through Copyright Clearance Center, Inc. Reproduced in 6.3. GRIT-S scale.

Lawrence Erlbaum/Springer for Table 1, p. 96 in Carver, C. S. (1997). You want to measure coping but your protocol's too long: Consider the brief COPE. *International Journal of Behav- ioural Medicine*, *4*(1), 92-100. Copyright © 1997 Lawrence Erlbaum / Springer. Permission conveyed through Copyright Clearance Center, Inc. Reproduced in 7.4. Brief COPE: Coping Orientation to Problems Experienced scale.

Wiley for Table 4, p. 15 in Tedeschi, R. G., Cann, A., Taku, K., Senol-Durak, E., & Calhoun, L. G. (2017). The posttraumatic growth inventory: A revision integrating existential and spiritual change. *Journal of Traumatic Stress*, *30*(1), 11-18. Copyright © 2017 Wiley. Permission conveyed through Copyright Clearance Center, Inc. Reproduced in 7.5. Revised post-traumatic growth inventory.

Hogrefe, for Table 2 on p. 144 and Table 4 on p. 147 of Lafontaine, M.-F., Brassard, A., Lussier, Y., Valois, P., Shaver, P. R., & Johnson, S. M. (2016). Selecting the best items for a short-form of the Experiences in Close Relationships questionnaire. *European Journal of Psychological Assessment*, *32*(2), 140-154. Copyright © 2015 Hogrefe. Reproduced in 8.2. Experience in close relationship inventory – 12 (ECR-12).

Routledge for Table 1 on p. 29 of Raine, A., & Chen, F. R. (2018). The cognitive, affective, and somatic empathy scales (CASES) for children. *Journal of Clinical Child and Adolescent Psychology*, *47*(1), 24-37. Copyright © 2018 Routledge. Permission conveyed through Copyright Clearance Center, Inc. Reproduced in 8.4. The Cognitive, Affective, and Somatic Empathy Scales (CASES).

Plenum / Springer for appendix, pp. 42-43 in Carlo, G., & Randall, B. A. (2002). The development of a measure of prosocial behaviours for late adolescents. *Journal of Youth and Adolescence*, *31*(1), 31-44. Copyright © 2002 Plenum Publishing Corporation/Springer Verlag BV. Permission conveyed through Copyright Clearance Center, Inc. Reproduced in 8.5. Prosocial Tendencies Measure.

American Psychological Association for Appendix. pp. 582-583, Funk, J. L., & Rogge, R. D. (2007). Testing the ruler with item response theory: Increasing precision of measurement for relationship satisfaction with the couples satisfaction index. *Journal of Family Psychology*, *21*(4), 572-583. Copyright © 2007 American Psychological Association. Permission conveyed through Copyright Clearance Center, Inc. Reproduced in 8.10. Couples satisfaction index.

Wiley for Table 2, p. 183 in Antoine, P., Andreotti, E., & Congard, A. (2020). Positive psychology intervention for couples: A pilot study. *Stress and Health*, *36*(2), 179-190.

Copyright © 2020 Wiley. Permission conveyed through Copyright Clearance Center, Inc. Reproduced in 8.13. Couple+ multicomponent positive psychology intervention programme.

Taylor & Francis for 4, p. 217 of Rusk, R. D., & Waters, L. E. (2013). Tracing the size, reach, impact, and breadth of positive psychology. *Journal of Positive Psychology*, *8*(3), 207-221. Copyright © 2013 Taylor & Francis. Permission conveyed through Copyright Clearance Center, Inc. Reproduced in 1.1. The distribution of 75 most common positive psychology key terms in psychology and related disciplines from 2007-2011 in over 1.7 million documents in 700 *PsycINFO* journals.

Oxford University Press for 3.1, p. 16 of Cohn, M. & Fredrickson, B. (2009). Positive emotions. In C.R. Snyder & S. Lopez (Eds.), *Handbook of positive psychology* (2nd ed., pp. 13-24). Copyright © 2009 Oxford University Press. Permission conveyed through Copyright Clearance Center, Inc. Reproduced in 1.2. Barbara Fredrickson's broaden and build theory of positive emotions.

Sage for 1, p. 116 of Lyubomirsky, S., Sheldon, K. M., & Schkade, D. (2005). Pursuing happiness: The architecture of sustainable change. *Review of General Psychology*, *9*(2), 111-131. Copyright © 2005 Sage. Permission conveyed through Copyright Clearance Center, Inc. Reproduced in 1.3. Sonja Lyubomirsky's theory of sustainable happiness.

Sage for 1, p. 77 in Lucas, R. E. (2007). Adaptation and the set-point model of subjective well-being: Does happiness change after major life events? *Current Directions in Psychological Science*, *16*(2), 75-79. Copyright © 2007 Sage. Permission conveyed through Copyright Clearance Center, Inc. Reproduced in 1.4. Adaptation to positive and negative life events.

The authors for Figure 1, p. 10 in Berridge, K. C. (2018). Evolving concepts of emotion and motivation. *Frontiers in Psychology*, *9*, 1647. Copyright © 2015 Berridge. This is an open access publication. Reproduced in 1.5. Neural circuits for wanting and liking.

Oxford University Press for Figure 6.3, Tradeoffs among character strengths, p. 158 in Peterson, C. (2006). *A primer in positive psychology*. New York: Oxford University Press. Copyright © 2006 Oxford University Press. Permission conveyed through Copyright Clearance Center, Inc. Reproduced in 2.1. Position of VIA strengths on factors that indicate a concern with the head or heart, and a focus on self or others.

The authors for Figure 5, Medial prefrontal activity correlating with participants' gratitude ratings in Fox, G. R., Kaplan, J., Damasio, H., & Damasio, A. (2015). Neural correlates of gratitude. *Frontiers in Psychology*, *6*, 11. Copyright © 2015 Fox, Kaplan, Damasio and Damasio. This is an open access publication. Reproduced in 3.1. Gratitude and the brain: Gratitude ratings correlated with activity in a region of the medial prefrontal cortex that encompassed the peri-genual anterior cingulate cortex and the ventral and dorsal medial prefrontal cortex.

American Psychological Association for Figure 6.1, Hope theory model, p. 81 in Gallagher, M. W., Teramoto Pedrotti, J., Lopez, S. J., & Snyder, C. R. (2019). Hope. In M. W. Gallagher, & S. J. Lopez (Eds.), *Positive psychological assessment: A handbook of models and measures* (2nd ed., pp. 77–95). Washington, DC: American Psychological Association. Copyright © 1994 American Psychological Association. Permission conveyed through Copyright Clearance Center, Inc. Reproduced in 3.2. Hope theory.

The authors for Figure 2, Trait optimism mediates the relationship between the OFC volume and anxiety, p. 267, in Dolcos, S., Hu, Y., Iordan, A. D., Moore, M., & Dolcos, F. (2016). Optimism and the brain: Trait optimism mediates the protective role of the orbitofrontal cortex gray matter volume against anxiety. *Social Cognitive and Affective Neuroscience, 11*(2), 263–271. Copyright © 2015 The Author. Permission conveyed through Copyright Clearance Center, Inc. Reproduced in 3.3. Optimism and the brain: Trait optimism mediated the protective role of the orbitofrontal cortex grey matter volume against anxiety.

Springer Nature for 1 on p. 217 in Tang, Y., Hölzel, B., & Posner, M. (2015). The neuroscience of mindfulness meditation. *Nature reviews. Neuroscience, 16*, 213–225. Copyright © 2015, Springer Nature. Permission conveyed through Copyright Clearance Center, Inc. Reproduced in 4.4. Brain regions involved in mindfulness meditation.

American Psychological Association for 1, p. 56 in Joseph, D. L., & Newman, D. A. (2010). Emotional intelligence: An integrative meta-analysis and cascading model. *Journal of Applied Psychology, 95*(1), 54–78. Copyright © 2010 American Psychological Association. Permission conveyed through Copyright Clearance Center, Inc. Reproduced in 5.4. Joseph and Newman's cascading model of emotional intelligence and job performance.

Cambridge University Press for the on p. 315 in Csíkszentmihályi, M. (1999). Implications of a systems perspective for the study of creativity. In R. Sternberg, R. (Ed.), *Handbook of creativity* (pp. 313–335) Cambridge, UK: Cambridge University Press. Copyright © 1999 Cambridge University Press. Permission conveyed through PLSclear. Reproduced in 6.1. Csíkszentmihályi's systems model of creativity.

Cambridge University Press for 4.1, p. 78 in Lee, E. E., & Jeste, D. V. (2019). Neurobiology of wisdom. In R. J. Sternberg, & J. Glück (Eds.), *The Cambridge handbook of wisdom* (pp. 69–93). New York: Cambridge University Press. Copyright © 2019 Cambridge University Press. Permission conveyed through PLSclear. Reproduced in 6.2. Neurobiology of wisdom.

Sage for 1 on p. 354 of Sternberg, R. J. (1998). A balance theory of wisdom. *Review of General Psychology, 2*(4), 347–365. Copyright © 1998 Sage. Permission conveyed through Copyright Clearance Center, Inc. Reproduced in 6.4. Sternberg's balance theory of wisdom.

American Psychological Association for 3, p. 1066 in Orth, U., Erol, R. Y., & Luciano, E. C. (2018). Development of self-esteem from age 4 to 94 years: A meta-analysis of longitudinal studies. *Psychological Bulletin, 144*(10), 1045–1080. Copyright © 2018

American Psychological Association. Reproduced in 7.1. Development of self-esteem over the lifespan.

American Psychological Association for 1, p. 591 in Anderson, J. R., Van Ryzin, M. J., & Doherty, W. J. (2010). Developmental trajectories of marital happiness in continuously married individuals: A group-based modelling approach. *Journal of Family Psychology*, *24*(5), 587-596. Copyright © 2010 American Psychological Association. Permission conveyed through Copyright Clearance Center, Inc. Reproduced in 8.2. Five different trajectories of marital happiness across the lifespan.

The authors for Figure 2 in van Zyl, L. E., Roll, L. C., Stander, M. W., & Richter, S. (2020). Positive Psychological Coaching Definitions and models: a systematic literature review. *Frontiers in Psychology*, *11*, 793. Copyright © 2020 van Zyl, Roll, Stander and Richter. This is an open access publication. Reproduced in 9.2. Positive psychology coaching.

目 录

第一章　积极心理学与幸福感 / 001

积极心理学发展概况 / 001

幸福五元素理论 / 005

幸福感的多样性 / 008

积极情绪 / 012

争议 / 026

总结 / 028

第二章　目标与优势 / 035

目标 / 035

VIA 品格优势与美德分类体系 / 044

争议 / 065

总结 / 069

第三章　感恩、希望和乐观 / 075

感恩 / 075

希望和乐观 / 095

希望和幸福感 / 101

气质性乐观 / 103

乐观的解释风格 / 109

感恩、希望和乐观的过度使用与使用不足 / 115

争议 / 115

总结 / 117

第四章　品味、心流和正念 / 123

品味、心流和正念的概念 / 123

品味 / 124

心流 / 140

正念 / 156

争议 / 178

总结 / 179

第五章　情绪智力 / 187

情绪智力：是能力还是人格特质？ / 188

情绪能力的发展 / 210

情绪智力的神经生物学基础 / 215

关于情绪智力的问答 / 219

提高情绪智力 / 224

"热门智力"：情绪、个人和社会智力 / 231

争议 / 231

总结 / 232

第六章 天赋、创造力和智慧 / 237

天赋 / 238

创造力 / 244

智慧 / 254

成长型思维与毅力 / 270

启示 / 272

争议 / 278

总结 / 279

第七章 积极的自我 / 285

自我 / 285

客体我和主体我 / 286

自尊 / 288

自我效能 / 292

防御机制 / 296

应对策略 / 307

应对评估 / 311

具体应对策略 / 313

启示 / 330

争议 / 332

总结 / 332

第八章 积极关系 / 337

人际关系 / 338

伴侣关系 / 364

亲子关系 / 377

争议 / 390

总结 / 392

第九章 积极心理干预 / 399

积极心理干预的定义和效果 / 399

积极心理治疗 / 401

福代斯幸福感项目 / 408

法瓦幸福疗法 / 409

弗里施生活质量疗法 / 410

来访者中心疗法 / 411

创伤后成长治疗 / 413

焦点解决短期治疗 / 414

积极家庭和伴侣治疗 / 415

针对严重心理问题的优势干预措施 / 417

学校里的积极心理学 / 419

组织中的积极心理学 / 420

最后的思考 / 423

总结 / 423

后记 / 429

注释 / 431

第一章

积极心理学与幸福感

> **学习目标**
>
> - 能够描述积极心理学的产生和发展
> - 理解幸福感的 PERMA 理论
> - 区分"享乐型"幸福感与"自我实现型"幸福感;区分主观幸福感与心理幸福感;区分社会幸福感、生活质量与心理繁荣
> - 理解幸福感在不同领域中的积极作用
> - 能够解释积极情绪的拓展建构理论
> - 能够解释持续的幸福理论,并描述基因、环境因素以及有意图的活动对幸福感的作用
> - 理解人格因素和各类环境因素对主观幸福感的作用
> - 理解幸福感的阻碍因素,包括幸福感的设定值理论、享乐适应、负性偏向、让人沮丧的上行社会比较的倾向、做出不准确的情绪预测的倾向
> - 理解关于幸福感影响因素的研究对于提升人们幸福感的启示

积极心理学发展概况

1998年,美国宾夕法尼亚大学的马丁·塞利格曼发起了现代积极心理学运动。[1]他认为在当时的主流心理学——尤其是临床领域中,研究和实践主要关注疾病、障碍和缺陷,而非幸福感、心理韧性和复原。他发起现代积极心理学运动的目的是将主流心理学的所有方法论、科学、学术和组织优势应用于理解和促进人们的幸福感。20世纪90年代末,在坦普尔顿基金会(Templeton Foundation)的资助下,塞利格曼主持了一

系列会议，与有成就的资深学者和有前途的年轻学者们研讨了这个新领域的目标和研究范围，这些学者主要来自北美地区。1998年，塞利格曼当选美国心理学会主席，在任期间，他推动了积极心理学的发展。

早期成就

2000年，塞利格曼与米哈伊·奇克森特米哈伊共同编辑了美国心理学旗舰期刊《美国心理学家》的特刊。[2]其中收录了一些资深学者撰写的关于积极心理学领域关键问题的文献。塞利格曼在宾夕法尼亚大学建立了积极心理学中心，他职业生涯的大部分时间都在这里从事关于抑郁症和乐观主义的研究。[3]在积极心理学中心，他开设了第一批应用积极心理学硕士课程，在积极心理学这个新兴领域内建立了多个主题的研究项目，并面向学者和大众撰写了许多畅销书。[4]塞利格曼创建的积极心理学中心激励世界各地的大学设立了与之类似的学位和研究项目。

后期发展

随着新千年的到来，积极心理学领域的成员成立了国际积极心理学协会，定期举办国际会议，支持世界各国积极心理学协会的发展，促进了积极心理学的发展。2002年，《积极心理学手册》（*Handbook of Positive Psychology*）出版。这是该领域第一本主要的学术参考工具书。第二版和第三版分别于2009年和2016年出版。[5]其他关于积极心理学研究方法和评估、临床中的积极心理学、学校中的积极心理学、工作机构中的积极心理学等领域的专业手册也相继出版。[6]积极心理学的入门教科书[7]、自助书籍[8]和相关网站的数量也在激增。2006年，《积极心理学期刊》（*Journal of Positive Psychology*）创立，现在它已成为该领域的旗舰期刊，近年来也有许多其他积极心理学期刊相继涌现。[9]2009年，沙恩·洛佩斯（Shane Lopez）主编了第一本积极心理学百科全书。[10]随后，在2011年和2017年，积极心理学分支领域的专家将文献集合成册出版，分别记录了现代积极心理学10年和20年来取得的进展。[11]

指数增长

积极心理学最初是一个以北美地区为主的小型研究和实践领域。现在，它已经发展成为一项全球性事业，来自5个大洲、60多个国家的学者都对此开展了研究。[12]自1998年以来，该领域的学术期刊文献数量每年都在增长。[13]2013年，在对来自心理学文摘数据库（PsycINFO）的700种期刊的170多万篇文献的计量分析中，澳大利亚墨尔本大学的鲁本·拉斯克（Reuben Rusk）和利亚·沃特斯（Lea Waters）发现，积极心理学已经成为心理学领域和同源学科中的一股统一力量，出现在许多心理学分支（例如，社会心理学和临床心理学）及相关学科（例如，神经科学和精神病学）中[14]，如图1.1所示。

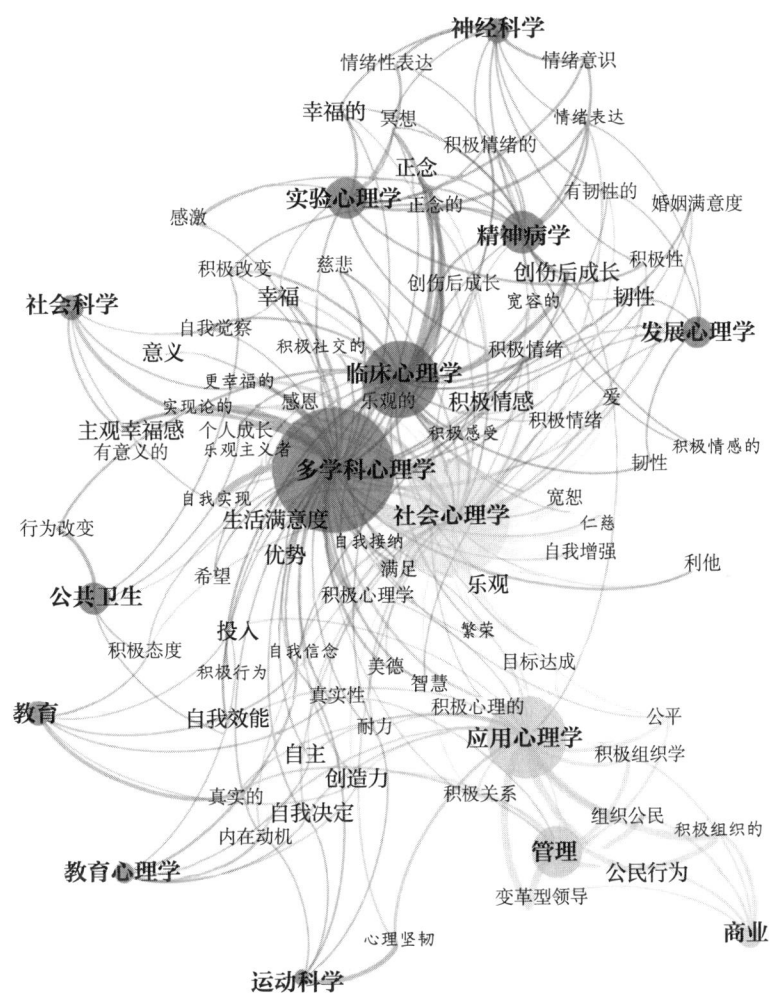

图1.1　75个最常见的积极心理学关键术语在心理学和相关学科中的分布
[来自对700种心理学期刊中170多万篇文献的分析（2007年—2011年）]

注：一个术语在某个领域出现的比例越高，它与这个领域的距离就越近。领域节点的大小代表积极心理学关键术语在该领域的流行程度。连线表示有8%或更高比例的术语在某一领域内出现。

Reproduced with permission of Taylor & Francis from Figure 4, p. 217, of Rusk, R. D., & Waters, L. E. (2013). Tracing the size, reach, impact, and breadth of positive psychology. *Journal of Positive Psychology, 8*(3), 207-221. Copyright © 2013 Taylor & Francis. Permission conveyed through Copyright Clearance Center, Inc.

历史影响

现代积极心理学的历史很短暂,却有着漫长的过去。它的根源和影响可以追溯到哲学传统以及不同心理学家的著作。所有传统都提供了理解和获得幸福感的方法。在哲学传统中,幸福和实现幸福的方法是通过理性论证来确定的。相比之下,积极心理学则基于科学的方法开展实证研究,来检验关于幸福本质、相关因素以及可能增强幸福感的干预的假设。

在现代积极心理学运动出现之前,就已经有研究者使用过"积极心理学"这个词,研究与积极心理学相关的主题或者从事旨在提高幸福感而不是弥补缺陷的实践。例如,1954年,著名的人本主义心理学家亚伯拉罕·马斯洛(Abraham Maslow)在著作《动机与人格》(Motivation and Personality)中使用了"积极心理学"一词。[15] 1977年,美国佛罗里达州,弗雷德里克·福代斯(Frederick Fordyce)发表了一篇介绍幸福感提升项目的发展与评估的文献。[16] 1987年,英国牛津大学的迈克尔·阿盖尔(Michael Argyle)出版了《幸福心理学》(The Psychology of Happiness),书中总结了一系列关于幸福感的影响因素和活动的实证研究。[17] 积极心理学的一个重要工作就是识别在现代积极心理学建立之前开展的相关研究,以及当前没有被明确标记为"积极心理学"的研究,并总结这些研究的结果与积极心理学理论和实践的相关性。

现代积极心理学作为一项科学事业,不同于"大众心理学(pop psychology)",并且现代积极心理学的出现在一定程度上是对这一非科学事业的一种反对和回应。"大众心理学"的知识主要来源于一些魅力人物所持有的观点,其中部分人认同和借鉴了20世纪60年代的人本主义心理学和人类潜能运动的思想。[18] 相比而言,积极心理学以科学研究结果为依据。我们将在本章后面关于"争议"的部分讨论人本主义心理学和积极心理学之间的关系。

在某种程度上,积极心理学受到了以下研究结果的影响:积极情绪和消极情绪是既相关又独立的过程;心理健康与心理疾病,或幸福感与精神疾病既存在中度相关,又是独立的、有差异的。[19] 塞利格曼认为,传统的心理治疗和临床心理干预是为了减少精神病理学的症状。许多接受这类干预的人虽然在治疗后没有了精神病理学的症状,但仍然对自己的生活感到不开心和不满意。积极心理干预可以通过增强人们的幸福感来解决这个问题。但这只是补充而非取代传统的临床心理干预。[20] 它的功能是增强幸福感,而不是减少精神病理症状。[21]

幸福五元素理论

2002年，在他的第一本积极心理学图书《真实的幸福》(*Authentic Happiness*)中，塞利格曼提出，"幸福"或者对生活的满意程度是由以下因素决定的：(1) 积极的情绪；(2) 积极的特质以及参与令人沉浸其中的活动；(3) 发展有意义的积极关系、社会系统和制度。[22] 他将这三个取向分别称为快乐的生活、投入的生活和有意义的生活。而这一理论被称为"真实的幸福理论"。美国密西根大学的研究者在涉及27个国家的24 836名被试的研究中发现，这三种取向都与人们的快乐或生活满意度有关，研究结果支持了该理论。[23]

2011年，在第二本积极心理学书籍《持续的幸福》(*Flourish*)中，塞利格曼用PERMA理论取代了真实的幸福理论。[24] "PERMA"的五个字母分别是幸福的五个元素的第一个英文字母，即积极情绪（positive emotion）、投入（engagement）、人际关系（relationship）、意义（meaning）和成就（accomplishment），因此也被叫作"幸福五元素"理论。经过10年的思考，塞利格曼认为，过去将情绪（快乐或生活满意度）作为积极心理学关注的唯一目标，具有很大的局限性。关于积极情绪的研究表明，积极情绪在人群中呈正态分布，这说明，世界上有一半的人没有体验过高水平的积极情绪。但是，调查中有许多人表明他们的生活很充实，尽管他们的积极情绪水平可能不是很高。因此，我们不应该将快乐作为幸福感的唯一评价角度，而是需要一个多维的幸福概念，来充分理解和促进充实的生活。这个多维概念的要素需要满足三个标准：(1) 对幸福感有贡献；(2) 是人们基于自身原因的主动追求；(3) 可以进行相对独立的测量。在PERMA理论中，塞利格曼提出了构成幸福的五个主要因素：

- 积极情绪
- 投入
- 人际关系
- 意义
- 成就

其中，积极情绪、投入和意义曾在塞利格曼的"真实的幸福"理论中被视为幸福的决定要素。在PERMA理论中，这三个要素仍被视为幸福的组成部分，但是还加入了另外两个要素：人际关系和成就。以下是对五个要素的简要描述。

积极情绪

幸福依赖于我们体验到多少积极情绪。积极情绪可能与我们现在、过去或未来的生活都有关。与未来相关的积极情绪包括希望、信心、信念和信任。与过去相关的积极情绪包括满意、知足、成就感、骄傲和平静。与当下有关的积极情绪有两种截然不同的类别：短暂的快乐和更持久的满足。快乐包括身体的愉悦和更高级的快乐。身体的愉悦来自感官的感受，比如性快感、好闻的气味和美食。相比之下，更高级的快乐来自更复杂的活动，包括幸福、欢喜、舒适、狂喜和热情洋溢等感觉。满足与快乐的不同之处在于满足需要专注或心流（flow）的状态，这些状态常常产生于使用标志性优势的活动之中。关于标志性优势的内容将在第二章中讨论。

投入

幸福取决于我们参与和投入活动（例如，体育运动或技术性工作等）的程度。投入活动常会给人们带来心流体验，即专注于一项活动以至于忘记了自我和时间的感觉。第四章将讨论有关心流体验的内容。

人际关系

与家人和朋友建立相互支持的关系有助于人们获得幸福。亲密的关系可以为我们提供依恋、支持、被重视和被爱的体验。第八章将讨论有关人际关系的内容。

意义

生活目标可以决定我们的幸福。这里的生活目标通常包括追求高价值的目标或为比自身更伟大的事物（如体育俱乐部、社区、慈善机构、工作组织或政党）服务。这些生活目标会让我们感到生命是有价值的，人生是值得的。

成就

最后，幸福取决于积极的成就。成就包括完成日常任务和责任、实现目标、获得成功、赢得胜利。成就可能存在于工作领域或休闲活动中，可以给我们带来掌控感和成就感。

在追求幸福的过程中，我们的目标可能会集中在PERMA的一个或多个元素上。

当我们主要关注某一元素时，可以说我们在过着某种特定类型的生活。例如，如果我们主要追求的是积极情绪，我们就过着"快乐的生活"；如果主要追求投入或心流状态，那我们就过着"投入的生活"；当我们把人际关系或服务于比自身更宏大的事物视为最重要的事情时，我们就过着"有意义的生活"；如果把成就放在首位，我们就过着"追求成就的生活"。

PERMA最常通过PERMA量表进行评估[25]，见专栏1.1。该量表对五个要素均进行了评估，是由墨尔本大学的朱莉·巴特勒（Julie Butler）和玛格丽特·克恩（Margaret Kern）开发的，并通过涉及超过3.1万名参与者的8项系列研究进行了验证。该量表的希腊语、意大利语和土耳其语版本也已经得到了效度的验证。此外，研究者在不同的群体中收集了数据，比如音乐家和大学生等，制定了PERMA量表的国际常模。[26]研究发现，PERMA幸福感与人们心理健康的其他方面存在一定的关联，比如，PERMA五因素的水平越高，人们的自我效能感、自我同情和自我决定的水平越高；而PERMA五因素的得分越低，人们体验到的消极情绪状态和孤独感越多。

专栏1.1　PERMA量表

你可以使用该量表来了解目前的PERMA幸福水平。

在每一个问题上圈出最符合你情况的选项：

"0"代表"从来没有，一点也没有，很糟糕"；

"10"代表"总是，完全，很优秀"；

其他数字代表0—10之间的不同程度。

将各个项目的分数相加除以16，即可得到整体分数。

可以将你的分数与具有高中至研究生学历的人群的平均分（6.6—7.1）进行比较，来了解你的幸福感水平。

当分数高于7.1时，表明你的幸福水平较高；

当分数低于6.6时，表明你的幸福水平较低。

积极情绪

一般来说，你感到快乐的频率是？　　0 1 2 3 4 5 6 7 8 9 10

一般来说，你感到积极向上的频率是？　0 1 2 3 4 5 6 7 8 9 10

一般来说，你对生活感到满足的程度是？0 1 2 3 4 5 6 7 8 9 10

(续)

投入		
你专注于正在做的事情的频率是?	0 1 2 3 4 5 6 7 8 9 10	
一般来说,你对所做的事感到兴奋并且有兴趣的程度是?	0 1 2 3 4 5 6 7 8 9 10	
在做喜欢的事情时,你专注到忘记时间的频率是?	0 1 2 3 4 5 6 7 8 9 10	
积极的人际关系		
当需要别人的帮助和支持时,你能得到多大程度的帮助和支持?	0 1 2 3 4 5 6 7 8 9 10	
你在多大程度上感觉到被爱?	0 1 2 3 4 5 6 7 8 9 10	
你对你的人际关系有多满意?	0 1 2 3 4 5 6 7 8 9 10	
意义		
一般来说,你的生活在多大程度上是有目的和有意义的?	0 1 2 3 4 5 6 7 8 9 10	
一般来说,你在多大程度上觉得自己在生活中所做的事情是有价值的?	0 1 2 3 4 5 6 7 8 9 10	
你在多大程度上觉得自己的生活是有方向感的?	0 1 2 3 4 5 6 7 8 9 10	
成就		
有多少时候你觉得自己在朝着目标前进?	0 1 2 3 4 5 6 7 8 9 10	
你能实现为自己设定的重要目标的频率是?	0 1 2 3 4 5 6 7 8 9 10	
你能尽到你应承担的责任的频率是?	0 1 2 3 4 5 6 7 8 9 10	
整体幸福感		
综上所述,你觉得自己有多幸福?	0 1 2 3 4 5 6 7 8 9 10	

注: Adapted with permission of Peggy Kern from Table 5, p. 17 in Butler, J., & Kern, M. (2016). The PERMA-profiler: A brief multidimensional measure of flourishing. *International Journal of Wellbeing*, 6 (3), 1-48. Copyright © by Peggy Kern.

幸福感的多样性

PERMA理论是界定幸福感的方法之一,除此之外,还有很多其他的方法。

"享乐型"和"自我实现型"幸福感

享乐(hedonic)和自我实现(eudaimonic)之间存在差别。[27] 享乐型幸福感将幸福感和美好生活定义为寻求快乐和回避痛苦，自我实现型幸福感将其定义为实现个人的潜能。享乐型幸福感可以追溯到亚里斯提卜（Aristippus），而自我实现型幸福感可以追溯到亚里士多德（Aristotle）。他们都是公元前4世纪的古希腊哲学家。在享乐型幸福感中，虽然追求快乐有时会带来幸福，但情况并非总是如此，在某些情况下，追求快乐可能会阻碍幸福。例如，过度沉溺于酒精、药物和食物可能会导致上瘾、癌症或心脏病。相比之下，追求美德有时可能会带来快乐，有时可能不会。例如，勇敢的行为——拯救溺水者，或为了他人而努力工作取得成功，可能会带来痛苦而不是快乐。在某种程度上，PERMA理论涵盖了这两种取向。它认为幸福感涉及积极情绪和专注于从事的活动，正如享乐型幸福感所提倡的那样；同时，幸福感也包括投入有意义的人际关系和获得成就，这与自我实现型幸福感的观点一致。

主观幸福感

主观幸福感是享乐型幸福感在心理学研究中的一种操作化形式。主观幸福感包含情感和认知成分。[28] 认知成分是个人对自己生活的评价，经常通过埃德·迪纳（Ed Diener）编制的生活满意度量表（Satisfaction with life scale）进行评估（专栏1.2）。[29] 这个量表是在关于快乐和幸福感的心理学研究中使用最广泛的量表之一。情感成分是积极和消极情绪的平衡，可以用积极和消极情绪量表或积极和消极体验量表（Scale of positive and negative experiences）进行评估（专栏1.3）。[30]

专栏1.2　生活满意度量表

你可以用这个量表来了解自己目前对生活的满意程度。请根据实际情况如实回答。请在每个条目上圈出最适用于你的答案。将选择的各个选项对应的数字相加，即可获得你的总分。大多数人的得分在21—25分。

	非常不同意	不同意	有点不同意	说不清	有点同意	同意	非常同意
1. 我的生活大致符合我的理想。	1	2	3	4	5	6	7
2. 我的生活状况非常圆满。	1	2	3	4	5	6	7
3. 我对自己的生活感到满意。	1	2	3	4	5	6	7

(续)

4. 到目前为止，我已经得到生活中希望拥有的重要的东西。	1	2	3	4	5	6	7
5. 如果能重新活过，我基本没有想改变的东西。	1	2	3	4	5	6	7

注：Adapted with permission of Taylor & Francis from Table 1, p. 72, in Diener, E., Emmons, R., Larsen, R., & Griffin, S. (1985). The satisfaction with life scale. *Journal of Personality Assessment, 49*, 71-75. Copyright © 2009 by Taylor & Francis. Permission conveyed through Copyright Clearance Center, Inc.

专栏1.3　评估积极率的积极和消极体验量表

你可以用这个量表来计算积极率。请想想你在过去的4周里所做的事情和经历。然后圈出每种体验的频率所对应的数字。请用第1—6项的得分之和除以第7—12项的得分之和，由此即可得到积极率。较高的积极率与更高的幸福感相关。这本书中的练习将会帮助你提高你的积极率。

	从不或极少	较少	有时	经常	总是
1. 积极的	1	2	3	4	5
2. 好的	1	2	3	4	5
3. 愉快的	1	2	3	4	5
4. 快乐的	1	2	3	4	5
5. 喜悦的	1	2	3	4	5
6. 满足的	1	2	3	4	5
7. 消极的	1	2	3	4	5
8. 不好的	1	2	3	4	5
9. 不愉快的	1	2	3	4	5
10. 伤心的	1	2	3	4	5
11. 害怕的	1	2	3	4	5
12. 愤怒的	1	2	3	4	5

注：Adapted with permission of Ed Diener from the scale on pp. 153-154 in Diener, E., Wirtz, D., Tov, W., Kim-Prieto, C., Choi, D., Oishi, S., & Biswas-Diener, R. (2010). New well-being measures: Short scales to assess flourishing and positive and negative feelings. *Social Indicators Research, 97*(2), 143-156. Copyright © 2009 by Ed Diener.

心理幸福感

心理幸福感是自我实现型幸福感在心理学研究中的一种操作化形式。心理幸福感是指实现一个人的全部心理潜能的程度。这个概念可以用卡罗·里夫（Carol Ryff）的心理幸福感量表进行评估，该量表包含六个维度：自主感、对环境的掌控感、个人成长、与他人的积极关系、生活目标和自我接纳。[31]

社会幸福感

社会幸福感是指在社会网络和社区中与个人最佳功能相关的积极状态。科里·凯斯（Corey Keyes）编制的社会幸福感量表包含五个维度：社会融合、社会贡献、社会一致性、社会实现性和社会接受度。[32] 这些量表与社会反常、繁殖感（generativity）、感知到的社会约束、社区参与、社区质量和教育水平相关。

生活质量

生活质量是指人们参照自身的目标、期望和标准，在生活的文化环境背景下对自己生活地位的感知。[33] 它是一个广泛的、多维的概念，涵盖了感知到的身体和心理健康、心理状态、独立水平、社会关系、精神性以及环境的显著特征（如安全，财富资源，教育、职业和社会机会，家庭环境，社区环境，交通运输系统、交通工具、污染和气候，以及获得卫生和社会保健服务的机会）。研究者已经开发了各种测量儿童和成人生活质量的量表，包括一般生活质量量表、与健康相关的生活质量量表和与特定疾病相关的生活质量量表。

心理繁荣

积极心理学越来越关注调查和促进高水平幸福感的实现，即心理繁荣（flourishing）。心理繁荣意味着个人生活在最佳功能的范围内。就PERMA理论而言，它意味着在PERMA的大多数维度上体验到高水平的幸福感。[34] 所以，心理繁荣不仅仅意味着高水平的积极情绪。它可能仅伴随中等水平的积极情绪，但投入专注的活动、人际关系、有意义活动和成就的水平很高。

幸福感的益处

从定义上来看，幸福感对人们有直接的好处。例如，PERMA理论界定的幸福感需要人们体验到积极情绪（如喜悦和快乐），专注于技术性工作和娱乐活动，拥有令人满意的关系，有意义感和生活目的，以及成就带来的自豪感。积极心理学领域的研究表明，PERMA幸福感中的每一个要素都有很多长期的益处。频繁地体验积极情绪具有多重益处（下一节会详细介绍）。频繁投入技术性工作与教育和工作中更好的表现/满意度相关。[35] 与家人和朋友保持亲密、信任的关系会使人们有更高的幸福感和更好的健康状况。[36] 生活的意义和目的与广泛的幸福感和生活质量指标相关。[37] 重要目标的实现与积极情绪和主观幸福感相关。[38] 积极情绪的益处以及与积极情绪体验相关的因素，在积极心理学研究中占据了重要位置，本章的很多内容将集中在这些问题上。

积极情绪

关于积极情绪和主观幸福感的研究表明，幸福感有很多益处，其中最重要的是有益于人们保持身体健康和延长寿命。积极情绪体验水平高的人，身体健康状况更好，生病后也恢复得更好，因为他们更加乐观、生活方式更健康、免疫系统更有效地工作，这些因素进而在遭受疾病（如心脏病）时提供了保护。[39]

此外，有数十项纵向研究表明，积极情绪和主观幸福感不仅可以改善健康，还可以延长健康人群和慢性疾患者群的寿命并延缓死亡。[40] "修女研究（the nun study）"是调查幸福感对寿命的影响时被最广泛引用的研究之一。[41] 这项杰出的科学研究是由美国肯塔基大学的戴维·斯诺登（David Snowdon）于1986年发起的。在对180名修女的研究中，研究团队发现修女们在成年早期所写的文章中表达的幸福感与她们的寿命相关。这项研究对干扰因素控制得非常严格。所有参与研究的修女都有相似的生活方式，她们做教师的工作、未婚、不抽烟也不喝酒、成年后的饮食简单均衡。她们在成年早期撰写了个人传记，表达了对未来的希望，但她们不知道这些文字会被用于研究幸福感和寿命的关系。在半个多世纪后，一些不知道这些修女具体年龄的研究者分析了修女文字中体现的积极情绪的数量。结果发现，在那些被评为最快乐的修女中，有90%的人寿命超过了85岁，而最不快乐的修女中只有34%的人寿命超过了85岁。

积极情绪的拓展建构理论

积极情绪是PERMA理论中幸福感的第一个要素，它直接的益处是让人们感觉良好。上文已经介绍了积极情绪对健康和寿命的影响，那么，幸福感还有其他益处吗？如果有，它是如何让人们在生活中更好地适应的呢？这些问题激励着美国北卡罗来纳大学的芭芭拉·弗雷德里克森（Barbara Fredrickson），她发展和检验了"积极情绪的拓展建构理论"。[42] 她观察到很多消极情绪（例如焦虑或愤怒）会缩小瞬间的思维-行为范围，导致我们用相对有限的自我保护方式采取行动。思维-行为范围是我们可以立即采取、用来应对环境的思维和潜在行动模式的合集。例如，如果在晚上被噪声惊醒，我们感到害怕，此时的思维-行为范围可能包括相对较少的想法和潜在行动，如"楼下有个窃贼。这很危险。我应该保持沉默，这样他就不知道我在哪里。或者我可以报警。或者可以制造很多噪声，试图吓跑他。或者可以突袭他，把他击倒。"

消极情绪会缩小思维-行为范围。相比之下，积极情绪会拓宽瞬间的思维-行为范围，让我们产生很多关于行动路线的新想法。对思维-行为范围的拓展也会建立持久的个人资源，能够对生活产生长期的积极影响。进而，通过积极的或适应性的情绪、思维和行为的螺旋上升，为个人成长和转变提供了可能。该过程如图1.2所示。

当体验到强烈的快乐时，我们可能会想到许多可以与家人、朋友在工作或休闲活动中做的事。例如，与工作中的朋友讨论如何使商品生产更顺利的新想法，可能会加强我们与同事的关系，也可能真的会改善生产工作。工作关系的改善和生产力的提高可能会产生持久的影响，这在未来可能让我们体验到更积极的情绪。因为我们与同事的关系得到了加强，每次相见时可能会感觉更好，工作氛围会更轻松。生产领域引入的改革可能会持续运转，我们也会因此感觉良好。这些由良好的工作关系和生产状况引发的积极感受可能会拓宽我们关于未来行动路线的思路。上面这个例子是关于工作场所的。当积极的情绪出现在家庭中、与朋友在一起或参与休闲活动时，也会经历同样的过程。积极的情绪体验能够开启我们对可能的行动路线的广泛思考。当我们据此采取行动时，就有可能做一些改变生活方向的事情，这些事情的影响可能会持续到未来，并创造收获更多积极情绪体验的机会。

在社区、诊所和实验室环境中开展的科学研究的证据支持了积极情绪的拓展建构理论。积极情绪能够拓宽人的思维-行为范围，帮助人们建立持久的个人资源。现在，有超过200项横向、纵向和实验研究表明，积极情绪可以让人们在工作、人际关系和健

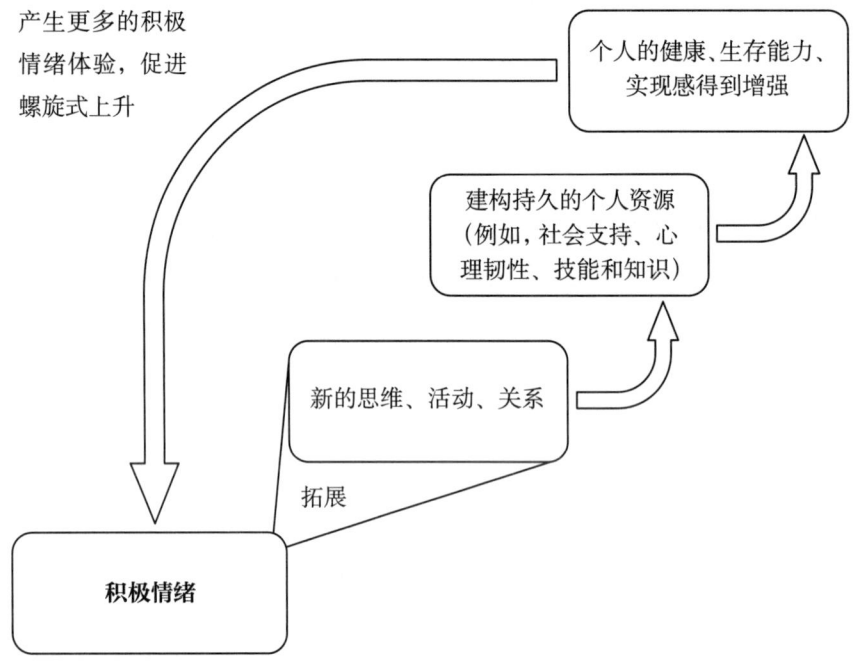

图1.2　芭芭拉·弗雷德里克森的积极情绪的拓展建构理论

注：Adapted with permission of Oxford University Press from Figure 3.1, p. 16, of Cohn, M., & Fredrickson, B. (2009). Positive emotions. In C. R. Snyder & S. Lopez (Eds.), *Handbook of positive psychology* (2nd ed., pp. 13–24). Copyright © 2009 Oxford University Press. Permission conveyed through Copyright Clearance Center, Inc.

康领域的状态更好，让人们在自我和他人、社交、好感度、合作、利他、应对方式、冲突解决策略、创造力和问题解决等方面有更多积极的感知。[43]

积极情绪的拓展建构理论认为，进化对塑造我们的情绪系统有着关键作用，使得消极情绪窄化而积极情绪拓展我们的思维-行为范围。[44]进化过程遵循"适者生存"的原则，即那些适应环境挑战和威胁的个体能够生存下去。事实证明，我们的祖先对威胁产生的强烈情绪反应具有适应性价值，这些情绪反应会让他们做出有限但有效的行为反应，例如，战斗、逃跑或僵化。那些在面对捕食者时拥有强烈的消极情绪反应和窄化的思维-行为范围的个体幸存下来，没有做到这些的个体则丧失了生命。同时，积极情绪也具有适应性的价值，它能够拓展人们的意识，并建构个人资源，让人们能够以新的、创造性的方式适应环境。此外，它还帮助人们发展出新的工具、住所、团体联盟、技能和应对生存威胁的计划。那些利用由积极情绪拓宽的思维和意识来创造这些资源的个体，比没有这样做的个体更有可能生存下来。

积极情绪的来源

美国加利福尼亚大学的索尼娅·柳博米尔斯基（Sonja Lyubomirsky）认为有三类因素能够决定积极情绪的水平：遗传因素、环境、有意图的活动。[45]这个理论被称为"持续的幸福理论"，如图1.3所示。该理论以科学研究为基础，这些研究表明积极情绪中约50%的个体差异是由遗传因素造成的，约10%是由环境造成的，其余40%是由有意图的活动造成的。因此，柳博米尔斯基认为，如果积极情绪中40%的个体差异可以由自己控制，那么人们就有相当大的空间来提高幸福感。这为积极心理干预的发展提供了理论基础，第九章将进行讨论。

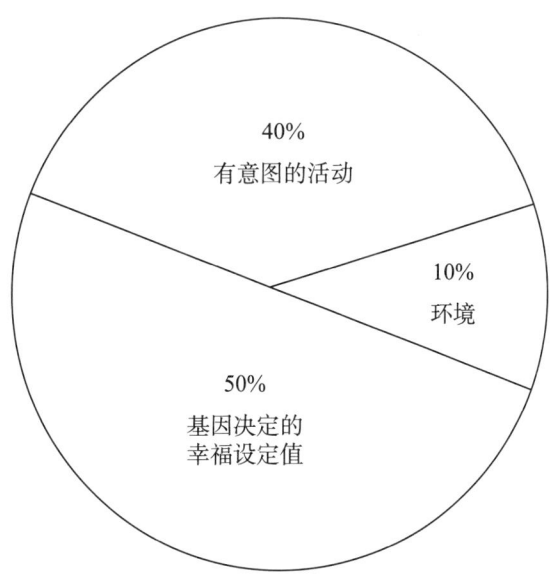

图1.3　索尼娅·柳博米尔斯基的持续的幸福理论

注：Adapted with permission of Sage from Figure 1, p. 116, of Lyubomirsky, S., Sheldon, K. M., & Schkade, D. (2005). Pursuing happiness: The architecture of sustainable change. *Review of General Psychology, 9*(2), 111-131. Copyright © 2005 Sage. Permission conveyed through Copyright Clearance Center, Inc.

遗传因素

许多研究表明，同卵双生子的积极情绪水平高于异卵双生子，且元分析结果显示，积极情感或主观幸福感的平均遗传率在30%~40%。[46]这支持了遗传因素能够部分决定幸福感的观点。然而，在上一节中提到的"持续的幸福理论"出现10多年后，目前的数据表明遗传因素对积极情绪体验的影响低于50%。遗传因素为人们体验到的积极情绪的强度设定了上限,这个上限被称为幸福设定值(happiness set-point)。(后文讨论对积极和消极生活事件的适应时,将讨论这个概念。)

人格特征

遗传因素通过影响主要的人格特征来影响幸福感,这些人格特征约有50%是可遗传的。[47] 在现代人格理论中,主要有五种人格特征,即大五(the Big Five)人格特征:外向性、神经质(或情绪稳定性)、尽责性、宜人性和开放性。其中,外向性与积极情绪的联系最为密切。[48] 外向的人通常比内向的人更快乐。虽然神经质、尽责性和宜人性与积极情绪之间的联系比外向性弱,但这些特征也会影响幸福感。情绪更稳定、更尽责和更具宜人性的人往往比情绪不稳定、不尽责和缺乏宜人性的人体验到更多积极情绪。这可能是因为这些特征会影响人们的生活方式。大量研究表明,一个或多个大五人格特征(外向性、神经质、尽责性、宜人性和开放性)与更满意的人际关系、更好的工作表现、更高的工作满意度、更健康的生活方式,对压力与逆境更具适应性的应对方式以及更强的心理韧性有关。[49]

环境

一系列环境因素会影响人们的积极情绪。当存在下列因素时,人们报告了更高水平的积极情绪。

- 支持性的人际关系
- 财富资源、教育和就业
- 休闲
- 没有严重的疾病
- 自由
- 舒适的生活环境
- 女性(非中年)[50]

人际关系

当与家人和朋友有良好的关系时,我们会体验到更多的积极情绪和主观幸福感,反过来,积极情绪又会提高社会关系的质量。[51] 这些人际关系给了我们归属感,或是被重视、依恋、支持和爱的感受。然而，我们也需要适应人际关系中重大的积极和消极变化，比如结婚或离婚。[52]这些重大的变化会让我们在几年内感到非常快乐或非常痛苦。但是这些极端的积极和消极的情绪状态最终都会消逝。后面将更详细地讨论这一适应过程。

财富资源、教育和就业

财富的增加会导致积极情绪和主观幸福感的持续增加，直到基本的物质需求满足为止。之后，即使是大幅增长，财富也不会导致幸福感的大幅度和持久上升。[53]如果受教育程度较低或失业，这可能会限制人们获得足够的财富来满足基本的物质需要，进而降低他们的幸福感。[54]然而，对于大多数受过教育和有工作的人来说，他们有足够的钱来满足基本需求，但是投入更多的经济资源所带来的回报是在下降的。在加利福尼亚大学的经济学家理查德·伊斯特林（Richard Easterlin）发表了一篇开创性的论文后，这一违反直觉的发现——财富的增加并不总是与幸福感的增加有关，被命名为"伊斯特林悖论"。[55]物质主义价值观和为物质而奋斗与较低的幸福感有关；自由、更重视时间而非金钱、以亲社会的方式或在有趣的活动上花钱，对幸福感的积极影响比财富或获得财产带来的影响更大。[56]这可能是因为为他人或有价值的活动花钱满足了人们自主、胜任和关联的需求，这些需求在瑞安（Ryan）和德西（Deci）的自我决定理论（self-determination theory）中被认为是人们的基本需求。[57]

休闲

在针对来自79个国家约25万人的研究中，马基亚（Macchia）和维兰斯（Whillans）发现，在那些更看重休闲而非工作的国家，人们的主观幸福感更高。[58]参与休闲活动，包括运动、锻炼、舞蹈、音乐、艺术、戏剧、阅读、电影、志愿者慈善工作、度假、休息等，在短期内有助于人们体验到积极情绪。[59]纽曼（Newman）、塔伊（Tay）和迪纳（Diener）提出，休闲活动通过满足五种需求中的一种或多种来提高主观幸福感。[60]这五种需求包括对自主、掌控、意义和归属的需求，以及从工作或生活压力中分离和恢复的需要。休闲活动可以通过提供实现个性化、选择和自由的机会来满足对自主感的需要；通过提供平台来磨炼技能和帮助人们在休闲活动中获得新的成功来满足对掌控感的需要；通过创造特定的环境来满足对意义感的需要，其中人们能够获得重要的、有价值的生活目标；通过提供参与社会交往的机会来满足人们对归属感的需要；通过让个人"关闭"工作模式、"忽略"生活压力和需求，来满足对分离和恢复的需要。

严重的疾病

严重的、令人痛苦的、使人衰弱或危及生命的疾病可能会对幸福感产生长期的影响。[61] 然而，健康和幸福感之间的关系是复杂的。从长远来看，人们具有适应不良健康状况和残疾的非凡能力。[62] 在大多数情况下，人们都会展现出高度的适应能力。但是在疾病或残疾极端痛苦、危及生命或使人衰弱的情况下，人们可能很难表现出适应极端情况的能力。

自由

在支持经济、政治自由的社会中，人们有更高的主观幸福感。[63] 这些社会是相对富裕和稳定的，它们支持人权、自由和法治，没有政治压迫、社会不平等和军事冲突。在这样的社会中，公共机构有效地运行，没有腐败。它们有先进的税收结构，富人缴纳更高的税，还有保护弱势群体的社会福利制度。

舒适的生活环境

如果人们生活在舒适的物理环境中，那么他们的主观幸福感水平会更高。[64] 这种环境包括足够的住房，靠近便利的生活设施和工作场所，远离交通和工业导致的空气和声音污染。在这里，人们还很容易接近绿地、水域并获得全景视野。气候对主观幸福感的影响是复杂的。如果人们有足够的经济资源，就可以应对严寒酷暑以及气候的变化。[65] 然而，如果缺乏足够的财富或其他资源来应对恶劣气候，那么气候可能会对人们的幸福感产生负面影响。

性别和年龄

年轻女性的积极情绪略高于男性，老年人（50岁以上）和年轻人（30岁以下）的主观幸福感高于中年人，但这些差异是很小的。[66] 在整个生命周期中，主观幸福感水平呈现为U形的曲线，在中年时（30岁末到50岁）达到最低。性别差异与年龄和主观幸福感的组成部分（积极或消极的情绪和生活满意度）有关。在2018年的一篇文献综述中，巴茨（Batz）和塔伊发现，年轻女性报告的积极情绪多于年轻男性，但这种差异并没有出现在中年人群中，并且老年女性的积极情绪水平低于老年男性。[67] 无论年龄大小，女性报告的消极情绪比男性更多，生活满意度略低于男性。

如图1.3中柳博米尔斯基的持续的幸福理论所示，环境因素只能解释人们经历的长期幸福感的10%。[68] 部分原因是我们适应或习惯了积极和消极生活事件对我们的影响。[69]

享乐适应：适应积极的生活事件

积极和消极的生活事件对主观幸福感有短期影响，在大多数情况下，这些影响都不是持久的。美国西北大学的菲利普·布里克曼（Philip Brickman）和同事唐纳德·坎贝尔（Donald Campbell）创造了"享乐适应（hedonic treadmill）"这个术语，描述了人们会快速适应积极事件，随后需要做一些事情来保持积极情绪的过程。[70] 人们会对最近发生的积极和消极的重大生活事件产生强烈的反应，主观幸福感会急剧升高或下降。然而，在大多数情况下，它们会在几周或几个月内迅速恢复到以前的水平。1996年，美国明尼苏达大学的戴维·莱肯（David Lykken）和奥克·泰勒根（Auke Tellegen）根据来自双生子研究的纵向数据提出，每个人都有一个在很大程度上由基因决定的幸福设定值。[71] 它的运行像一个恒温器。主观幸福感可能会因好运而暂时增加，或在消极事件后暂时减少。但是，一段时间后，幸福设定值会使幸福感恢复到原来的水平。这与房间里的恒温器调节温度的方式相似，恒温器能够将平均室温保持在一个提前设定好的恒定温度上。

关于人们能迅速适应积极和消极生活事件的想法并不是新鲜事物。它可以追溯到古希腊的斯多葛派（Stoic）和伊壁鸠鲁派（Epicurean）哲学家的思想。但是，对这一想法进行有效性检验的科学研究是新近的。布里克曼发现，彩票中奖者或事故中瘫痪的幸存者最终都适应了这些重大生活事件。[72] 在大约2年内，他们的幸福感恢复到了事件发生前的水平。

随后的研究表明，人们可以适应重大的消极生活事件（如监禁）和积极生活事件（如结婚）。然而，平均而言，人们不能完全适应丧偶或离婚，几乎不能适应严重残疾或失业等极端事件。[73] 如图1.4所示。

此外，虽然大多数人的主观幸福感保持在相当稳定的水平上，但约20%的人经历过显著、持久的幸福感上升和下降。[74] 在一系列研究中，布鲁斯·海迪（Bruce Headey）发现，那些追求利他和家庭相关生活目标的人在18年的周期里比追求经济或物质目标的人更快乐；外向性得分高的人在25年中比内向者更快乐；神经质得分低的人在25年

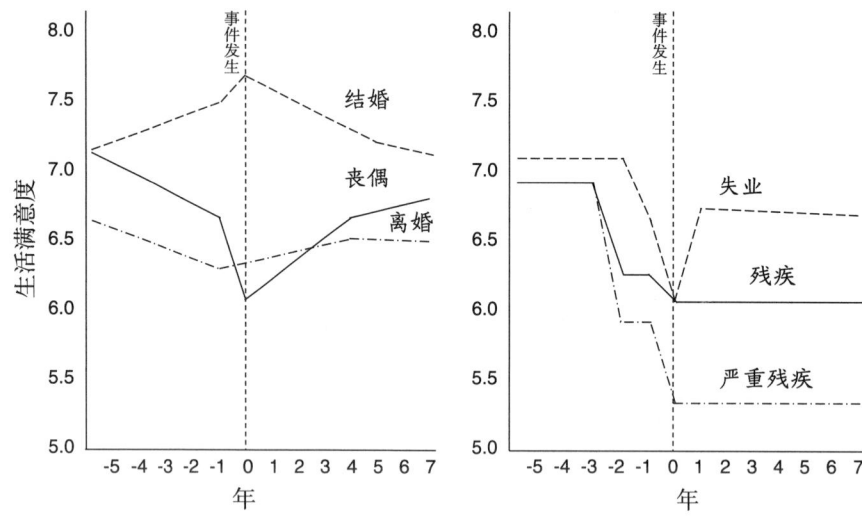

图1.4　对积极和消极生活事件的适应

注：Reproduced with permission of Sage from Figure 1, p. 77, in Lucas, R. E. (2007). Adaptation and the set-point model of subjective wellbeing: Does happiness change after major life events? *Current Directions in Psychological Science, 16*(2), 75-79. Copyright © 2007 Sage. Permission conveyed through Copyright Clearance Center, Inc.

的周期里比神经质得分低的人更快乐。[75] 研究者对人格特征与幸福感的关系做出如下解释：神经质得分高的人可能经历更多的消极事件，并且会放大不幸的消极影响；而外向性得分高的人容易经历更多的积极事件，且倾向于放大这些事件的积极影响。

负性偏向：坏事的影响大于好事

影响幸福感的另一个因素是，人们对积极事件的反应比对消极事件的弱，且适应更快。美国凯斯西储大学的罗伊·鲍迈斯特（Roy Baumeister）在一篇题为《坏事比好事强大》（*Bad is stronger than good*）的文献中整理了大量关于这个问题的研究[76]，发现积极情绪通常比消极情绪的强度更弱、持续时间更短。心理学家里克·汉森（Rick Hanson）也表达了类似的观点，他认为，我们的大脑是消极信息的"魔术贴"、积极信息的"不粘涂层"。[77] 从进化的角度来看，在人类早期，那些没有迅速适应积极事件以及在经历消极事件时没有明显不适的人，会缺乏动力去做有益于自身生存的事情，例如不会努力保护自己和家人免受捕食者、饥饿、干渴和环境危险的威胁，因此相对较难生存下来。而幸存下来的人类祖先往往会为了缓解强烈的消极情绪而对消极事件迅速做出反应，例如，他们会在遇到大型捕食者时逃跑或战斗，会摆脱痛苦的处境或降低痛苦，等等。幸存下来的人类祖先也会迅速适应积极的事件，因此他们不断做各种各样的事情来让自己感到快乐，包括吃饭、喝酒、交友、做爱、精进各种技能、欣赏自然等，这些活动都给他们带来了更多的快乐，即使很短暂。

积极的感觉通常不如消极的感觉强烈和持久，这一事实对开发能够促进幸福感持续增长的积极心理干预带来了重大挑战。"持续的幸福"理论为解决这一困难提供了理论支持，即采取有意图的活动有助于实现幸福感的长期增加。[78] 如图1.3所示，有意图的活动能够解释人们之间大约40%的幸福感差异。

社会比较

我们的幸福水平在某种程度上受到与他人比较的影响。[79] 与在某方面强于自己的人进行的比较被称为"上行社会比较"。上行社会比较可能会发生在生活的所有领域，比如，将身体和身材与更健康、更苗条、更有吸引力的他人比较，将工作表现或体育方面的成就与更高水平的他人比较。在祖先们的时代，上行社会比较的过程是具有适应性价值的，因为它会促进人们努力做到最好，在群体中拥有最好的资源，从而使得基因有机会得到传播。在祖先的社会中，每个群体（通常规模为50～200人）中有少数人能过上最好的生活，成为最有吸引力的男性或女性，或者在工作、运动或人际关系中表现最佳。因此，每个人类群体中都有少部分人会很开心，因为在某些特定领域，他们在群体中是最强的。而且，因为早期群体的人数有限，成为群体中某方面最优秀的人是可能实现的，因此进行上行社会比较的结果会比较理想。然而，现代媒体——包括电视、电影、视频、杂志、报纸和互联网——所呈现的生活方式、有吸引力的身体形象，以及在工作、体育和人际关系方面的超常水平，是大多数人永远无法达到的。当我们用媒体上宣扬的标准，而不是眼前最适合的标准来衡量成功时，可能会让我们很不快乐，因为我们无法达到媒体所设定的标准。研究表明，在学校、工作、家庭生活、外表、衰老和对慢性疾病的适应等方面，进行上行社会比较会对幸福感产生负面影响。[80]

进行上行社会比较时，如果注重对比自己与他人的差异会令人沮丧，而识别和认同自己与榜样之间的相同之处则会激励人心。当与某方面不如我们的人进行下行社会比较时，这些对比和认同过程也会起作用。对比自己和那些没有取得很多成就的人的差异，可以提升我们的积极情绪，因为这时我们关注的是自身取得的成就比他们多了多少。然而，认同自己与那些没有取得很多成就的人的相同之处，可能会抑制我们的情绪，因为这会让我们意识到，如果丢掉已经取得的部分或全部成就，我们也许就会变得像他们一样。

如何通过社会比较提高而不是限制幸福感呢？这需要我们在上行社会比较时识别相同之处、在下行社会比较时识别差异之处。[81] 此外，当进行上行社会比较时，只与你认可的和渴望成为的人比较，与你崇拜的对象比较，而不要与社会地位相似的人比较，否则你会因为赶不上他们而对自己感到失望。当进行下行社会比较时，关注你比对方多取得的成就，例如你在家庭生活、工作、健康、吸引力和幸福方面的成功，而不要总是想着你可能会失去成就以及变得像他们一样。

情绪预测：在预测快乐方面存在的问题

阻碍人们采取有意图的活动的一个因素是，人们往往会错误预测让自己在未来感到良好的因素。在一系列实验中，美国哈佛大学的丹尼尔·吉尔伯特（Daniel Gilbert）发现，人们预测情绪和情感的能力很差。[82] 许多人认为，更多的钱、更好的住所、更多的阳光、更好的健康状态会让他们感到快乐。实际上，改变环境并不会导致幸福感的持续增加，这些东西只能暂时增加我们的主观幸福感。吉尔伯特对情绪预测的研究表明，人们的想象力往往高估了将要经历的积极情绪的强度和持续时间，这被称为"影响偏差（impact bias）"。影响偏差的发生可能是因为，在想象未来时我们没有考虑到享乐适应。可能的原因还包括想象力选择性地关注积极方面，而忽略了消极方面。这种有选择地关注未来事件的一个方面而忽视其他方面的倾向，被称为"聚焦主义（focalism）"或"聚焦错觉（focusing illusion）"。例如，我们想象工作晋升会带来更多的财富和幸福感，但忽视了晋升将涉及更多的责任，而我们通常只有有限的权力或资源来履行这些责任，从而会产生一些消极情绪。这些消极情绪可能会侵蚀晋升带来的积极情绪，最终导致我们在晋升后并没有体验到预期的幸福感。我们的想象力也倾向于认为未来的感觉会与当下的感觉相同。这种错误地将当前的偏好投射到未来的倾向被称为"当下主义（presentism）"或"投射偏差（projection bias）"。在一个寒冷的冬天，我们想象1个月的阳光假期会让我们感到更温暖，并且因此感到更快乐。实际上，在暑假的第三周，我们可能不仅没有之前想象的那样快乐，反而因为酷热、痛苦的晒伤和没有亲密的朋友而感到不快乐。因为在暑假期间，我们已经不再像冬天期盼阳光时那样感到寒冷。但是，在寒冷的冬天，当预测什么会让我们感到持久的快乐时，想象力忽略了这些细节。情绪预测方面的偏差可以在某种程度上解释，为什么许多人试图通过改善环境来改善幸福,但没有成功;也可以解释为什么有那么多关于什么能带来持久幸福的神话,如物质财富、美丽、健康或找到完美的伴侣。[83] 这都是因为,想象力会误导我们认为"他山草更绿"。

更高水平的情绪智力和正念与更准确的情绪预测有关。[84] 为了提高幸福感,我们要对想象中可能存在的偏差抱有质疑的态度,并更加注意对情境的情绪反应。科学研究已经证明,一些积极心理干预能够有效提升幸福感[85],本书的第九章会专门讨论这些干预研究。专栏1.4中提供了与本章相关的积极心理干预策略。

专栏1.4　提升幸福感的策略

领域	策略
积极情绪	・做一些能让你感受到积极情绪的事情,并品味它们(见第四章) ・使用下面列出的策略来对抗享乐适应、社会比较、负性偏向和情绪预测的影响
享乐适应	・当找到能让你感到快乐的事情时,试着变化做这些事的方式,欣赏它们带给你的美好感受
社会比较	・在进行上行社会比较时,与你认可的、渴望成为的人——你崇拜的对象比较。不要与社会地位和自己相似的人或媒体中的偶像比较,否则你会因为无法赶上他们而感到失望 ・在进行下行社会比较时,关注你比别人多取得的成就。不要总想着你可能会失去成就,变得像他们一样
负性偏向	・了解到人们会预期从大的收获和成功中获得小幅度的快乐增长,而在小的损失和失败中预期快乐体验大幅度降低
情绪预测	・当预测在做一些想让自己未来感觉更好的事情之后会有什么感受时,问一问自己,过去的经验能够提供哪些证据来证明:你的感受会跟想象的一样好,感受持续的时间会跟想象的一样久,以及是否忽视了可能会出现的抵消积极感受的情况
教育和工作	・通过在具有挑战性和吸引人的任务中运用个人技能来获得心流体验(见第四章的心流)
人际关系	・优先花时间与家人和朋友在一起,使这些关系变得牢固和持久(见第八章的人际关系建立策略)
意义、目标和价值观	・设定并追求非物质取向的、赋予你生活意义和人生目的的目标

(续)

环境	· 确保自己和家人在身体和经济上的安全和舒适，但不要掉入消费主义的享乐适应陷阱 · 住在绿色空间或自然美景附近，创造机会聆听令人愉快的音乐和参加艺术活动，并定期去感受好天气
健康	· 保持健康的生活方式
娱乐	· 进行正念冥想或渐进式肌肉放松（见第四章的正念冥想和第七章的放松） · 适度休息、放松、度假 · 与朋友参与合作性的或有趣的娱乐活动来创造心流体验（见第四章的心流）

多样性和感激

在一系列研究中，柳博米尔斯基和肯农·谢尔登（Kennon Sheldon）发现，积极、有意图的活动会对积极的情绪体验产生持续影响，但受到活动多样性和人们对活动的欣赏及感激程度的制约。[86] 他们发现，人们如果能够参与多种类型而不是多次重复的单一活动，或者如果能够有意识地感激这些活动带来的积极情绪，这些活动就更有可能对积极情绪带来持续的促进作用。因此，有两个原则可用来最大化有意图的活动对积极情绪的影响，即多样性和感激。我们可以参与更多有意图的活动。如果我们每天都做同样的好事，事情的内容和得到的反馈会趋同，我们便会逐渐适应做事的结果。而每天做各种不同的好事，事情的内容和反馈都会存在差异，对我们来说都是新的刺激，因此对我们积极情绪的影响更大。我们能做的另一件事是有意识地欣赏和感激有意图的活动带来的积极情绪的增加，这样可以放大这些活动的积极作用。所以我们可以运用多样性和感激这两个原则来减缓享乐适应的过程。

尽管我们尽了最大的努力来增加积极情绪，但幸福设定值还是限制了能够体验到的积极情绪的程度。在10分的量表上，积极情绪或快乐的平均分数能够增加的幅度不超过一两分。但是，幸福感并不完全依赖于积极情绪。PERMA理论认为，积极情绪只是整体幸福感的五大要素之一。虽然我们的幸福感水平在某种程度上受到设定值的限制，但幸福设定值并没有限制我们在活动中的投入、积极的人际关系、有意义的活动和取得的成就。我们可以通过有意图的行为来改变幸福感的其他四个要素。所以，我们可以选择改变生活方式来改善幸福感。

大多数人是幸福的

积极心理学可能无意中传达了这样一个信息,即人们处于不幸福的状态,而它能够提供解决方案。但事实并非如此。积极心理学最早且最重要的研究发现之一是:平均而言,大多数人的幸福感都达到了中等水平。1995年,迈尔斯(Myers)和迪纳汇总了916项关于快乐、生活满意度和主观幸福感的调查数据,这些调查涉及全球45个国家的100多万人。他们将所有的数据转换成10分制,其中10表示非常幸福,5表示中等幸福,0表示非常不幸福。计算得出的幸福感平均分为6.75——不是中间水平的5。他们得出的结论是,大部分人都感受到了中等程度的幸福。[87]这一结论在最近的盖洛普世界民意调查(Gallup World Poll)数据分析中得到了支持和扩展。2005—2015年,在针对166个国家的150万人的民意调查中,74%的受访者都表示体验到的积极情绪多于消极情绪。[88] 那些最幸福的人通常生活在具有高度社会支持的、发展繁荣的幸福社会。[89]

积极情绪的神经科学

幸福感的神经科学研究是一个新兴的领域。在对64项大脑成像研究的元分析中,美国罗得岛大学的乔舒亚·坦泽(Joshua Tanzer)和莉萨·韦安特(Lisa Weyandt)发现,幸福体验由33个独立的大脑区域调控[90],其中有14个脑区在各种类型的幸福发生时都被激活。此外,研究发现,在诱发人们以快乐、投入或意义为核心内容的幸福感时,不同的大脑区域网络被激活,这与塞利格曼对真实的幸福的分类一致。他们因此得出结论,幸福感是一个涉及全脑的过程,幸福的体验由大脑两个半球多个脑区的复杂神经网络所调控,而不是仅定位于一个大脑区域或情绪加工区域。

与积极情绪相关的最重要的研究方向之一是肯特·贝里奇(Kent Berridge)在密西根大学开展的关于"想要(wanting)"和"喜欢(liking)"的神经网络研究。[91]想要是指人们期望得到能够带来快乐的东西的过程,由大脑皮质下的回路调控,特别是中脑边缘多巴胺系统,该系统连接着富含多巴胺的腹侧被盖区与伏隔核。喜欢是指人们体验那些令人愉快的东西的过程,由在解剖学上更小、功能更脆弱的阿片类大脑回路调控,这个回路包含了享乐热点(hedonic hotspots)。享乐热点是解剖学上很小的产生快乐的脑组织,位于前额叶皮质的边缘区域,如眶额叶皮质和岛叶皮质,以及皮质下结构,如伏隔核、腹侧苍白球和脑干脑桥。这些分散的享乐热点似乎是一个在功能上相互连接的网络。图1.5描绘了调控"想要"和"喜欢"的神经回路。"喜欢"和"想要"是积极情感的不同方面,涉及不同的神经递质。阿片类递质会让人体验到积极情绪,多巴胺会驱动人们去寻求让自己感到快乐的刺激和情境。

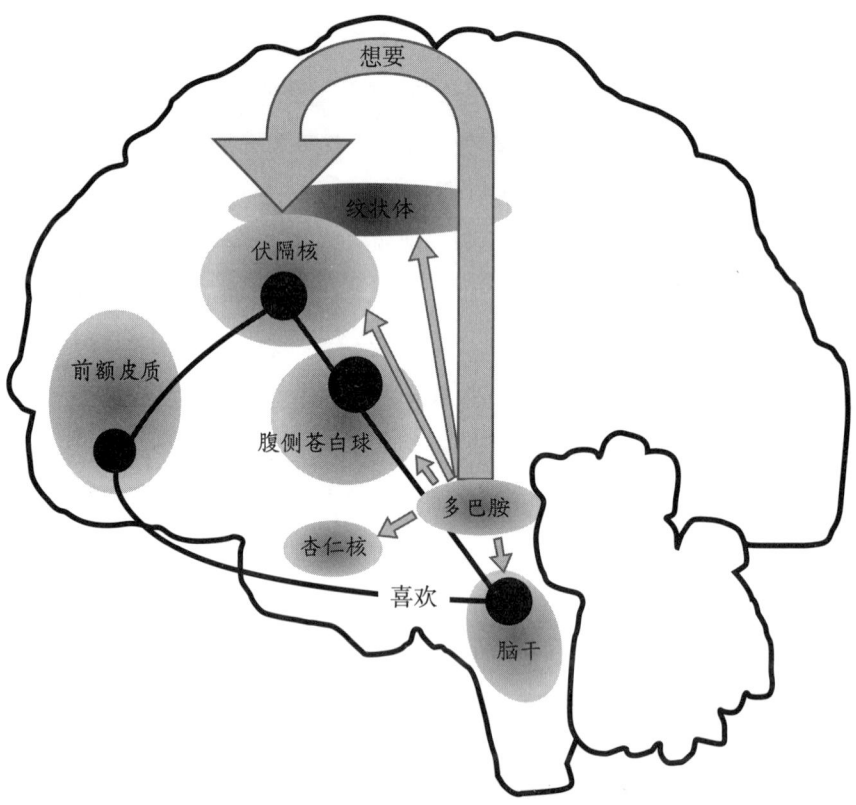

图1.5 "想要"和"喜欢"的神经回路

注:Reproduced from Figure 1, p. 10, in Berridge, K. C. (2018). Evolving concepts of emotion and motivation. *Frontiers in Psychology, 9*, 1647. Copyright © 2015 Berridge. This is an open access publication.

争议

在积极心理学领域以及积极心理学与心理学其他分支之间,存在着许多争议。为了便于说明,下面介绍其中两个:积极心理学与人本主义心理学的争论和关于积极率的争议。

积极心理学与人本主义心理学

现代积极心理学领域的学者和传统人本主义心理学的学者曾进行过激烈的争论。[92] 人本主义心理学是现代积极心理学的先驱,它更关注人的优势而不是缺陷。人本主义心理学是20世纪60年代人类潜能运动的一部分,取代了行为主义和精神分析的地位。积极心理学家从一开始就决定致力于使用严格的实证、定量的科学研究方法来探索幸福感是如何发生的,并开发简短、实用的积极心理干预方法,以促进临床和非临床人群的幸福感提升。一些积极心理学家认为他们与人本主义心理学家不同,因为人本主义心理学家不太致力于开展严格的实证研究,并将干预主要局限于临床人群,过分强调生活的消极方面。相较而言,人本主义心理学家捍卫深入的定性研究的价值,并开发了长期的心理治疗方法,以解决危及人们幸福感的复杂临床问题。一些人本主义心理学家对简短、实用的积极心理干预持批评态度,他们认为这些干预是肤浅的,过分强调积极情绪,未能解决决定幸福感的本质问题。他们还注意到,并非所有看起来积极的现象在所有情况下都是积极的。同样,并不是所有看起来消极的现象在所有情况下都是消极的。对全球变暖的焦虑可能会激发缓解气候变化的行为。在积极心理学和人本主义心理学之间持续的、强烈的争论中,有人呼吁和解——从长远来看,这似乎是必然趋势。

积极心理学第二次浪潮的出现促使积极心理学与人本主义心理学迈向了和解之路。[93] 积极心理学第二次浪潮借鉴了人本主义心理学的传统,强调生命意义对幸福感的重要性。研究者们认为,创伤和痛苦等消极经历可能会为心理韧性和个人成长等积极品质的发展创造机会;在某些情况下,看起来积极的事情可能会有消极的结果——例如,过度的善良可能会导致同情疲劳。在积极心理学第二次浪潮中,生命意义以及"积极"与"消极"的辩证关系是研究和实践的重要焦点。积极心理学最初过于关注"享乐型"幸福感、快乐、积极性,排斥人本主义心理学的思想;第二次浪潮则转向关注"自我实现型"幸福感、生命意义、积极和消极现象与经验的辩证关系,并对人本主义心理学的思想持有更加开放的态度。

关于积极率的争议

在关于积极率、临界点和心理繁荣的科学文献中有一个重要争论,争论的一方是芭芭拉·弗雷德里克森和马西亚尔·洛萨达(Marcial Losada),另一方是尼古拉斯·布朗（Nicholas Brown）、艾伦·索卡尔（Alan Sokal）和哈里斯·弗里德曼（Harris Friedman）。[94]在弗雷德里克森和洛萨达于2005年发表的一篇开创性文献中，洛萨达通过复杂的数学模型对大学生报告的日常积极和消极情绪进行了计算，结果发现，当积极情绪与消极情绪的比值达到3时，学生表现出心理繁荣。心理繁荣程度的评估量表包括自我接纳、生活目标、对环境的掌控感、与他人的积极关系、个人成长和自主感等条目。布朗、索卡尔和弗里德曼认为洛萨达错误地应用了数学模型，积极率的临界点不是3，因为没有令人信服的证据能够表明3是心理繁荣的转折点。弗雷德里克森在一次撤稿声明中承认，支撑2005年的那篇论文的数学模型确实存在问题。然而，她坚持认为，来自一些其他研究的数据确实表明，适度高水平的积极率有助于人们收获幸福感。随后，布朗、索卡尔和弗里德曼在回应中提出，并没有确实的证据表明存在一个非连续的积极率临界点。关于积极率的研究仍在积极心理学领域进行，随着更多研究数据的积累，特定情况下的特定积极率对幸福感的作用会更加明确。与此同时，可以肯定的是，在达到某个未确定的点之前，更高的积极率通常与更高的幸福感相关。但是，极端的高积极率通常是有问题的——例如当双相患者处于轻躁狂状态时。

总结

积极心理学侧重对人类经验的积极方面开展科学探究，并将相关知识应用于广泛的临床和非临床背景。塞利格曼于1998年在美国创立的积极心理学，现在已经成为一项世界性的事业，是心理学领域的统一力量。塞利格曼在2002年提出的"真实的幸福"理论中，指出生活满意度或幸福感是由积极情绪、积极特质、参与吸引人的活动以及发展有意义的人际关系和制度决定的。2011年，塞利格曼用PERMA理论取代了"真实的幸福"理论。在PERMA理论中，幸福感被定义为一个多维的概念，包括积极情绪、投入、人际关系、意义和成就，可以用PERMA量表测量。

除了PERMA理论之外，还有很多其他界定幸福感的角度。"享乐"取向的幸福感认为幸福和美好生活的本质是寻求快乐和回避痛苦，而"自我实现"取向的幸福感认为快乐和美好生活的本质是实现个人的全部潜能。享乐型和自我实现型幸福感的思想可以追溯到公元前4世纪的古希腊哲学思想。在现代心理学中，"享乐型"幸福感的思想主要体现在由迪纳倡导的主观幸福感研究中，"自我实现型"幸福感的思想主要体现在里夫倡导的心理幸福感研究中。主观幸福感的主要成分是积极与消极情绪的平衡和生活满意度。心理幸福感包含六个成分：自主感、对环境的掌控感、个人成长、与他人的积极关系、生活目标和自我接纳。

社会幸福感、生活质量和心理繁荣是界定幸福感的另外三种方式。社会幸福感是指在一个人生活的社会网络和社区中与最佳功能相关的积极状态。生活质量是指参照个人的目标、期望和标准，一个人在所生活的文化背景下对自己生活地位的感知。心理繁荣意味着表现出个人的最佳功能。

PERMA幸福感中的每一个元素在一个或多个方面都有长期的益处——例如，情绪、健康、人际关系或工作。频繁的积极情绪体验与更好的健康、寿命、人际关系和职业适应有关。

弗雷德里克森的积极情绪的拓展建构理论解释了积极情绪体验如何通过暂时拓宽思维-行为范围来促进创造性思维和生产力的发展。

柳博米尔斯基的持续的幸福理论提出，在幸福感的个体差异中，40%来源于有意图的活动，10%来源于环境，50%来源于遗传因素。但是最近的数据表明，遗传因素对积极情绪体验的解释率不超过40%。

遗传因素通过大约50%可遗传的主要人格特征来影响幸福感。外向性是与积极情绪最密切相关的人格特征。

当具备以下环境因素时，人们的积极情感体验会更多：支持性的人际关系，财富资源、教育和就业，休闲，没有严重的疾病，自由，舒适的生活环境，女性（非中年）。

环境因素和有意图的活动对积极情绪的影响程度受以下因素影响：由基因决定的幸福感的设定值；对积极事件的适应倾向（享乐适应）；积极情绪比消极情绪的强度弱，且更容易消失（负性偏向）；进行令人沮丧的上行社会比较；对可能会导致积极情绪增加的事情做出不准确的情绪预测。

根据本章所介绍的内容，我们可以通过做专栏1.4中列出的活动来优化自己的幸福体验。

积极心理学作为一种运动，可能会无意中传达这样一个信息，即大多数人都是不幸福的，需要积极心理学来帮助他们找到幸福。事实并非如此，国际调查一致显示，大多数人都是幸福的。

在幸福感的神经科学这个新兴领域，一个重要的发现是，调控"想要"带来快乐的东西和"喜欢"快乐的东西这两个动机过程的神经网络是明显独立的。

本章讨论了积极心理学领域中两个关键的争议性问题。第一个问题是，积极心理学与人本主义心理学是相似的还是不同的，是否应该考虑整合。这是一场正在进行的讨论，讨论的一个积极结果是积极心理学第二次浪潮的出现。第二个问题是，积极情绪和消极情绪的比例是否有一个关键的临界点。目前，没有证据表明存在促进心理繁荣的积极率的关键临界点。

关键术语

情绪预测（affective forecasting）：预测在未来某个特定情况下的感受。由于影响偏差和聚焦错觉，人们的情绪预测能力往往很差。

真实的幸福理论（authentic happiness theory）：该理论由马丁·塞利格曼提出。他指出，幸福感是由积极情绪、积极特质和参与吸引人的活动，以及发展有意义的积极人际关系、社会系统和制度决定的。

积极情绪的拓展建构理论（broaden and build theory）：该理论由芭芭拉·弗雷德里克森提出。她指出，积极情绪能够拓宽思维-行为的范围，并帮助我们建立持久的个人资源来促进幸福感。

伊斯特林悖论（Easterlin paradox）：伊斯特林发现财富的增加并不总是与幸福感的增长有关。

影响幸福感的环境因素（environmental determinants of happiness）：主要包括支持性的人际关系，财富资源、教育和就业，休闲，没有严重的疾病，自由，舒适的生活环境，女性（非中年）。

自我实现型幸福感（edaimonic wellbeing）：自我实现型幸福感认为快乐和美好生活的本质是实现个人的全部潜能。

心理繁荣（flourishing）：在生活中表现出个人的最佳功能。

聚焦错觉（focusing illusion）：在情绪预测中，人们会倾向于有选择地关注未来事件的一个方面，而忽视其他也即将发生的事情。

幸福设定值理论（happiness set-point theory）：该理论由戴维·莱肯和奥克·泰勒根提出。他们认为人们的情绪会围绕一个由基因决定的稳定点动态变化。

享乐适应（hedonic treadmill）：该现象由菲利普·布里克曼和唐纳德·坎贝尔提出。它是指人们会对最近发生的积极和消极的重大生活事件产生强烈的反应，主观幸福感会急剧增加或下降，但是在大多数情况下会在短期内恢复到幸福感的设定值。

享乐型幸福感（hedonic wellbeing）：享乐型幸福感认为幸福和美好生活的本质是寻求快乐和回避痛苦。

人本主义心理学（humanistic psychology）：人本主义心理学关注人类状况的积极方面，它的出现是对精神分析和行为主义的回应，是现代积极心理学的先驱。

影响偏差（impact bias）：在预测情绪时，人们倾向于高估将要经历的积极情绪的强度和持续时间。

负性偏向（negativity bias）：在同样强度的积极或消极刺激下，积极情绪通常比消极情绪更弱、更短暂。

PERMA问卷（PERMA profiler）：测量PERMA幸福感五个维度的问卷。

幸福的PERMA理论（PERMA theory of wellbeing）：该理论由马丁·塞利格曼提出。该理论中幸福感有五个维度：积极情绪、投入、人际关系、意义和成就。

积极心理学（positive psychology）：积极心理学是心理学的一个分支，侧重于对人类经验的积极方面开展科学探究，并将相关知识应用于广泛的临床和非临床背景。

积极率（positivity ratio）：积极情绪与消极情绪的比值。

心理幸福感（psychological wellbeing）：心理幸福感包括自主感、对环境的掌控感、个人成长、与他人的积极关系、生活目标和自我接纳。这个理论是由卡罗·里夫提出的自我实现取向的幸福感理论。

生活质量（quality of life）：是指一个人参照自身的目标、期望和标准，在所生活的文化环境背景下对自己生活地位的感知。它是一个多维的概念，涵盖了感知到的健康、心理状态、独立水平、社会关系、精神性以及环境的特征与获得服务的机会。

积极心理学第二次浪潮（second wave positive psychology）：积极心理学的一个新兴分支，关注积极和消极的现象与经验之间的辩证关系、生活的意义，并对人本主义心理学的思想抱有开放的态度。

马丁·塞利格曼（Seligman, Martin）：积极心理学的创建者。

社会比较（social comparison）：将自己与他人进行比较的过程。

社会幸福感（social wellbeing）：指在人们的社会网络和社区中与最佳功能相关的积极状态，包含社会融合、社会贡献、社会一致性、社会实现性和社会接受度。

主观幸福感（subjective wellbeing）：主观幸福感的主要成分为积极与消极情绪的平衡

及生活满意度。这个理论是由埃德·迪纳提出的，是享乐型幸福感理论的现代版。

持续的幸福感理论（sustainable happiness theory）：柳博米尔斯基指出，幸福感的个体差异中有40%来源于人们能控制的有意图的活动，10%来源于环境，50%来源于遗传因素。

个人发展问题

1. 在你的生活中，存在哪些有助于幸福感的因素？
2. 在你的生活中，缺少哪些有助于幸福感的因素？
3. 你能做些什么来提高幸福感？
4. 实施这些提高幸福感的策略的成本和收益是什么？
5. 实施本章提供的一些提高幸福感的策略，通过在实施前和实施后作答本章中的幸福感量表，评估这些策略对你的幸福感的影响。

思考题

1. 积极心理学与"大众心理学"有什么不同？
2. 比较不同理论取向和视角下的幸福感概念的区别。
3. 幸福感的来源和阻碍因素有哪些？

研究问题

1. 复制和扩展这项或类似的调查研究：Diener, E., & Seligman, M. (2002). Very happy people. *Psychological Science, 13*(1), 81-84.
2. 复制和扩展关于情绪诱导的研究：Cohn, M., & Fredrickson, B. (2009). Positive emotions. In S. Lopez & C. R. Snyder (Eds.), *Oxford handbook of positive psychology* (2nd ed., pp. 13-24). New York: Oxford University Press.

拓展阅读

自助书籍

Carr, A. (2020). *Positive psychology and you: A self-development guide*. London Routledge. 本书详细描述了可以用于改善幸福感的练习，与《积极心理学》（原著第三版）配套使用。

介绍性教材

Lopez, S. J., Pedrotti, J. T., & Snyder, C. R. (2019). *Positive psychology: The scientific and practical explorations of human strengths* (4th ed.). Thousand Oaks, CA: Sage.

Compton, W., & Hoffman, E. L. (2019). *Positive psychology: The science of happiness and flourishing* (3rd ed.). Thousand Oaks, CA: Sage.

Boniwell, I., & Tunariu, A. (2019). *Positive psychology: Theory, research, and applications* (2nd ed.). London, UK: Open University Press.

参考著作

Diener, E., Oishi, S., & Tay, L. (Eds.) (2018). *Handbook of wellbeing*. Noba Scholar Handbook Series: Subjective Wellbeing. Salt Lake City, UT: DEF.

Gallagher, M. W., & Lopez, S. J. (Eds.) (2019). *Positive psychological assessment: A handbook of models and measures* (2nd ed.). Washington, DC: American Psychological Association.

Snyder, C. R., Lopez, S. J., Edwards, L. M., & Marques, S. C. (2016). *Oxford handbook of positive psychology* (3rd ed.). New York: Oxford University Press.

第二章

目标与优势

> **学习目标**
> - 确定高价值目标的特征及其与幸福的关系
> - 理解积极心理干预，以设定高价值目标并取得进展
> - 能够解释行动价值（Values in action, VIA）中对美德和品格优势的分类
> - 确定 VIA 研究项目的主要研究结果
> - 知道如何评估 VIA 的优势和美德，识别标志性优势，并利用这些优势来提高幸福感

在本章，你将会阅读到与高价值目标和品格优势相关的内容。这两个主题相互联系，品格优势在高价值目标的追寻中起着重要作用。

目标

目标能促进 PERMA 理论中幸福感的五个方面（见第一章）。[1]追寻或实现有价值的目标能提升积极情绪、技术性活动的投入度、关系发展、生活意义与目标、成就。[2]也就是说，目标追寻和目标达成都能提升幸福感。目标不仅是对预期结果的认知表征，还蕴含了对实现这一结果的方法表征。例如，获得大学学位的目标可能包含努力学习、学习新事物以及顺利完成作业和考试等想法。目标的特征包含多个维度：大小（例如小目标和大目标）、时间范围（例如短期、中期和长期目标）以及价值性（例如高价值目标或低价值目标）。本章主要聚焦于大目标、长期目标以及高价值目标。

目标的积极功能

相关研究表明，目标有很多积极功能。[3]目标使我们的人生有努力方向。目标激励我们持续努力，让我们不放弃、不分心。目标帮助我们组织与手段和目的相关的信息、技能和策略。如果目标和满足基本需求（例如，获取食物、住所或资源）相关，那么它们将有利于我们的生存。如果目标是长期的、高价值的（例如，帮助他人），那么它们就会为我们的生活赋予意义。如果没有对未来的愿景以及高价值的努力目标，人们就有可能变得漫无目的、缺乏动力、没有头绪，把时间浪费在毫无价值的事情上。高价值目标会激励人们去做计划、发现新信息、掌握技能、运用策略、保持专注、抵制诱惑、监控进程、获得反馈、采取正确行动、有效管理时间和资源、赶上最后期限，并以促进目标达成的方式与他人互动。

目标的不利方面

设定和追寻高价值目标的不利之处在于，该过程可能会偶尔带来消极情感。这主要有两方面原因。第一，设定目标凸显了当前状态和理想状态之间的差距。如果目标达成是幸福的前提条件，那么想象无法达成目标可能会给人带来苦恼。这涉及第一章中提到的社会比较。[4]当我们与那些已经达成目标的人相比较，或者怀疑自己是否有能力和资源达成目标时，上行社会比较会让我们受挫。但是，如果我们认同那些已经达成目标的人，上行社会比较也是有激励作用的。例如，因为崇拜某运动员，我们会更加努力训练，以求自己未来也能同样优秀。

目标会带来苦恼的第二个原因是，达成目标的积极作用通常是短暂的。在第一章讨论享乐适应理论时，我们曾经提到，在大多数情境下，人们会适应积极的事情，包含成功达成目标。[5]但是，通过品味成功可以延长目标达成的积极作用。[6]第四章对品味进行了讨论。另一个方法是将注意力集中于目标追寻的过程，而非目标达成。相对于享受结果，享受过程会带来更多的幸福感。[7]在追寻长期的高价值目标时，这一点尤为明显。

高价值目标的特征

某些条件下，高价值目标的追寻和达成更可能促进幸福感。[8]

内在奖励、自我和谐目标

自我决定理论的相关研究发现，如果我们基于内在动机去追寻某些目标，同时这些目标与自主、胜任和关联的需求相一致，那么我们就更可能实现这些目标，并且有更高的幸福感。[9]自我决定理论是由美国罗切斯特大学的理查德·瑞安（Richard Ryan）和爱德华·德西（Edward Deci）提出的，该理论阐释了培养内在动机的条件。自我决定理论的研究涉及学业任务、慢性疾病患者对医疗方法的坚持使用、肥胖和成瘾、体育锻炼、环境行动主义以及亲密关系中的活动参与等。在所有领域中，当目标追寻基于内在动机且自我和谐时，就会给人们带来更大的幸福感。

在内在动机的影响下，人们追寻目标是由于目标本身的价值。相反，出于外部动机去追寻目标，是迫于外部压力去获得其他利益或避免消极结果。内在动机和外在动机是一个连续谱的两端。在人类发展的过程中，对某件事的动机可能在一个连续谱上移动变化。例如，童年时演奏一种乐器的目标可能是出于外部激励。然而，一旦掌握了音乐技能，演奏音乐则可能会在青春期或成年期变为内在激励。

自我决定理论有三个基本需要：自主，指掌控自己生活进程的需要；胜任，指有效应对环境事件的需要；关联，指对亲密关系的需要。与自主、胜任和关联这三个基本需要相一致的目标被称为自我和谐目标。

提升内在动机的方法有：提供关于如何完成任务的选择、自我指导的机会以及对良好任务表现给出积极反馈。对消极表现的消极反馈会削弱内在动机，而积极反馈会加强内在动机，因为它提高了有关任务的胜任力。

惩罚、惩罚威胁、压力评估以及强加的目标、期限和指令，都会降低内在动机。惩罚性激励会降低内在动机，因为它们损害了人们对自主性的感知，增加了人们认为自身表现是由外部而不是内部因素引起或控制的感知。

奖励和内在动机的关系是复杂的。[10]虽然具有控制性的奖励会减弱对活动的内在动机，但一旦内在动机建立起来，这种奖励可能会帮助人们沿着自我决定这个连续谱从外在动机到内在动机前进。也就是说，奖励可以激励人们在最初坚持活动，直到有足够的自我效能并能以综合方式来调节活动。与控制性的奖励相比，信息性的奖励更能帮助我们沿着自我决定这个连续谱向内在动机前进，因为信息性奖励能让我们知道自己在任务中的表现如何。

一定的条件能促进内在动机的发展。那些婴儿期和童年期的关联需求得到满足的孩子会表现出更多的内在动机。关于依恋的研究表明，与父母有安全依恋关系的孩子会表现出更多基于内在动机的探索行为。在儿童时期，支持性而非控制性的养育方式会使孩子产生内在动机。同样，在学校里，采用支持性而不是批评性教学风格的教师能增强学生的内在动机。通过给予与年龄相适应的任务和责任来满足孩子的能力和自主需求，随着时间的推移，孩子就会逐渐发展出对这些任务的内在动机。

在那些具有适度挑战性的任务中，我们觉得自己能做好并体验到满足感，内在动机也因此会提高。对于非常具有挑战性的、复杂的任务，最初朝着具有适度挑战性的子目标努力，也能促进内在动机的发展。完成了一系列子目标后，我们就可以处理整个任务或活动。内在动机部分受到自我效能感的影响。也就是说，我们有内在动机去做那些我们相信自己能成功完成的活动。内在激励的任务可以带来个人满足感。通常，这种满足感与达成个人设定的标准或有价值的个人目标以及伴随这些成就的积极情绪有关。

活动或体验目标

那些涉及活动（或参与体验）而不是获取物质财富的目标，或者创造新体验而不是改变环境的目标，更有可能带来幸福感的持续增长。[11]第一章中提到，柳博米尔斯基的持续的幸福理论以及相关实证结果表明，我们更适应环境的变化，而不是有意图的活动的变化。[12]正因为如此，包含有意图的活动的目标具有更持久的积极影响。第一章还指出，对财富和幸福的研究表明，基本需求得到满足之后，物质财富的大幅增加并不会带来幸福，也不会提升幸福感。[13]正因如此，那些涉及活动和参与新体验的目标比获取物质财富更能引发幸福感。

趋近和回避目标

那些涉及趋近有价值的结果的目标（例如，为他人做好事）通常比涉及回避不受欢迎的情况的目标（例如，避免与他人发生冲突）能带来更多的幸福和目标实现。[14]因为与回避目标相比，趋近目标的进展情况更容易被监控。趋近目标引起的积极认知比消极认知更多，因为人们将注意力集中在了理想的结果上。然而，为了促进人们适应环境，趋近目标和回避目标的结合是必要的，能提升幸福感的趋近目标和回避目标的最佳平衡点取决于个人的目标偏好。

目标和谐

目标冲突与较低的幸福感和较高的痛苦相关。[15]相反，当目标彼此和谐，形成一个连贯的整体愿景，会给人们带来更高的幸福感。由于人们有多方面的生活需求，包括健康/个人成长、家庭/人际关系、工作和休闲，制定一套和谐的高价值目标可能具有挑战性。在工作组织中，当员工的个人目标与工作小组和组织的目标相和谐时，就会引发更高的幸福感和生产力。[16]

目标具体性、难度、承诺和反馈

埃德温·洛克（Edwin Locke）和加里·莱瑟姆（Gary Latham）在对工作组织的目标设定理论进行了30年的研究之后，有了一些关于目标的重要发现。[17]他们发现，成功的目标实现与设定高度具体的、具有挑战性的目标有关，这些目标需要高度投入，并定期收到关于目标进展的反馈。具体的目标往往是可视化、可量化、有一定时间期限的。与"尽你所能"这样的模糊目标相比，为具体目标的进展提供反馈更容易。具有挑战性的目标是个人能力的上限，但不会难到让人产生较低的自我效能感。也就是说，觉得自己无法实现。与简单目标或者超出个人能力的困难目标相比，具有挑战性的目标能激励人们更加努力、更有创造性。在工作组织中，当人们追求他们承诺的、与高价值目标相协调的目标时，就更有可能投入高度的努力。对外宣布自己的目标会增加个人对实现目标的承诺，就像对实现目标有高度的自我效能感一样。提高自我效能感的途径有：技能训练、榜样示范以及提供定期、积极、鼓励的反馈。

在组织心理学领域，来自埃德温·洛克和加里·莱瑟姆等研究团体的发现，使得一些缩略语被广泛使用，比如"SMART"和"CLEAR"目标，被用于概括有效的短期目标的特征。[18]SMART目标是具体的（specific）、可衡量的（measurable）、可以通过技能和资源被实现的（attainable）、与总体目标相关的（relevant）、有时限的（timely）（有起点和终点）。

CLEAR目标是合作性的（collaborative，包括与他人合作）、有限制的（limited，对范围和持续时间的限制）、情绪性的（emotional，对目标的高水平承诺）、可观察的（appreciable，必要时可以细分为较小的目标）和可调整的（refinable，可以根据变化的环境和反馈进行修改）。SMART和CLEAR目标与高价值的长期目标的特征有部分重叠。但是它们的定义是不同的，SMART和CLEAR目标是短期的、有时间限制的，而高价值的目标是长期的。朝着高价值目标前进的过程提升了幸福感。

适当的目标

如果高价值目标考虑了文化环境、生命阶段、个人特征、能力、资源和优势等因素，那么对高价值目标的追求更有可能提升幸福感。[19]这些因素会影响生命周期不同阶段的任务完成，例如，完成教育、参与体育或艺术活动、与父母分居、找到工作、结婚或保持单身、有或没有孩子、退休，以及应对晚年生活的挑战。这些因素既可能为完成不同阶段任务创造机会，也可能造成障碍。

目标追寻的神经基础

美国俄勒冈大学的埃利奥特·伯克曼（Elliot Berkman）在对目标导向行为的神经科学研究的综述中，区分了"意志（will）"和"路径（way）"两个概念。[20]通往目标的路径主要涉及认知过程，而朝着目标前进的意志的核心是动机过程。在追寻目标的过程中，思考目标和实现目标路径，抑制冲动、避免分心的认知过程被称为执行功能。执行功能涉及的神经基础主要位于前额叶皮质的任务-积极神经网络。相比之下，朝着目标前进的动机过程主要涉及皮质下的脑回路，尤其是中脑边缘多巴胺系统。该系统将多巴胺丰富的腹侧被盖区与伏隔核连接起来。涉及执行功能的前额叶皮质和涉及实现目标的中脑边缘多巴胺系统见第一章的图1.5。

高价值目标的特征总结

综上，以下是高价值目标的特点，它们更有可能提高幸福感：

- 适合生活环境
- 内在奖励（而非外在奖励）
- 符合自主、胜任和关联的基本需求
- 参与活动（而非改变环境）
- 体验有价值的经历（比获取财富更重要）
- 趋近有价值的结果（而非回避不愉快的结果）
- 和谐（而非冲突）
- 是具体、可视化和具有挑战性的（而非模糊和容易的）
- 包含高水平的承诺（而非很少的承诺）

- 对目标进展进行监控，提供纠正性的反馈（而非模糊的反馈）

澄清高价值目标的积极心理干预

专栏2.1"最好的可能自我"和专栏2.2"讣告或遗书"练习是旨在澄清高价值目标的积极心理干预方法。这些练习可以帮助你一步步地确定生活中的高价值目标。美国密苏里大学的劳拉·金（Laura King）研究发现，通过想象未来最好的可能自我来撰写生活目标，是提高幸福感和减少疾病的有效方法。[21]在她的研究中，80名学生被分配到四个组中，研究人员邀请他们在连续4天的时间里，分别写下最好的可能自我、过去的创伤、二者兼有以及中立话题的内容。3周后，那些写下最好的可能自我的人报告主观幸福感有了显著提高，而且比写下创伤的人有更少的痛苦。5个月后，与对照组相比，写下最好的可能自我、创伤或二者都写的人有更少的疾病。那些写下最好的可能自我的人还有一个额外的好处，那就是明确了人生目标。

专栏2.1　最好的可能自我

找一个安静的地方，在那里你不会被打扰或分心。

在至少4天的时间里，每天花20分钟，想象"最好的可能自我"，并把它写在日记里。

写下你对未来10年的设想，假设生活中的每件事都很顺利，并且以下四个方面的所有希望都得到了实现：

- 身心健康和个人成长或精神性
- 与伴侣、家人和朋友的关系
- 在事业、工作或教育上的成就
- 在休闲活动、运动和艺术方面的成就

注：Based on an exercise in King, L. A. (2001). The health benefits of writing about life goals. *Personality and Social Psychology Bulletin, 27*(7), 798-807.

专栏2.2　讣告或遗书

找一个安静的地方，在那里你不会被打扰或分心。

想象一下，你在度过了漫长、富有成果、令人满意的一生之后去世了——这是你能过的最好的生

> （续）
>
> 活。你完成了想做的一切。在日记中，写下你认为最好的朋友会为你写的讣告，或者你认为他们会在你的葬礼上发表的悼词。想象一下，最亲密的朋友在你的葬礼上向那些认识你、爱你的人讲述你的生活，你希望朋友在描述你的生活时提及：你的人际关系、成就、你的生活对他人的影响，以及最想被记住的事情。
>
> 或者，想象你在度过了一段漫长、富有成果、令人满意的生活（可能是过得最好的生活）后，正濒临死亡。你完成了想做的一切。在日记中，给你的伴侣、孩子或孙子写一封信，从自己的角度讲述你的生活及遗产。写下你生活中最重要的价值观、人际关系、成就、你的生活对他人的影响，以及最想被记住的事情。
>
> 注：Based on an exercise in Seligman, M. E., Rashid, T., & Parks, A. C. (2006). Positive psychotherapy. *American Psychologist, 61*(8), 774-788.

塞利格曼、塔伊布·拉希德（Tayyab Rashid）和阿卡西娅·帕克斯（Acacia Parks）在积极心理疗法的首个研究中，让来访者假设他们在去世时过着充实而满意的生活，并写下他们希望在自己的讣告中写些什么。结果发现，这样做可以增加幸福感。[22]讣告练习是积极心理六期项目中的六个干预之一。另外的五项干预是：记录日常生活中的标志性优势；每天记录自己感恩的三件事；进行一次感恩拜访以及给从未被恰当感谢的人读一封感恩信；每天积极而有建设性地回应一次别人的好消息；每天品味一次转瞬即逝的积极感官体验，并把这种体验写下来。在这项研究中，被试包括40名有轻度到中度抑郁的学生。与没有接受治疗的对照组相比，那些参加了六次积极心理治疗（包括讣告练习）的人报告说，在治疗后，他们的抑郁症状显著减少，生活满意度显著提高，而且这种改善一直维持到1年后。

在完成了最好的可能自我或讣告或遗书练习后，你可以开始专栏2.3中的练习，它将帮助你进一步澄清和精练高价值目标。专栏2.4中的练习则提供了可以监控高价值目标进展情况的方法，以及在目标偏离轨道时应采取的纠正措施。

高价值的目标往往是宏大而长期的。当进展缓慢时，可以将大的长期目标分解成一些较小的、中期和短期的目标，并朝着这些目标努力，这样会有利于达成这些宏大的、长期的目标。

专栏2.3　明确高价值的目标

找一个安静的地方，在那里你不会被打扰或分心。

阅读你所写的关于最好的可能自我，或讣告或遗书的内容。

仔细思考这些材料，并想想如何回答以下问题：

- 对你来说，什么是真正重要的？
- 你生活中最优先的事情是什么？
- 你最看重哪类事情？
- 对未来的哪些希望和梦想激励着你、吸引着你走向未来？
- 你想要对哪些宏大的、全面的行动方针做出承诺？
- 你想如何规划你的人生？
- 如果你过着真正想要的生活，你会在做什么？
- 如果你的人生是一个项目，你会将它命名为什么？

在健康/个人成长、人际关系、成就、休闲活动和其他你可能看重的领域（比如精神性），写下你的高价值目标。

阅读你的高价值目标，并检查它们是否具有高价值目标的特征，这些特征最有可能提高幸福感。

- 适合生活环境
- 内在奖励（而非外在奖励）
- 符合自主、胜任和关联的基本需求
- 参与活动（而非改变环境）
- 体验有价值的经历（比获取财富更重要）
- 趋近有价值的结果（而非回避不愉快的结果）
- 和谐（而非冲突）
- 是具体、可视化和具有挑战性的（而非模糊和容易的）
- 包含高水平的承诺（而非很少的承诺）
- 对目标进展进行监控，提供纠正性的反馈（而非模糊的反馈）

如果你的高价值目标不具备这些特征，考虑如何完善它们。

> **专栏2.4　监控高价值目标的进展情况**
>
> 定期评估你在实现每一个高价值目标上取得的进展，满分为10分。
>
> 1表示你在实现高价值目标方面没有什么进展，10表示你取得了很大的进展。
>
> 如果分数逐渐提高，那就继续做那些能让你逐渐向高价值目标前进的事情。
>
> 如果分数保持不变或下降，那么问问自己：
>
> - 我是否把时间优先用在了高价值目标上？
> - 我花了很多时间做其他事情吗？
> - 我需要克服哪些障碍才能花更多的时间去追求高价值目标？
> - 我今天能采取的克服这些障碍的第一小步是什么？

VIA品格优势与美德分类体系

运用个人优势能够帮助人们朝着目标前进。针对品格优势的研究有数百项，在针对240名英国学生的研究中，亚历克斯·林利（Alex Linley）发现，在3个月的时间里，那些运用个人优势的学生能更有效地朝向目标前进，同时他们的自主、胜任和关联需要也得到了满足，进而增强了幸福感。[23]第一个具有里程碑意义的积极心理学研究项目也开始于美德与品格优势的分类。[24] 2004年出版的名为《品格优势与美德——手册和分类》（Character Strengths and Virtues: A handbook and classification）的著作是该研究项目的基石。塞利格曼和已故的克里斯托弗·彼得森（Christopher Peterson）是该书的作者。他们曾领导一个研究团队，对世界主流哲学传统中提及的美德和品格优势进行了整理总结。在整理工作中，研究者发现，共有六种美德被所有宗教和哲学传统普遍认同，包括智慧（wisdom）、勇气（courage）、仁爱（humanity）、公正（justice）、节制（temperance）和超越（transcendence）。这六种美德中每一种的建立都依赖对其相关品格优势的运用。例如，智慧可以通过好奇心来实现；公正可以通过公平来实现。专栏2.5列出了这六种美德和二十四种品格优势的分类。彼得森和塞利格曼还指出，分类系统中的六种美德和相关的品格优势是十分普遍的，而且可能是广泛适用的。[25]这得到了许多研究的支持。比如罗伯特·麦格拉思（Robert McGrath）在75个国家对100多万名成年人的调查结果就与其一致。彼得森和塞利格曼还提出，品格优势和美德的形成与建立可能以生物学的进化和选择过程为基础，个体以发展美德为手段来应对物种生存所必须面对的重要挑战。有一些证据已经支持了这一观点，迈克尔·斯蒂格（Michael Steger）及同事对美国明尼苏达州双生子登记处的336对中年双生子进行了研究，发现遗传因素对二十四种品格优势中的二十一种均有所影响。[26]南非约翰内斯堡大学的安-玛丽·哈钦森（Ann-Marie Hutchinson）发现，基于生物学的气质特征和品格优势之间存在显著的相关性。[27]

专栏2.5　美德及相关品格优势

智慧　　这种美德涉及知识的获取和运用。

创造力　　创造力包括独创力、创意和灵活性。身边的人认为你是一个有创造力的人。你愿意思考新的方法来做事、解决问题以及保持高效率的工作。如果能找到一种新的、更好的方式，你将不会满足于用传统的方式做事。

好奇心　　好奇心包括对所有事物的兴趣、求新、探索和开放性体验。你喜欢探索和发现。你对新的想法、活动和人很感兴趣。

判断力　　判断力包括批判性思维、认真思考和开放的思想。你认为认真思考并从各种角度审视问题很重要。你不急于下结论，在做出决定之前会权衡所有证据。当接收到新信息或对事物有新的看法时，你能够改变你的想法。

热爱学习　　热爱学习包括渴望掌握新技能、学习新内容以及系统地积累知识。你热衷于学习新事物，你热爱并会寻找新的学习机会。你经常想办法拓展你的知识和经验。

洞察力　　洞察力包括智慧、为他人提供明智的建议，并能够从大局出发。虽然可能你并不认为自己是明智的，但你的朋友对你持这种看法。他们看重你对事情的观点，并向你寻求建议。你有一种独特的看待世界的方式，能够整合多种观点，从更"广的角度"考虑"大局"，这对于他人和自己都很有意义。你认为错误也是学习的机会。

勇气　　这种美德是在面对内部或外部阻碍时实现目标的意志。

勇敢　　勇敢包括英勇，你不因威胁、痛苦、困难或恐惧而退缩，你为正确的事发声。你是一个勇敢的人，面对威胁、挑战、困难、痛苦或内部压力时都不会退缩。你能够直面恐惧，克服逆境和挑战。即使受到伤害，你也会坚持自己的立场。即使不受欢迎，即使会听到反对的声音，你依然会为正确的事情发声。你按照你的信念行事。

毅力　　毅力包括坚持、勤奋和勤勉。你努力做到有始有终，实现你的目标，并克服进步道路上的阻碍。无论什么事，你都能及时完成。你在工作时不会分心，在完成任务时会感到满足。

(续)

诚实	诚实包括真实、正直和真诚。你是一个诚实的人，不仅在遇到困难时诚实地袒露心声，在日常中也以真诚和真实的方式对待生活。你对自己的行为和感受负责，不会因为自己的行为或体验而责备他人。其他人也认为你是真诚和谦逊的。
热情	热情包括活力、热忱、能量。你对待生活充满热情和活力。你做任何事都不会半途而废。你总是活力满满并能够充分利用你的能量。
仁爱	**这一美德包括在亲密关系中照顾和帮助他人。**
爱	爱包括爱和被爱的能力，以及重视亲密关系。你在人际关系中真诚而温暖，你重视与他人的亲密关系，尤其是那些让你的分享和关心得到回应的人际关系。
仁慈	仁慈包括慷慨、怜悯、无私、共情、关怀和照顾。你能够共情他人并且慷慨大方，愿意帮助他们、关心他们。你喜欢帮助他人，即使是不认识的人。比起自己的需要，你更经常优先考虑别人的需要。
社会智力	社会智力包括情绪智力、人际智力，以及意识到自己和他人的动机和感受。你会在意他人的动机和感受。你知道怎样让别人产生好感。你知道如何适应不同的社会环境，以及如何与他人轻松相处。
公正	**这一美德是构成稳定的社交网络和健康的社会生活的基础。**
团队协作	团队协作包括公民义务、社会责任和忠诚。作为团队成员，你表现出色，能够融入团体并与其他团队成员合作。你是一个忠诚而敬业的队友，总是为团队尽自己的一份力量。即使不符合自己的最大利益，你也会为了团队的成功而努力。
公平	公平包括公正和正义。公平对待所有人是你长久以来的原则之一。你不会因个人感情而对他人产生偏见。你给每个人平等的机会，像你希望被对待的那样对待他们。
领导力	领导力包括组织团队活动及激励团队实现目标。比起被领导，你更愿意领导别人。你鼓励团体或团队一起努力实现集体目标，并通过让每个人都感到被包容、被重视来保持团体内部的和谐。
节制	**这一美德保护我们不受过度行为所带来的侵害。**
宽恕	宽恕包括仁慈、接受他人的缺点、给人们第二次机会。你会原谅那些对你做了错事的人，而不是心怀怨恨或寻求报复。你的原则是宽恕，而不是报复。
谦虚	谦虚包括谦逊，让自己的成就为自己发声。你不寻求聚光灯，更愿意让你的成就为自己发声。你不认为自己很特别，你承认自己的缺点。你了解自己的优点，但更愿意把注意力集中在他人的优点上。
谨慎	谨慎包括慎重、审慎和避免承担不当风险。你是一个慎重的人，你的选择通常是明智和谨慎的。你能够认真地执行详细的计划。有些事情现在让人感觉不错却很冒险，而且可能会带来让你后悔的长期后果，你能够压制住自己的冲动不去做这些事。

(续)

自我调节	自我调节包括自控、自律和控制自己的冲动和情绪。你能够自觉地调节自己的感受和行为。你是一个自律的人。你可以控制你的欲望和情绪，不会让它们操控你，例如，你不会发脾气、你可以坚持减肥。
超越	**这一美德将我们与更广阔的世界联系起来，并提供生命意义感。**
追求美与卓越	追求美与卓越包括敬畏、惊奇和提升。你能够留意并欣赏生活中各个领域的美丽、卓越以及他人熟练的技能、出色的工作绩效，包括自然、艺术、数学、科学和他人的美德。你惊叹于在这个世界上看到的美丽、伟大和美德，并常常为之感动。
感恩	感恩包括对发生的好事心存感激、愿意表达自己的谢意、感到幸福。你感恩、感激，并为生活的美好而感到幸福。你总是感激发生在你身上的好事，并很少将其视为理所当然。你的朋友和家人都知道你是一个懂得感恩的人，因为你总是花时间来表达你的谢意。
希望	希望包括乐观、积极的人生观和未来意识。你期待着最好的未来并努力实现它。你相信有很多途径可以实现你的目标。
幽默	幽默包括玩笑和轻松的心态。你喜欢用开玩笑的方式逗别人笑。你用你的幽默感来与他人保持亲密关系，并化解充满挑战、不利或黑暗的状况。
精神性	精神性包括目的感、生命意义感和信仰。你对如何让自己的生活成为比自身更伟大的东西有着坚定的信念。这些信念可能是精神性的，也可能是关于物质世界的。这些信念为你提供了一种舒适感、被理解感、目的感和生命意义感，并指引你的行为活动。

注：Based on Peterson, C., & Seligman, M. (2004). *Character strengths and virtues. A handbook and classification*. New York: Oxford University Press; Peterson, C., & Park, N. (2009). Classifying and measuring strengths of character. In S. Lopez & C. R. Snyder (Eds.), *Oxford handbook of positive psychology* (2nd ed., pp. 25-33, Table 4.1. VIA classification of strengths, p. 28). New York: Oxford University Press; and McGrath, R. E. (February 2019). *Technical report: The VIA assessment suite for adults: development and initial evaluation* (revised ed.). Cincinnati, OH: VIA Institute on Character.

品格优势标准

彼得森和塞利格曼的分类系统选出的二十四项品格优势，都符合以下十二条标准：它们是类似于特质的；是无处不在的；与引领我们实现某种形式的美好生活是相关联的；是具有道德价值的；是不会伤害其他人的；都具有一个消极的反义词（例如，勇敢与懦弱）；是可测量的；是独特且与其他品格优势有所不同的；是可以通过典型模范人物的特点明确展示出来的；是儿童或青少年的早期成熟表现；是有些人完全没有的；能够通过社会各界得到支持与培养。自2004年以来的研究发现，大多数的品格优势都是类特质的、无处不在的、与幸福密切相关的,并且是可测量的。[28]彼得森和塞利格曼从他们的分类系统中排除了智力或运动能力等天赋和能力,以及并非在所有文化中都得到重视的特征,如干净或节俭。他们还指出,每一种美德分类中的品格优势在某种程度上都是相似的,因为它们都支持着最基本的美德;但它们又不同于美德,它们是实现美德的途径。

品格优势的实现条件

彼得森和塞利格曼提出,某些条件能够引导人们发展品格优势。这些条件可能包括教育和就业机会、美满和谐的家庭、安全的社区和学校环境、政治稳定、制度民主等等。导师、榜样、支持性同伴的存在也可能成为发展品格优势的条件。有相当多的证据表明,支持性的家庭、学校和工作环境有利于品格优势的发展。[29]但罗伯特·麦格拉思在75个国家对100多万名成年人的调查结果却显示,来自不同政治稳定和民主程度的国家的人报告的品格优势水平没有显著差异。[30]除此之外,彼得森和塞利格曼还提出,一些环境特点也能够培养人的品格优势和美德。例如,自然、美丽等物理环境特点;授权性等社会环境特点;可预测性、可控性或新颖性、多样性等社会和自然环境皆有的特点。他们还提出,品格优势能够通过在不同的状况下经常性地使用而得到发展。专栏2.6给出了品格优势的使用方法示例。

专栏2.6 运用你的标志性优势

智慧

创造力
- 选择一项日常工作,并有意识地发挥你的创造力,利用自己其他的标志性优势,以完全不同的方式完成这项工作
- 养成"头脑风暴"的习惯,在权衡每个问题的代价和收益并选择最佳方案之前,想出尽可能多的解决问题的方法
- 用非常简短、准确的描述写下你能想到的最美丽的场景

好奇心
- 选择一个你每天都会经过但对它知之甚少的地方,去了解它的一切
- 从工作或大学的所在地选择一种不同的回家路线,并留意你看到的一切新事物
- 选择一项你必须经常做但并不喜欢的活动。在做这件事的时候,要留意三件你以前没有注意到的事情,并与朋友讨论这些发现

判断力
- 写下你所坚定持有的观点,然后写下其他人怀疑其有效性的五个原因

(续)

	· 下次有人谈论你不赞成但对他们而言很重要的事时，问问他们为什么这么相信这件事，仔细倾听他们所说的话，并尝试理解他们的观点 · 以开放的心态，观看一个主张不同于自己立场的政治类电视节目
热爱学习	· 坚持每天学习一个新概念 · 选择一个你真正感兴趣的话题，并尽可能多地了解它 · 当你必须学习一些无聊的东西时，思考了解这些内容对你和其他人有什么益处 · 今天花15分钟读你之前并不会读的书或文章
洞察力	· 下次和两个正在争吵的朋友在一起时，不要站在任何一边。相反，试着理解争论双方的观点 · 选择某一天，比起交谈，花更多的时间进行提问和倾听。只有在被询问观点时，才给出深思熟虑后的意见或建议
勇气	
勇敢	· 发现自己会有紧张的表现，但无论做什么让你紧张的事，都认为自己可以勇敢地完成 · 下一次当你害怕去做或说一些事情时，承认自己会害怕。然后，在这种情况下做到或说出了这些好事时，承认自己很勇敢 · 当你不得不做一些让你害怕的事情时，提醒自己这对你或其他人有什么帮助
毅力	· 今天，计划完成一件事、一项任务或一项工作，并按照计划执行 · 完成一件你已经逃避了一段时间的重要任务，并将其划分为小的阶段目标，然后一步步执行你的计划 · 今天确立一个新目标，列出实现这一目标的过程中会遇到的主要障碍，"头脑风暴"出克服这些障碍的方法
诚实	· 在某一天中，只说你真正相信的事 · 在某件事中，你没有做到完全诚实，联系当事人并告诉他全部的真相 · 每天做一件你认为能反映你最深刻的价值观的事
热情	· 今天做一些真的想做的事，而不是你认为你应该做的事 · 在24小时里，睡8小时，吃三顿适量的健康餐食，在户外运动1小时，你会发现你因此变得活力满满 · 向朋友或家人详细讲述今天发生在你身上的好事
仁爱	
爱	· 与你的朋友或伴侣做一些他们真正想做的事 · 告诉某人你非常欣赏他的一个优点，并向他举例说明你从哪里看到他的这种优点 · 说"谢谢"来接受别人的赞美 · 进行"仁爱"的冥想练习

(续)

仁慈	· 帮朋友或陌生人一个忙,但不要小题大做
	· 拜访一位孤独的人并倾听他的心声
社会智力	· 当有人说或做了令你恼火的事情时,不要立即报复,尝试去了解他们的动机
	· 在令人紧张的情境中,做些或说些什么让另一个人放松
	· 在复杂的环境中,当你有非常复杂的情绪时,练习命名每种情绪——例如,对愤怒和恐惧感到内疚
公正	
团队协作	· 今天,准时到达工作地点,并且在你参与的所有团队合作中尽最大努力
	· 在谈论团队的成就、成功、愿景和积极信念时,表达中更多使用"我们"而不是"我"
	· 为慈善组织做一些志愿工作
公平	· 今天,当你发现自己在与他人的交往中产生失误时,承认错误并承担责任
	· 倾听与你意见不同的人的观点,不要打断他们
	· 如果你需要做出影响他人的决策,让他们参与决策过程,让他们有机会表达和讨论与你不同的想法,并解释你做出最终决定的原因
领导力	· 为朋友或家人策划一次社交活动
	· 让社交圈中的新人或不受欢迎的人感到受欢迎,成为群体的一部分
节制	
宽恕	· 给冤枉你的人写一封宽恕信,但不必寄出,在1周内每天阅读它
	· 每天一次,当你对某人感到恼火时,试着理解对方令你恼火的原因,并放下你的负面情绪。
谦虚	· 今天,不要谈论自己
	· 称赞朋友某件事做得比你好
谨慎	· 今天,当你又在吃垃圾食品、饮酒过度或超速行驶时,问问自己这些事所带来的健康风险是否值得继续下去
	· 今天抑制一次过度行为
自我调节	· 每天在生活中的某个领域进行一次小小的自我控制,你会发现自我控制很有挑战性(健康饮食、饮酒、锻炼、购物、表达愤怒等)
	· 下一次你觉得要发脾气时,数10个数
	· 今天不要闲聊和说别人的坏话
超越	
追求美与卓越	· 每天停下两次脚步,留意周围的自然美景
	· 写下一周内每天看到的最美的东西
	· 留意当你赞赏别人帮助他人的行为时,你的感觉有多好

(续)

感恩	• 告诉那些很少因工作出色而受到感谢的人，你很感激他们所做的工作 • 在一天结束时，写下你当天经历的三件值得感激的事 • 给那些帮助过你但你从未感谢过的人写一封感谢信，详细描述他们是如何帮助你的，然后把信寄给他们
希望	• 写下下个月的目标，并制订实现目标的计划 • 想一件让你感到失望的事情，以及它为你创造的正面机会 • 观看一部传达了希望的电影，并思考如何将其用于你的生活
幽默	• 今天让一个人微笑 • 今天拿自己开玩笑 • 每天结束时，在日记中写下当天发生在你身上的三件最有趣的事情，并解释为什么会发生
精神性	• 今天冥想15分钟 • 今天思考一下你的生活目标 • 思考一个精神榜样，想想你最想效仿他的哪一种积极品质

注：This exercise is based on that given in Peterson, C. (2006). *A primer in positive psychology*. Oxford, UK: Oxford University Press, pp. 158-162, and on exercises in Niemiec, R. (2018). *Character strengths interventions. A field guide for practitioners*. Boston, MA: Hogrefe.

VIA品格优势评估

彼得森和塞利格曼使用心理测量研究和统计方法，开发并完善了能够最准确地评估二十四种品格优势的一组问题。随后，他们为每种品格优势选取了10个最佳问题，并将这些问题汇总为240条目的VIA品格优势问卷（Value In Action Inventory of Strengths, VIA-IS）。[31]此问卷需要10—15分钟完成。受测者会收到一份VIA-IS报告，其中包括品格优势的总体情况以及一份关于得分最高的前五个标志性优势的列表。

标志性优势

标志性优势是指那些发展良好的品格优势。它们相对于其他品格优势获得了更高的VIA-IS分数。彼得森和塞利格曼提出标志性优势具有以下与众不同的特点[32]：

- 相信标志性优势是你的核心特质之一
- 会对运用标志性优势感到兴奋

- 首次运用标志性优势时能够快速地学习
- 想要不断学习运用标志性优势的新方法
- 总是渴望找到运用标志性优势的新方法
- 感到在许多情况下会不可避免地运用标志性优势
- 在运用标志性优势时感到精力充沛而不是筋疲力尽
- 会创建围绕标志性优势的个人活动
- 在运用标志性优势时会感到快乐、兴奋、热情甚至狂喜

使用标志性优势与提高个人幸福感、学业成绩和工作绩效息息相关。[33]你可以利用专栏2.7中的练习来学习运用标志性优势，从而帮助你朝着高价值目标迈进。

专栏2.7　利用标志性优势，向高价值目标迈进

以下练习可以帮助你利用标志性优势实现高价值目标。

完成VIA-IS，找出你的前五个标志性优势；或阅读专栏2.5中对二十四种品格优势的定义，找出其中哪五项最能描述你。

写一个计划，在一周内每天以新的方式使用至少一种标志性优势，以帮助你朝向在专栏2.1、专栏2.2和专栏2.3中确定的高价值目标前进。

在一周的时间里，每天晚上写下你做了什么。在以新的方式使用一个标志性优势来帮助实现高价值目标之前、期间和之后，你的幸福感如何？用10分制量表分别打分。

在这个10分制量表中，"0"表示幸福感水平极低，"5"表示幸福感中等，"10"表示幸福感极高。

在这一周结束时，回顾你所写的内容。如果一周内每天都以新的方式使用了一项标志性优势，从而帮助实现了你高度重视的目标，并提高了幸福感，请将其写下来。

VIA优势与美德分类体系的研究

在彼得森和塞利格曼的《品格优势和美德》（*Character Strengths and Virtues*）一书出版和VIA-IS问世之前，并不存在对品格优势的大量研究。2000年成立的VIA品格研究所，为科学地研究过去在心理学中被忽视的品格优势和美德、帮助人们在生活中应用品格优势以获取更大的幸福创造了条件。在VIA品格研究所成立后的第一个10年里，品格优势的研究是由彼得森和塞利格曼以及南苏克·帕克（Nansook Park）所领导的。最近，罗伯特·麦格拉思和瑞安·涅梅茨（Ryan Niemiec）在推动品格优势和美德

的研究和学术进展方面发挥了核心作用。VIA-IS和下面描述的相关工具均已被翻译成多种语言，很多品格优势相关的研究都是在网上进行的。这使得进行涉及许多国家的上万名被试的大型研究成为可能。这些研究的规模使得人们对其结果的有效性充满信心。以下是VIA-IS研究项目的一些主要发现。

评估

目前研究者已经开发了大量评估品格优势的工具[34]，针对成年人的包含240个条目的VIA-IS是主要工具之一。较短版本的VIA-IS也已经被开发出来，有72条目和120条目两个版本。为了评估青少年的品格优势，研究者开发了包含198个条目和96个条目两种版本的VIA青少年问卷。对于7—12岁的儿童，研究者开发了包含96个条目的基于自我报告的儿童品格优势问卷（Character Strengths Inventory for Children）。对于3—6岁的儿童，研究者开发了包含96个条目的基于家长报告的儿童早期品格优势问卷（Character Strengths Inventory for Early Childhood）。罗伯特·麦格拉思（Robert McGrath）开发了第二代VIA-IS，比原来的VIA-IS更为简短，在测量结果上更为稳定。[35]与最初版本的VIA-IS一样，这些工具已经被翻译成了多种语言，并可用于网络研究。

最常见和最不常见的品格优势及品格优势的普遍性

2015年，在对75个国家总共超过100多万成年人的调查中，罗伯特·麦格拉思发现，最常见的三种品格优势是诚实、公平和仁慈。[36]最不常见的三种品格优势是自我调节、谦虚和谨慎。罗伯特·比斯瓦斯-迪纳（Robert Biswas-Diener）在2006年的研究中表明，VIA优势分类中的品格优势并不只存在于有文字的文化中。他在对肯尼亚的123名马赛人和北格陵兰岛的71名因纽特人的访谈研究中发现，在这些没有文字的文化群体中，VIA优势分类中的二十四种品格优势同样被社会所认可并受到重视。[37]

性别和年龄

2019年，瑞士苏黎世大学的索尼娅·海因茨（Sonja Heintz）及同事在对100多万名13—54岁的被试进行的65项研究的元分析中发现，有二十种VIA优势的性别差异可以忽略不计。[38]（元分析是一种统计程序，用于综合许多研究的结果，从而确定研究结果的总体模式。[39]）总的来说，女性和男性的品格优势是非常相似的。女性在爱、仁慈、感恩和美感方面的得分高于男性。但随着人们的成长，标志性特征模式可能会改变。[40]大多数品格优势会随着年龄的增长而增加，特别是好奇心、热爱学习以及公平。与成年人相比，青少年在希望、团队协作和热情方面得分更高。相比之下，成年人在美与卓越、诚实、领导力和开放的思想方面比青少年得分更高。

幸福感

品格优势有助于幸福感。苏黎世大学的莉萨·瓦格纳（Lisa Wagner）及同事在2项涉及超过5500名被试的研究中发现，二十四种VIA优势与塞利格曼的PERMA幸福感模型的五个方面相关，该模型在第一章中有所描述。[41]在这个研究项目中，VIA优势和PERMA幸福感是通过自我报告和信息报告两种工具来评估的。因此，其结果的可信度非常高。热情、希望和幽默是与快乐相关程度最高的优势品格；热情、好奇心、创造力、热爱学习、毅力、领导力和自我调节是与投入相关程度最高的优势品格；爱、仁慈和团队协作是与积极关系相关程度最高的优势品格；精神性、好奇心、感恩、洞察力、社会智力以及美与卓越是与人生意义感相关程度最高的优势品格；热情、毅力和洞察力是与成就感相关程度最高的优势品格。与整体PERMA幸福感相关性最高的两种优势品格是希望和热情。谦虚和谨慎是与PERMA幸福感相关性最低的两种优势，这并不令人惊讶，因为这两个品格优势的主要功能是避免消极经历，并给他人带来福祉。克劳迪娅·哈策尔（Claudia Harzer）在2016年发表的大范围综述以及梅塞德丝·布鲁纳（Mercedes Bruna）及同事在2019年对品格优势和幸福感研究的元分析的结果与瓦格纳发现的结果一致。[42]品格优势与幸福感的很多指标相关。希望和热情是与主观幸福感和心理幸福感相关程度最高的优势品格。你可以完成专栏2.8中的练习，以确定和发展可以用以应对生活挑战和提高幸福感的品格优势。

专栏2.8　利用标志性品格优势克服挑战

通过以下练习，找出你曾经表现过的、现在以及将来可能表现出的品格优势，以应对追寻幸福道路上的挑战或阻碍：

◆ 从书籍、电视节目或电影中选择一个成功应对了类似挑战或阻碍的虚构角色。在日记本上写下：这个角色都面临了哪些挑战？做了些什么来克服这些挑战？使用了哪些品格优势？写下角色的生活状况与你的生活状况之间的相似之处。

◆ 选择一位成功地应对过类似挑战或阻碍的朋友或家人。在日记本上写下：朋友或家人面临了哪些挑战？做了些什么来克服这些挑战？使用了哪些品格优势？写下朋友或家人的生活状况与

(续)

> 你的生活状况之间的相似之处。
> - 现在,写下你通往幸福道路上曾经或正在面临的挑战或阻碍,你是如何具体解决这些问题的?在解决的过程中表现出了哪些品格优势?这能够说明你是一个怎样的人?
> - 以何种方式应对这些挑战,能够帮助锻炼你的品格优势?
> - 你现在应该如何做,才能更好地应对未来可能出现的类似挑战?

身体健康

品格优势与疾病预防、更好地从疾病中恢复以及对疾病的适应相关。[43]苏黎世大学的雷尼·普鲁瓦耶(Rene Proyer)及同事在对440名被试的研究中发现,品格优势对心理健康和身体健康有积极影响,而这一影响是由积极的生活方式所中介的。[44]热情、希望、自我调节、毅力和幽默与心理健康相关。热情、希望、自我调节、好奇心和领导力与身体健康相关。所有的品格优势(除了谦虚和精神性)都与健康的生活方式相关,其中,自我调节的相关性最强。彼得森及同事在包含2087名成年人被试的网络研究中发现,对于具有勇敢、仁慈和幽默等品格优势的人,身体疾病对其生活满意度的损害程度较小。[45]对于具有欣赏美和卓越、热爱学习的品格优势的人,心理疾病对生活满意度的损害程度较小。要求被试确定和使用标志性的品格优势的一系列的治疗研究表明,对于患有心血管疾病、创伤性脑损伤、背痛等一系列疾病以及社会弱势的人,使用标志性的品格优势可以促进他们从疾病中调整和恢复。[46]

心理健康

在积极心理学领域,将品格优势和心理健康问题之间的关系进行概念化有两种主要方式。第一种认为,有心理健康问题的人所经历的症状和相关的生活问题,是由过度使用或过少使用特定的品格优势引起的。[47]第二种认为,品格优势是心理健康问题的调节变量。[48]关于第一种方式,涅梅茨将品格优势的使用概念化为一个连续谱,从使用不足开始,到最佳使用,最后到过度使用,见专栏2.9。[49]该理论部分基于亚里士多德的黄金分割思想。心理健康被认为是在品格优势达到最佳程度时的状态。相反,当品格优势被过度使用或使用不足时,就会出现心理健康问题。基于涅梅茨的理论框架的研究表明,社交焦虑障碍和强迫症与特定品格优势的过度使用和使用不足的特定方面相关。[50]患有焦虑障碍的人报告了社会智力和谦虚的过度使用,而自我调节、热情

专栏2.9　品格优势的使用不足、最佳使用和过度使用

品格优势	使用不足	最佳使用	过度使用
创造力	循规蹈矩	独创的	异常的
	缺乏想象力	富于想象的	古怪的
好奇心	漠不关心的	好奇的	爱管闲事的
	厌倦的	新奇导向的	侵扰的
判断力	粗心大意的	批判性思考的	愤世嫉俗的
	不合逻辑的	符合逻辑的	犹豫不决或顽固死板
热爱学习	自鸣得意的	信息导向的	自以为是的
	漠不关心的	终身学习的	精英主义的
洞察力	肤浅的	睿智的	自大的
	浮于表面的	全局视野的	飞扬跋扈的
勇敢	胆小的	直面恐惧的	有勇无谋的
	不愿受伤的	直面困难的	过度自信的
毅力	懒惰的	任务完成者	痴迷的
	放弃	坚定的	固执的
诚实	虚伪的	真诚的	义愤填膺的
	惯于欺骗的	真实的	简单粗暴的
热情	被动的	有活力的	过度活跃的
	死气沉沉的	活跃的	过于激动的
爱	逃避承诺	承诺并联结	闯入的
	孤立且情感冷淡	感情温暖	感情混乱
仁慈	自私或残忍	有同情心	同情疲惫
	漠不关心	关心他人	过分关注他人
社会智力	感觉迟钝	共情	过度敏感
	社交幼稚	熟知他人	过度分析
团队协作	自私的	合作的	独立的
	自恋的	忠实的	过度顺从
公平	有偏见的	道德的	脱离司法
	盲目拥护	公正的	对公平问题犹豫不决
领导力	顺从的	积极影响他人	独裁者
	被动的	组织他人实现愿景	控制的

（续）

宽恕	无情	放下怨恨	过分宽恕
	复仇心重	给第二次机会	过于放任
谦虚	自大的	谦虚的	自我贬低
	自我形象膨胀	了解自己的局限	谄媚的
谨慎	感觉导向的	明智谨慎	过度谨慎
	鲁莽的	控制风险	规避风险
自我调节	自我放纵	有纪律性	拘谨的
	冲动的	控制冲动	抑制的
追求美与卓越	无视美和卓越	感到赞叹和提升	势利的完美主义者
感恩	不赏识的	赏识的	迎合讨好
	享用的	感恩的	
希望	悲观主义	乐观主义	不切实际
	绝望的	有积极期待	盲目乐观的
幽默	缺乏幽默感	能发现有趣之处	不适合社交情境的插科打诨
	沉闷的	幽默的	
精神性	缺乏信仰	信仰坚定	狂热
	缺乏生活目标	有生活目标	极端且严格的价值观

注：Based on Peterson, C. (2006). The Values in Action (VIA) classification of strengths. In M. Csíkszentmihályi & I. Csíkszentmihályi (Eds.), *A life worth living: Contributions to positive psychology* (pp. 29-48, Table 2.2, Classification of psychological disorders, p. 39). New York: Oxford University Press; and Niemiec, R. M. (2019). Finding the golden mean: The overuse, underuse, and optimal use of character strengths. *Counselling Psychology Quarterly, 32*(3-4), 453-371, Table 1, A language for understanding the overuse and underuse of character strengths, p. 457; and Table 2, The optimal use of character strengths, p. 461.

和幽默使用不足。患有强迫症的人报告了社会智力、洞察力、追求美和卓越、公平以及谨慎过度使用，而自我调节和宽恕使用不足。对于调节方法，阿什利·霍尔-西蒙兹（Ashley Hall-Simmonds）和罗伯特·麦格拉思认为，对品格优势的最佳使用可能会促进心理健康问题的恢复，并促成更高的幸福感和适应力。[51]相反，品格优势的缺陷（包括过度使用或使用不足）可能会影响康复过程。他们还提出，品格优势的VIA分类和美国精神病学会的《精神障碍诊断与统计手册》（*Diagnostic and Statistical Manual of Mental Disorders*，DSM）[52]都是对心理健康问题的补充，而非替代。根据这一理论进行的研究表明，一般精神病理学的强度、恢复情况和很多具体的心理健康问题都会受到品格优势的影响。[53]在毅力、诚实、谨慎和爱这几个品格优势上得分较高的青少年，较少出现行为问题。希望、热情和领导力水平较高的青少年出现的焦虑和抑郁的症状较少。在首次发病的精神病患者中，那些具有与仁爱、公正和超越等美德相关的品格优势的人，6个月内的康复率更高。在患有抑郁症的成年患者中，那些具有希望、精神性、欣赏美和卓越等超越的品格优势的人在治疗过程中的康复率更高。由塔伊布·拉希德和塞利格曼开发的积极心理疗法是一个基于品格优势的方案。有十几项研究显示，作为一种干预，它对解决心理健康问题十分有效，包括抑郁症和精神病。[54]第九章详细介绍了积极心理疗法。

创伤

一些研究显示，创伤会导致品格优势的增加。相关研究表明，创伤暴露可能会导致创伤后的成长和品格优势的增强。例如，在针对1739名成年人的互联网研究中，彼得森及同事发现，创伤事件（如事故和袭击）的数量与品格优势（尤其是勇敢、创造力、对美和卓越的欣赏以及仁慈）之间具有正相关。[55]所有二十四种品格优势与创伤后成长之间都具有显著的正相关。创伤后成长是指因应对创伤而发生的积极心理变化。[56]这些变化可能会影响个体重新评估其世界观和事项的优先级，包括生活中的物质财富及关系的相对重要性。

在"9·11"恐怖袭击前后，彼得森和塞利格曼对4817人进行的开创性的互联网横断研究发现，精神性、希望、爱、仁慈、领导力、团队协作和感恩的VIA得分有所提高。[57]这些差异在袭击发生后的2个月内非常大，在11个月后略微降低但仍然显著。然而，这种在重大创伤事件后品格优势大幅增加的模式，在随后的2项研究中没能被复制。[58]在第一项研究中，在2007年至2012年期间美国弗吉尼亚理工大学、科罗拉多州奥罗拉的一家电影院和康涅狄格州桑迪胡克小学的大规模枪击事件发生前后，居住在创伤事件地点附近的研究样本的品格优势变化微乎其微。在第二项研究中，在2015年巴黎恐怖袭击发生之后，法国研究样本的品格优势得分的变化与北美和澳大利亚样本的差别不大。"9·11"事件相关研究及那些未能复制其结果的研究的一个主要问题是，某些个体没法同时被包括在创伤事件之前和之后的评估样本中。对照纵向研究是考察创伤暴露是否会导致品格优势增加的最佳研究设计。在对照纵向研究中，在创伤事件发生前后对同一组被试进行品格优势评估，而对照组是没有经历过创伤事件的被试。

残疾

对患有智力障碍和孤独症谱系障碍的神经发育障碍人士的品格优势研究表明，这类人群也具有品格优势。然而，他们的品格优势模式可能与具有正常智力功能的神经典型对照组不同。美国堪萨斯大学的凯丽·肖格伦（Karrie Shogren）通过青年VIA调查发现，有智力障碍的年轻人拥有多种品格优势，但他们的品格优势分数比没有智力障碍的年轻人低。[59]美国范德比尔特大学的埃里克·卡特（Erik Carter）在一系列的研究中发现，有智力障碍或孤独症谱系障碍的青少年和年轻人被他们的兄弟姐妹或父母评价为拥有多种与幸福相关的品格优势。[60]有挑战的行为、不使用语言作为主要交流方式、同时患有智力障碍和孤独症谱系障碍的人，与品格优势的得分相关性较低。德国柏林洪堡大学的珍妮弗·柯克纳（Jennifer Kirchner）在对32名患有孤独症谱系障碍和没有智力障碍的成年人进行的对照研究中发现，他们的三大标志性品格优势是思想开放、诚实和热爱学习。[61]相反，神经典型对照组的三大标志性优势是判断力、公平和幽默。与孤独症谱系障碍患者和非孤独症谱系障碍患者的主观幸福感相关性最高的品格优势是希望和热情。

照顾残疾人士可能是极具有挑战性的。西班牙马拉加大学的杰维尔·加西亚-卡斯特罗（Javier García-Castro）发现，在照顾患有阿尔茨海默病的亲属的个体中，希望是唯一能显著减轻照顾者负担并提高对照顾者角色的利益感知的品格优势。[62]目前，针对残疾人的基于品格优势的项目还处于早期发展阶段。[63]这些项目考虑了残疾带来的认知和其他限制，帮助残疾人士找到和利用个人品格优势。

关系

品格优势对伴侣关系和亲子关系都有影响。许多研究表明，在伴侣关系中，更强的品格优势都与更高的关系满意度相关。[64]美国乔治梅森大学的托德·卡什丹（Todd Kashdan）及同事在两个系列研究中发现，在互相欣赏对方的品格优势的夫妻中，有着更令人满意和更高质量的伴侣关系。[65]与之相反，伴侣关系的质量会因伴侣只使用品格优势中的缺点而被削弱。在亲子关系方面，墨尔本大学的利亚·沃特斯（Lea Waters）发现，基于品格优势的养育方式的实践和学习对父母和孩子都有有益的影响。[66]基于品格优势的养育方式包括承认自己和孩子的品格优势并鼓励孩子使用品格优势。沃特斯发现，以品格优势为基础的养育与更多的品格优势使用、幸福感和成就感相关，同时降低了压力和消极情绪的水平。基于品格优势的养育方式对幸福感和消极情绪的影响是由自我效能感中介的；对压力的影响受到品格优势的应对方式中介；对成就的影响由毅力中介；对品格优势的使用由品格优势的成长型思维模式中介。这种成长心态是指相信个体的品格优势不会一成不变，而是可以通过训练和实践而成长发展的。在对照试验中，沃特斯发现，父母学会如何识别与培养自己和孩子的品格优势，可以促进养育的自我效能感并增加想到孩子时的积极情绪。你可以做专栏2.10中的练习，以帮助提高生活中重要关系的质量。

专栏2.10　利用标志性特征来加强关系

通过以下练习来加强你的关系。

- 试着寻找伴侣、孩子或朋友所做的一件事，这件事表明他们具有某种特定的品格优势（例如，创造力、勇敢、仁慈、公平、宽恕、自我控制、幽默或专栏2.5中的任何其他品格优势；
- 告诉你的伴侣、孩子或朋友，你欣赏他们身上的特定的品格优势，以及你观察到他们这种品格优势的具体情形；
- 反思这个过程如何加强了你与伴侣、孩子或朋友之间的联系。

教育

许多研究发现，品格优势与在学校里的表现相关。[67]在几乎所有的研究中，毅力都是一种品格优势，这种品格优势因学习而异，与学业成绩和学校里的积极行为有关。例如，苏黎世大学的莉萨·瓦格纳和同事在对中小学生进行的一系列研究中发现，毅力、谨慎、希望、感恩、洞察力、热爱学习和热情与学业成绩相关，而毅力、谨慎、希望、自我调节和社会智力与积极的课堂行为相关。[68]与之相反，帕克和彼得森在针对北美青少年的研究中发现，在控制智商的因素后，毅力、希望、感恩、洞察力、公平和诚实与学业成绩相关，而毅力、谨慎、真实和爱与积极的行为调整相关。[69]基于品格优势的学校干预措施的综述表明，这些项目提高了学生的幸福感、增加了积极行为并优化了学业表现。[70]他们通过帮助学生了解和明确自己的品格优势，开发并利用这些品格优势以实现个人目标，并反思这些过程。这些课程采用体验式学习方法，有助于培养"品格优势思维"和与品格优势相关的技能。塞利格曼和他的团队将基于品格优势的学校干预作为积极教育计划的中心支柱，并于2008年将该计划引入澳大利亚吉隆文法学校。[71]品格优势发展是该计划的六个要素之一，这改变了吉隆的教育文化。其他五个要素旨在培养创造力、积极情绪、感恩、正念、心理韧性和自我效能感。

工作

一些包含了数千名雇员的研究发现,在非常广泛的角色和工作组织中,品格优势与幸福感、工作满意度和工作表现(包括生产力和组织公民行为)相关。[72]以下是这些研究中比较重要的发现:在工作中使用更多的品格优势,特别是标志性特征,与更高的幸福感、工作满意度和更好的工作表现相关。品格优势的使用提高了工作满意度,因为它增强了积极情感、工作参与和对工作相关压力的有效应对。品格优势的使用还能提高工作绩效,因为它强化了积极情感、活力、专注、工作参与、发现工作的意义以及对工作有和谐的热情或使命感。好奇心、热情、希望、感恩、爱和精神性是与工作满意度相关程度最高的品格优势。工作表现与毅力的品格优势相关程度最高。

但并非所有的品格优势都与积极的工作成果有关。健康专业人员和咨询师的倦怠与宽恕、诚实、希望、谨慎、自我调节和判断力相关。[73]在针对热线中心员工的研究中,智慧和节制的品格优势与更好的绩效相关,而仁爱和公正的品格优势与较差的工作绩效相关。[74]

组织气氛和领导力也会影响品格优势的使用。如果员工认为组织氛围支持品格优势的使用,特别是认为他们的主管支持品格优势的使用,那么他们就更有可能使用品格优势,并更有工作效率。[75]基于品格优势的工作场所干预已经被证明可以提高雇员的幸福感、工作满意度和劳动生产率。[76]它们通过支持在工作中发现和实施品格优势来做到这一点。

军队

在军队中,强大的品格被认为是成为强大的战士和领导者的关键。这为美国、挪威、澳大利亚、阿根廷和印度等许多国家对军队人员的品格优势进行研究提供了动力。[77]在大多数研究中,团队协作或领导能力以及毅力是申请参军人员的首要品格优势。其他在军队被试中经常得分靠前的品格优势是诚实和勇敢。

塞利格曼于2009年将士兵综合体能计划引入了美国军队。[78]该计划被用以维持士兵的心理健康,以避免在战斗后出现创伤后应激障碍和伴侣关系困扰等问题。促进个人品格优势的发展是该计划的一个关键要素。其他要素还包括促进发展心理韧性、情绪管理和亲密关系中的沟通。然而,对于士兵综合体能计划在预防创伤后应激障碍方面的有效性,仍存在争议。[79]

品格优势干预的有效性

澳大利亚新英格兰大学的尼古拉·舒特(Nicola Schutte)和约翰·马卢夫(John Malouff)于2019年发表了一篇包含14项研究的元分析文献,评估了找出和使用标志性品格优势的干预措施的效果。[80]他们的元分析所包括的被试来自北美洲、欧洲、亚洲和澳洲的许多国家,包含学校、学院、工作机构、社区的临床和非临床背景。干预项目的持续时间从1周到26周不等。元分析显示,这些干预在一系列的变量上引发了显著的小至中等的效应量。它们增加了心理繁荣、对生活的满意度、积极情绪和使用品格优势的频率,减少了抑郁。元分析的结果与以往的叙述性综述的结果都表明,品格优势使用的干预措施对幸福感有显著的影响。[81]目前已有一些为从业者和来访者提供的关于品格优势使用的书籍,包含了非常有用的研究资料。[82]这些书籍包括《品格优势干预——从业者现场指南》(*Character strengths interventions: A field guide for practitioners*)和《品格优势:六大维度解析品格的奥秘》(*The power of character strengths: Appreciate and ignite your positive personality*)*。

正念和品格优势

正念将在第四章中详细阐述。这一节的重点将放在正念和品格优势上。正念是指专注于当下,有目的地、无判断地关注眼前的感官体验、思想和感受,并持有一种好奇、开放、接纳和慈悲的态度。[83]心理学研究经常使用五因素正念量表(Five Facet Mindfulness Questionnaire)来评估这种特质。[84]正念的五个方面是:观察或关注内在和外在体验;用语言描述内在体验;有意识地行动,这与"自动驾驶"相反;不评判内在体验,不评估思想和感觉;不对内在体验做出反应,或允许思想和感觉的到来和消失,而不被它们带走。正念可以通过定期的正念冥想训练来培养。在正念冥想中,注意力集中在一个特定的刺激物上,比如呼吸。当注意力离开头脑里的想法时,引导注意力回到呼吸或身体感觉上,从而避免陷入评判或试图改变它们。苏黎世大学的研究者们在2项研究中发现,在1300多名被试中,除了谦虚和谨慎之外,正念特质与所有品格优势之间存在显著正相关。[85]与正念相关性最显著的五种品格优势是希望、勇敢、好奇

---

* 本书的简体中文版由电子工业出版社于2022年出版。——译者注

心、社会智力和热情。当将定期冥想的参与者与没有冥想的参与者进行比较时，冥想者得分显著高于非冥想者的前五种品格优势是对美和卓越的欣赏、精神性、感恩、热爱学习和好奇心。在第二项研究中，一组没有冥想经验的人参加了一个为期8周的以正念为基础的减压计划，并与匹配的等待名单上的对照组进行比较。在课程结束后的6个月内，学习正念冥想的人在欣赏美和卓越、精神性、感恩和爱的品格上都有明显的提高。这2项研究表明，一些品格优势可能会促进正念的发展（如希望、勇敢和好奇心），还有一些品格优势可以通过正念训练得到发展（如对美的欣赏、精神性、感恩）。

鉴于品格优势和正念之间的潜在协同作用，VIA研究所的涅梅茨开发了基于正念的品格优势训练。[86]八节课的课程整合了正念的练习和品格优势的使用。2项评估该项目效果的研究表明，与不使用品格优势正念项目相比，该项目在更大程度上增强了幸福感、提高了工作绩效。[87]

VIA品格优势分类的因素结构

因素分析是确定VIA品格优势问卷中的条目和量表之间关系的最简明有用的方法。（因素分析是一种统计程序，根据条目间或量表间相关性的模式，确定问卷中的条目或分量表，例如将VIA-IS分为几个因素。[88]）彼得森在2006年报告了一个特别有用的VIA-IS的斜交因素分析。[89]（在斜交因素分析中，各因素是相互关联的，而不是相互独立的。）彼得森发现了两个双极因素，分别是从关注自我到关注他人，以及从主要由思考或"头脑"激励到主要由感觉或"心灵"激励。图2.1给出了这一解决方案的图表，以及二十四种VIA品格优势在这两个维度所定义的环形空间中的位置。从图中可以看出，好奇心和创造力是以自我为中心的品格优势的例子，而关注他人的品格优势包括公平和团队精神。判断力和自我调节是受头脑影响或表现出智力克制的品格优势的例子，而爱和感恩是受内心影响或情感表达的品格优势。当以这种方式将品格优势概念化时，显然没有人可以在所有的品格优势中都表现出很高的水平。在图2.1中，有可能同时表现出高水平且紧密联系的品格优势，如感恩和爱，但更具挑战性的是同时表现出高水平且相去甚远的品格优势，比如谨慎和热情。在发展个人品格优势时，我们都必须做出权衡。

自彼得森在该领域进行的开创性工作以来，该领域涌现了许多因素分析研究。[90]这些研究的结果有相当大的差异性。因素分析得出的方案涵盖了一到六个因素，这取决于研究的样本量大小、使用的VIA问卷版本以及所采用的因素分析的类型。很少有

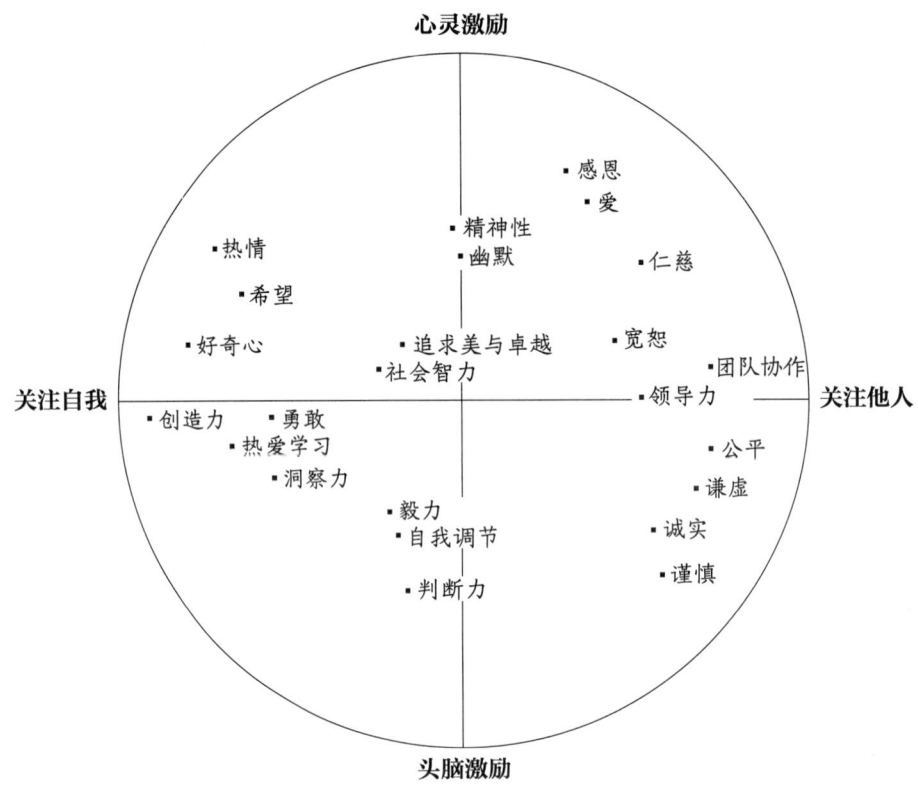

图2.1　VIA 品格优势在头脑或心灵激励以及对自我或他人的关注维度上的位置

注：Adapted with permission of Oxford University Press from Figure 6.3, Tradeoffs among character strengths, p.158, in Peterson, C. (2006). *A primer in positive psychology*. New York: Oxford University Press. Copyright ? 2006 Oxford University Press. Permission conveyed through Copyright Clearance Center, Inc.

人发现与专栏2.5中的二十四种品格优势-六种美德的模型相匹配的因素结构。为了解决这个问题，人们进行了数次尝试。2017年，由普渡大学的文森特·恩格（Vincent Ng）领导的研究小组对包含40多万个案例的数据集进行了因素分析研究。[91]他们发现，如果将240个条目的VIA-IS减少到107个条目，每个条目评估一种且只评估一种品格优势，就可以实现与专栏2.5中的分组方式相匹配的六因素解决方案。他们取消的133个条目都涉及一个以上的优势。这133个条目是用一种复杂的迭代统计技术确定的。他们认为，缺乏条目的单维性、只分析品格优势量表而非条目，这两个原因解释了为何此前的因素分析研究未能匹配专栏2.5的模型。

罗伯特·麦格拉思进行了一系列重要的因素分析研究（使用所有240个VIA-IS条

目），为开发修订的VIA评估工具铺平了道路。[92]他在涉及100多万个案例的系列研究中发现，正交的三因素解决方案最适合于VIA-IS的成年人数据。（在正交解中，各因素是相互独立的、不相关的，不像图2.1的斜交双因素解。）麦格拉思确定的三个因素反映了三种首要美德：关怀、探究和自我控制。这三种美德与由头脑（探究）、心灵（关怀）和直觉（自我控制）激发的美德相呼应。探究美德涉及创造力和好奇心等品格优势；关怀美德与仁慈和爱等品格优势有关；自我控制美德由谨慎和自我调节等品格优势所支持。他提出，这种三美德模型可能比专栏2.5中的文化衍生的六美德模型提供了一个更简明的统计学模型。在对条目（而不是品格优势量表）的因素分析中，麦格拉思还发现，在VIA-IS的二十四个品格优势量表中，只有二十个被重现。这是因为这些量表不是单维的，最初的VIA-IS中的一些条目涉及多个量表的构造。这些结果为修订后的VIA-IS的发展提供了参考，其中个体品格优势量表是单维的，并且整体的因素结构符合三维美德模型。[93]

争议

关于VIA品格优势和完善的人格特质之间的关系，以及品格优势和美德的VIA分类的哲学地位，存在着争议。

品格优势与已建立的人格特质之间的重叠

人格特质的研究焦点是：二十四项品格优势量表是否能用新名称评估完善的或多因素的人格特质？[94]当将人格特质量表与VIA品格优势量表进行比较时，是否存在新瓶装旧酒的问题？近年来，特质理论逐渐以人格大五因素模型为主导。[95]该模型包括以下五个维度：神经质（或情绪稳定性）、外向性、开放性、宜人性和尽责性。这五种人格特质中的每一种都包括六个方面，可以用修订版大五人格量表（NEO-PI-R）等进行评估。一系列研究发现，人格特质或方面与VIA品格优势之间存在高度相关性。[96]例子可以详见专栏2.11。美国威拉米特大学的埃里克（Erik）进行的研究发现，人格特质与品格优势之间的相关性非常高，平均相关系数为0.65（正相关范围为0—1，高于0.5视为相关性较大）。然而，所有关于人格特质与品格优势关系的研究都得出这样的结论：虽然VIA人格特质与人格特质量表具有很高的相关性和重叠，但绝不是完全相同的。

品格优势量表的测量内容超过了人格量表。在一些样本中，品格优势量表在预测一些结果方面要优于人格量表，例如，幸福感。优势的VIA清单和VIA品格优势量表似乎能够评估大五人格特质量表中的一些特质，但除此之外，品格优势量表还挖掘了人类经验和行为的道德层面内容。

专栏2.11　在NEO-PI-R中，与大五人格特征各方面相关性最高的VIA品格优势

人格特征		人格特质面	VIA品格优势
情绪稳定性/神经质	N1	无畏/焦虑	
	N2	平静/愤怒的敌意	
	N3	幸福/抑郁	希望
	N4	积极的自我考虑/自我意识	
	N5	冲动控制/冲动	自我调节
	N6	韧性/脆弱性	
外向性	E1	温暖	爱
			仁慈
			社会智力
			团队协作
			感恩
	E2	群居性	
	E3	自信	勇敢
			领导力
	E4	活动	
	E5	寻求刺激	热情
	E6	积极情绪	希望
			幽默
开放性	O1	对幻想开放	
	O2	对美开放	
	O3	对感觉开放	
	O4	对行动开放	
	O5	对想法开放	好奇心
			创造力
			热爱学习

	O6	开放的价值观	
宜人性	A1	信任	
	A2	直率	
	A3	利他主义	仁慈
			公平
			感恩
	A4	遵从	宽恕
	A5	谦虚	谦虚
	A6	温和	精神性
尽责性	C1	能力	洞察力
	C2	秩序	
	C3	责任心	诚实
	C4	努力实现	
	C5	自律	毅力
			自我调节
	C6	思考	判断力
			谨慎

注：NEO-PI-R = Revised NEO Personality Inventory。表中给出了神经质的积极描述和相关方面，以方便理解与优势的相关。VIA品格优势与NEO-PI-R的五个方面的相关系数在0.36~0.78，平均系数为0.65。数据来源 in Table 14.1, Predicting the VIA character strengths from the NEO-PI-R big five facets, in Noftle, E. E., Schnitker, S. A., & Robins, R. W. (2011). Character and personality: Connections between positive psychology and personality psychology. In K. M. Sheldon, T. B. Kashdan, & M. F. Steger (Eds.), *Designing positive psychology: Taking stock and moving forward* (pp. 207–227). Series in Positive Psychology. Oxford, UK: Oxford University Press. Correlations were corrected for measurement error in the VIA and NEO-PI-R scales. The lists of personality traits and facets are adapted from Costa, P., & McCrae, R. (1992). *Revised NEO Personality Inventory (NEO-PI-R) and NEO Five-Factor Inventory (NEO-FFI) Professional Manual*. Odessa, FL: Psychological Assessment Resources.

哲学问题

克里斯蒂安·米勒（Christian Miller）、南希·斯诺（Nancy Snow）（均为哲学家）、海明·哈恩（Hyemin Han）（专门从事道德教育研究的心理学家）以及罗伯特·麦格拉斯在一次非常有意义的对话中提出了一些哲学问题。[97]麦格拉斯是VIA品格研究所的资深研究者。下面将讨论这次对话中提出的四个有争议的问题。

实践智慧

克里斯蒂安·米勒和海明·哈恩提出，品格优势和美德的VIA分类并不包含亚里士多德的哲学美德或实践智慧。实践智慧是在做出道德决策时平衡相互竞争的道德原则和情境因素的一种能力。它是一种高阶美德，有利于在各种情况下找到中庸之道，同时避免低阶美德的过度使用或使用不足，并解决不同低阶美德之间的冲突。对此，罗伯特·麦格拉斯指出，VIA的三种品格优势——谨慎、判断力和洞察力，综合起来构成了实践智慧。谨慎是指尽管有强烈的情绪，但为了更深刻的反思而做出延迟行为的一种能力。判断力是在做出道德决定所必需的情况下确定关键细节的能力。洞察力是看到当前的情况如何适应大局的能力。这三种美德在因素分析中没有高度关联，不足以成为单独的因素，这一事实表明，这三种美德的心理结构并没有反映在亚里士多德实践智慧的概念上，作为一种高阶道德，它是道德功能的基础。然而，优势和美德的VIA分类是一种关于人们实际上如何运用描述性心理理论，而不是应该如何运用的规范性哲学理论。

道德教育

海明·哈恩提出，VIA模型中的品格优势可能用于实现反社会或非美德目标。例如，在美国，帮派成员可以利用仁慈和领导力的品格优势进行犯罪。他认为VIA模型需要一个高阶美德，例如实践智慧（如上所述）来解决这一缺点。如果没有这种修订，VIA模型在道德教育价值上可能是受限制的。对此，罗伯特·麦格拉斯指出，VIA分类可能有助于帮助学生理解如何描述支持道德行为的品格优势结构。然而，VIA模型并没有规定如何在道德行为中参与。

好人

克里斯蒂安·米勒指出，VIA模型确实定义了一个人必须在品格优势的VIA清单上获得阈值分数才能被认为是一个好人。在道德哲学中，"好人"是一个重要的概念。罗伯特·麦格拉斯回复，实证研究没有提供证据证明哪一类人可以被认为是有美德的，相反，这些人与那些不是那么有美德的人同处于一个连续谱上。[98]罗伯特·麦格拉斯的观点表明，成为有道德的人是可以奋斗并向之前进的，而不是一种偶尔有适当美德行为的状态。

品格优势的跨文化有效性

南希·斯诺指出,品格优势和美德的VIA理论在跨文化的背景下并不有效,主要有两个原因。首先,在确定六种普遍美德时,彼得森和塞利格曼在某些情况下推断,美德存在于古代哲学文本中,但其他非西方读者可能没有做出这些推论。其次,对品格优势和美德的VIA分类的研究主要依赖于西方样本。对此,罗伯特·麦格拉斯承认,为了确定美德的普遍性,VIA模型的起源必然强调共性,以尽量减少跨文化差异。他还承认,虽然来自75个国家的数据支持VIA优势的跨文化有效性,但这些数据是在线收集的,因此受访者可能是西方的、受过教育的和富裕的人。[99]更普遍的模式需要在更传统的文化中进行研究。

总结

追求和实现高价值的目标会增加幸福感。然而,目标有其缺点。实际或预期未能达到目标可能会导致不快乐(源于社会比较),达到目标的积极影响可能是短暂的(源于享乐适应)。目标的功能包括给予生活目的和方向、增强动机、根据意义和目的组织信息、技能和策略、促进生存、赋予生命意义。高价值的目标适合生活环境,其本质是奖励,与自主、胜任和关联的基本需求一致,包括完成活动而不是改变环境、获得有价值的经验而不是获得财产;获得有价值的结果,而不是避免不愉快的结果;和谐共处,而不是相互冲突;是能被看到的,且有挑战性;高水平的承诺;可以提供进程中纠正性反馈的监测。实现目标的"意愿"和追求目标的"方式"受到多巴胺系统(与动机相关)和前额叶皮质(与执行功能相关)的帮助。"最好的可能自我"和"讣告或遗书"练习是获得高价值目标的两个积极心理干预练习。

品格优势和美德的VIA分类的发展是第一个主要的积极心理学研究项目,由彼得森和塞利格曼发起。VIA分类基于对主要哲学传统的回顾。它包含二十四种品格优势,归于以下六大类美德:创造力、好奇心、判断力、热爱学习和洞察力(与智慧的美德相关);勇敢、毅力、诚实和热情(与勇气的美德相关);爱、仁慈和社会智力(与仁爱的美德相关);团队协作、公平和领导力(与公正的美德相关);宽恕、谦虚、谨慎和自我调节（与节制的美德相关）；追求美与卓越、感恩、希望、幽默和精神性（与超越的美德相关）。这些优势是在对75个国家的调查中发现的。双生子研究表明，它们部分是由基因决定的。品格优势的发展得到了有利条件的支持，包括支持性的家庭、学校和工作情境。

VIA-IS是一份包含240个条目的自我报告问卷，评估了二十四项品格优势。研究者已编制了简版、修订版、儿童和青少年版本以及供观察员填写的版本。VIA-IS具有二十四项品格优势和五种标志性品格优势。这些都是一个人品格中的核心力量。使用重要的品格优势可以提高幸福感、学业成绩和工作表现。

最常见的三种VIA品格优势是诚实、公平和仁慈，最不常见的三种品格优势是自我调节、谦虚和谨慎。在爱、仁慈、感恩和美感上，女性的得分高于男性，但是，在其他二十项VIA品格优势上，性别差异可以忽略不计。大多数优势倾向于随着年龄的增长而增加，特别是好奇心、热爱学习和公平。青少年在希望、团队协作和热情方面得分较高。成年人的追求美和卓越、诚实、领导和开放性思维得分更高。

所有二十四项VIA品格优势都与塞利格曼PERMA幸福模型的五个方面相关，其中热情和希望与PERMA总分相关度最高。热情、希望、自我调节与健康、身体健康和健康的生活方式有关。使用标志性优势的项目有助于从疾病中调整和恢复，包括心血管疾病、创伤性脑损伤和背痛。

心理健康问题可能来自某些品格优势的过度使用或使用不足。例如，在社交焦虑症和强迫症中，都存在对社会智力的过度使用和自我调节的使用不足。品格优势的最佳使用可作为预防心理健康问题发生或者恢复健康的因素。积极心理治疗作为一种基于优势的干预项目，能够促进心理健康问题的解决，特别是抑郁症。在某些情况下，创伤可能会增加品格优势，这是创伤后成长过程的一部分。智力障碍等神经发育障碍的患者也具有品格优势，这些与幸福感相关。在照顾残疾人时，希望的优势是减轻照顾者负担的力量。

品格优势优化了伴侣关系和亲子关系。彼此欣赏对方品格优势的伴侣的关系会更令人满意。被父母鼓励利用品格优势的孩子会有更高的幸福感和学习成绩。品格优势，尤其是毅力，可以提高学业和工作表现。以优势为基础的学校干预措施增加了学生的幸福感、积极行为和学业表现。基于优势的工作场所干预措施增加了员工的幸福感、工作满意度和工作效率。在学校、工作场所和其他环境中，基于品格优势的有效干预有助于识别和实施标志性品格优势。促进个人力量的发展是士兵综合体能计划的一个关键因素。这一方案是塞利格曼引入美国军队的。但预防创伤后应激障碍的有效性存在争议。

品格优势与正念之间存在协同关系。一些品格优势能促进正念的发展（例如，好奇心和希望），也可以通过正念练习来加强品格优势（例如，追求美和卓越以及精神性）。基于正念的优势练习是涅梅茨开发的一个项目，整合了正念和品格优势的练习。

许多因素分析找到了VIA-IS和相关量表的因素解决方案，但没有将二十四项品格优势分为六类因素。然而，文森特的研究团队分析发现了一个六因素方案，能够将二十四项品格优势分为预期的六类——通过分析240个条目而不是24个分量表，也由此删除了无法确定是哪一种品格优势的条目。罗伯特·麦格拉斯发现了一个适合所有240条目的三因素方案。这些因素反映了三种美德：关怀、探究和自我控制。彼得森在对24个量表进行斜交分析的基础上，找到了一个双因素方案。这是一种从两个维度来定义二十四项品格优势的有效方法：(1) 关注自己或他人；(2) 由头脑或心灵激励。

关于品格优势的VIA的品格优势清单与已建立的人格特质的重叠程度，以及VIA分类的优势和美德分类的哲学地位的确存在争议。

关键术语

最好的可能自我（Best possible self）：通过写下想象中积极的自我来阐述高价值目标的练习。

大五（Big Five）：神经质、外向性、开放性、宜人性和尽责性的五大人格特质。

执行功能（Executive function）：一种认知过程，由前额叶皮质支持，想象目标及实现目标的途径，在追求目标的过程中保持专注、抑制冲动，以免其从过程中分心。

因素分析（Factor analysis）：一种统计程序，根据条目间或量表间的相关模式，确定问卷中的条目或量表如何分组为因素。

多巴胺系统（Mesolimbic dopamine system）：支持追求目标动机的神经回路，有时被称为奖励途径。它始于腹侧被盖区，连接伏隔核、杏仁核、海马体和前额叶皮质。

元分析（Meta-analysis）：将多项研究的结果合并以确定结果的总体模式。

基于正念的品格优势实践（Mindfulness-based strengths practice）：涅梅茨开发的整合正念和品格优势使用实践的项目。

正念（Mindfulness）：此过程包括在当前时刻有意而不经判断地关注即时的感官体验、想法和感觉，并表现出好奇、开放、接纳和慈悲。正念可以通过正念冥想的常规练习来培养。

修订版大五人格量表（NEO-PI-R）：用于评估大五人格特质及各个方面的修订版量表。N、E、O分别代表神经质、外向性和开放性，是大五人格特质中的三个。

讣告或遗书（Obituary or legacy letter）：通过写想象中的讣告或遗书来阐明高价值目标的练习。

前额叶皮质（Prefrontal cortex）：大脑额叶的一部分，提供复杂的认知功能，包括执行功能（计划和指导目标追求）。

标志性品格优势（Signature strengths）：个人品格的核心优势，利用核心优势可增强幸福感。

品格优势（Strengths）：美德得以实现的品格特征。VIA分类的二十四项品格优势是：好奇心、判断力、热爱学习和洞察力（与智慧美德相关）；勇敢、毅力、诚实和热情（与勇气美德有关）；爱、仁慈和社会智力（与仁爱美德有关）；团队协作、公平和领导力（与公正美德有关）；宽恕、谦虚、谨慎和自我调节（与节制美德有关）；追求美与卓越、感恩、希望、幽默和精神性（与超越美德有关）。

行动价值分类（VIA classification）：彼得森和塞利格曼开发的一种结构模型，包括二十四项品格优势，分为六种美德。

行动价值品格优势问卷（VIA-IS）：评估二十四项品格优势的240项自我报告调查问卷。

美德（Virtues）：与优秀的道德行为相关的个人品质。VIA的六种美德是智慧、勇气、仁爱、公正、节制和超越。麦格拉思的三个经验衍生的美德是关怀、探究和自我控制。

个人发展问题

1. 通过阅读这一章，你对自己的高价值目标和标志性品格优势有什么了解？
2. 你能采取什么步骤来明确高价值目标，并利用你的标志性品格优势来实现这些目标？
3. 采取这些步骤的成本和收益是什么？

4. 采取其中的一些步骤，并使用第一章中评估幸福的量表来评估这对你的幸福感的影响。

思考题

1. 比较追求高价值目标的优点和缺点分别是什么？
2. 你认为品格优势和美德 VIA 分类中，最重要的研究发现是什么？
3. 你认为高价值目标和品格优势之间的重要联系是什么？

研究问题

使用 PsycINFO 检索与本章所涉及的问题相关的术语，包括过去几年发表的文献，如目标、品格优势、感恩、宽恕等，并结合诸如快乐和幸福感等术语。确定一项你感兴趣的、可复制和扩展的研究。

拓展阅读

练习指南

Niemiec, R. M. (2018). *Character strengths interventions: A field guide for practitioners*. Boston, MA: Hogrefe.

自助书籍

Doman, F. (2018). *True you: Authentic strengths for kids*. Austin, TX: New Century.

McQuaid, M., & Lawn, E. (2014). *Your strengths blueprint: How to be engaged, energized, and happy at work*. Victoria, Australia: Michelle McQuaid.

Niemiec, R. M. (2014). *Mindfulness and character strengths. A practical guide to flourishing*. Boston, MA: Hogrefe.

Niemiec, R. M. (2019). *The strengths-based workbook for stress relief.* Oakland, CA: New Harbinger.

Niemiec, R. M., & McGrath, R. M. (2019). *The power of character strengths: Appreciate and ignite your positive personality.* Cincinnati, OH: VIA Institute on Character.

Niemiec, R., & Wedding, D. (2013). *Positive psychology at the movies: Using films to build virtues and character strengths* (2nd ed.). Boston, MA: Hogrefe.

Pearce, R. (2018). *Be a project motivator: Unlock the secrets of strengths-based project management.* Oak-land, CA: Berrett Koehler.

Pileggi Pawelski, S., & Pawelski, J. O. (2018). *Happy together: Using the science of positive psychology to build love that lasts.* New York: TarcherPerigee.

Waters, L. (2017). *The strength switch: How the new science of strength-based parenting helps your child and teen to flourish.* New York: Avery.

参考著作

Peterson, C., & Seligman, M. E. P. (2004). *Character strengths and virtues: A handbook and classifcation.* New York: Oxford University Press.

第三章

感恩、希望和乐观

> **学习目标**
> - 理解积极心理学中感恩和感激、希望以及乐观的定义
> - 理解感恩、希望和乐观的主要理论
> - 了解如何评估感恩、希望和乐观
> - 区分气质性乐观和乐观型解释风格
> - 明确"感恩、希望和乐观"与"幸福感和健康"之间关系的主要研究结果
> - 能够参与增强感恩、希望和乐观的练习

在这一章中,你将阅读到关于感恩、希望和乐观的内容。连接这三种成分的决定性特征是从积极的角度来看待生活;这三种成分之间密切相关,并且研究表明这三种成分能提高幸福感。[1] 其中感恩包括对过去或现在持积极的看法,而希望和乐观的核心是对未来持积极的看法。

感恩

大多数哲学传统认为,感恩是让人们过上美好生活的重要因素。古罗马哲学家西塞罗(Cicero)认为,感恩是一切美德的源泉。"感恩"这个词来自拉丁语单词"gratia",意思是"恩典、亲切或感激"。2001年,在一篇开创性的论文中(这篇论文在开启现代关于感恩的心理学研究中发挥了关键作用),迈克尔·麦卡洛(Michael McCullough)提出,感恩是一种道德情感[2],因为感恩是对行善者道德行为的一种回应,它可以激励受益人做出道德行为,而且当受益人表达感恩时,会强化行善者的道德行为。

在现代积极心理学中，罗伯特·埃蒙斯（Robert Emmons）和迈克尔·麦卡洛对感恩的定义得到了广泛的认可：首先，我们认识到发生在我们身上的好事；其次，我们的好运是由外部因素带来的。[3]那些通常会引起感恩之情的好事会被当作意外惊喜。外部来源或行善者可能是另一个人、一个动物、自然或宇宙。感恩直接指向收到的"不劳而获"的好处的来源——行善者。以这样的方式思考感恩，我们可以明确感恩得到的好处和感恩行善者（给予好处的人）之间的区别。积极的感恩情绪和参与亲社会或道德行为的冲动通常是感恩体验的一部分。

状态性与特质性感恩

状态性与特质性感恩是有区别的。[4]特质性感恩，或气质性感恩，是以感恩的情绪和行动来回应他人对我们的善意的一般倾向。这种稳定的特性降低了体验感恩情绪（或状态性感恩）的门槛，并建立了一种自我强化的模式。在这个模式中，每经历一次状态性感恩，特质性感恩就会加强。状态性感恩是在接受来自外部的"不劳而获"的礼物或好处时的一种积极的、相对短暂的心理生理学上的情绪反应。就像所有的情绪一样，感恩让我们为行动做好准备——促使身体做好准备去进行亲社会行为。

亏欠

在现代心理学研究中，感恩与亏欠的概念不同。在2006年的一项重要研究中，菲利普·沃特金斯（Philip Watkins）及同事发现，当行善者表示希望他们所给予的礼物或好处得到回报时，受益人就会产生亏欠心理。[5]相比之下，在行善者没有表现出馈赠需要偿还的期望，受益人也认为没有义务去报答行善者的情况下，受益人就会产生感恩之情。感恩是一种积极的体验，受益人希望亲近行善者，而不是回避。其他的研究表明，感恩比亏欠更有益于维系亲密关系；当一个人在生活中将行善者看得很重要或者有重大意义时，更容易对行善者感到亏欠；当受益人的自我意识更强时，也会更容易对行善者感到亏欠。[6]

感恩评估

对于特质性感恩或感激的测量，研究者们目前已经开发出四种得到广泛应用的量表：感恩问卷（Gratefulness Questionnaire, GQ-6）；感恩、愤恨和感激问卷（Gratitude, Resentment and Appreciation Test, GRAT）；感激问卷（Appreciation Inventory, AI）；VIA-

IS的感恩分量表。[7]在评估状态性感恩时还会使用感恩形容词评定量表（Gratitude Adjective Checklist, GAC），接下来将对上述量表进行简要描述。以上所有的测量工具都具有良好的信度和效度。也就是说，在每个量表中，条目之间相互关联，表明了内部一致性的可靠性。此外，这些量表的总分与幸福感呈正相关，并能正向预测其他被测量的心理成分，这表明以上量表具有良好的效度。

感恩问卷是由迈克尔·麦卡洛及同事在2002年开发的，共6道题，旨在评估感恩的强度、频率、密度和广度，并合成一个总的感恩水平得分。[8]感恩的密度是指令自己产生感恩之情的行善者的数量。感恩的广度是指令自己产生感恩之情的事情的数量。感恩问卷具体内容可见专栏3.1。你可以填写这份问卷，评估自己的特质性感恩水平。

感恩、愤恨和感激问卷是由菲利普·沃特金斯及同事在2003年开发的，参与者会得到感恩总分和3个分量表得分，这3个分量表分别评估参与者对他人的感恩、对生活中简单事物的感激以及对富足或未被剥夺的感激。[9]研究者还将原有的44条目量表修订为16条目的简易量表。

感激问卷是由米切尔·阿德勒（Mitchel Adler）和南希·法格利（Nancy Fagley）于2005年开发的，用于测量特质性感激。[10]在这个量表中，感恩被概念化为感激的一个部分。此量表由57个条目组成，评估体验到感激的频率或对感激体验的态度。感激量表会生成感激水平的总得分和8个分量表得分，分别为：（1）重视自己所拥有的东西；（2）对生活、自然或美丽的事物感到敬畏；（3）利用仪式来促进认可和重视；（4）关注当下；（5）利用自我或社会比较加强感激；（6）对行善者给予的馈赠感到感恩；（7）因损失或逆境而重视某些事物；（8）重视与我们有关系的人。感激量表也有一个16条目的简易版。

VIA-IS是由彼得森和塞利格曼开发的，其中感恩分量表包含10个条目，用来测量特质性感恩。[11]该量表的修订版本、简易版以及儿童和青少年版本均可使用。本书的第二章已经详细介绍了VIA-IS。

感恩形容词评定量表是由迈克尔·麦卡洛及同事在2002年开发的，是评估状态性感恩的一种有用的方法。[12]量表用"感恩的（grateful）""感谢的（thankful）""感激的（appreciative）"等形容词来表述感恩，被试需要报告目前这些感受的强度。

上述5种量表都是为会说英语的成年人开发的。其中一些量表有翻译版本可以使用[13]，而且有证据表明，这些量表在青年样本中的信度较高。在对1400多名青年人的研究中，杰弗里·弗罗（Jeffrey Froh）及同事们发现，感恩问卷，感恩、愤恨和感激问

专栏3.1 感恩问卷

你可以完成这份问卷，评估自己当前的感恩倾向。

请在每个题目后圈出你认为适合你现在状况的选项。

计算6道题的总分，38—42分是正常范围；25%的人得分低于这个范围，25%的人得分高于这个范围。*

	非常 不同意	不同意	有点 不同意	说不清	有点 同意	同意	非常 同意
1. 我觉得生活中有许多要感恩的人或事。	1	2	3	4	5	6	7
2. 如果要列一个清单来记录生活中需要感恩的事情，这个清单会很长。	1	2	3	4	5	6	7
3. 当我环视周围世界，我看不出有什么要感谢的。	7	6	5	4	3	2	1
4. 我要感谢各种各样的人。	1	2	3	4	5	6	7
5. 当我日渐变老的时候，我发现我更能感激那些已经成为我生命重要组成部分的人和事。	1	2	3	4	5	6	7
6. 当我发现还有许多的人和事情需要感谢时，岁月已经悄悄流逝。**	7	6	5	4	3	2	1

注：Reproduced with permission of the American Psychological Association from Appendix, The gratitude questionnaire-6 (GQ-6), p. 127, in McCullough, M. E, Emmons, R. A., & Tsang, J. (2002). *The grateful disposition: A conceptual and empirical topography. Journal of Personality and Social Psychology, 82*(1), 112–127. Copyright © 2002 American Psychological Association.

---

* 疑问：指导语中说"38—42分是正常范围""25%的人得分高于这个范围"，但是此量表总分最高分是42分，如何产生高于42分的分数？在参考文献中没有找到具体评分标准。（原文：Sum the scores for all six items. Scores between 38 and 42 are in the average range; 25% of people get scores lower than this range; and 25% of people get scores higher than this range.）——译者注

** 根据语义，第三题和第六题应为反向计分，但英文版中未标明反向计分，赋值也同时倒置，导致这两题仍为正向计分，所以在翻译时调整为反向计分，并作此说明。——译者注

卷（简版）和感恩形容词评定量表可以用来测量青少年的感恩水平。[14]研究者还开发了用于测量青春期前儿童感恩水平的工具。[15]

除了上述被广泛使用的感恩评估工具外，还有其他一些工具值得介绍。存在主义感恩量表是由莉莲·让-贝肯（Lilian Jans-Beken）和保罗·王（Paul Wong）于2019年开发的。[16]此量表共10道题，测量人在困难时期感恩的倾向。存在主义感恩量表与精神方面的幸福感相关，然而评估特质性感恩的感恩、愤恨和感激问卷得分与精神方面的幸福感没有相关。存在主义感恩量表是在第二次浪潮的积极心理学传统中发展起来的，它强调痛苦时的积极心理学。

超个人感恩量表是由帕蒂·赫拉瓦（Patty Hlava）及同事于2014年开发的，用于评估感恩的超越层面。[17]这个量表包含4个子量表，共16道题，分别测量感恩的表达、感恩的价值、超越性感恩和精神联系。超越性感恩和精神联系分量表得分与精神超越性具有较高的相关。

多元感恩量表是由布莱尔·摩根（Blaire Morgan）及同事于2017年开发的，评估了四个部分：对感恩的理解、感恩情绪、对感恩的态度和与感恩相关的行为。[18]他们发现幸福感随着多元感恩量表中感恩成分数量的增加而增加。

关系中的感恩表达量表是由纳撒尼尔·兰伯特（Nathaniel Lambert）及同事于2010年开发的，用于评估亲密关系中的感恩行为。[19]量表共3道题，受访者对以下行为的频率进行评估：(1)对伴侣为我做的事表示感谢；(2)让伴侣知道被我重视；(3)在伴侣为我做了好事时表达感谢。在一系列的研究中，兰伯特发现该量表的得分与关系质量的各个方面都存在相关。

工作感恩量表是由伊莎贝尔·凯恩（Isabel Cain）及同事们于2019年开发的，共10道题，用于评估对支持性工作环境和有意义工作的感恩程度。[20]他们发现，在控制了特质性感恩和工作满意度后，工作感恩量表的得分预测了倦怠。也就是说，较高的工作感恩得分与较低的倦怠得分相关。

促成感恩的因素

各种各样的因素促成了感恩的体验，包括认知因素、人格因素、人口统计学特征、亲子关系、神经生物学因素、遗传因素和进化因素。[21]

感恩与认知因素

认知因素是感恩最主要、最接近的决定性因素。当我们从行善者那里得到礼物或好处时，我们思考和评估局面的方式是影响我们感恩程度的主要因素。菲利普·沃特金斯在评估了现有研究后提出，我们的感恩程度取决于对以下四个方面的认可程度：(1) 从行善者那里得到了不应得的礼物或好处；(2) 礼物或好处给我们带来的善意或价值；(3) 行善者有意、自愿地给予的礼物或好处所带来的利益，对他们自身而言是昂贵的；(4) 无偿的礼物或好处超过了我们对他人的正常社会期望。[22] 当处于以下情况时，受益人会感受到更高水平的状态性感恩：受益人认可收到的礼物；受益人对收到的礼物很重视；礼物对好心且无偿赠予的行善者来说是昂贵的；礼物超出了人们正常情况下对其他人的期望。

认识到礼物的重要性

由于享乐适应（见第一章）[23]，反复获得的好处通常可能不会被识别。这也许解释了干预措施的有效性，比如通过计数幸福和感恩日记，能够增加感恩的体验并提升随之而来的幸福感。[24] 这些干预措施要求我们定期积极反思和记录我们所感激的事情，并承认这些事物来自周围环境。

认识到礼物的善意

关于认可礼物或好处的善意，有证据表明，礼物的心理价值是决定感恩程度的因素。萨拉·阿尔戈（Sara Algoe）及同事开展了研究，采用大学"姐妹会"中普遍的做法，即老成员（被称为"大姐姐"）在新成员（被称为"小妹妹"）进入"姐妹会"的第一周，匿名给新成员赠送礼物，让她们感到自己很受欢迎。[25] 他们发现，当"大姐姐"的身份被揭示时，感知到的礼物的用心程度（礼物对于收礼人的心理价值）是预测"小妹妹"的感恩程度的因素之一。

认识到给予者的善意

关于认可给予者的善意，有证据表明，感知到的感恩水平是由受益人的信念决定的，即受益人相信行善者为他好而自愿地赠送他贵重礼物，而不是因为必须或义务才这样做。妮塔·温斯坦（Netta Weinstein）及同事邀请参与者阅读两组情景短文，内容是他们在指路、搬重书、准备高难度考试和换轮胎等方面得到了他人帮助。[26] 在其中一组短文中，得到的帮助是他人自愿给予的；而在另一组短文中，这些帮助是他人出于一种责任感而给予的。研究者发现，如果得到的帮助是他人自愿的，受益人就会体会到更强烈的感恩之情。

认识到礼物的无偿性

就认可礼物或好处的无偿性而言，值得注意的是，我们对他人的期望取决于我们与他人的关系类型，一份对陌生人来说是自愿或无偿给予的礼物，从家庭成员那里收到时，可能被当作在正常期望范围内。在1977年的情景研究中，丹尼尔·巴尔-塔尔（Daniel Bar-Tal）及同事们发现，对于同样的恩惠，人们对母亲的感激要比对陌生人的感激少很多。[27]

感恩与人格因素

许多性格特征有助于人们体会到感恩。研究发现，特质性感恩与宜人性、共情、谦虚以及自尊呈正相关关系，与自恋、犬儒主义以及物质主义呈负相关关系。[28]

宜人性

在大五人格特征（神经质、外向性、开放性、尽责性和宜人性）中，宜人性与感恩的相关程度始终是最高的。[29]具有高度宜人性的人热情、友好、值得信赖且善于合作。

共情和谦虚

共情和谦虚是与感恩相关的另外两个人格特征。在一系列的研究中，内森·德瓦尔（Nathan DeWall）及同事们发现，心怀感激的人攻击性较低，而更高水平的共情在感恩和攻击性之间起中介作用。[30]在另一系列研究中，埃利奥特·克鲁泽（Elliott Kruse）及同事们发现，那些给帮助过自己但自己从未感谢过的人写感谢信的参与者，比那些进行中性活动的参与者表现出更多的谦虚；谦虚的基线水平预测了写感谢信后的感恩水平。[31]由此他们得出结论，谦虚和感恩相互促进。

自尊

自尊与感恩相关。[32]一些研究表明，那些高度评价自己的人更心存感恩。莫妮卡·巴特利特（Monica Bartlett）及同事们发现，自尊在感知到的个人能量和感恩之间起中介作用。[33]另外一些研究发现感恩干预会增强自尊。乔舒亚·雷什（Joshua Rash）及同事发现，与对照组相比，4周的感恩冥想干预可以提升干预组的自尊水平。[34]这些结果表明感恩和自尊是相互促进的。

自恋、犬儒主义和物质主义

宜人性、共情、谦虚和自尊会促进感恩的发展，而自恋、犬儒主义和物质主义则会产生相反的效果。从这个意义上讲，这三个特质的缺失对于感恩的发展是很重要的。

在2017年的为期2个月的纵向研究中，丽贝卡·所罗门（Rebecca Solomon）及同事们发现，前测中的自恋、犬儒主义和物质主义的基线水平与2个月后较低的状态性感恩相关。[35]他们还发现，自恋、犬儒主义和物质主义是抑制幸福最强有力的因素，且三者相互促进，因此这三个特质也被看作"窃取幸福的小偷"。自恋的人认为自己比他人更好，有权享受优惠待遇。这些信念会阻碍幸福，因为他们不把从别人那里得到的好处当作礼物，而认为是别人欠他们的东西。自恋者也会因此认为没有什么是值得感恩的。犬儒主义意味着一种信念，即他人不值得信任、他人的行为是由自身利益驱动的。犬儒主义的人很难感知到他人的良好意图，这会阻碍他们产生感恩。部分原因是负性偏向（已在第一章中讨论过），即人们更倾向于关注生活中消极的方面，而非积极的。那些被冤枉或被伤害的人觉得自己像受害者，心怀怨恨且很难仁慈宽恕，他们更容易看到他人的不好，很少看到他人的好，而且愤世嫉俗。物质主义的人相信财产会带来幸福，他们对于自己没有而他人拥有财产的情况心怀嫉妒。也就是说，他们做了令人沮丧的消极上行社会比较（已在第一章中讨论过）。物质主义的人更关注他们缺乏的东西，这干扰了他们对自己实际拥有的财产产生感恩之情。

感恩与人口统计学特征

感恩在年龄和性别因素上具有显著差异，女性和老年人比男性和年轻人体验到更多的感恩。很多研究发现，女性报告的状态性感恩和特质性感恩要高于男性，与感恩有关的好处也更多。[36]美国乔治梅森大学的托德·卡什丹（Todd Kashdan）在一系列的研究中发现，与男性相比，女性更容易感受到感恩，更容易表达感激；相比于男性，女性认为表达感恩更不复杂、未知性更少、冲突更少，而且更有趣、更令人兴奋；女性更有可能感恩，以满足她们对归属感和自主权的需求。[37]在一系列包含3万多名15—90岁的人群的研究中，南澳大利亚健康和医学研究所的威廉·乔皮克（William Chopik）及同事们发现，年龄和特质性感恩之间存在正相关关系。[38]老年人的特质性感恩得分高于中青年群体。在一生中，人的感恩水平和主观幸福感之间的关系是恒定的。这项具有里程碑意义的大型研究表明，以往关于年龄和感恩之间关系的研究结果的不一致，是因为那些研究存在局限性，比如样本量小或使用了非标准化的感恩量表。[39]

感恩与亲子关系

感恩也受亲子关系质量的影响。当父母给孩子提供一种安全依恋的体验，作为孩子感恩的榜样，并通过让孩子参加与感恩相关的活动，主动地使孩子适应社会生活、学会感恩时，孩子们会发展出更高水平的特质性感恩。[40] 与感恩相关的活动包括与其他表现出感恩的孩子或家庭一起玩耍。此外，在成年后，感恩中介了童年期安全依恋的经验对生活满意度的影响。[41]

感恩与神经生物学因素

功能性磁共振成像研究表明，内侧前额叶皮质促进感恩的体验。[42] 美国南加利福尼亚大学的格伦·福克斯（Glen Fox）及同事在参与者进行功能性磁共振成像扫描时诱发了他们的感恩。[43] 他们请参与者阅读大屠杀幸存者的故事，以此引发感恩。在这些以第一人称撰写的简短故事中，幸存者描述了他们在陌生人的庇护下，收到续命的食物和衣服时产生的强烈感激。研究者要求参与者生动地想象，如果自己在大屠杀的情境下收到这些礼物，他们会有多么感恩，并给感恩评级。感恩等级与内侧前额叶皮质的大脑活动相关，如图3.1所示。研究发现大脑的这个区域能够促进有益的社会互动、共情行为和心理理论（心理理论是理解他人的信念、意图、欲望和情绪与自己不同的能力）。

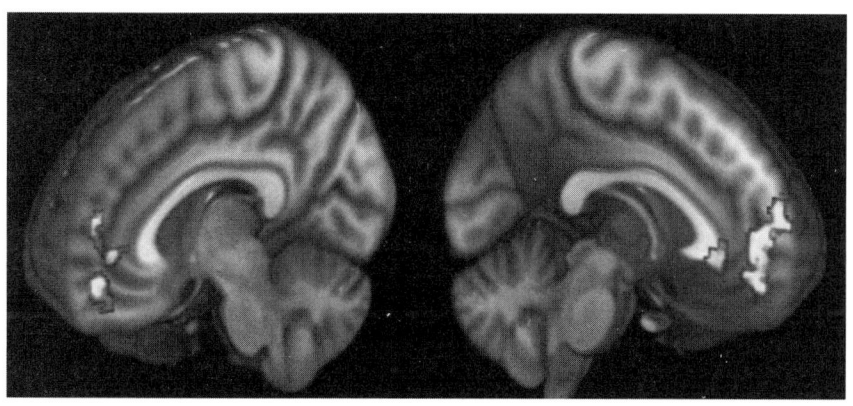

图3.1　感恩与大脑：感恩评分与内侧前额叶皮质的一个区域的活动有关，该区域包括膝周围前扣带皮质和内侧前额叶皮质的腹侧与背侧

注：Reproduced from Figure 5, Medial prefrontal activity correlating with participants' gratitude ratings, in Fox, G. R., Kaplan, J., Damasio, H., & Damasio, A. (2015). Neural correlates of gratitude. *Frontiers in Psychology, 6*, 11. Copyright © 2015 Fox, Kaplan, Damasio, and Damasio. This is an open access publication.

感恩与遗传因素

特质性感恩在一定程度上是由遗传因素决定的。在对明尼苏达州双生子登记处的336对中年双生子进行的研究中，迈克尔·斯蒂格及同事发现，遗传因素对VIA-IS中感恩的得分差异贡献率高达40%。[44]这接近遗传因素对所有二十四种VIA品格优势作用测量的中值，即42%，也接近一般性格特征的贡献率。初步证据表明，两个特定基因（COMT基因和CD38基因）的变异可能会影响感恩的发展。[45]COMT基因影响多巴胺系统，该系统与追求有益体验的动机有关。CD38基因与催产素有关，催产素能够促进对社会联结的体验。它有时被称为"关照和友善激素"或"爱的激素"。

感恩与进化

就像其他的品格优势一样，感恩具有适应性，因此可能是在自然选择的过程中进化而来。下文将详细介绍一些具体的进化理论。这些理论的一个中心主题是：感恩进化是因为它支持对物种生存至关重要的合作关系。

互惠利他主义

1971年，罗伯特·特里弗斯（Robert Trivers）提出，感恩的进化是为了促进互惠的利他行为，而我们体会到的感恩的程度是由利他行为的成本和收益决定的。[46]为了支持这一理论，他引用了鱼类的清洁共生、鸟类的警告叫声以及人类广泛的利他行为的证据。他证明了互惠利他主义（和感恩）是物种适应性的表现。有2项积极心理学研究支持了这一理论。[47]感恩通过激励我们认可利他的礼物并以利他行为回应，促进互惠的利他行为。当一件礼物对行善者来说更昂贵、对受益人更有好处时，受益人会感受到更多的感恩之情。

上行互惠

第二个进化假说是由马丁·诺瓦克（Martin Nowak）和塞巴斯蒂安·罗奇（Sébastien Roch）于2007年提出的，他们认为，在某些情况下，感恩的进化是为了激励将利益传递给第三方，以此作为将利益返还给行善者的一种替代方案。[48]也就是说，感恩的进化促进了上行互惠或提前付出。他们表明，上行互惠本身并不会促使合作进化，但如果它与互惠利他主义相结合，则可以提高物种内部的合作水平。合作又继而支持了物种的生存。

加强非亲属关系

第三个进化假说是由迈克尔·麦卡洛于2008年提出的,他认为感恩的进化是为了加强非亲属关系,因此感恩在非亲属关系中比在亲属关系中更容易被唤起。[49]巴尔-塔尔的发现支持了上述假设,即参与者对母亲的感激之情要少于对陌生人的感激之情。此外,研究还发现,只有当他人不是亲属或彼此不熟悉时,感恩才能增加对他人的信任。[50]

拓展建构理论

芭芭拉·弗雷德里克森的拓展建构理论及其证据已在第一章中概述。该理论认为,人类的积极和消极情绪系统以不同的方式进化,因为这是具有适应能力的,确保物种继续生存。消极情绪(如恐惧和愤怒)会缩小思维-行为的全部技能储备,并有助于解决影响幸福的紧迫威胁,比如在恐惧时逃跑或在愤怒时战斗。相反,积极情绪(如感恩)的进化扩大了思维-行为的全部技能储备,有助于建立持久的个人资源,包括合作关系,相应地也就提供了一种潜能,即创造新颖的、有适应能力的情绪、思维和行为的螺旋,如第一章中的图1.2所示。感恩的积极情绪不会引起狭隘的针锋相对的反应,而是引起更广泛的创造性反应,从长远的角度提高受益人与行善者及他人关系的质量。[51]

发现—提醒—联结理论

2008年,萨拉·阿尔戈在她的发现—提醒—联结理论中提出,感恩的进化是为了支持亲密关系的建立和维持。[52]感恩能帮助人们发现适合建立亲密关系的人,因为那些人对他们的需求特别敏感,有求必应;感恩能提醒人们这些关系的价值;感恩通过让人们感到被感激,并鼓励那些能够延长关系的行为,将他们与伴侣和好友联结在一起。这个理论与前文提到的三个理论不同,前三个理论认为感恩在与陌生人建立关系中起着重要作用,这种关系主要指在经济上有利的、互惠的、一报还一报的、以交换为基础的、合作的关系。发现—提醒—联结理论与前三种理论的主要区别在于,它强调了感恩在建立和维持心理上的亲密关系方面的作用,而不仅仅在于改善与陌生人的关系。该理论还强调,感恩的核心在于帮助人们找到那些与他们的需求合拍并对他们的需求做出回应的人,这些人将是与他们建立密切、长期关系的好人选。根据这一理论,提升感恩水平的不是所获好处的经济价值,而是心理价值,也就是说,所获好处与受益人需求相通的程度。该理论还指出了感恩的关键作用:感恩提醒受益人,为什么他们与选定的伙伴或朋友的关系是宝贵的,也因此使受益人和行善人联结得更紧密。阿尔戈的研究为发现—提醒—联结理论提供了支持。用心的、响应需求的礼物会引发更多的感恩,这种感恩能够促进人与人之间后续的高质量互动。而且,夫妻之间反复表达感恩可以提高亲密关系的质量。[53]

目击者效应理论

2019年,萨拉·阿尔戈提出,感恩也许已经进化到可以通过支持公共联盟的发展来壮大团体。[54]这是发现—提醒—联结理论从二元分析到群体分析的延伸。在感恩的目击者效应理论中,阿尔戈提出,向行善者表示感恩的行为,会使这种行为的目击者对表达感恩的人和被感恩的人更有爱心、更有亲和力。也就是说,见证他人之间的帮助和感恩,提高了目击者和被观察者之间的关系质量,从而支持了公共群体联盟的发展。她还提出,目击者效应的强度取决于:行善者被视为好人且自愿迎合并积极回应受益人的需求来帮助受益人的程度,以及受益人以迎合和积极回应行善者需求的方式赞扬行善者并以此表达感激的程度。阿尔戈在8个系列研究中找到了支持目击者效应理论的证据,在这些实验中,目击者观察了行善者-受益人之间的互动,随后表明了他们对自己与被观察对象之间关系质量的看法和信念。

感恩的好处

感恩与许多好处相关,如幸福感、亲社会行为、更高质量的伴侣关系、组织环境中的功能改善以及更好的心理健康和身体健康水平。

感恩与幸福感

许多相关研究表明,特质性感恩和状态性感恩与各种各样的幸福指数有关[55],包括PERMA幸福感、主观幸福感、心理幸福感、享乐型幸福感和自我实现型幸福感(以上幸福感已在第一章叙述过),还与所有的品格优势(已在第二章叙述过)有关。在2019年对欧洲5000多名成年人的调查中,丽莎·瓦格纳及同事们发现,特质性感恩与PERMA幸福的五个方面(积极情绪、投入、关系、意义和成就)都有着显著的相关。[56]在对130名美国成年人进行的为期2周的日记研究中,约翰·涅兹莱克(John Nezlek)及同事们发现,状态性感恩与每天的自我实现型幸福感和享乐型幸福感的感受有关。[57]感恩和幸福之间的联系不仅存在于成年人身上,也存在于儿童和年轻人身上。西蒙娜·阮(Simone Nguyen)和卡梅伦·戈登(Cameron Gordon)在美国的研究中发现,3—6岁儿童的特质性感恩和幸福感显著相关;同时穆罕默德·阿纳斯(Mohammad Anas)及同事在印度的研究中发现,青年人的特质性感恩和心理幸福感显著相关。[58]

研究者发现在感恩和幸福感的关系之间有许多中介变量。其中包括社会支持、积极记忆偏向、自尊、应对方式、正念和生命意义。[59]也就是说，感恩能带来更高的幸福感，因为它能帮助人们从朋友和家人那里获得更多的支持，带来更多积极的记忆、更多积极的自我评价，促使人们使用积极的应对方式来处理生活挑战，拥有更好的正念体验以及更强的生命意义感和目标感。

感恩的社会认知模型

2008年，亚历克斯·林利及同事在感恩的社会认知模型中提出，接受行善者的礼物会激活一种感恩认知图式。[60]这种认知图式在特质性感恩对状态性感恩和幸福感的影响中起到关键的中介作用。感恩图式指导了人们对感恩相关事件的注意、编码和解释。理论提出，与特质性感恩水平较低的人相比，特质性感恩水平较高的人的感恩图式更容易且长期地被激活。因此，他们认为助人行为对行善者来说成本更高、对自己更宝贵，而且认为这是因行善者更强的利他主义产生的行为。这些假设已得到了一系列研究的支持。高特质性感恩的人认为助人行为更宝贵、更有价值、更无私，并因此体验到更强的状态性感恩。

感恩干预与幸福感

感恩与多种好处都有相关，这些发现促使研究者进行感恩干预方法的开发和评估的研究，这些干预方法旨在引发感恩体验从而提升幸福感。计数幸福和感恩信-感恩拜访是两种经研究证实的、使用最广泛的感恩干预的方法。干预方法的具体内容在专栏3.2和专栏3.3中展现。你可以做这些练习，并关注这些练习如何影响你的幸福感。在计数幸福的干预中，参与者详细回忆能引起感激的事情，从而产生强烈的感激之情，然后将事件和感受都写出来。在感恩信-感恩拜访的练习中，参与者给过去帮助了自己但没有得到感谢的人写一封感谢信表达感谢，然后在感谢拜访时，把这封信读给他们。罗伯特·埃蒙斯和迈克尔·麦卡洛在2003年的研究中，初次证明了计数幸福练习的有效性。[61]塞利格曼及同事在2005年进行了研究，第一次评估了感谢信-感恩拜访的影响作用。[62]在以上研究中，与那些没有接受干预或接受替代干预的参与者相比，进行感恩练习的参与者报告了更高的幸福感。

在这些开创性的研究后，至今已经有20多个研究考察了感恩干预的效果。美国佐治亚州立大学的唐·戴维斯（Don Davis）及同事们、美国东北大学的利娅·迪肯斯

> **专栏3.2　计数幸福：对三件好事表达感谢**
>
> 留10分钟写一份感恩日记。
>
> 列出今天发生的三件好事。
>
> 这些都是让你信任他人、超自然或自然的事情。
>
> 如：某人赞美了你；一个朋友联系你；在家里、工作中或社会中有人帮助了你；注意到了世界的美好；关注自身健康或其他你有幸拥有的个人特征。
>
> 对于清单上的每一件事，花点时间想象这个好事正在发生，然后写下：
>
> - 具体发生了什么事
> - 为什么你认为这件事发生了
> - 对你来说这件事意味着什么
> - 用你能想到的所有理由来解释，为什么你认为这件事很顺利
> - 当这件事发生时你是否告诉了他人
> - 你再做点什么可以让这件事再次发生，并记得下次把这件事告诉他人
>
> 在这个练习开始前和完成后，分别记录你当时感受到的幸福感等级（10分制），从1分（代表非常悲伤）到10分（代表非常快乐）。
>
> 比较练习前后评分的差异，看看这项练习是否改善了你的幸福感。
>
> 注：Based on an exercise in Emmons, R. A., & McCullough, M. E. (2003). Counting blessings versus burdens: An experimental investigation of gratitude and subjective wellbeing in daily life. *Journal of Personality and Social Psychology, 84*(2), 377−389.

（Leah Dickens）分别在2016年和2017年做了元分析。这2项重要的元分析研究表明，那些能够增加感恩的体验和表达的干预方法可能会提升各个方面的幸福感。[63]这2项元分析共包括38项研究和2000多名参与者，结果表明，相比于不参与干预的对照组或只写下最近在生活中面临的挑战的对照组，参与感恩干预的人的幸福感有更大提升。元分析还表明，参与感恩干预的人和参与其他类型积极干预（如品格优势干预）的人在幸福感方面获得了类似的提升。相比于大学生或儿童，成年人在感恩干预中受益更多。

泰勒·伦肖（Tyler Renshaw）和蕾切尔·奥林杰·斯蒂夫斯（Rachel Olinger Steeves）基于学校的感恩计划的6个研究进行了元分析，也同样发现儿童和青少年难以从感恩干预中受益。总体而言，这些基于学校的感恩计划对幸福感的影响可以忽略。[64]

专栏3.3 感恩信和感恩拜访

留10分钟写一封感谢信。

回想一下,在你过去的生活中,有人为你做了一些事,并给你的生活带来了积极的影响,你心存感激,但你从来没有正式地感谢过他们。

可能是一位老师、导师、体育教练、朋友、家人或其他人。

给那个人写一封400—800字的信。

写信的时候,在脑海里想着那个你要感谢的人。

请在信中写出:

- 这个人做了什么特别的事来帮助你
- 他们所做的好事如何影响了你的生活,并让你的生活变得更好
- 你多久会反思一次他们是如何帮助你的
- 他们的帮助让你在当时有怎样的感觉,现在又有怎样的感觉
- 你是多么感激他们为你所做的好事,又多么感激他们的善良和慷慨

你可以把信写在纸上或电子设备上。如果你喜欢,也可以口述并用音频或视频记录下来。

完成后,请读或听一遍这封信。

想象一下这封信会怎样影响收信人。想象一下这封信会让他们有什么感觉。

如果你愿意,请寄出这封信。

如果你喜欢,也可以打电话给他们,告诉他们你想去拜访他们。如果不方便,你也可以在线上与他们交谈。封存这封信,直到你见到他们。然后把信读给他们听。

慢慢地读这封感谢信。如果对方打断你,请他们等待你读完。

当你读完这封信,讨论这一过程对彼此的影响。

留意一下你的感激之情如何影响着对方。

在这个练习开始前和完成后,分别记录你当时感受到的幸福感等级(10分制),从1分(代表非常悲伤)到10分(代表非常快乐)。

比较练习前后评分的差异,看看这项练习是否改善了你的幸福感。

注:The gratitude letter is based on an exercise in Seligman, M. E., Steen, T. A., Park, N., & Peterson, C. (2005). Positive psychology progress: Empirical validation of interventions. *American Psychologist, 60*, 410-421.

然而，有一个例外，其中一项研究有显著的积极结果。米里亚姆·阿赫塔尔（Miriam Akhtar）和伊洛娜·博尼韦尔（Ilona Boniwell）组织了一个八期的、以小组为基础的积极心理学项目，感恩干预是这个项目中所有课程的核心。研究发现，在所有课程结束后，有饮酒问题的青少年的幸福感和乐观情绪大幅增加，饮酒量也变少了。[65] 与其他干预方法相比，这个研究中使用的干预方法是有效果的，可能有以下三个原因：(1) 这个研究中项目时间更长（八期）；(2) 这个研究将感恩练习融入一个多元素的项目中，包括目标、优势、乐观、品味、冥想、人际关系、健康的生活方式和韧性；(3) 这是唯一一项针对有特定问题（饮酒）的参与者的研究。

感恩与亲社会行为

感恩能增加亲社会行为。2017年，英国诺丁汉大学的劳伦斯·马（Lawrence Ma）及同事们对91项研究（超过1.8万名参与者）进行了元分析，结果发现，感恩与亲社会之间有着显著的中等程度的正相关关系。[66] 这一关系在直接互惠的亲社会交换中最强，受益人会做出亲社会行为（如，友善）来回应因行善者的善行，并产生感恩。由特定的好处（比如另一个人的善行）引发的感恩，比由生活中重要的事物引发的感恩更强烈。与特质性感恩相比，状态性感恩与亲社会行为的关系更紧密。与其他的积极情绪相比，感恩情绪对亲社会行为的影响更大，特别是在互惠交换中，感恩比许多其他的情绪（如悲伤、快乐、同情、羞耻、愤怒和骄傲）对亲社会行为的影响更大。这些研究结果强调了感恩在激励亲社会行为方面的重要性，特别是在互惠关系中巩固关系的重要性。

感恩与伴侣关系

感恩能增进各种不同类型的关系，尤其是亲密的伴侣关系。萨拉·阿尔戈的发现—提醒—联结理论为此提供了支撑证据。这些证据表明，感恩能帮助人们找到亲密关系的合适人选（与他们的需求合拍并对他们的需求做出回应的人）；感恩提醒人们这些关系的重要性；感恩会鼓励那些能够延长关系的行为，将人们与伴侣联结在一起。[67] 感恩与高质量的伴侣关系相关，感知到的关系强度和对关系的维护行为中介了感恩与关系质量之间的关系。[68] 也就是说，心怀感恩的伴侣拥有更满意的关系，因为他们认为他们的关系更牢固，因此会做出更多维持关系的行为（如，向伴侣表达对关系的担忧，以便做出适当的调整），从而提高关系的质量。

感恩可以抵消不安全依恋或抑郁对伴侣关系质量的消极影响。[69] 也就是说，如果一方抑郁或属于不安全依恋类型，那么另一方经常对其表达感恩，可以预防抑郁或不安全依恋对他们的关系产生消极影响。不安全依恋的人不相信伴侣能在自己需要支持的时候出现，这通常会对关系质量产生不利影响。相比之下，安全依恋的人相信伴侣会向他们提供情绪价值。安全依恋类型的人往往有着更高水平的特质性感恩和更高的关系满意度。[70]

感恩干预可以提高伴侣关系的质量。肯尼思·帕内尔（Kenneth Parnell）及同事们邀请了70对夫妇，让他们在2周内，每天给自己的伴侣讲三件关于这段关系或对方使自己心怀感恩的事情。[71]他们发现，对女性来说，伴侣做每日感恩练习的频率会影响她们对关系的满意度。你可以邀请伴侣和你一起做专栏3.4中的练习，看看表达感恩是否会影响你的幸福感。

专栏3.4　向你的伴侣表达感恩

每天花10分钟向你的伴侣表达感激之情，坚持2周。

和你的伴侣坐在一个不会被其他人或设备（手机、平板电脑、电脑、电视或其他干扰物）打扰或分心的地方。

轮流做倾诉者和倾听者。

当轮到你倾听时，不要打断对方。

当轮到你说话时，告诉你的伴侣你最近注意到的三件关于对方或你们之间关系的事情。

尽可能详细地描述这三件事，并解释为什么你要因此感谢你的伴侣。

试着每天讲述不一样的事情。

下面的清单可能会让你想起你的伴侣或你们的关系中让你感激的事情：

- 体贴/温柔/有趣/坚强/性感/勇敢/深思熟虑/忠诚/慷慨/美丽/可靠/平静/努力工作/公平/充满活力/宽容/灵活/诚实/包容/明智
- 倾诉爱意、亲吻、性生活
- 放你喜欢的音乐或电影，倾听你的一天是如何度过的，理解你
- 支持你的学习或工作
- 支持你与朋友交往，并参加休闲活动/体育活动/艺术活动
- 在重大的转变和人生挑战中支持你，如：出生、死亡、搬家、换工作或改变进程、课程任务上的问题、生病、受伤
- 提醒你可能会忘记的事情，和你一起做早餐，洗衣服，安排上学或上班的交通工具
- 在白天与你联系

> - 做饭，饭后收拾，和你一起学习
> - 对惹恼你的朋友 / 邻居 / 前任伴侣有耐心
>
> 在这个练习开始前和完成后，分别记录你当时感受到的幸福感等级（10分制），从1分（代表非常悲伤）到10分（代表非常快乐）。
>
> 比较练习前后评分的差异，看看这项练习是否改善了你的幸福感。
>
> 注：Based on an exercise in Parnell, K. J., Wood, N. D., & Scheel, M. J. (2019). A gratitude exercise for couples. *Journal of Couple & Relationship Therapy*.

感恩与组织

在组织内部，领导者对员工、员工对领导者以及团队中的各员工之间都可能体验和表达感恩。在组织与其产品或服务的受益者接触的过程中，从受益人到组织成员（如，从患者到医护人员），或从组织成员到使用产品或服务的人（如，从零售商到顾客），也可能体验和表达感恩。当前对组织研究结果表明，在以上关系中，表达感恩会提高员工的生产力、促进组织公民行为、改善工作关系、提高工作满意度和幸福感，并能预防工作倦怠。[72] 在针对65名心理健康专业人员的研究中，米歇尔·拉纳姆（Michelle Lanham）及同事们发现，工作场所特定的感恩与较少的倦怠和更高的工作满意度有关。[73] 通过量表询问受访者对同事、主管、来访者以及当前工作的感激情况，可以评估工作场所特定的感恩水平。

感恩与心理健康

感恩与良好的心理健康相关，特别是较低的抑郁情绪水平[74]，高危人群较低的自杀倾向[75]，有物质和酒精滥用问题的人群更好的调节能力[76]，更好的创伤应对和创伤后成长[77]，以上因素都与感恩水平有着显著相关。积极重构、积极情绪、自我慈悲、自尊、感知到的压力和适应性应对方式是感恩与心理健康之间关系的中介因素。[78] 也就是说，感恩能促进心理健康（或防止其恶化），是因为它能帮助人们用积极的方式重构困境，从而体验积极情绪；它能让人产生自我慈悲和自尊；它能降低对生活压力的感知，并让人们更有适应性地应对压力。

感恩干预对心理健康有积极的影响。[79] 2018年，乔尔·王（Joel Wong）及同事进行了一项三组的对照试验。[80]他们比较了三种心理健康服务的来访者，一组接受心理治疗和感恩干预（向帮助过他们的人写感谢信），一组接受心理治疗和干预（写出他们最紧张的生活经历），最后一组只接受心理治疗。写作任务包括三次共20分钟的书写。在写作任务干预结束后的1个月和3个月，那些写感谢信的人报告的心理健康状况明显好于其他两组。在两个写作组中，较低的消极情绪词汇的使用比例，在写作（关于感恩或压力事件）对心理健康的积极作用中起中介作用。在另一项研究中，菲利普·沃特金斯及同事们发现，把有挑战、有压力或困难的生活事件写下来，并认可这些事件带来的好处，比简单地描述事件更有益。[81]也就是说，感恩重构或重评能更好地改变糟糕记忆并提高幸福感。你可以做专栏3.5中的练习，考察感恩重评对幸福感的影响。

专栏3.5　感恩重评：感谢那些来自糟糕经历的美好事物

选择一段"糟糕"的经历，起初这段经历令人不愉快，你不希望它出现，它是困难的或让你感到痛苦的，对你来说是个挑战，但它可能引发了积极的结果，你现在也许很感激这些结果。

这段"糟糕"的经历可能是自己或家人的身体或心理健康问题；一场事故或伤害；受到迫害、攻击或欺凌；丧亲；一段关系的结束；经济困难；搬进新房子，离开你喜欢的地方；课程或考试不及格；或者其他的生活考验。

回想这段经历，然后详细描述事情经过和你对这段经历的感觉。

请回答以下问题，帮自己重新评价这些事：

- 这段经历带给你什么好处？
- 这段经历帮你发现或培养了哪些个人优势？
- 这段经历巩固了哪些重要的人际关系？
- 这段经历如何帮助你更好地面对未来生活中的挑战？
- 这段经历如何帮助你正确看待生活，并认识到你最看重的是什么？
- 这段经历如何让你更欣赏生活中最重要的事情？
- 这段经历带来的美好事物中，你最感激的是什么？

在这个练习开始前和完成后，分别记录你当时感受到的幸福感等级（10分制），从1分（代表非常悲伤）到10分（代表非常快乐）。

比较练习前后评分的差异，看看这项练习是否改善了你的幸福感。

注：Based on Watkins, P. C., Cruz, L., Holben, H., & Kolts, R. L. (2008). Taking care of business? Grateful processing of unpleasant memories. *The Journal of Positive Psychology, 3*(2), 87-99.

感恩与身体健康

当前研究表明，感恩与感知到的身体健康、睡眠质量、疾病（心脏病、关节炎和炎症性肠病）调节能力以及炎症和血压等健康的生物指标的改善有关。[82]感恩和身体健康的关系受到心理健康、健康的生活方式、寻求帮助、遵循医嘱、应对方式、社会支持和压力的中介。也就是说，感恩使身体更健康，是因为感恩的人往往有更健康的心理和更健康的生活方式；感恩的人能从亲密的朋友和家人那里获得更多的社会支持，感知到的生活压力更少，并能更好地应对压力；感恩的人会在医学问题上寻求帮助，并遵循医嘱。

帕特里克·希尔（Patrick Hill）及同事在包含900多名19—84岁的瑞士成年人的研究中发现，特质性感恩与自我报告的身体健康有关，而这种联系受到心理健康、健康活动和为健康问题寻求帮助的意愿的中介。[83]

感恩干预对健康有着积极的影响。在随机对照试验中，劳拉·雷德瓦恩（Laura Redwine）及同事们发现，写感恩日记可以显著降低心脏病患者的炎症指数。[84]

放大效应理论

从前文对感恩的积极作用的总结中，我们可以得出结论，感恩与许多好处相关。菲利普·沃特金斯在感恩的放大效应理论中提出，感恩提升了幸福感的许多方面，因为它放大了一个人生活中的美好事物。[85]就像扩音器能增加声音信号的强度，放大镜能放大它所聚焦的物体一样，感恩能放大我们所关注的美好事物。它增加了这些美好事物的信号的强度。感恩组织着我们的认知和行为资源，让我们识别对幸福重要的人、关系、经历和事情，并激励我们参与其中，以增加我们生活中的美好。

通过增加获得积极记忆的机会，感恩使得我们珍惜生活中当下和过去的美好事物。感恩放大了社会的积极面，放大了我们在别人身上看到的善良，能促进更多的亲社会行为，并提高人际关系的质量。感恩促进了组织环境的正常运转。感恩使人身心更健康，也放大了我们在不良创伤情况下看到的好处。

最后，值得我们注意的是，通过感恩干预来提高幸福感的最后一种方法是：想象如果没有某种特殊的礼物或好运，生活会是怎样的。在2008年，有研究者发现，让干预组被试写下假如从未遇见自己的伴侣，他们的生活会是怎样的；而对照组写下他们如何遇见伴侣以及之后的生活。在任务完成后，干预组的人对恋爱关系的满意度比对照组的人更高。[86]你可以做一下专栏3.6中的练习，看看你是否可以通过想象生活中一件重要"礼物"的缺失来增加感恩并提升幸福感。

专栏3.6　通过想象礼物的缺失来感谢礼物

花10分钟写一份感恩日记。

在你的生命中选择一个让你非常感激的"礼物"。

这可能是一个人（如你的伴侣、朋友或兄弟姐妹）、一个地方（如你的房子、工作场所、学校或运动俱乐部）或一项活动（如运动、音乐、大学生活或工作）。

想象并写下，如果没有这份"礼物"，你的生活会是怎样的、会发生什么、你会有什么感觉。

具体来说，如果你从未遇到你的伴侣或朋友、没有兄弟姐妹、不住在现在的房子里、不在当前工作场所工作、没有上学或没有上大学、从未加入运动俱乐部、没有运动、没有音乐、没有这份工作，你的生活会是怎样的、会发生什么、你会有什么感觉。

在写完没有这个"礼物"的生活后，再写一写因为生活中拥有了这个"礼物"，你有多么感激。

在这个练习开始前和完成后，分别记录你当时感受到的幸福感等级（10分制），从1分（代表非常悲伤）到10分（代表非常快乐）。

比较练习前后评分的差异，看看这项练习是否改善了你的幸福感。

注：Based on an exercise in Koo, M., Algoe, S. B., Wilson, T. D., & Gilbert, D. T. (2008). It's a wonderful life: Mentally subtracting positive events improves people's affective states, contrary to their affective forecasts. *Journal of Personality and Social Psychology, 95*(5), 1217-1224.

希望和乐观

本节以及后续几节的主题是希望和乐观。感恩是指从积极的角度看待过去，而希望和乐观则是从积极的角度看待未来。在积极心理学领域，希望研究的先驱、心理学家里克·斯奈德（Rick Snyder）认为，希望是一种能力和决心，是一条帮助人们克服阻碍、规划和追寻实现理想目标的路径。[87]大部分乐观主义研究都源自迈克尔·沙伊尔（Michael Scheier）和查尔斯·卡弗（Charles Carver）有关气质性乐观的研究，以及塞利格曼有关乐观解释风格的研究。据沙伊尔和卡弗的观点，气质性乐观是指人们对未来持有一种积极的总体预期。这种预期的特征主要表现为，人们认为未来发生的好事会多于坏事。[88]塞利格曼认为，乐观解释风格是一种将失败等消极事件归因于外部、特定、短暂特征（例如糟糕的环境）的倾向。[89]他区分了乐观与悲观解释风格，并指出后者是将消极事件归因于内部、整体、稳定特征（例如能力不足）的倾向。相关研究表明，虽然希望、气质性乐观和乐观解释风格之间具有相似之处，却仅呈现出中等程度的相关，因此，它们是不同的构念。[90]

希望理论

斯奈德认为希望包括两个部分：一是能够规划出克服困难、实现理想目标的方式路径；二是运用这些方式路径的能动性或动力。[91]图3.2呈现了斯奈德的希望理论中关于在特定情况下人们体验希望的过程。当人们追求有价值的目标时，三要素之间的相互作用将决定与希望相关的目标导向行为。其中，三要素分别为：（1）对取得结果或实现目标的重视程度（体现在结果价值框中）；（2）选取路径的认知，以及关于这些路径最终是否能够有效地取得结果或实现目标的相关预期（体现在路径思维框中）；（3）对

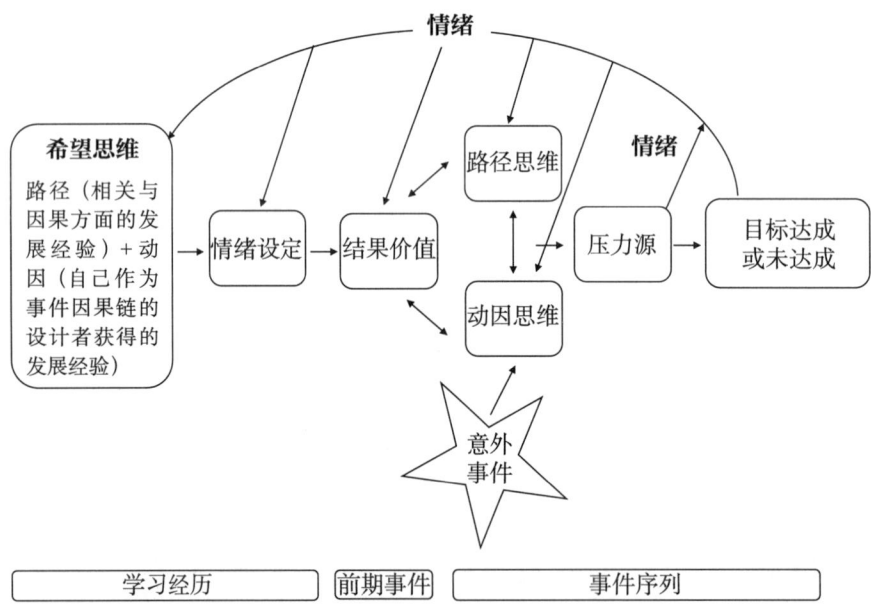

图3.2 希望理论

注：Reproduced with permission of the American Psychological Association from Figure 6.1, Hope theory model, p. 81, in Gallagher, M. W., Teramoto Pedrotti, J., Lopez, S. J., & Snyder, C. R. (2019). Hope. In M. W. Gallagher & S. J. Lopez (Eds.), *Positive psychological assessment: A handbook of models and measures* (2nd ed., pp. 77-95).Washington, DC: American Psychological Association, Copyright © 1994 American Psychological Association. Permission conveyed through Copyright Clearance Center, Inc.

自身动机的思考，即能在多大程度上沿路径前进，以及沿着路径前进的内部动机（体现在动因思维框中）。图中底部的内容区分了一个人的学习经历、事件发生前的情况和追求目标事件的序列（三要素对应的具体内容在图的上方展开）。

上述三要素离不开人们因过去经验和未来展望的影响所产生的具体认知与相应的情绪，具体而言就是：（1）人们在获得"相关或因果"的发展经验后，对于如何实现目标的思考；（2）人们作为事件因果链的设计者（如图3.2中左侧希望思维框所示），在获得了发展经验后产生的动因思维。

图3.2中的弧形箭头代表反馈过程。人们在追求目标的过程中会产生特别的情绪，这些情绪会反过来影响当前以及长期的对实现目标路径的想法和情绪、实现目标过程中个人动力的作用，以及随后产生的结果价值评估。如果这一过程进展得很顺利，积极情绪便会强化目标追求的过程；如果不顺利，消极情绪便会破坏追求目标的过程。

当人们在追求有价值的目标时，希望发挥的作用最大。这样的目标具有一定的挑战性，因此，人们在实现目标的过程中也会面临一些挑战，但我们有中等概率可以克服阻碍、战胜挑战从而实现目标（如图3.2中右侧的压力源框中所示）。如果我们确信能够实现目标，那么希望发挥的作用就很小。如果确信不会实现目标，那我们就会变得绝望。在追求目标的过程中，希望水平不同的人往往会对面临的阻碍做出不同的反应（如图3.2中右侧的压力源框中所示）。那些希望水平高的人会寻找其他路径来实现目标。当成功克服阻碍时，他们会体验到积极的情绪，从而提升了希望的水平。那些希望水平低的人通常会"不知所措"，并进行消极的反刍性思考，从而产生消极情绪。这削弱了他们的希望，并阻碍他们追求目标。

在追求目标的过程中，我们可能会因为意外事件产生强烈的情绪变化（如图3.2中星形框所示）。某些基于惊讶的情绪引起的生理唤醒可能会转化为能动性或动力。例如，当你即将完成一篇论文时，你的计算机却死机了，此时消极情绪会涌上心头；或者在你努力完成一篇论文时，一个朋友给你打电话，提到你可以参考某篇文献的内容，这能够显著提升你的文献质量，此时，你会感到一股积极的情绪。虽然这些基于惊讶的情绪起初并不在目标追求的参考框架内，但它们可能在这一过程中起到了引导性的作用。

希望发展理论

斯奈德的希望理论阐释了希望在特定情况下是如何发挥作用的，并解释了这一特质在人生的前20年是如何逐渐发生变化的。他指出，在婴儿期、童年期和青春期，希望的发展均有明确的特点。[92]在出生后即将满1岁时,婴儿因客体永久性和因果图式对追求或实现目标的路径有了预期。此时,婴儿的指向性技能已经发展成熟,他们可以借此表达自己的目标是什么。

在生命的第二年,婴儿开始尝试具有目标导向性的活动,他们按照路径实现预期目标。在这一时期,婴儿"主体我"的想法在不断发展。在这一阶段,他们学到的最重要的且与希望有关的技能之一,便是计划并主动地绕过障碍走路。遇到障碍、规划路径绕过障碍,然后沿着规划路径前进的过程,是婴儿希望感产生的重要来源。

在3—6岁的学龄前期,伴随着儿童语言以及前运算阶段直觉思维的快速发展,他们对讲故事越来越有兴趣,对生活中的常规事物也日渐熟悉,在面对障碍时规划有希望的路径的能力也得以增强。随着身体的生长发育,他们掌握复杂技能的能力也有所增加。在学龄前末期,观点采择能力的发展使学龄前儿童能够将他人的愿望纳入自己的计划中。随着共情能力的发展,他们开始意识到,计划和追求有价值目标的实现有时会帮助他人,有时却会阻碍他人追求他们的有价值的目标。

在儿童中期和青春前期,个体的逻辑思维能力(而非直觉思维能力)、记忆能力、阅读能力和高级的社会观点采择能力也都快速增长。这使得他们能够更加精细地规划路径和追求有价值的目标,并在社会环境中考虑到他们的父母、兄弟姐妹、同伴和教师的愿望。

在青春期,青少年的抽象推理能力得到发展,这有助于他们处理复杂的问题,包括从父母那里争取到更多的自主权、形成专属的亲密关系以及进行职业规划等。这些复杂的问题为他们提供了机会,他们能够满怀希望地进行规划,并在遇到挫折和阻碍的情况下执行计划。

拥有希望品质的儿童,其父母通常都是具有希望品质的榜样,他们指导孩子制订和执行计划,以帮助孩子规避实现有价值目标的过程中可能会遇到的阻碍。这些儿童对他们的父母具备安全型依恋,父母也为他们提供了温暖和有序的家庭环境。在这个环境中,他们能够将合理的规则持续地应用到生活中,如果发生冲突,也可以通过稳定公平的方式解决问题。

希望评估

斯奈德团队开发了一系列量表来测量不同年龄群体的希望水平。[93]成人气质性希望量表(The Adult Dispositional Hope Scale)和状态希望量表(State Hope Scale)已被翻译成多种语言广泛使用,这2个量表通过成人希望的简要特征和状态希望的自我报告来测量希望水平。儿童希望量表(The Children's Hope Scale)和幼儿希望量表(Young Children's Hope Scale)则分别为学龄儿童开发和学龄前儿童开发。此外,研究人员也开发了观察版成人气质性希望量表、儿童希望量表和幼儿希望量表,供研究评定者、家长和教师填写。不论是自我报告还是观察评分表都会产生总的希望分数,以及与希望相关的作用和路径的分数。除了这些量表外,斯奈德研究团队还开发了一个成人特定领域希望量表(Adult Domain-Specific Hope Scale),测量以下特定领域的希望:社会、学术、家庭、浪漫关系、职业和休闲活动,其信效度得到了相关研究的检验。2018年,多里特·雷德利奇-阿米拉夫(Dorit Redlich-Amirav)总结概括了18个希望评估量表,并指出成人气质性希望量表在希望研究中应用得最为广泛。[94] 读者们不妨用这个量表评估一下目前的特质希望水平(见专栏3.7)。VIA-IS中也有一个特质希望量表,已在第二章中提及。[95]

专栏3.7　希望量表

你可以填写此问卷,以评估当前的希望程度。

请在每一个题目后圈出你认为符合你想法的选项。

将所有题目的得分相加。

平均分值范围为23—27分;25%的人的得分低于23分,25%的人的得分高于27分。

请圈出适用于你的答案,以表明你对以下各项陈述的同意或不同意程度。

作用

	非常不符合	不符合	符合	非常符合
1. 我积极追求自己的目标。	1	2	3	4
2. 我过去的经历帮助我更好地为未来做准备。	1	2	3	4
3. 我在生活中很成功。	1	2	3	4
4. 我实现了为自己设定的目标。	1	2	3	4

(续)

路径	非常不符合	不符合	符合	非常符合
5. 我能想出很多办法摆脱困境。	1	2	3	4
6. 有很多方法可以解决各种问题。	1	2	3	4
7. 我能想出很多方法来获得生活中对我重要的东西。	1	2	3	4
8. 即使其他人感到沮丧,我也知道我可以找到解决问题的方法。	1	2	3	4

注:Adapted with permission of the American Psychological Association from Appendix, p. 585, in Snyder, C. R., Harris, C., Anderson, J. R., Holleran, S. A., Irving, L. M., Sigmon, S. T., ... Harney, P. (1991). The will and the ways: Development and validation of an individual-differences measure of hope. *Journal of Personality and Social Psychology, 60*(4), 570−585. Copyright © 1991 American Psychological Association.

希望研究中的发现

相较于斯奈德提出的理论,他开发的希望量表以及VIA-IS的希望量表在更大程度上促使更多研究者开展了希望相关研究。除人口统计学因素外,遗传、神经生物学因素以及其他相关因素已被证明对提升希望感有帮助。此外,研究指出,希望对人们的幸福感和心理健康的提升也有许多益处。以下是希望研究中的一些重要的发现。

希望和遗传因素

遗传因素对希望起着部分决定作用。在对来自明尼苏达州336名中年双生子的研究中,迈克尔·斯蒂格及同事发现,遗传因素对VIA-IS中希望特质得分的方差解释率为41%。[96]

希望和神经生物学因素

在一个有关希望的功能性磁共振成像研究中,中国的研究者王松及同事发现,特质希望是由双侧延髓内侧眶额皮质促进的,该皮质与支持奖励相关的处理、问题解决和目标导向行为有关。[97]

希望和依恋类型

约翰·布莱克（John Blake）和克里斯蒂娜·诺顿（Christine Norton）针对8项研究进行的元分析发现，成人依恋风格和特质希望之间存在着明显的关联。[98]成年后，希望水平高的人更有可能与伴侣形成安全依恋，因为在儿童时期，他们对父母有安全依恋。

希望和人口统计学因素

索尼娅·海因茨及同事在涉及100多万名国际参与者的元分析研究中发现，在整个生命周期中，男性和女性在特质希望水平之间不存在显著差异。[99]

希望和幸福感

许多相关研究表明，状态性与特质性希望与各种幸福指标有关[100]，这些指标包括PERMA五因素幸福感、主观幸福感、心理幸福感、享乐型幸福感和自我实现型幸福感，在第一章中均有所提及。状态性与特质性希望也与第二章中描述的所有品格优势和各种工作表现的指标有关。例如，2019年，在欧洲开展的对5000多名成年人进行的调查中，瓦格纳及同事发现，希望特质与PERMA五因素幸福感（积极情绪、投入、关系、意义和成就）都有显著的相关性。[101]在对24种VIA品格优势研究的综述和元分析中，希望一直被认为是与主观幸福感和心理幸福感相关度最高的两个特质之一（另外一个特质是热情）。[102]

学者通过研究发现，一些变量在希望和幸福感中起中介作用，包括对积极信息的关注、自我评估以及感知到的社区支持。[103]换言之，希望有利于产生更多的幸福感，因为它帮助人们将注意力集中在积极的信息上，做出积极的自我评价，并帮助他们在社区中获得更大的支持。

人们还发现，希望可以中介其他变量与幸福感之间的关系，包括心理韧性、自我慈悲、生活意义或目的、外向性、尽责性、社会支持、师生关系、神经质和心理易感性。[104]也就是说，更强的心理韧性、自我慈悲、生活意义或目的、外向性、尽责性、社会支持和积极的师生关系提升了希望，因此使人们产生了更多的幸福感。相反，神经质和心理易感性的增加会降低幸福感，因为这两个变量会降低特质希望的水平。

希望和心理健康

对于有心理健康问题的人来说,特质希望是一个保护因素。在这一人群中,拥有更多特质希望的人能够更好地适应和应对生活,这体现为他们的焦虑和抑郁水平较低,自杀的可能性也会降低,创伤后应激障碍的症状水平较低,以及患精神疾病后调整恢复得会更快。[105]例如,美国休斯敦大学的马修·加拉格尔(Matthew Gallagher)及同事在对涉及3000多名参与者的20项研究的元分析中发现,希望与较低的创伤后应激障碍症状水平之间存在中等程度的相关。[106]

希望和身体健康

对于有身体健康问题的人来说,特质希望也是一个保护因素。在对患有各种疾病(包括慢性疼痛、癌症、心脏病、慢性阻塞性肺病、脊髓损伤、多发性硬化症、银屑病、关节炎、糖尿病、哮喘、镰状细胞病和烧伤)的人进行的研究中,研究人员发现,希望水平高的人能够对自身的身体健康问题做出更好的心理适应。[107]此外,希望水平高的人也会做出很多有利于身体健康的行为,这在一定程度上促进了他们的幸福感。然而,由于研究的匮乏,几乎没有证据表明特质希望能直接影响疾病过程或结果(在后文有关气质性乐观的章节中,我们将看到,大量研究已指出乐观能够直接影响身体健康)。对于患有慢性致残性疾病(如运动神经元疾病或绝症)的患者来说,提升希望的三个关键是:保持社会支持关系,放弃过去持有的高价值目标(如事业成功)并设定可实现的目标,以及寻求精神方面的应对措施。[108]

学校和工作中的希望

对于仍在读书的年轻人和参加工作的成年人来说,希望与生产力(或成就)以及幸福感(或满意度)都有关系。[109]例如,葡萄牙波尔图大学的苏珊娜·马克斯(Susana Marques)及同事在对涉及9000多人的45项研究进行的元分析中发现,在儿童、青少年和青年的学校中,希望与平均成绩之间存在中等程度的相关。[110]此外,研究人员还发现,教育背景下的希望水平与各种幸福指数有关。在2013年涉及45项研究和超过11 000名员工的元分析中,美国克莱蒙特大学的丽贝卡·莱卡德(Rebecca Reichard)发现,希望与工作表现以及工作中的幸福感之间存在中等程度的相关。[111]

希望疗法

希望疗法源于斯奈德的希望理论，源于认知行为治疗、焦点解决短期治疗和叙事疗法的观念和实践，还源于随杰尔姆·弗兰克（Jerome Frank）在《劝导与治疗》（*Persuasion and Healing*）一书中的开创性观念：希望是所有有效的心理治疗方法的共同因素。[112] 希望疗法旨在帮助人们制定明确的目标，确定实现这些目标的众多途径，激励自己追求目标，并将阻碍重塑为有待克服的挑战。此外，希望疗法帮助个人发展出以希望为导向的问题解决策略。有对照试验研究表明这是一种有效的干预措施，可以通过提升希望来解决一些心理健康问题。例如，珍妮弗·奇文斯（Jennifer Cheavens）及同事在2006年的随机对照试验中发现，在经历八次的希望团体治疗后，被试群体的希望和自尊的作用成分显著增加，社区中焦虑症和抑郁症患者的焦虑和抑郁情绪也有所减少。[113]

气质性乐观

迈克尔·沙伊尔和查尔斯·卡弗认为，气质性乐观是一种对未来事件产生积极结果的总体期望，即相信好事更有可能发生。这一定义提出的依据是期望-价值理论，该理论认为在困难面前，乐观的人会为有价值的目标持续奋斗、采取有效的应对策略、不断调整自我状态，以便尽可能地实现目标。[114] 该理论指出，在追求的目标驱动行为中，目标的价值是第一要素。对一个人来说，目标的价值越大，被激发的动力也就越大。目标的期望是第二要素，期望是指一个人对自己能够实现目标的信心程度。也就是说，当人们确信目标可以实现时，即使面对巨大的困境，他们也会坚持追求目标。如果一个人缺乏信心或对实现目标心存疑虑，这将弱化他们追求目标的行为。

气质性乐观的测量

气质性乐观研究最常用的测量工具是生活倾向量表-修订版（Life Orientation Test, LOT-R），见专栏3.8。[115] 也有研究者基于父母评价方式，开发了儿童气质性乐观量表。因素分析的结果表明，气质性乐观由两个因素组成。其中，积极陈述条目属于乐观特质维度，消极陈述条目属于悲观特质维度。[116] 换言之，气质性乐观可被看作一个二阶模型，其中一级因素是生活倾向（即总体气质性乐观水平），二级因素包括乐观和悲观。在研究中，气质性乐观通常通过单项指标测量。

专栏3.8　生活倾向量表-修订版

你可以完成这份问卷，以评估你目前气质性乐观的水平。

请在每个陈述中，选出符合你想法的答案。

将所有答案的分数相加。

平均分数在11—17之间；25%的人分数低于这个范围，25%的人分数高于这个范围。

请在每个陈述后面选一个数字打钩，代表你对这个陈述的同意或反对的程度。

	非常同意	同意	不确定	不同意	非常不同意
1. 事情没有确定时，我总是期待最好的结果。	4	3	2	1	0
2. 对我而言，如果事情有出错的可能，那么最后一定会出错。	0	1	2	3	4
3. 我对自己的未来总是很乐观。	4	3	2	1	0
4. 我几乎不指望事情能按我的意愿发展。	0	1	2	3	4
5. 我很少指望会有好事发生在我身上。	0	1	2	3	4
6. 总的来说，我期望发生在我身上的好事多于坏事。	4	3	2	1	0

注：Reproduced with permission of the American Psychological Association from Table 6, Items composing the Revised Life Orientation Test, p. 1073, in Scheier, M. F., Carver, C. S., & Bridges, M. W. (1994). Distinguishing optimism from neuroticism (and trait anxiety, self-mastery, and self-esteem): A reevaluation of the Life Orientation Test. *Journal of Personality and Social Psychology, 67*(6), 1063-1078. Copyright © 1994 American Psychological Association.

气质性乐观的研究发现

人口统计学、遗传学、神经生物学、文化、人格特质和应对策略等因素对形成气质性乐观起着重要作用。气质性乐观给人们带来诸多好处，体现为更多的幸福感、更好的心理和身体健康、更高质量的伴侣关系以及在工作和体育方面的更好表现。以下是相关研究的主要发现。

气质性乐观与人口学统计因素

气质性乐观具有普遍性。2005年的盖洛普世界民意调查进行了有史以来最大规模的乐观研究，142个国家的150 048人参加了调查，样本年龄跨度在15—99岁，取样代表了世界人口的95%。结果发现最乐观的人是年轻人、女性、受教育程度高的人和富人。[117]调查采用如下条目测量乐观水平：

> 请想象一个梯子，阶梯的编号从底部的0到顶端的10。梯子顶端的10代表你可能的最佳生活，而梯子底部的0代表你可能的最差生活。你认为5年后你将会站在梯子的哪一级上？

研究结果发现，乐观的平均分为6.7（$SD = 2.3$），84%的人预计他们的未来生活将达到或超过5。其中，五个最乐观的国家是（括号内为其平均乐观评分）：爱尔兰（8.4）、巴西（8.3）、丹麦（8.3）、新西兰（8.3）和美国（8.2）。最不乐观的五个国家是：津巴布韦（4.6）、埃及（5.1）、海地（5.1）、保加利亚（5.1）和黎巴嫩（5.3）。另外，较高的乐观水平与主观幸福感的提升和感知身体健康的改善有关。然而，没有证据表明国家的国内生产总值或预期寿命在其中起到调节作用。此外，收入、教育和性别与乐观显著相关，年轻人、富人、受教育程度高的女性更为乐观。这项调查显示，气质性乐观是人们普遍具有的特质，乐观和幸福感之间的密切关系并不仅限于发达国家。

气质性乐观与遗传、环境因素

遗传因素和父母的社会经济地位会影响乐观的发展。在3项以2500多对双生子为研究对象的研究中，研究者发现，气质性乐观具有中度的遗传性。正如生活倾向量表-修订版对乐观和悲观因素评估的那样，不同的遗传因素会导致人们乐观和悲观的不同发展。[118]关于环境因素对乐观发展的影响，在芬兰的纵向研究中，研究者发现，6岁以下儿童的父母社会经济地位可以预测儿童21年后的气质性乐观水平。[119]

气质性乐观主义与神经生物学因素

英国伦敦大学的戴维·赫克特（David Hecht）及同事在梳理有关乐观和悲观的神经生物学研究后发现[120]，乐观、高自尊、关注积极因素和积极情绪与大脑左半球的生理活动有关（在右利手人群中）。相反，悲观、低自尊、关注消极因素和消极情绪则由大脑右半球的神经生理活动所支配。其中，左半球负责积极的模式、乐观和对自己应对生活挑战的能力和信心，它的主要功能是将生理唤醒保持在正常范围内；右半球负责防御、抑制行为和悲观的思维模式，它的功能是作为一个"警报系统"来检测对健康的威胁。在人类生存适应的过程中，这两种功能都得到了进化。在乐观与大脑的关系研究中，研究者采用了大脑结构和功能成像技术。例如，依托生活倾向量表-修订版问卷，研究者在对61名健康参与者进行的结构性磁共振成像研究中发现，乐观可以中介左眶额叶皮质的厚度与焦虑的关系，左眶额叶皮质越厚的人越乐观，焦虑也越少（如图3.3所示）。[121]这表明，增加左眶额叶皮质厚度能够提升乐观，从而缓解焦虑症状。

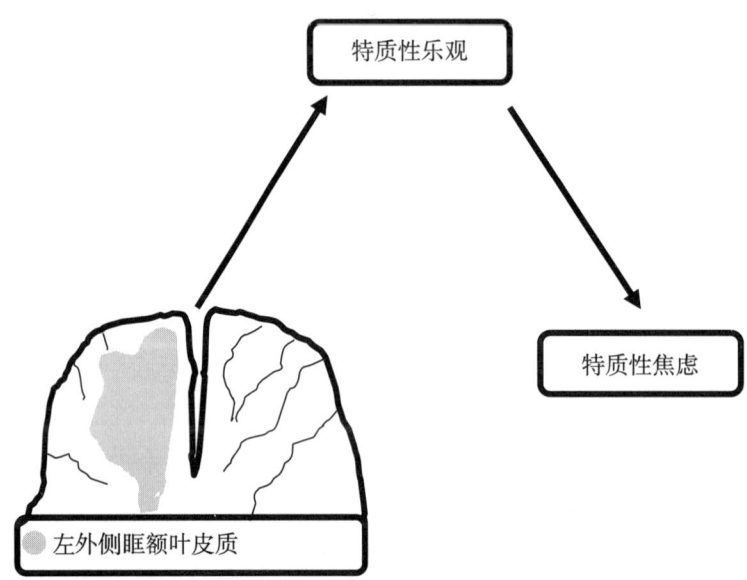

图3.3　乐观和大脑：特质性乐观中介了眶额叶皮质灰质体积对焦虑的缓解作用

注：Adapted with permission from Figure 2, Trait optimism mediates the relationship between the OFC volume and anxiety, p. 267, in Dolcos, S., Hu, Y., Iordan, A. D., Moore, M., & Dolcos, F. (2016). Optimism and the brain: Trait optimism mediates the protective role of the orbitofrontal cortex gray matter volume against anxiety. *Social Cognitive and Affective Neuroscience, 11*(2), 263-271. Copyright © 2015 The Author. Permission conveyed through Copyright Clearance Center, Inc.

气质性乐观与文化

在一个对213项包含22个国家、89 000多个案例的研究的元分析中，研究者发现，文化对乐观的影响较小。价值观的不同是造成微弱的文化差异的因素，在强调个人主义和平等主义的社会中，乐观的平均水平更高。[122]

气质性乐观的人格特征

有研究者对391项研究（涉及47 000名研究对象）进行元分析后发现，乐观的人往往充满希望、性格外向、情绪稳定。此外，他们还大多拥有高自尊和高水平的一般自我效能感，并且面对逆境时拥有韧性。[123]他们还发现，气质性乐观与希望高度相关，与大五人格特质，特别是神经质和外向性中高程度相关。乐观与自尊水平（积极的自我评价）、一般自我效能感（对自己成功能力的总体信念）和心理韧性（从逆境中"反弹"的能力）之间也有很高的相关性。他们还指出，乐观不是希望的另一种说法，也不是大五人格特质的某些方面。乐观与它们不同，但又与它们相关。

气质性乐观与应对方式

在一系列有关应对压力事件的研究中，研究人员发现乐观主义者和悲观主义者的应对方式是不同的，这些压力事件主要包括遭遇导弹袭击、接受乳腺癌治疗、做心脏搭桥手术或骨髓移植手术、照顾患有癌症或阿尔茨海默病的亲属。[124]在涉及50个研究、11 000多个案例的元分析中，研究者发现，气质性乐观与那些旨在消除、减轻或管理压力源的应对策略之间存在正相关，而与那些旨在忽略、回避或者逃离压力源的应对策略之间存在负相关。因此，乐观主义者倾向于使用问题聚焦的应对策略，并尽可能地解决与压力有关的、可解决的问题。相反，悲观主义者则倾向于使用回避的应对策略，让自己在心理上远离与压力有关的问题。此外，乐观主义者更有可能坚持不懈地解决问题，而悲观主义者更有可能放弃尝试，特别是在面临具有挑战性的任务时。

气质性乐观、幸福感和心理健康

许多文献综述和元分析显示，气质性乐观与幸福感、心理健康存在高相关。例如，在前文中提及的对391个研究的元分析发现：在对广泛的幸福感的研究中，乐观者比悲观者报告了更高的幸福感、生活满意度、工作满意度、生活质量和心理健康水平。[125]而在心理健康研究中发现，高水平的气质性乐观与低水平的抑郁、自杀意念、焦虑、强迫症和创伤后应激障碍有关。在另一项元分析中，研究者发现，气质性乐观与创伤后成长有关，这些创伤包括遭受自然灾害、恐怖袭击、军事战争、强奸以及威胁生命的疾病（如癌症、心脏病和艾滋病）。[126]创伤后或危机后的成长包括对个人力量的认可、与他人关系的改善、对生命的珍惜、精神信念和存在意识的提升，以及对新的可能性持有更开放的态度。[127]研究人员还发现，对于照顾有精神疾病或问题行为儿童的父母以及照顾阿尔茨海默病父母的成年子女而言，气质性乐观可以抵消出现心理健康问题的风险。[128]

气质性乐观与身体健康

对许多研究的综述和元分析表明，与悲观者相比，乐观者身体健康状况更好、健康问题更少、与疾病有关的疼痛更少、对慢性病的适应能力更强、病后恢复得更好。[129]此外，乐观者有更健康的生活方式，更勤于遵守健康规则，他们的免疫系统也更有效地发挥作用。大量纵向研究说明了乐观对身体健康的深远影响。例如，希拉里·廷德尔（Hillary Tindle）及同事在对97 000多名身体健康的妇女的纵向研究中发现，8年后，与悲观者相比，乐观者的死亡率和冠心病发病率都较低。[130]乐观者与悲观者的死亡率分别为4.6‰和6.3‰，而冠心病发病率分别为3.3‰和6‰。此外，在对69 000多名女性进行的10年纵向研究和对1 400多名男性进行的30年纵向研究中，莉薇娜·李（Lewina Lee）及同事发现，那些具有较高水平的气质性乐观者寿命更长，乐观者的寿命比悲观者长11%～15%。[131]

气质性乐观与伴侣关系、工作及运动表现

乐观与伴侣关系满意度相关，其中社会支持和问题解决起中介作用。[132]研究表明，更乐观的夫妻，他们的关系满意度更高，因为他们更建设性地解决问题，并为彼此提供更多的社会支持。此外，气质性乐观与较高水平的工作创造力、满意度和幸福感相关。[133]气质性乐观也与更好的运动表现和运动满意度相关。[134]

增加气质性乐观的积极心理干预措施

积极心理干预可以短期增加气质性乐观的水平。澳大利亚新英格兰大学的约翰·马卢夫和尼古拉·舒特等人对29项涉及3000多人的研究进行元分析后发现，积极心理干预对气质性乐观有小到中等的短期影响。[135]最有效的干预措施需要与治疗师或教练面对面进行，包括"最好的可能自我"练习。这个练习包含在第二章的专栏2.1中，被试需要写下想象中的未来，在这个未来中，一切都很顺利，所有的生活目标都已实现。

乐观的解释风格

相较于沙伊尔和卡弗认为乐观是一种对未来事件积极结果的总体期望的观点，塞利格曼和彼得森及同事认为乐观是一种解释风格。[136]根据这个观点，乐观的人把消极事件或体验归因于外部的、暂时的和特殊的因素，比如大环境不好；悲观的人则把消极事件或体验归因于内部的、稳定的和普遍的因素，比如自己的能力不足。所以，如果考试没考好，乐观的人会说，是因为题目出错了，或考场空气不清新让人无法集中注意力；而悲观的人会说，是因为自己没学好，或自己比较笨。

测量乐观的解释风格

乐观的解释风格通常采用归因风格问卷（Attributional Style Questionnaire, ASQ）、儿童版归因风格问卷和言语解释的内容分析（Content Analysis of Verbal Explanations, CAVE）来评估。[137]在ASQ中，研究者首先给被试呈现一系列假定事件，包括消极事件和积极事件，例如"你不能完成别人期望你完成的所有工作"或"你的伴侣对你越来越关爱"。接着，要求被试指出这些积极或消极事件发生在自己身上的主要原因。然后，被试在以下三个维度对原因进行评分：（1）内部-外部；（2）稳定-暂时；（3）普遍-特殊。最后，把评分综合起来，就可以得到被试的乐观-悲观指数。使用CAVE评估方式时，首先从日记、讲话、访谈记录或新闻报道等材料抽取出对消极事情和积极事件的归因解释，然后由专家在内部-外部、稳定-暂时和普遍-特殊三个维度上对归因解释进行评分。把评分综合起来，得到被试的乐观-悲观指数。除了这些广泛使用的研究工具外，研究者还开发了许多其他乐观解释风格的量表，用于伴侣、家庭、团体和体育运动等特定的情境。[138]

关于乐观的解释风格的研究结果

人口学、遗传学和家庭因素有助于乐观解释风格的发展。乐观的解释风格与更高的幸福感、更好的身心健康状态、更高的婚姻满意度以及公共生活领域的成功相关。以下是乐观主义解释风格与这些主题相关的一些主要研究结果。

悲观与抑郁、普遍的乐观偏差以及人口因素

积极心理学对乐观解释风格的研究源于塞利格曼早期关于习得性无助的研究，该研究表明，被诊断为抑郁症的人倾向于将生活中的消极事件归因于内部的、稳定的、普遍性的因素。[139]也就是说，他们把消极的生活事件和失败归咎于自己，并采用了一种悲观的解释风格。相比之下，大多数人都有一种乐观偏差，把消极的生活事件或失败归因于外部的、暂时的、特殊的因素，而把成功归因于内部的、稳定的、普遍的因素。例如，在包含250多项研究、涉及许多国家数千名被试的元分析中，埃米·梅祖利斯（Amy Mezulis）及同事发现[140]，与失败相比，人们更有可能将他们的成功归因于内部的、稳定的、普遍性的因素，具有很大的乐观偏差。有心理健康问题的人、亚洲人和年轻人的平均乐观偏差水平明显低于没有心理健康问题的人、西方人、儿童或老年人。

乐观解释风格的发展

乐观解释风格的发展受很多因素的影响，包括遗传因素、父母的心理健康水平、父母提供的榜样示范类型以及父母鼓励和奖励乐观的程度。[141]以双生子为研究对象的研究表明，遗传因素影响乐观解释风格的发展。乐观的人更有可能来自父母都不抑郁的家庭。乐观的父母是孩子的好榜样，他们使用乐观的解释风格，将成功归因于内部的、普遍的、稳定的因素，将失败归因于外部的、特殊的、暂时的因素。乐观的人的家庭中，父母更理解孩子的失败，并将其归因于外部而不是内部因素。如果小时候目睹家人以乐观方式应对逆境（如失业和贫困），并且家庭能够从逆境中走出来，他们就会变得乐观。乐观的父母鼓励他们的孩子以乐观的方式应对挫折，并以不同的方式强化乐观和韧性。悲观的人更有可能来自父母抑郁的家庭，他们是悲观解释风格的榜样，不同程度地使悲观解释风格得到强化。如果父母经常批评孩子，并将他们的失败归因于内部的、普遍的、稳定的因素，那么孩子长大后更有可能成为悲观的人。父母的虐待和忽视，也容易让孩子形成悲观的解释风格，变得抑郁。此外，乐观还与延迟满足的能力有关，即为实现长期目标而放弃短期利益，这可能是因为乐观的人坚信长期目标是可以实现的。

乐观的解释风格与幸福感、健康及应对方式

前瞻性研究和回顾性研究表明，在面对重大生活压力事件（如长期的父母冲突、离婚或丧亲等）时，具有乐观解释风格的人，更不可能生病、抑郁或自杀，而且更有可能表现出较高的幸福感和创伤后成长。[142] 相比之下，悲观的人因在儿童时期经历过这些重大的生活压力事件，更有可能变得抑郁。此外，应对方式部分中介了乐观的解释风格对情绪的积极影响。[143] 秉持乐观解释风格的人更有可能积极地解决问题，并使用积极的视角来审视生活中的挑战，而秉持悲观解释风格的人更有可能使用回避的应对方式。

乐观的解释风格与关系、学业、工作和体育成绩

研究者采用关系归因测量方法对婚姻中的乐观进行测量，结果发现乐观与较高的积极互动率和长期婚姻满意度相关。[144] 关于乐观的归因风格与学业、职业和运动表现之间关系的研究结果尚不一致。一些研究表明，对积极事件的乐观解释风格通过支持目标设定、熟练度和坚持来预测更好的表现。而另一些研究表明，对于失败和消极事件，一定程度的悲观可能激励人们更加努力工作，因此，人们在这些情况下表现更好。[145]

乐观的解释风格与社会生活中的成功

一系列关于声名显赫的政治和军事人物的研究（把演讲、日记和报纸报道作为素材，用CAVE分析素材）发现，乐观决定了公共生活领域的成功。[146] 人们发现，乐观的解释风格与赢得选举、国际领导人的抗压能力以及海湾战争与第二次世界大战中的军事侵略和冒险行动有关。

归因训练

在阿伦·T.贝克（Aron T. Beck）和阿尔伯特·埃利斯（Albert Ellis）开发的认知治疗模型的基础上[147]，塞利格曼开发了一些归因训练项目，以帮助成人和儿童把解释风格从悲观转变为乐观[148]。在这些项目中，参与者学习监控和分析引起情绪变化的情境，然后识别和修改他们的悲观信念，从而使解释风格变得更加乐观。

在这些项目的第一部分，参与者需要学习监控遭遇坏事引起的情绪变化。在每次遇到坏事时，他们要进行"ABC"分析，包括：具体是什么坏事、坏事发生时自己的想法、之后有何情绪变化。在此举例说明。

A（Adversity，坏事：诱发的消极事件）：朋友不给我打电话。

B（Beliefs，信念：个人对诱发事件的评价、想法）：他不在乎我们的友谊了，因为我总是令人厌烦。

C（Consequent mood change，结果：情绪和行为的结果）：我的心情从好变得相当沮丧（在10分的幸福感量表上，1代表非常沮丧，10代表非常高兴。从7分变成了3分）。

采用这种程序，参与者分析许多类似的情境。他们识别心情变坏时出现的想法，发现心情变坏与心情变好之前的想法有何不同。分析之后就会发现，心情变坏之前的想法源于悲观的解释风格，而心情变好之前的想法则源于乐观的解释风格。以悲观的解释风格为基础的想法把坏事归因于内部的、稳定的和普遍的因素，以乐观的解释风格为基础的想法把坏事归因于外部的、特殊的和暂时的因素。掌握ABC分析之后，参与者就可以练习把坏事的悲观解释改变为乐观解释的技能。这些技能包括转移、远离和辩论。

转移是指做一些其他的事情来改变注意的焦点，让自己的内心停止对坏事的悲观解释。具体方法包括：用手拍桌子并大声说"停"；在手腕上绑橡皮筋弹自己；在卡片上写一个大大的"停"字，然后一直看着；将注意力集中在外界的客观事物上，尽量晚些时候再去思考这个问题；坏事一旦发生，立即写下悲观的解释；等等。

远离是指不断提醒自己，对坏事的悲观解释仅仅是一种可能，而不是客观事实。转移注意力是"关闭"悲观想法的策略，而远离则是一种"调小"悲观想法对情绪影响的策略，即认识到想法不是事实，悲观的解释只是对情境多种解释的其中一种角度。远离为辩论奠定了基础。

辩论是进行内部对话的过程，目的是为坏事找一个同样有力或更有力的乐观解释。在驳斥悲观的解释时，人们分别就证据、替代方案、影响和功用四个方面的问题进行对话：(1) 悲观的解释或想法有何证据，这些证据是否确实？ (2) 这种悲观的解释是否可以被替代，替代为一种把坏事归因于外部的、特殊的、暂时的因素？ (3) 如果找不出合理的乐观解释，那这种悲观解释的不良影响是灾难性的，会带来巨大的、长期的消极后果，还是只是暂时的麻烦？ (4) 如果不能确定哪种对坏事的解释证据更充分，那么哪种解释或想法对产生积极的情绪和实现目标是最有用的？

ABC分析技术和转移、远离和辩论技术放在一起，就变为ABCDE练习。五个字母分别代表诱发的消极事件；个人对诱发事件的评价、想法；情绪和行为的结果；与不合理的信念辩论；通过调节产生积极的情绪和行为。除了注意到每个消极事件、信念和情绪变化外，我们还要与悲观信念辩论，关注辩论过程让情绪发生了怎样的积极变化（即关注用乐观信念代替悲观信念后心情是否会变好）。下面举例说明。

A（坏事）：朋友不给我打电话。

B（信念）：他不在乎我们的友谊了，因为我总是令人厌烦。

C（结果）：我的心情从好变得相当沮丧（在10分的幸福感量表上，1代表非常沮丧，10代表非常高兴。从7分变成了3分）。

D（Disputation，辩论）：悲观的解释证据确定吗？可以找出他在乎这份友谊的证据，如在过去的1年中，我们每周都会见两三次面。替代方案是什么？他可能在想其他事情，也可能正在处理某个麻烦。不良影响是灾难性的吗？就算他不在乎这份友谊，这也不是世界末日。我还有其他的朋友，生活可以继续。哪种信念是有用的？认为他没有打电话是因为一些暂时麻烦，而不是因为我的某些消极的个人特征，这更有用。

E（Energisation，激发）：我现在感到好受一些，沮丧少了很多（在10分的幸福感量表上为6分）。

不妨使用专栏3.9中的练习，来增强你的乐观解释风格。

专栏3.9　培养乐观的思维方式的ABCDE策略

- 为了增加你对乐观思维方式的使用，在接下来的1周里，每天至少对一个让你感受到压力或困难的不利情况进行ABCDE分析，并使用这一策略来增加你的幸福感。
- 以下是ABCDE分析中，A、B、C、D、E分别代表的内容。
  - A 代表你觉得困难的坏事或诱发事件
  - B 代表你对诱发事件的信念。这是你对诱发事件的解读或者对故事的诠释
  - C 代表结果，包括你的情绪变化（10分制）、身体感觉和行为变化

(续)

- D 代表转移、远离或辩论。接下来将介绍这些策略。它们将帮助你远离悲观的思维方式，朝向乐观的思维方式
- E 代表激发或使用转移、远离或辩论改善你的情绪的程度

- 转移：当感到悲观的想法在心中持续了20分钟以上的时候，你可以尝试用手拍桌子并大声说"停"；在手腕上绑橡皮筋弹自己；在卡片上写一个大大的"停"字，然后一直看着；将注意力集中在外界的客观事物上，尽量晚些时候再去思考这个问题；坏事一旦发生，立即写下悲观的解释；等等。
- 远离：不断提醒自己，对坏事的悲观解释仅仅是一种可能，而不是客观的事实，从而远离悲观的思维反刍。总有其他更乐观的解释，而且同样合理。
- 辩论：通过检验与这些信念有关的证据、替代方案、影响和功用四个方面的问题，与你的悲观信念辩论。
  - 对坏事的悲观想法有什么证据吗？这些证据表明信念是完全真实的吗？
  - 是否有替代方案，另一种对坏事的乐观解释？
  - 如果你不能做出乐观解释，那么这种悲观解释的不良影响是灾难性的，会带来巨大、长期的消极后果，还是只是暂时的困扰？
  - 如果不能确定悲观或乐观的解释对坏事证据更充分，那么就决定哪一套想法对改善心情和实现你宝贵的目标最有用。

- 激发：重新评价你的情绪（10分制），目的是了解使用了转移、远离和辩论的方法后你情绪的改善，从而增加你使用乐观思维方式和减少使用悲观思维方式的可能。

注：Based on Seligman, M. E. P. (2006). *Learned optimism* (Vintage ed.). New York: Random House.

宾夕法尼亚大学韧性项目

该项目是一个归因训练项目，旨在帮助学龄儿童发展乐观的解释风格，从而预防抑郁。[149]这个为期12周的项目包含分析情绪的变化情况，具体包括前因、行为以及后期情绪的变化；从解释风格的三个维度，即内部-外部、普遍-特殊、稳定-暂时来分析信念；为情绪变化提供可替代的解释，并评估这些解释的证据；挑战灾难性思维。这个项目还从行为治疗中借鉴了一些行为技术训练，包括处理家庭冲突、自信和谈判、问题解决技巧、决策技巧、放松和应对技巧、应对拖延和社交技能训练。该项目的认知

部分帮助儿童产生希望,即相信自己能够解决曾经似乎无法解决的问题。该项目在行为方面向青少年传授有效处理生活困难所需的技能。然而,在该项目对预防抑郁的有效性的元分析结果中,其中一项元分析表明,该项目对抑郁症状有影响,但影响很小;另一项研究发现该项目对抑郁、焦虑和解释风格的影响可以忽略不计。[150]

感恩、希望和乐观的过度使用与使用不足

如上所述,关于感恩、希望和乐观的研究表明,这些品格对个人的幸福感有很多好处。显然,未能充分利用这些优势可能会导致人们无法获得这些好处,甚至在某些情况下可能会导致严重的人际关系和心理健康问题。然而,探索过度使用感恩、希望和乐观的后果也很重要。在专栏2.9中,我们注意到,对于所有的品格优势,使用不足和过度使用都可能产生消极后果。[151]如果人们过分感恩那些欺负或虐待他们的人,可能会无意中强化那些人的欺凌行为,从而继续被困在压迫性关系中。具有非常高的气质性乐观水平的人,总是期望好事发生,但在高风险的情况下可能遭受不利的后果,例如赌博、金融市场交易、超速驾驶或物质成瘾(包括酒精和尼古丁)。在这些情况下,无论是财务还是健康方面,做出高度乐观决定的成本都可能远远高于悲观决定的收益。具有极其乐观的解释风格的人,总是把成功归因于自己,把失败归因于环境或其他人,他们可能很难从错误中学习。在虐待关系中的讨好和高风险情况下的不切实际的乐观是对过去的感恩和对未来的积极取向的反面。[152]中庸之道是充分发挥感恩、希望和乐观等优势的最优方案。这种平衡的实现在一定程度上取决于情境。[153]

争议

许多感恩有关的研究仍存在争议。为了解释这些争议产生的原因,让我们先回顾一下感恩的广义定义以及感恩和感激之间的争议。许多有关感恩的心理学研究都是基于相对狭义的感恩定义,即人们在收到他人给予的恩惠后体验到的感激之情。在2009年的一系列研究中,佛罗里达州立大学的纳撒尼尔·兰伯特(Nathaniel Lambert)及同事发现,普通人对感恩的定义比研究中更广泛。[154]他们认为感恩是一种情绪,源

于对有价值和有意义的东西的欣赏,这种欣赏可以源于大自然或重要的关系,也可以是从他人那里得到的具体恩惠。因此,兰伯特及同事将研究人员定义的狭义感恩——恩惠触发的感激,与非专业人士的广义定义——普遍的感激进行了区分。

在感恩研究中,有些人认为感激和感恩是单维度结构,而另一些研究者认为它们是多维度的。例如,2008年,英国华威大学的亚历克斯·伍德(Alex Wood)和同事在对测量感恩和感激的三个自我报告量表(GQ-6、GRAT和AS)进行因素分析时只提取出单一因素。[155]他们指出,这一结果支持了感恩和感激是单一特质的观点。

相反,米切尔·阿德和南希·法格利认为,感激是一个宽泛的概念,而感恩的狭义概念就嵌套在其中。[156]在这种表述中,感恩包括对他人给予的具体好处或利益表示感谢。相比之下,感激是一个更广泛的结构,反映了人们承认某一事物的价值和意义,并体验到与它的积极情感联系的过程。除了对恩人的帮助感到感谢之外,感激还有其他七个方面:(1)珍惜自己拥有的东西;(2)对生命、自然或美感的敬畏;(3)利用仪式来促进认识和赋予价值;(4)关注当下;(5)进行自我或社会比较来增加欣赏;(6)认识到失败或逆境的价值;(7)重视身边人的价值。法格利认为,伍德在对3个量表的因素分析中提取的单一因素是感激,而较为狭义的感恩结构包含其中。

与阿德勒和法格利的立场相反,华盛顿大学的菲利普·沃特金斯及同事提出,感恩是一个广义上的感激因素,感激是感恩的一个方面。[157]他们认为,感激生活中的简单快乐是感恩的三大支柱之一。另外两个感恩的支柱是对他人的帮助心存感激和对生活中所有的美好事物心存感激。因此,他们设计了GRAT感恩量表来评估这三个支柱。2019年,约瑟夫·哈默(Joseph Hammer)和蕾切尔·布伦纳(Rachel Brenner)在对修订后的GRAT简版的验证性因素分析中发现,该量表符合一个双因素模型,具体表现为一个高阶感恩因素和三个低阶因素,即沃特金斯提出的感恩三大支柱。[158]

2015年和2016年,澳大利亚墨尔本大学的鲁本·拉斯克及同事对关于感恩的科学文献进行了专题分析,并对感恩量表进行了内容分析。[159]他们发现感恩和感激是一个复杂的感激功能系统中不同但又重叠的构造。虽然感恩和感激都涉及对好处、利益的评估,但感知能动性是感激的核心。也就是说,当我们相信自己经历了好运时,就会心存感激。然而,当我们把获得的好运归功于他人的行为时,就会体验到感恩。

在第二章中描述的品格优势中,感恩和对追求美和卓越被概念化为独立的优势,这两种优势都属于超越维度。恩格及同事通过因素分析对品格优势的结构进行了证实。[160]在分析中,他们删除了涉及多个优势维度的条目。该研究在第二章中关于VIA

品格优势的分类结构部分有详细的阐释。

从上述内容可以看出，人们对感恩和感激的准确定义、概念的细微差异以及它们之间的关系仍然存在争议。

总结

感恩包括以积极的观点看待过去或现在。而希望和乐观的核心是对未来保持积极的态度。

人们意识到自己经历了好事或外部资源给自己带来了恩惠，就会产生状态性感恩。特质性感恩则是一种普遍的感恩倾向。感恩与亏欠是不同的。在感恩的关系中，对方的付出是无偿的，而在亏欠的关系中，对方期望付出得到回报。被广泛用于评估感恩的量表包括：感恩问卷（GQ-6），感恩、愤恨和感激问卷（GRAT），感激问卷（AI）以及品格优势问卷（VIA-IS）的感恩分量表。

认知因素、人格因素、人口统计学特征、亲子关系、神经生物学因素、遗传因素及进化因素都对感恩有影响。认知因素包括我们意识到收到了不应得的礼物，这个礼物很美好、捐赠者充满善意以及礼物是无偿的。人格因素包括宜人性、共情、谦虚和自尊，以及没有自恋、犬儒主义和物质主义的特征。在人口统计学方面，女性和老年人比男性和年轻人更懂得感恩。在亲子关系方面，当父母提供安全的依恋体验、充当感恩的榜样并积极地让孩子学会感恩时，孩子的特质感恩会更强。神经生物学研究表明，感恩的脑机制依赖于内侧前额叶皮质。40%的感恩差异是由遗传因素决定的。感恩之所以有助于进化，是因为它支持合作关系，而合作关系对生存至关重要。重要的进化理论包括互惠利他行为（投桃报李）理论、上行互惠（获益接力推进）理论、加强非亲属关系理论、拓展建构理论、发现—提醒—联结理论以及目击者效应理论。

感恩能带来许多好处，包括更高的幸福感、亲社会行为、更高质量的伴侣关系、组织环境中更好的工作表现以及更好的身心健康。在感恩的社会认知模型中，接受者的礼物会激发一种感恩的积极认知模式，该认知模式引导人们关注、解读和诠释与感恩有关的事件。感恩的放大效应理论提出，感恩能够带来好处是因为它放大了我们对美好事物的关注。研究已经证实的有效干预措施有很多，如记录感恩事件、写感恩信和拜访行善人、赞赏伙伴、认知重评以及通过想象没有礼物来体验感恩等。

希望、气质性乐观和乐观的解释风格涉及积极的未来取向。它们是适度相关又不同的结构。

在斯奈德的希望理论中，希望主要包括两个成分：一个是能力，一个是动力。能力指能够规划出克服困难、实现目标的路径，动力指沿着这些路径前进的意愿。在一定程度上，希望的发展取决于认知、语言和社会情感的发展。其中，常见的测量工具包括成人气质性希望量表和状态希望量表。

遗传、神经生物学和人际关系因素也影响希望的产生。其中，遗传因素解释了希望41%的差异，希望特质由双侧内眶额皮质控制。在成年后，充满希望的人更有可能对他们的伴侣有安全型依恋，因为在儿童时期他们对父母形成了安全型依恋。

希望能带来许多好处，包括更高的幸福感、更好的心理健康水平、更强的免疫力以及在学业和工作中更好的表现。希望疗法的目标是帮助人们形成清晰的目标、找到实现这些目标的途径以及激发产生追求目标的动力并克服阻碍，这是一种解决心理健康问题的有效干预措施。

沙伊尔和卡弗的期望-价值理论指出，目标追求驱动人的行为。目标对一个人来说越有价值，就越能激励他们。一个人对自己能够实现目标的期望值或信心水平越高，他的动力就越强。在这一理论中，气质性乐观被定义为对未来发生的好事多于坏事的总体预期。生活倾向量表-修订版被广泛用于评估气质性乐观。

人口统计学、遗传学、神经生物学、文化、人格和应对策略等因素都能影响气质性乐观。在人口统计学因素方面，年龄、收入、教育水平和性别与乐观有明显的相关关系，具体表现为年轻、富有及受教育程度高的女性更乐观。在遗传因素方面，气质性乐观具有中等程度的遗传性。部分研究表明，左侧眶额皮质促进气质性乐观的形成。此外，在重视个人主义和崇尚平等主义的社会中，气质性乐观的程度更高。在人格方面，乐观的人往往充满希望、性格外向、情绪稳定。他们还拥有高自尊和高水平的一般自我效能感，面对逆境时充满韧性。最后，气质性乐观与采用回避的应对策略无关，但与使用问题聚焦的策略有关。

气质性乐观有许多好处，包括更高的幸福感、更好的身心健康、更高质量的伴侣关系，以及在工作和体育方面的更好表现。简短的面对面干预，包括"最好的可能自我"练习，对气质性乐观具有有益的短期影响。

塞利格曼和彼得森将乐观定义为一种解释风格，而非一种期望。根据这一理论，乐观者把消极事件或体验归因于外部的、暂时的和特殊的因素，如大环境不好；悲观者则把消极事件或体验归因于内部的、稳定的和普遍的因素，如自己的能力不足。乐观解释风格的研究源于习得性无助的研究，该研究表明抑郁症患者倾向于拥有悲观的解释风格。然而，大多数人都有乐观偏差。与失败相比，人们更有可能将他们的成功归因于内部的、稳定的、普遍性的因素。有心理健康问题人的乐观偏差比其他群体小。乐观的解释风格通常采用归因风格问卷和言语解释的内容分析来评估。

乐观解释风格的发展受很多因素的影响，包括遗传因素、父母的心理健康水平、父母提供的榜样示范类型以及父母鼓励和奖励乐观的程度。乐观的人更有可能来自父母都没有抑郁的家庭，父母是使用乐观解释风格的良好榜样，并鼓励孩子以乐观的方式面对挫折。

与具有悲观解释风格的人相比，具有乐观解释风格的人在面临重大生活压力事件时出现身体健康问题、抑郁或自杀的可能性较小，而且表现出更高的幸福感和创伤后成长。乐观的解释风格与婚姻满意度和公共领域的成功相关。乐观的解释风格与学业、工作和运动表现之间的关系尚不清楚。在某些情况下，对积极事件的乐观解释风格通过支持目标设定和坚持不懈来预测更好的表现，而在其他情况下，悲观可能激励人们更加努力工作，因此表现更好。

塞利格曼开发了基于认知行为治疗的干预方案，以加强乐观的解释风格。宾夕法尼亚大学韧性项目是一个为期12周的儿童抑郁症预防项目，但后续研究者对这一项目效果的看法不一。

在某些情况下，过度使用感恩和乐观可能会产生不利影响，例如，在虐待关系中的讨好行为和在高风险情况下的不切实际的乐观。

许多感恩和未来导向有关的研究主题仍存在争议，例如感恩的广义定义以及感恩和感激之间关系的争论。

关键术语

AI（Appreciation Inventory）：感激问卷。

ASQ（Attributional Style Questionnaire）：归因风格问卷，评估乐观的解释风格。

归因训练（Attributional retraining）：学习监控并挑战对成功和失败的悲观归因，并用乐观归因取代它们。

拓展建构理论(Broaden and build theory):积极情绪可以拓宽人们暂时的思维-行为脚本,从而建构他们持久的个人资源以促进健康。该理论是由芭芭拉·弗雷德里克森提出的。

CAVE(Content Analysis of Verbal Explanations):言语解释的内容分析,用来评估文本中的乐观解释风格。

气质性乐观(Dispositional optimism)。根据迈克尔·沙伊尔和查尔斯·卡弗的观点,气质性乐观主义是对未来发生的好事多于坏事的总体预期。

发现—提醒—联结理论(Find-remind-and-bind theory):感恩有助于人们找到那些适合建立亲密关系的人,因为他们对自己的需求特别关注,并会给予回应;它提醒着人们这些关系的价值;它通过使人们感到被欣赏、鼓励加强关系的行为,将人们与伴侣和朋友联结在一起。这一理论是由萨拉·阿尔戈提出的。

一般性自我效能感(Generalised self-efficacy):人们对成功所具备的能力的总体信念。

GQ-6(The six-term Gratefulness Questionnaire):6条目的感恩问卷。

GRAT(Gratitude, Resentment and Appreciation Test):感恩、愤恨和感激问卷。

感恩(Gratitude):人们意识到他人的行为给自己带来了恩惠,就会产生状态感恩。特质感激是一种普遍的感激倾向。

希望(Hope):根据斯奈德的说法,希望包括能力和动力。能力指能够规划出克服困难、实现目标的路径,动力指沿着这些路径前进的意愿。

LOT-R(Revised Life Orientation Test assesses dispositional optimism):生活倾向量表-修订版,用于评估气质性乐观。

乐观的解释风格(Optimistic explanatory style):根据塞利格曼和彼得森的观点,乐观者把消极事件或体验归因于外部的、暂时的和特殊的因素,比如大环境不好。

宾夕法尼亚大学韧性项目:(Penn Resilience programme)一个归因训练项目,其目的是帮助学龄儿童培养乐观的解释风格,以预防抑郁症。

创伤后成长(Post-traumatic growth):在经历创伤后,认识到个人的力量、改善与他人的关系、更加珍惜生命、精神信念和存在意识提升、对新可能性持有更开放的态度。

互惠利他主义(Reciprocal altruism):在从他人那里得到回报的情况下,有条件地给予该人利益的行为。

心理韧性(Resilience):从逆境中"反弹"的能力。

自尊(Self-esteem):积极的自我评价。

感恩的社会认知模型（Social cognitive model of gratitude）：接受行善者的礼物会激发一种感恩的积极认知图式，该认知引导人们关注、编码和诠释与感恩有关的事件。这个理论是亚历克斯·林利提出的。

感恩的放大效应理论（The amplification theory of gratitude）：感恩带来的好处之所以发生，是因为它放大了我们对美好事物的关注。这个理论是菲利普·沃特金斯提出的。

上行互惠（Upstream reciprocity）：当一个人从某人那里得到帮助后，他们更有可能帮助其他人。

目击者效应理论（Witness effect theory）：目睹两个人之间的帮助和感恩行为，会加强目击者和他们所观察的人之间的关系质量，这有助于群体联盟的发展。这一理论是由萨拉·阿尔戈提出的。

个人发展问题

1. 在你的一生中，最令你感恩的事情有哪些（包括健康、家庭、朋友、恋爱、娱乐、教育和工作等领域）？
2. 找出生活中那些让你感恩的事情，哪些事情主要是取决于自己的努力、才能和个人优点？思考一下这些事情对你有哪些影响。
3. 在健康、家庭、朋友、恋爱、休闲活动、教育和工作等方面，你明年的目标是什么？
4. 每个目标各有哪些实现路径？
5. 每个目标的每条路径各有什么成本和收益？
6. 在这些路径上，你会遇到什么障碍和支持？
7. 选择其中一些路径，并使用第一章中的幸福量表来评估实施前和实施后你的幸福感水平。

思考题

1. 比较和对比感恩和未来取向（希望和乐观）。
2. 关于感恩、希望和乐观，你认为最重要的研究发现是什么？
3. 你认为感恩和未来取向（希望和乐观）之间的重要联系是什么？

研究问题

使用与本章所涉及的问题相关的术语进行 PsycINFO 检索，包括过去几年发表的文献（术语如感恩、希望和乐观，以及幸福感、满意度、人际关系、学业成就、工作和健康等）。确定一项你感兴趣的并且可以复制和扩展的研究，执行研究。

拓展阅读

自助书籍

Carr, A. (2020). *Positive psychology and you. A self-development guide.* London: Routledge. Chapter 8 on gratitude and Chapter 9 on optimism.

Emmons, R. A. (2013). *Gratitude works! A 21-day program for creating emotional prosperity.* San Francisco, CA: Jossey-Bass.

Lopez, S. J. (2013). *Making hope happen.* New York: Atria.

Seligman, M.E.P. (2006). *Learned optimism* (Vintage ed.). New York: Random House.

参考著作

Gallagher, M. W., & Lopez, S. J. (Eds.) (2018). *The Oxford handbook of hope.* New York: Oxford University Press.

Watkins, P. C. (2014). *Gratitude and the good life: Toward a psychology of appreciation.* New York. Springer.

第四章

品味、心流和正念

> **学习目标**
> - 理解品味、心流和正念是如何在积极心理学中被概念化的
> - 理解关于品味、心流和正念的主要理论
> - 知道如何评估品味、心流和正念
> - 发现将品味、心流和正念与幸福和健康联系起来的主要研究结果
> - 能够参与旨在提高品味、心流和正念的练习

品味、心流和正念的概念

品味、心流和正念冥想是相互关联又截然不同的心理过程。[1] 品味之时，我们积极地关注过去、现在或未来的积极体验——例如，听一段喜欢的音乐或吃一顿美味的饭菜。我们特别关注愉悦的感受，并试图延长和加强这种愉快的感官体验。我们还会屏蔽一些干扰。而通过正念冥想，我们会将注意力凝聚于某一当下特定的躯体活动，例如呼吸，并且有觉知地随每一感觉、想法、体验自然地兴起与衰落（来去），以此来观察它们。但要注意，在正念冥想时不要试图拖长愉悦的体验，也不要企图沉溺于对过去或未来的积极体验，更不要妄图摒除分心或消极情绪体验。在心流过程中，注意力将沉浸于技术性活动，并于其中挑战我们能力的极限——例如，玩电子游戏或演奏乐器。在心流体验中，当我们专注于技术性的活动时，我们会失去对自我与情绪的觉察，并体验到对自己行为的强烈控制感。实证研究表明，正念与品味、心流体验的某些方面皆有着中等程度的相关，其中正念尤其与技术性活动中的掌控感显著相关。[2] 在品味、心流和正念中，注意力有意地集中在当下体验的一个特定方面：品味中的愉悦感，正

念冥想中的呼吸或其他刺激，或者是心流体验中的技术性活动。如图4.1所示。在这三个过程中，这种注意力的凝聚会在练习中和练习后提升幸福感。

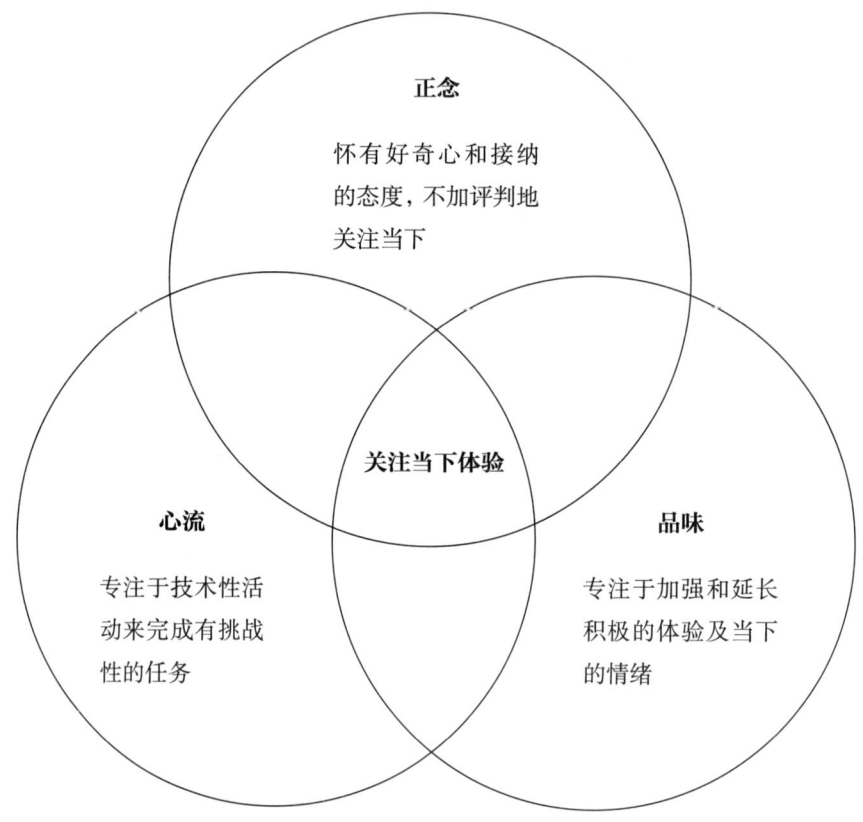

图4.1　品味、心流和正念

品味

关于品味的当代研究始于美国芝加哥洛约拉大学的弗雷德·布赖恩特（Fred Bryant）和美国密歇根大学的约瑟夫·维罗夫（Joseph Veroff）。[3]品味是关注、欣赏和增强积极体验的过程。当你驻足俯嗅玫瑰花香，而非毫不在意地路过花丛时，你就是在品味。许多积极体验都可以被细细品味。它们包括爱情、性、与朋友和家人的活动、食物、饮料、大自然、音乐、唱歌、跳舞、娱乐、幽默、艺术、阅读、锻炼、运动、游戏、园艺、记忆以及有关精神的活动。品味包括有意识地关注、欣赏、增强和延长积极体验以及与之相伴的积极情绪。这些积极情绪包括快乐、喜悦、敬畏、感激和自豪。当沉浸于品味之中时，我们试图加强和延长积极的情绪体验。人类进化出两种抑制积极情绪的特性，而品味可以抵消它们，因此培养品味对好心情具有重要意义。这两种特性分别是关注消极事物而非积极事物的倾向（或消极偏见）和对积极体验的快速适应，在本书第一章中已有讨论。[4]这两种因素会抑制积极情绪。相比之下，品味可以增强积极的情绪。

应对和品味之间有相似之处。[5]应对指的是减少不良事件导致消极情绪（如痛苦、悲伤或焦虑）的策略。相比而言，品味是指增加积极事件导致积极情绪（如快乐、幸福或自豪）的策略。正如应对不同于消极情绪，品味也不同于它所提升的积极情绪。

布赖恩特和维罗夫的品味理论

布赖恩特和维罗夫提出了一套品味理论，并设计了一套问卷来测量品味的各个方面。[6]他们提出，不同的积极情绪由不同的品味过程来调节，品味能力和策略的个体差异可以通过问卷来评估。

他们提出，体验品味有三个先决条件：一是不受社会需求和自尊需求的约束；二是对当下的感受；三是全然专注于积极体验。要做到这三点，就必须从日常活动中抽出"时间"，哪怕只是短暂的时间。

他们认为，有三种情况可引发更强烈的品味：一是新奇的情况；二是需要努力的情况；三是有着一些不确定性的情况或是罕见的"苦乐参半的场合"（如重要事件第一次或最后一次发生）。这三种情况中的每一种都需要人们将注意力集中在当下时刻。

他们指出，拥有某些人格特质的人倾向于拥有更强烈或更频繁的品味体验。这些特质包括高自尊（与不受社会需求和自尊需求的束缚有关）、特质正念（与关注当下有关）、感觉寻求（与对新奇情况的吸引有关）、成就动机（与花费努力的倾向有关）、模糊容忍力（与对不确定情况的适应性有关）、关注当下的时间取向（而不是过去或未来的时间取向）、较低程度的不耐烦和时间紧迫感。

他们提出，当品味体验持续的时间更长、更复杂、与更大的压力减轻相关、专注于愉悦的感觉（不需要过度的自我监控）、与他人一起发生时，品味会带来更为强烈的积极感受。因此，品味体验可以是分享的。

他们提出，以下六个因素有助于应对消极体验，也有助于品味积极体验：一是与提供社会支持的可信的朋友或家庭成员分享感受；二是通过书写或谈论积极的生活事件来创造有意义的故事；三是意识到积极的事情（可能没有发生）真的发生时是多么幸运；四是幽默，看到事情有趣的一面；五是精神上的活动；六是承认生命体验转瞬即逝。

品味理论的某些方面已得到下文概述的研究支持，但还有许多方面有待进一步检验。

品味过程

布赖恩特和维罗夫确定了四种主要的品味过程，如专栏4.1所示。[7]不同的品味过程调节不同的积极情绪：感激调节感恩之情，例如我们可能会感谢我们经历过的友谊或爱情（感恩在第三章中进行了讨论）；感到适意调节自豪，例如我们可能会在通过考试或在体育比赛获胜后感到适意，适意是接受来自自我或他人的赞扬；惊叹调节敬畏，例如我们可能会惊叹于黎明合唱团之美，惊叹是对世界之美的仰止；沉醉调节愉悦，例如我们可能会沉醉在性爱的余温或者热水澡的温暖中，沉醉就是让自己沉浸于愉悦的身体感觉。这四种品味过程是由其对外部世界或内部世界的关注，以及通过参与认知反思或经验吸收来定义的，如专栏4.1所示。例如，当我们惊叹之时，我们会专注于外部世界的方方面面，这就会导致敬畏。相比之下，在感到适意之时，我们会反思内心的愉悦感，这就会带来自豪感。这四种主要的品味过程让我们"转换"品味，延长和加强积极的感觉。

专栏4.1　四种主要的品味过程和相关的积极感受

心理状态类型	关注的焦点	
	外在世界	内在世界
认知反思	感激 （感恩）	适意 （自豪）
经验的吸收	惊叹 （敬畏）	沉醉 （身体上的愉悦）

注：Reproduced with permission of the Licensor through PLSclear from Table 5.1, Differentiating four primary savouring processes and their associated positive feelings, p. 137, in Bryant, F. B., & Veroff, J. (2007). *Savouring: A new model of positive experience*. Mahwah, NJ: Lawrence Erlbaum. Copyright © 2007 Lawrence Erlbaum.

品味能力

布赖恩特开发了5条目的品味积极结果感知能力量表（Perceived Ability to Savour Positive Outcomes scale, PASPO），该量表可用于评估品味当下的能力。[8]当品味当下的时候，我们试图延长和加强当下从事的活动引发的积极体验。我们可以通过专注于眼前的情况和感官体验并排除干扰来做到这一点。例如，我们可能会专注于冬天的星空之美，而忽略了天气很冷的事实。你可以填写专栏4.2中的PASPO量表，以评估你品味当下的能力。布赖恩特还开发了一个被广泛使用的24条目品味信念量表（Savouring Beliefs Inventory, SBI），不仅可以用来评估品味当下的能力，还通过回忆来评估品味过去、通过预期来评估品味未来的能力。[9]当品味过去的时候，我们会回忆起一些积极经历的细节。照片、电影、日记和纪念品可以用来促进回忆。（品味过去可能包括感恩，这在第三章讨论过。）当品味未来的时候，我们全方位地期待着即将发生的积极事件。邀请函、可能会参加活动的人员的照片以及其他线索都可以用来促进预期。（品味未来需要乐观，这在第三章讨论过。）布赖恩特发现，用SBI评估的品味能力与幸福感有关，对于大多数人而言，通过回忆可以达到最佳的品味效果，品味当下效果其次，而期待最次。

与布赖恩特评估品味能力的自我报告方法不同，英国曼彻斯特大学的伊芙·艾普尔盖特（Eve Applegate）和同事开发了一种行为方法，用来评估品味能力，即愉快体验的语言流畅性测试（Verbal Fluency Test of Enjoyable Experiences, VFTEE）。[10]研究人员对受访者进行四次1分钟的录音，内容为讲述尽可能多的积极事件，四次录音涉及的时间段分别为：接下来的24小时、未来的生活、过去的24小时和过去的生活。积极体验的数量和描述积极体验的词汇数量是该测试得出的品味能力的主要指标。在基于67名被试的研究中，艾普尔盖特等人发现，报告的积极经验数量少、描绘积极经验的词汇匮乏（特别是在预期未来积极经验时），与消极分裂型特质相关。该特征包括内向、缺乏从社交和身体刺激中感受快乐的能力。这一发现支持了VFTEE的有效性。然而，VFTEE和SBI并不相关，这表明，关于行为和自我报告的两种品味能力测量方式并不紧密联系。

专栏 4.2　品味积极结果感知能力量表

该量表用来评估当下品味积极情绪的能力。对于每个条目，圈出适合你的答案。将各条目得分相加求和。总分范围为 5—25 分，其中高分表明具有很强的能力去品味当下的积极情绪。

1. 当你的生活中发生了好的事情，你感觉你能多大程度地欣赏它或享受它？

一点也不	有一点	中等	较大	非常大
1	2	3	4	5

2. 相较于你知道的其他大多数人，你认为你能从发生在自己身上的好事中得到多大程度的愉悦感？

一点也不	有一点	中等	较大	非常大
1	2	3	4	5

3. 当你的生活中发生了一些好事，相较于你知道的其他大多数人，它通常会影响你多久？

没有多久	有一点	一段时间	较长时间	很长时间
1	2	3	4	5

4. 当你的生活中发生了好事，有没有这样的时候，你觉得一切都朝着你预想的方向发展——感到心满意足，或是经历了生活中的强烈愉悦，甚至难以抑制积极情绪。你多久会有一次这样的感受？

从不	几乎不	偶尔	有时	经常
1	2	3	4	5

5. 你认为你多久会感受到一次欢呼雀跃？

从不	几乎不	偶尔	有时	经常
1	2	3	4	5

注：Reproduced with permission of Blackwell from Table 1, Items used to measure beliefs about avoiding, coping, obtaining, and savouring, p. 782, in Bryant, F. B. (1989). A four-factor model of perceived control: Avoiding, coping, obtaining, and savouring. *Journal of Personality*, 57(4), 773–797. Copyright © 1989 Blackwell. Permission conveyed through Copyright Clearance Center, Inc.

品味策略

布赖恩特和维罗夫开发了品味方式检查清单（Ways of Savouring Checklist, WOSC）来评估品味策略。[11]评估时，要求被试对60道能反应自己回应方式的条目，逐题回忆一个具体的积极生活事件，并在回忆后进一步指明自己在何种程度上对该事件进行了怎样的回应。通过因素分析，60个条目分属10个品味策略量表。这些量表包括与他人分享积极体验、建立积极记忆、对积极成就的自我激励、将积极体验与不太有利的情况进行比较、通过关注特定的积极刺激来增强感官感知、对积极体验的专注、在行为上表达积极感受（例如大笑或鼓掌）、意识到积极体验的短暂性、通过知足常乐来感恩命运的安排、避免让人扫兴的消极想法。专栏4.3给出了对这些品味策略的描述。布赖恩特和维罗夫发现，所有的品味策略（除了避免让人扫兴的消极想法）都与积极情感有关。

修订后的情绪调节档案（Revised Emotion Regulation Pprofile, ERP-R）可以用来评估品味和抑制策略。[12] ERP-R是一个基于小插图的工具，用于测量调节积极情绪和消极情绪的策略。与其配合使用的是积极情绪量表，该量表包括对六种情境的详细描述，这些情境能够引发满足、愉悦、敬畏、兴奋、自豪和感激。例如，参与者被要求想象完成一项重要的任务（这会引起满足感）、度过一个浪漫的周末（这会引起愉悦）或者在徒步旅行时发现一个惊人的瀑布（这会引起敬畏）。每个场景后，都紧随八种可能的反应选项，其中四种可反映品味策略，另外四种反映抑制策略。品味策略包括行为展示（或行为表达）、品味当下（或增进感知）、利用（或分享）和积极的心理时间旅行（或回忆和乐观的预期）。抑制策略包括抑制情绪表达（或压抑）、注意力不集中（或分心）、挑剔（或扫兴）和消极的心理时间旅行（或反复思考过去或担忧未来）。专栏4.3中包含了对这四种抑制策略的描述。抑制策略是对积极情况的反应，它会降低而不是增强积极情绪。在对282名ERP-R参与者的研究中，研究者发现，品味策略会增强积极情绪，而抑制策略会削弱积极情绪。[13]

积极事件和反应调查（Positive Events and Responses Survey, PEARS）是由美国西弗吉尼亚大学的埃米·根茨勒（Amy Gentzler）及同事开发的，目的是评估人们对积极情况的反应。[14]它包含八幅与大学生有关的小插画。其中四个与成就有关，三个与人际关系有关，还有一个与中彩票有关。对这八幅插图中的每一个事件，被试都将在十四种具体行为中，评估自己更有可能采取哪种。这十四种行为通过因素分析，可归为三

专栏4.3　品味和抑制策略

品味策略

分享	让别人参与或告诉他们积极的经历
记忆快门	主动地创造积极体验的记忆，例如在脑海中拍摄心理快照
自我激励	承认或庆祝个人成功
比较	将积极的体验与不利的情况进行比较
增进感知	把注意力集中在特定的刺激上，以增强积极体验
专注	完全沉浸在积极体验中
行为表达	通过诸如大笑、拥抱、鼓掌、尖叫或上蹿下跳的方式来表达积极的情绪
即逝感知	意识到积极体验的短暂性
知足	欣赏和感激好运气
避免扫兴	不担心、不内疚、不去思考消极的想法，比如：积极的体验本可以更好

抑制策略

分心	思考或做一些事情，把注意力从积极的体验中转移
压抑	不对积极体验表达积极感受
扫兴	担心、内疚或思考消极的想法，比如：积极的体验本可以更好
消极的心理时间旅行	反复思考过去的消极事件，或者对未来的消极事件进行灾难化

注：Descriptions of savouring strategies are based on the Ways of Savouring Scale in Table 2.3, pp. 49-50, of Bryant, F., & Veroff, J. (2007). Savouring: A new model of positive experience. Mahwah, NJ: Lawrence Erlbaum. Descriptions of the dampening strategies are based on Quoidbach, J., Berry, E. V., Hansenne, M., & Mikolajczak, M. (2010). Positive emotion regulation and well-being: Comparing the impact of eight savouring and dampening strategies. *Personality and Individual Differences, 49*, 368-373.

个维度：刻意的品味（在社交平台上大量分享、吹嘘、奖励自己、庆祝、反思积极的个人特征以及通过保存一些东西来纪念某个事件）、自然的品味（表达积极的感受，反思积极的感受，与他人分享事件，充满深情）、抑制（淡化事件的重要性，关注事件的消极方面，不去想它）。根茨勒发现，在SBI的评估中，更多地使用自然的品味策略、更少地使用抑制策略与更强的幸福感和品味能力相关。

品味与认知因素

在一系列的研究中，布赖恩特和维罗夫发现，对积极事件的认知评价影响了所使用的品味策略类型。[15]积极事件持续的时间越长，评价时间就越久，受访者越有可能通过沉浸专注和增进感知来品味。越是令人向往的积极事件，受访者就越期待它们，也就越有可能通过感恩所拥有的一切（知足）来品味。当我们感知到积极事件很少发生时，可以通过记忆快门和即逝感知的策略获得品味。当确信某一积极事件是因他人的责任感而发生时，可以通过分享与行为表达策略获得品味。而当确信某一积极事件是因自己而发生时，可以通过自我激励的策略获得品味。

通过5项研究，海伦（Helen）及同事发现，对即将到来的消费体验（例如度假、住酒店、看电影或玩电子游戏）的预期品味会增加体验的乐趣，无论是实时发生的体验还是事件结束后记忆中的体验。[16]

玛丽娜·沙尔（Marina Schall）及同事在一系列的研究中发现，当一个人还没有完成任务（如赢得一场足球比赛或一项基于计算机的集中注意力的任务）或没有完成一系列考试时，他们不可能品味到成功。[17]这是因为他们专注于并担心未来的表现，并且相信品味带来的积极情绪在支持成功方面的效用是有限的。

品味与人口学、文化及情境因素

某些人口学、文化和情境因素会影响人们品味。有西方文化背景的女性、高水平的社会支持、成功管理有压力的生活事件的经历、积极心理资源不充足、不会被催得不耐烦，这些都与更为强烈的品味相关。女性比男性更善于品味。[18]这种性别差异出现在童年时期，贯穿一生，并发生在各种文化之中。此外，女性比男性更倾向于使用以下特定的品味策略——与他人分享、积极情绪的行为表达和知足。关于年龄和品味之间关系的研究结果并不一致，其原因目前尚不清楚。[19]在一系列的研究中，研究者发现，有着东方文化背景的人比有着西方文化的人更少使用品味。[20]他们还发现，来自东西方文化的个体对积极情绪最大化的价值有着不同的文化信念，这中介了不同文化中个体间的品味差异。这些信念在来自西方文化的个体中更为强烈。社会支持与更强大的品味相关，而品味中介了社会支持和幸福之间的关系。[21]拥有社会支持和信任等人际关系的个体更有可能去品味，也更有可能体验到更高的幸福感。在一系列的研究中，研究者发现，在过去一段时间里，成功度过逆境期——比如离婚或爱人去世——会让个体更能享受当下的生活,而财富或拥有令人满意的生活经历——比如四处旅行——则会削弱人们品味生活中简单乐趣的能力。[22]此外,匮乏感可以提升品味的能力。如果人们戒掉巧克力1周,而不是如往常那样正常供应或有更多的巧克力吃,他们可以更好地品味巧克力,并从吃巧克力中获得更多的乐趣。[23]在一系列研究中,研究者发现,吃快餐是没有耐心、焦躁的象征,它会抑制品味。[24]例如,他们发现,附近快餐店集中会降低品味。不仅如此,观看快餐的图片也会导致人们不耐烦,进而降低对优美音乐和自然美景图片的品味。

品味与人格

更强的品味能力与许多高水平的人格特质有关,包括自尊、智慧、正念、外向性、乐观、安全型成人依恋风格以及和谐式激情。[25]更强烈的品味也与低水平的神经质、内疚、绝望、消极分裂型、不安全型成人依恋风格和强迫式激情有关。消极分裂型人格包括内向以及从社会和身体刺激中获得快乐的能力有限。

以下研究说明了人格特质与品味之间的联系。其中一项包含3项子研究,本杰明·舍伦伯格(Benjamin Schellenberg)和帕特里克·戈德罗(Patrick Gaudreau)发现,与强迫型激情相比,支持一支运动队、参与一项喜欢的活动或学习一门喜欢的学科的和谐型激情与更好的品味有关。[26]和谐型激情是一种从事某项活动的倾向,因为一个人只是纯粹地喜欢某项活动,这项活动与他们的人生很好地结合在一起。强迫型激情是因为偶然事件而从事某项活动的倾向,例如,自尊的需要,这种活动是以牺牲其他活动为代价的。卡拉·帕尔默(Cara Palmer)和埃米·根茨勒在涉及120人的研究中发现,与安全型成人依恋风格的人相比,不安全型成人依恋风格的人品味能力较低,从品味人际关系事件的记忆中获得的积极情绪也比非人际关系事件少。[27]

专栏4.3中所列的某些品味和抑制策略的使用与智慧、积极情感、外向性和乐观呈现正相关,而另一些与智慧、悲观和缺乏社交耐心呈现负相关。在针对320名被试的研究中,谢里·博蒙特(Sherry Beaumont)发现,智慧与更高水平的分享、记忆快门、专注和知足相关,与较低水平的比较、增进感知、即逝感知和扫兴相关。[28]在对280名被试的研究中,布赖恩特和维罗夫发现,积极的情感与专栏4.3中的所有品味策略都呈现正相关,除了"避免扫兴";外向性与分享、记忆快门、行为表达、知足和自我激励呈现正相关;乐观与知足表现出相关性。[29]他们还发现,悲观与扫兴、即逝感知和比较具有相关性。那些对未来持有消极看法的受访者更有可能产生消极的想法,意识到积极事件的短暂性，更容易将积极经历与不太有利的情况进行比较。在包含764名被试的研究中，珍妮弗·史密斯（Jennifer Smith）和弗雷德·布赖恩特发现，社交缺乏耐心的人往往比有耐心的人更不喜欢度假，因为他们沉浸在高水平的扫兴中，同时具有低水平的记忆快门和知足。[30]

品味与神经生物学因素

在对19名健康成年人进行的功能性磁共振成像研究中，美国罗格斯大学的研究者发现了在品味积极的自传体记忆时被激活的大脑区域。[31]他们发现，纹状体和内侧前额叶皮质的活动增强与回忆中或积极自传体记忆中积极情绪的增加有关。这些神经回路参与了与奖励相关的处理过程。2014年进行的这项研究标志着品味的神经生物学研究的开始。

品味与幸福

越来越多的研究表明，在人的一生中，品味积极的体验对诸多幸福感指数有显著的影响，尤其是积极的情绪。[32]积极情绪就是第一章中所讨论的塞利格曼PERMA理论中的第一个元素（P）。[33]以下研究为上述结论提供了进一步的支持。在2012年的日记研究中，保罗·约瑟（Paul Jose）及同事要求101名17—53岁的参与者每天记录一次积极事件、他们品味这些事件的方式以及他们的幸福水平。[34]他们发现，短暂的品味可以中介日常积极事件对短暂快乐的影响，通过WOSC简版量表评估，这种影响在品味特质高的人身上表现得最为强烈。2016年，珍妮弗·史密斯和弗雷德·布赖恩特在针对266名老年人的研究中发现，品味能力调节了健康和生活满意度之间的关系。[35]对于品味能力较差的人来说，健康状况不佳与生活满意度较低有关。相比之下，品味能力强的人，无论健康水平如何，都保持着较高的生活满意度。

品味与心理健康

一系列研究表明，品味与弱势群体更好的心理健康、更少的焦虑和抑郁症状有关，弱势群体包括早期家庭经历不良的人、老年人、性少数群体、癌症患者、战争退伍军人和精神分裂症谱系障碍患者。[36]以下3个研究说明了这些结论。2017年，在针对263名刚被诊断为癌症的中国成年人的研究中，侯伟开（WaiKai Hou）及同事发现，品味能力显著地调节癌症症状和抑郁症症状之间的关系。那些品味水平高的人具有较低水平的抑郁症状。37 2018年，在针对449名性少数群体的研究中，杰弗里·克利伯特（Jeffrey Klibert）及同事发现，品味能力调节了消极情绪和自杀行为之间的关系。那些品味水平高的人具有较低水平的自杀行为。38 2018年，在关于部署于伊拉克的885名士兵的研究中，安东·瑟廷（Anton Sytine）及同事发现，品味可以调节战斗暴露与创伤后应激障碍和抑郁症之间的关系。39 品味能力强的人创伤后应激障碍和抑郁症状水平较低。

品味与关系

品味与伴侣关系的质量相关。2019年，凯瑟琳·兰格（Katherine Lenger）和卡梅伦·戈登在对122人的研究中发现，品味能力，尤其是通过预测积极的未来事件来品味，与关系满意度有关。40 来自土耳其哈切特佩大学的塞林·梅廷·卡姆戈兹（Selin Metin Camgoz）在对354对双收入夫妇的研究中发现，那些品味能力高的夫妇（尤其是品味当下的能力），比那些品味能力低的夫妇经历了更低程度的工作-家庭冲突。41 2015年，在对533名异地恋者的研究中，杰西卡·博雷利（Jessica Borelli）及同事发现，品味浪漫伴侣间关于积极经历的相关记忆，即让他们感到被珍惜、被保护或者被接受的记忆，会为那些有着一般或较高水平初始关系的人带来短期的益处。这比品味与恋人间无关的记忆或他们早上的日常生活所获得的益处更多。42 杰西卡的该项研究标志着她的团队对关系品味研究的开始，这在后面关于"品味干预"的一节中有所描述。

品味与工作

品味可以提升工作投入与绩效。2016年，菲利帕·卡斯塔涅拉（Filipa Castanheira）和约安娜·斯托里（Joana Story）调查了一家大型零售商店的117名销售经理。他们发现，经常使用品味策略与高水平的工作投入有关。43 2011年，林嘉武（Chia-Wu Lin）及同事调查了6家中国台湾地区的保险公司的357名销售人员。44 他们发现，品味与工作绩效具有相关性，尤其是在积极情感水平较高的员工中。

品味与拓展建构理论

关于品味和各种积极成果的研究结果，包括幸福、心理健康、关系满意度、工作投入和绩效，都支持第一章中描述的拓展构建理论。45 该理论认为，短暂的积极情绪经历拓宽了我们对可能采取的行动的思考范围。当采取这些行动时，我们可能会改变我们的生活方向，并持续到未来。这可能会创造出更多积极情感体验的机会。

品味的干预

在涵盖16项研究、涉及1700多名参与者的元分析中，珍妮弗·史密斯及同事发现，品味干预对积极情绪有较小但显著的影响。[46]长期的干预比短期的干预效果更好。以过去、现在和未来为导向的干预都有类似的效果。以过去为导向的干预包括思考一个人对特定积极事件最深层的想法和感受；使用图像和纪念品来对积极事件进行回忆；生动地回忆并写下三件积极的日常事件（如第三章专栏3.2所述）；沉浸在个人努力所取得的成就中；反思个人的善举。以关注当下为导向的干预包括每天散步20分钟，尽可能多地注意积极的事件；每天花2—3分钟专注两次愉悦的体验，并尽可能地延长时间；增加品味策略的使用，如分享积极的体验，心理快照，感恩所拥有的的一切；每周两次，每次15分钟，用心拍摄朋友或一些景色的照片，让这些照片尽可能地美丽和令人愉悦。以未来为导向的干预包括生动地想象四件可能会在明天发生的积极事件，思考能够参与特定积极体验的机会是多么难得，进而关注匮乏感或稀缺性。

专栏4.4、专栏4.5和专栏4.6分别描述了品味当下、过去和未来的练习。你可能会想尝试这些练习，并注意它们对你健康的影响。这些练习是基于珍妮弗·史密斯的元分析结果以及布赖恩特和维罗夫的品味理论。每项练习都需要从日常活动中抽出时间，为品味做准备，使用多种策略，并对练习对积极情绪体验的影响进行反思。

杰西卡及同事开发了一项品味干预措施，以增强恋人之间、父母或照看者与孩子之间的亲密关系。这就是所谓的关系品味。[47]在关系品味中，我们生动地回忆自己曾敏

专栏4.4　日常休息——品味当下

准备

- 每天休息20分钟，坚持1周
- 把你的日常休息放在一个不会被别人打扰或不会被电话、电脑、电视、收音机或其他设备分心的地方
- 在每天的休息中，抛开你的担忧、关心和责任
- 做一些你真心觉得很享受的事情，比如散步、读小说、洗澡、听音乐、吃最喜欢的水果或看一幅画
- 每次都做不同的事，以防止适应

(续)

使用多种品味策略
- 使用多种品味策略来加强和延长积极的感受
- 看待事物如初见
- 注意并品味每一个让你愉快的感觉或动作
- 拍摄心理快照，这样你就能构建生动的积极记忆
- 给你经历的每一种积极的感受贴上标签，这样就很容易回忆起来
- 用你觉得合适的方式向外表达你的积极情绪
- 在你的每日休息结束时，计划下一个日常休息，并愉快地期待它
- 在每天结束的时候，回忆你的日常休息，回忆和重温你的积极感受

评估品味对积极情绪的影响
- 每天，写下你日常休息的简短记录
- 每天，在你的休息前后，用数字1到10作为量值来评估你的积极情绪的强度，注意日常休息在多大程度上增加了你的积极情绪
- 在这个分值范围内，10表示你正在经历非常强烈的积极情绪，1表示你正在经历非常强烈的消极情绪，5表示你在情绪上感觉中立
- 周末，回顾你所写的关于每个日常休息的记录，回忆所有的日常休息，回忆和重温你的积极体验
- 写下你做这个练习的感想

注：This exercise is based on the daily vacation exercise, p. 211, in Bryant, F. B., & Veroff, J. (2007). *Savouring: A new model of positive experience*. Mahwah, NJ: Lawrence Erlbaum.

专栏4.5　回忆——品味过去

准备
- 你可以独自回忆，也可以和家人或朋友一起回忆
- 选择一个没有干扰、不会被打扰的时间和地点
- 选择一段积极的体验——例如，一个特别的节日或生日，你第一次见到亲密朋友或伴侣的时候，一场婚礼，一个孩子的出生，一个孩子达到他的第一个人生里程碑，一场特殊的聚会，一个假日，一场体育赛事，毕业，工作成就，一次冒险，或难忘的快乐的一天
- 如果你决定定期做回忆练习，每次选择一个不同的积极事件来回忆，以防止适应

（续）

使用多种品味策略
- 通过使用以下策略来延长和加强从回忆中产生的积极情绪：
  - 使用照片、电影、事件的纪念品，或访问事件发生的地方，以加强对该事件的回忆
  - 在回忆的时候，尽可能详细地想象这些事件，就好像它们正在发生一样
  - 如果你是一个人做这个练习，当你体验到积极情绪时，注意这些情绪并给它们贴上标签。如果你愿意，可以把你对这些事件的描述以及它们带来的积极情绪和想法写下来或录下来
  - 如果你和其他人一起做这个练习，向他们详细描述事件，重复和详细阐述，以某种对你合适的方式向外表达你的积极情绪

评估品味对积极情绪的影响
- 在这个练习前后，给自己积极情绪的强度打分，分值范围从1到10
- 在这个分值范围内，10表示你正在经历非常强烈的积极情绪，1表示你正在经历非常强烈的消极情绪，5表示你在情绪上感觉中立
- 注意该练习增加你积极情绪的程度
- 注意练习中你认为特别有助于积极情绪的任何方面

专栏4.6　乐观地预期——品味未来

准备
- 你可以独自练习预期，或与家人或朋友在一起
- 选择一个没有干扰、不会被打扰的时间和地点
- 选择你期望实际发生的和你乐观期待的积极体验——例如，一个聚会，一个生日，一场婚礼，一个孩子的出生，一个假期，一场体育赛事，毕业，工作成就，一次冒险
- 如果你决定定期做乐观预期练习，每次选择一个不同的积极事件来预测，以防止适应

使用多种品味策略
- 通过使用以下策略，延长和加强由乐观预期所产生的积极情绪：
  - 使用事件将发生地点的照片或将在场的人的照片来强化对积极事件的预期想象
  - 想象一下这些事件，就好像它们现在正在发生一样
  - 如果合适，想想你还有多少机会可以参与这种积极的体验
  - 如果你是一个人在做这个练习，当你体验到积极情绪时，注意这些情绪并给它们贴上标签。如果你愿意，可以把你对这些事件的描述以及它们所引发的积极情绪和想法写下来或录下来
  - 如果你和其他人一起做这个练习，详细描述你期望发生的事情，重复并详细阐述，并以某种

(续)

> 你感觉合适的方式向外表达你的积极情绪
>
> **评估品味对积极情绪的影响**
> - 在这个练习前后，给自己积极情绪的强度打分，分值范围从1到10
> - 在这个分值范围内，10表示你正在经历非常强烈的积极情绪，1表示你正在经历非常强烈的消极情绪，5表示你在情绪上感觉中立
> - 注意该练习增加你积极情绪的程度
> - 注意练习中你认为特别有助于积极情绪的任何方面

感地回应他人安全、保障或亲密关系需要的那些瞬间；或者反过来，回忆他人对我们这些需求的回应时刻。接下来，品味存于这些记忆间的感觉、情绪以及认知。关系品味不同于一般的品味，关系品味的焦点在于品味体验。那品味什么体验呢？品味依恋理论中所描述的那些核心体验，如提供或接受保护和支持。依恋理论的一个核心前提是，通过促成安全型依恋内部工作模式的发展，使早期关系中的安全与保障体验为以后生活中支持性关系的形成提供基础。[48]这些成年后的情感支持性关系通过培养安全感来增进幸福感。对于有不安全依恋史的人来说，他们的依恋关系内部工作模式有选择性地过滤了他们的体验，因此他们会注意批评、拒绝或忽视。他们通常不会关注积极的依恋体验。关系品味为关注安全和保障的体验创造了机会，并允许有不安全依恋的人修改他们的依恋关系内部工作模式，让他们从不安全转向安全。通过关系品味，有不安全依恋史的人可能会放大积极的时刻，这些时刻通常被日常担忧或更容易吸引他们注意力的消极经历所掩盖。在一系列的研究中，杰西卡的团队表明，难以与孩子建立安全依恋关系的父母或照看者往往在关系品味方面表现较差，而这或许可以通过关系品味训练得到补救。这种干预需要单独实施三四次周任务。记忆选择和记忆反思是两个主要的干预阶段。每节课都以一个简短的正念练习开始，以增强注意力。专栏4.7中描述了基于这种干预的关系品味练习。

专栏4.7 关系品味

准备
- 选择一个没有干扰、不会被打扰的时间和地点
- 首先坐直,专注于你的呼吸

选择一段关于安全、保障或亲密关系的记忆
- 想想你生命中某个特别的人在你最需要的时候给予你关爱的时刻,或者你给予他人关爱的时刻
- 或想一下,当一个特殊的人为你提供支持,使你能够承担你可能不会承担的风险,或者当你为别人提供这样的支持
- 或想想与你爱过或爱过你的人的一个特别亲密、珍贵的时刻

回忆感觉
- 回忆一下事件发生的时间,对方穿着什么,你能听到、闻到、尝到、看到和触摸到什么
- 尽可能生动地可视化这个事件
- 使用照片、影像、纪念品,或者访问事件发生的地点来加强对它的回忆

回忆情绪
- 回忆你所感受到的情绪(例如幸福、爱、快乐、温暖、安全、保障或兴奋)
- 回忆一下你在身体的哪个部位感觉到了这些情绪(例如胸部、头部、腹部、手臂等)

回忆想法
- 回想一下那些与这些情绪相关的想法
- 如果你回忆的情节是另一个人照顾你(例如父母、照看者或伴侣),你是否在想以下事情,或者其他什么?

    这个人会保护我的安全;这个人就在我身边,让我感到安全;我需要这个人;这个人爱我
- 如果你回忆的情节是你关心别人(例如孩子、伴侣或朋友),你是否在想以下事情,或者其他什么?

    我会保护这个人的安全;我会陪在这个人身边,让他们有安全感;我爱这个人;这个人需要我

预期
- 想想当时你和这个人有多亲密
- 你与这个特殊的人的关系将如何影响你未来的关系?

深化体验
- 现在让你的心智游移,注意所产生的想法和感受
- 注意这些想法或感受是否加深了你与这个特殊的人之间关系的品味体验

(续)

> **评估对积极情绪的影响**
> - 在这个练习前后，给自己积极情绪的强度打分，范围从1到10
> - 在这个范围内，10表示你正在经历非常强烈的积极情绪，1表示你正在经历非常强烈的消极情绪，5表示你在情绪上感觉中立
> - 注意该练习增加你积极情绪的程度
> - 注意练习中你认为特别有助于积极情绪的任何方面
>
> 注：This exercise is based on the exercise described in Borelli, J. L., Smiley, P. A., Kerr, M. L., Hong, K., Hecht, H. K., Blackard, M. B., ... Bond, D. K. (2020). Relational savouring: An attachment-based approach to promoting interpersonal flourishing. *Psychotherapy*.

心流

美国加利福尼亚州克莱蒙特研究生院的米哈伊·奇克森特米哈伊开启了当代的心流研究。[49]他通过广泛的研究发现，当我们在内在动机驱使下专注于有挑战性的和技术性的任务时，会体验到一种独特的心理状态，这就是所谓的心流。当我们专注于工作和教育时，专注于运动、跑步和有挑战性的体育活动时，专注于音乐、艺术和电子游戏等计算机活动时，都可能会出现心流。[50]心流体验的直接好处是，在这些活动中，我们感到全身心地投入且专注于生活。投入是塞利格曼的PERMA幸福理论的第二个要素，这在第一章讨论过。[51]心流体验还有其他的好处。在心流过程中，我们从事有技术性的活动时，会有一种深刻的愉悦感，我们发现这种感觉本质上是有益的。心流体验也增强了我们的认同感。在心流体验后，我们可能会说："我是那种擅长并且喜欢参加这项活动的人。"

心流理论

在心流理论中，米哈伊·奇克森特米哈伊及同事提出了心流体验的九个维度以及自得其乐人格（或心流倾向人格）的七个方面，并解释了心流在一生中如何发展。

心流的九个维度

米哈伊·奇克森特米哈伊提出心流体验有九个维度。[52] 这些维度可分为三组，如专栏4.8所示。这三组代表着心流的前置因素、即刻瞬时心流体验的特征以及心流结果。这些组别之间的界限在某种程度上是可渗透的，并且根据心流的相关文献，在某些情况下，专栏4.8中所列的最后六个维度被组合在一起，视作即刻瞬时心流体验的特征。

专栏4.8　奇克森特米哈伊的心流九维理论

前置因素	挑战–技能平衡
	明确的目标
	即时反馈
瞬时体验	注意力集中
	行动意识融合/专注/自动性
	有控制感
结果	自我意识丧失
	时间知觉扭曲
	自得其乐体验（本质上有益）

注：Based on Csíkszentmihályi, M. (1990). *Flow: The psychology of optimal experience*. New York: Harper Row; and Csíkszentmihályi, M., & Csíkszentmihályi, I. (1988). *Optimal experience: Psychological studies of flow in consciousness. Cambridge*, UK: Cambridge University Press.

心流前置因素：挑战–技能平衡，明确的目标，即时反馈

心流的前置因素是启动心流状态的必要条件。这些因素包括挑战和技能的平衡、明确的目标和即时的反馈。

挑战–技能平衡

要获得心流体验，任务带来的挑战和可用的自动技能之间必须达到平衡。任务不能太难，否则我们会焦虑；也不能太简单，否则我们会感到无聊。如图4.2所示，高挑战–高技能象限被指定为心流领域，低技能–低挑战领域和冷漠有关。在任务具有高度挑战性，且我们技能水平较低的情况下，可能会产生焦虑，因为我们无法控制活动。而在挑战和技能水平较低的情况下，我们会感到无聊。随着技能越来越熟练，我们需要

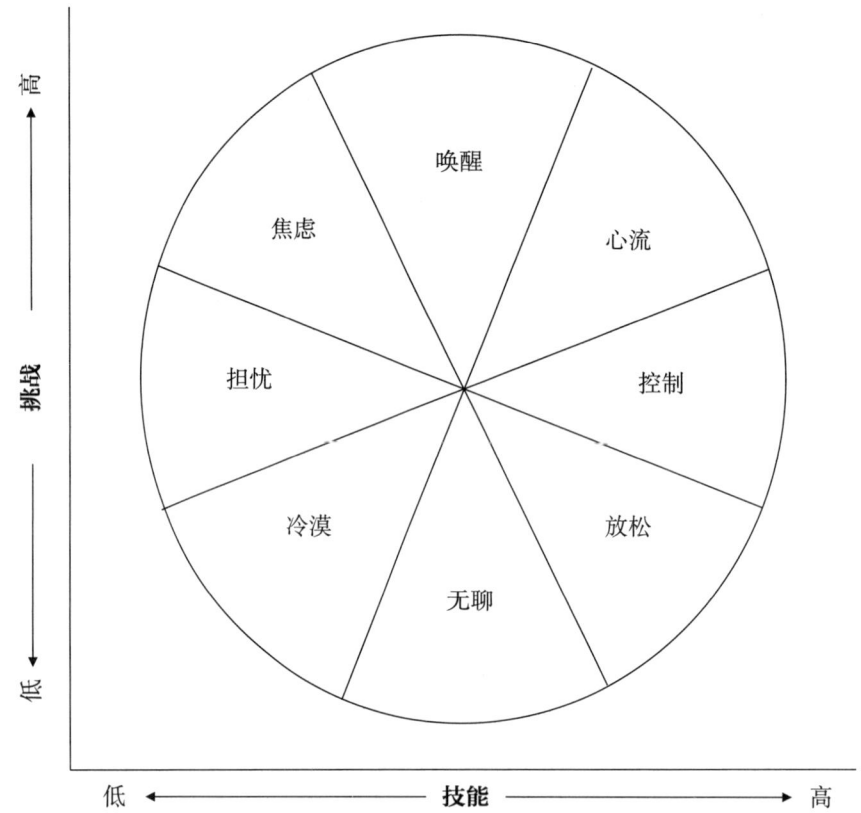

图4.2 与技能和挑战水平相关的心流及其他状态

注：Based on a diagram on p. 31 in Csíkszentmihályi, M. (1997). *Finding flow: The psychology of engagement with everyday life*. New York: Basic Books.

更具有挑战性的任务，以获得心流体验，避免无聊。相反，如果在掌握技能之前从事太具挑战性的任务，我们则会感到焦虑。要获得心流体验，任务的可完成性也很重要，例如，阅读一本书或撰写散文，欣赏一段音乐，打完一款游戏。

目标和反馈

在心流体验中，人们使用完善的自动技能执行任务，以达到明确的目标，而即时且毫不含糊的反馈则可以用来指示完成目标的进度。竞技帆船或网球等运动具有非常明确的目标，例如在其他船只之前绕过规定标志或者得分点。在所有运动中，反馈都是即时的。参赛者随时都知道他们是赢还是输。根据反馈，参赛者可以使用完善的自动技能，采取补救措施。

瞬时心流体验：集中、被吸引与控制

瞬时心流体验的特征是专注于任务，行动和意识的被吸引或融合，以及控制感。

集中

引发心流体验的任务需要我们朝着明确且具有挑战性的目标努力，并接收有关实现这些目标的即时反馈。因此，引发心流的任务需要完全集中注意力。

被吸引

在心流过程中，我们深深地且毫不费力地专注于正在做的事情，以至于我们并不认为自己和行为是分开的。我们体验了自己无意识的行动，并且不再去想日常生活中的烦恼和挫折。

控制

心流体验使我们对行动的控制感有所增强。有了这种控制感，即使在从事跳伞、冲浪或者攀岩这类风险活动时，我们也不会因为失去控制感而感到焦虑。

心流结果：自我意识丧失、时间知觉扭曲与自得其乐体验

心流的三个主要后果是自我意识丧失、时间知觉扭曲与自得其乐体验。

自我意识丧失

在心流体验中，我们的自我意识消失了。矛盾的是，任务完成之后，自我感却增强了。随着自我意识的丧失，我们不再意识到自己与任务是分开的。舞者成为舞蹈的一部分，歌者成为歌曲的一部分，水手成为船的一部分。这种暂时丧失自我意识的一个结果是，心流体验过后，我们的自我感得到了增强。这是因为，在心流体验中，我们没有耗费心神思考"我做得怎么样"或者"别人会怎么看我"。然而，心流体验过后，我们可能会反思刚刚做过的事，并认为"哇！我做到了。我就是能做这种事情的人！"

时间知觉扭曲

在心流体验中，时间知觉改变了，因此时间似乎在加速或减慢。做重复性任务时，过了几小时仿佛只过了几分钟；相比之下，做需要迅速且复杂的技能的任务时，时间好像变慢了。例如，如果我们全神贯注地阅读一本好书，过了几个小时仿佛才过了几分钟。在这种情况下，时间流逝的体验浓缩了；而在其他心流情况下，时间流逝的体验延长了。例如，在帆船比赛中，遇到多风的天气，选手运用快速且熟练的技能驾驶，时间可能只过了几秒钟。但是，在心流体验中，时间似乎过了很久。

自得其乐体验

引发心流体验的活动本质上是有益的,或者是自得其乐的,每一次的心流体验都会加强这一点。"自得其乐(autotelic)"来自希腊语"自我(auto)"和"目标(telos)"。当我们从事活动主要不是因为某种预期的未来利益,而是因为这个活动本质上有益处的时候,我们就获得了自得其乐体验。虽然最初我们可能是因为其他原因而从事这些活动,但随着完成这些任务所需要的技能变得自动化且熟练程度提高,这些任务本身就成为目的。作家经常说,他们写作不是为了金钱或者自身前途,而是因为写作本身就是一种快乐。水手可能会花费大量的金钱和时间维护自己的船只,不是因为他们想赢得比赛或者与其他水手保持联系,而是因为对他们来说,没有什么能与竞技帆船带来的心流体验相提并论。

大量的研究支持了奇克森特米哈伊提出的上述心流体验的概念。例如,在2019年对涉及1000多项相关关系的63项研究进行元分析时,彼得·汉考克(Peter Hancock)及同事表明,心流的九个维度与时间知觉的扭曲中度相关。[53]在2015年对涉及超过9000名参与者的28项研究进行元分析时,卡尔顿·方(Carlton Fong)及同事发现挑战-技能平衡和心流之间中度相关。[54]

自得其乐人格

虽然大多数人都会有心流体验,但人们体验心流的频率以及心流体验的强度却存在极大的差异。奇克森特米哈伊创造了"自得其乐人格"一词,来指代促进心流体验的特质。[55]自得其乐人格的七个核心个人特质是:(1)好奇心;(2)毅力;(3)低程度的自我中心;(4)内在动机;(5)享受挑战并将威胁转化为挑战;(6)将无聊和乏味转化为刺激性体验;(7)高度的专注力和注意力控制能力。对自得其乐人格的研究表明,拥有这种人格的人有更强烈和更频繁的心流体验,这反过来也会带来更大的幸福感。[56]

发展心流

凯文·拉森德(Kevin Rathunde)和米哈伊·奇克森特米哈伊提出,在生命早期的大部分时间里,大多数人都处于寻求挑战和培养技能的循环中。[57]最初,当人们在技能水平的极限下从事目标导向的任务时,会有心流体验。随着练习和反馈,他们的技能逐渐提高。高水平的技能和适中难度的任务之间最终会出现差异。届时这些任务可能会让人感到无聊。为了规范这种未达最佳标准的体验,人们会积极寻求更大的挑战。

例如，音乐家选择更复杂的乐曲进行演奏。这恢复了挑战-技能平衡，从而促进了心流体验。但是，如果增加的挑战超过了当前的技能水平，就会引发焦虑。对此，人们可能会继续培养技能，以应对增加的挑战。只要个人的特质和环境支持个人成长，这种寻求挑战和培养技能的螺旋式上升就会继续。然而，如果由于逆境、疾病、受伤或者衰老而导致技能丧失或者功能衰退，则可能会出现两个主要的替代轨迹，以纠正特定领域内挑战和技能的不平衡。[58]人们可能会采取策略，让自己保持在该领域内的心流体验。例如，在老年时期，不再能快速准确地演奏的音乐家可能会专注于演奏缓慢的乐曲或者演奏更少乐曲，并且进行更刻意的练习。这是为了在受衰退影响的音乐表演领域内维持他们的心流体验。另一种策略是转换到其他的领域。例如，从研究和教学中获得心流体验的退休学者，在退休期间可能会从创意写作中获得心流体验。当老年期功能衰退时，如果人们有自得其乐人格、资源和支持，则更有能力采取这些策略来体验心流。如果该领域受到高度重视，人们则更有可能在该领域（例如音乐）保持心流体验。在能找到其他受重视的心流体验领域的情况下，领域转换（例如从学术工作转换到创意写作）更加容易完成。

测量心流

心流可以通过一次性的半结构化访谈、经验抽样法和心理测量量表来测量。

半结构化访谈

在早期的探索性定性研究中，心流是通过心流问卷（Flow Questionnaire）测量的，即半结构化访谈。[59]访谈者给予受访者关于心流的第一人称描述，例如："我太专注于正在做的事情，以至于我不认为自己与正在做的事情是分开的"。然后询问他们是否有过这样的经历，如果有，让他们描述自己的心流体验，并让他们在从事有利于心流的活动时，对心流各个维度的主观体验进行评价。使用心流问卷有助于积累对心流体验的第一人称描述。然而，它们依赖于对心流的回顾性描述，而不是"实时的"同步报告。随着经验抽样法的发展，这个问题得以克服。

经验抽样法

在经验抽样研究中，受访者在几天内每天练习8—10次，并被要求描述他们在做什么，就心流的维度评估他们的状态。[60]这些研究有助于实时确定日常生活中不同类型的活动中心流体验的程度。图4.3总结了这些研究的一些主要发现。早期经验抽样研究的一个问题是，心流体验评级的心理测量特性是未知的，即心流评级是否可靠和有效尚不清楚。

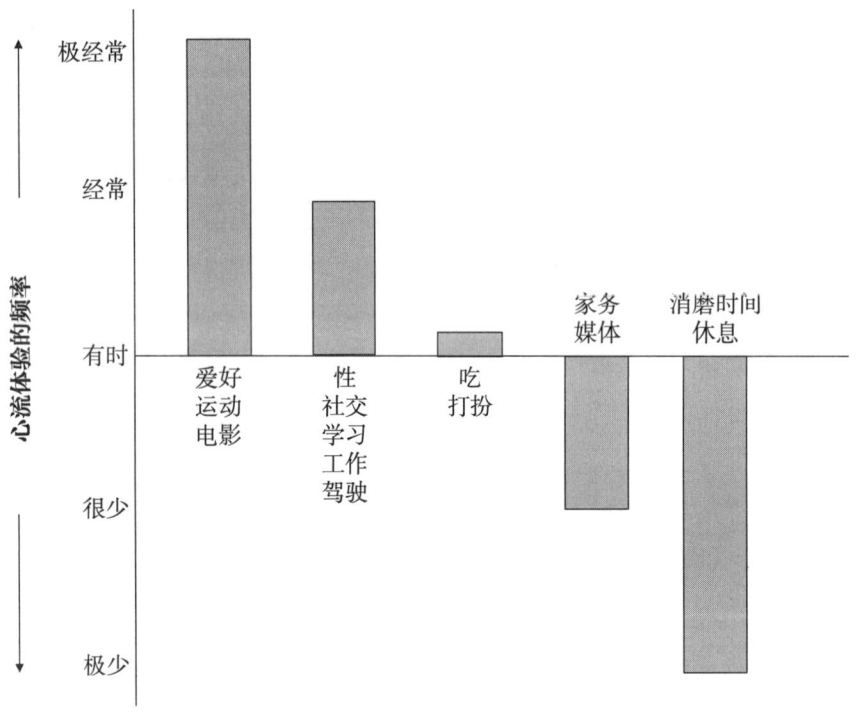

图4.3　心流在日常活动中出现的频率

注：Based on data on p. 37 of Csíkszentmihályi, M. (1997). *Finding flow: The psychology of engagement with everyday life*. New York: Basic Books.

心理测量量表

为了解决这个问题，最近的定量研究开始使用自我报告的心理测量量表来评估心流，该量表的信度和效度也已得到测试。[61]例如，澳大利亚的休·杰克逊（Sue Jackson）及同事开发了一套量表，用来测量倾向/特质心流以及情境/状态心流。[62]倾向量表（dispositional scales）测量特定领域（例如运动、学校或工作）的心流经历；状态量表（state scales）评估在特定活动（例如比赛、学校考试或者工作项目）中体验心流的程度。倾向心流量表和状态心流量表都有完整版（36项）和简版（9项）两个版本。用于测量体育活动中的心流体验和非运动活动中的心流体验的完整版量表，也有不同的版本。所有这些量表都评估了心流的九个关键维度：挑战-技能平衡、明确的目标、反馈、专注于任务、行动的自动性、控制感、自我意识丧失、时间知觉扭曲以及自得其乐体验。完整版量表还为九个维度各自提供了子量表。有一些倾向量表和状态核心心流量表可以评估心流的核心现象学——或者最佳心流体验的感觉。

倾向心流量表已被用于评估自得其乐体验。自得其乐人格问卷（autotelic personality questionnaire）和评估心流倾向的问卷也已经被开发出来。[63]自得其乐人格问卷评估该人格的七个关键特征：好奇心、毅力、低程度的自我中心、内在动机、享受挑战并将威胁转化为挑战、将无聊和乏味转化为刺激性经历、高度的专注力和注意力控制能力。瑞典的心流倾向问卷（flow-proneness questionnaire）评估了以下三种场景下心流经历的频率：工作、休闲以及日常保养工作，例如家务、清洁或烹饪。所有量表——倾向心流量表、自得其乐人格问卷和心流倾向问卷——都评估了心流体验或者特质心流倾向上的个体差异。

研究者还开发了特定领域的心流量表，以评估在特定环境中心流状态的体验，包括工作[64]、运动[65]、为了消遣而阅读小说[66]以及一系列计算机在线活动（包括社交网络、游戏、购物和学习[67]）。研究者还开发了心流元认知量表（flow metacognitions questionnaire），以评估人们对心流状态、其后果以及实现和维持心流的策略的认识和信心。[68]心流元认知量表有2个子量表，用于评估对心流促进成就以及对自我调节心流能力的信心。

在完成具有挑战性和技术性的活动后，你可能希望使用专栏4.9中的心流简版量表来测量你的心流体验的强度。如果你想增加生活中心流体验的频率，不妨试试专栏4.10中的练习。

心流与遗传因素

遗传和环境因素都有助于心流倾向性的发展。在针对444对成年双生子的研究中，瑞典卡罗林斯卡学院的米里亚姆·莫辛（Miriam Mosing）及同事评估了在以下三个领域内执行任务时心流的倾向性：工作、休闲以及日常家务。[69]他们发现心流的倾向性是中度遗传的。无论哪种领域，心流经历的倾向都受到相同遗传因素的影响。相比之下，特定环境因素对于这三个领域心流倾向性的差异具有重要意义。

心流与神经生物学因素

神经生物学研究表明，特质心流与某些大脑结构有关，并且某些神经生物学过程

专栏4.9　心流体验简版问卷

在完成具有挑战性和技术性的活动后,你可以使用本问卷来测量心流体验的强度。对每个条目进行评分,其中1代表完全没有,4代表有一些,7代表非常多。将10个条目的分数相加,得出10—70的总分。总分越高,表示你体验到的心流水平越高。

1. 我感觉到恰到好处的挑战。	1　2　3　4　5　6　7
2. 我的思想或活动运行流畅。	1　2　3　4　5　6　7
3. 我没有注意到时间的流逝。	1　2　3　4　5　6　7
4. 我不难集中注意力。	1　2　3　4　5　6　7
5. 我的头脑非常清晰。	1　2　3　4　5　6　7
6. 我全神贯注于我正在做的事。	1　2　3　4　5　6　7
7. 正确的想法或动作是自己发生的。	1　2　3　4　5　6　7
8. 我知道我每一步都要做什么。	1　2　3　4　5　6　7
9. 我觉得一切都在我的控制之中。	1　2　3　4　5　6　7
10. 我完全陷入沉思。	1　2　3　4　5　6　7
总分	____

注: Reproduced with permission of Springer Nature from Appendix, p. 170, in Engeser, S., & Rheinberg, F. (2008). Flow, performance and moderators of challenge-skill balance. *Motivation and Emotion, 32*(3), 158-172. Copyright © 2008 Springer Nature. Permission conveyed through Copyright Clearance Center, Inc.

专栏4.10　增加生活中的心流体验

识别与心流有关的活动

- 选择2个典型的工作日和2个周末
- 在上述的每一天,每小时一次,写下你正在做的活动,并且对过去1小时内的心流评级
- 使用专栏4.9中的心流体验简版问卷,在每个场合对你的心流体验进行评级
- 在4天后查看你的心流评级,并且记录有最大强度心流体验的活动
- 决定你是否希望花费更多的时间做与心流有关的活动

(续)

> **在通常与心流无关的活动中创建心流**
> - 专注于通常与心流无关的任务
> - 尽可能有技巧地完成活动
> - 设定目标并且注意你的完成度
> - 注意你可以做什么来提高下次的表现
> - 探索将任务带来的挑战与你的技能水平相匹配的方法
> - 更慢地完成复杂的任务,更快速以及更仔细地完成简单的任务
> - 对于枯燥乏味的任务,想办法让它们变得复杂且具有挑战性
> - 将极其复杂的任务分成更小的、更容易处理的子任务,有技巧地完成每一个子任务,然后将子任务组合在一起
> - 使用专栏4.9中的心流体验简版问卷,写下每个场合中你的心流体验的评级
> - 1周后查看你的心流评级,并且记录你在通常与心流无关的活动中,心流体验水平的任何增加
> - 决定你是否希望继续以增加你的心流体验的方式,做通常与心流无关的活动

会促进状态心流。结构神经影像学研究表明,特质心流或心流倾向性与大脑灰质容量的增加以及背侧纹状体中多巴胺受体的可用性有关,这有助于奖励处理和运动行为的自动化。[70]

美国加利福尼亚大学圣塔芭芭拉分校的雷尼·韦伯(René Weber)及同事开发并且测试了心流的同步理论,以解释支持状态心流的神经生物学过程。[71]该理论提出,心流经历与注意力和奖励神经网络的同步有关。奖励网络位于大脑的边缘系统,包括多巴胺系统、眶额皮质、前额叶的腹外侧和背外侧区域、丘脑以及纹状体。与心流经历有关的注意过程涉及额叶和顶叶皮质区域,它们促进警觉性,这个过程还涉及顶上小叶和顶下小叶区域以及上丘脑,它们有助于定向。根据同步理论,在心流过程中,这些注意过程和奖励神经网络同步"触发"。在一系列功能性磁共振成像研究中,韦伯和他的团队提供了支持这一理论的证据。[72]例如,在针对健康的成年人的功能性核磁共振成像研究中,他们发现,由于实验控制的干扰增加,玩电子游戏引发的状态心流会减少,注意力和奖励神经网络之间的同步也随之减少了。

心流与人格

对自得其乐人格、心流特质性或特质心流的研究表明,许多人格特质与更加频繁

的心流经历的倾向具有相当一致的相关性，而对于其他特质，结果则相互矛盾。[73] 外向性、情绪稳定性（低神经质）、尽责性、正念和心理韧性与心流具有相当一致的相关性。拥有高水平的这些人格特质的人更频繁地经历心流。正念特质指在当下有意识地、不加判断地，并且以好奇和开放的态度注意即时感官体验的能力。[74] 心理韧性指下定决心并致力于实现高度重视的目标、自信且有效率地应对挑战、在压力下保持专注和控制力以及从挫折中反弹的能力。[75] 在心流与对体验的开放度和接受度之间的相关性方面，结果是相互矛盾的。一些研究发现，这些特质与心流相关，而另一些研究则没有。有一项关于智力和心流的大型研究发现，这些特质并不相关。[76]

心流与文化

根据心流理论，某些文化应该有利于引发心流体验。[77] 所有文化都逐步形成了公民追求的目标以及明确说明合理实现这些目标的方法的社会规范、角色、规则和程序。目标、规范、角色、规则和程序与人们的技能得到密切匹配的文化，为公民提供了更多体验心流的机会。在不同文化中，心流体验出现的频率可能会有所不同，这取决于与心流体验有关的各个领域（包括工作和体育）的流行做法。心流理论对心流的跨文化差异做出如下预测：在人们承担的工作既不单调无聊、又不过于富有挑战和压力，而且工作角色的要求与人们的技能水平相匹配的文化里，与工作有关的心流体验更加常见。心流体验也更常见于广泛推行某类仪式的文化中，这些仪式以跳舞、唱歌或冥想等形式促进心流体验。心流体验还更常见于推崇与实力相当的对手进行技能型比赛的文化中。这些关于心流流行病学的跨文化差异的预测值得研究。

心流与幸福感

主观幸福感、生活满意度和积极情绪已被证明与状态心流和特质心流有关。[78] 以下研究说明了这种类型的研究：在对中国台湾地区339名登山者的调查中，曹胜雄（Sheng-Hshiung Tsaur）及同事发现，在登山体验中，特质心流和幸福感之间存在高度相关性，并且心流中介了超验体验对幸福感的影响。[79] 埃米·艾沙姆（Amy Isham）及同事在1周内使用经验抽样法，收集了500个美国家庭成员的数据。[80] 他们发现，自我报告的瞬时心流与幸福感之间存在中度的相关性。能让人们体验到高水平心流的活动包括艺术和手工艺、性活动和体育。体验到低水平心流的活动包括给汽车加油、洗澡和洗碗。

心流与心理健康

对于那些容易出现心理健康问题的人来说，心流可能是一个保护因素，促进心流体验的干预措施可能有助于有心理健康问题的人的幸福感。在针对10 000名瑞典双生子的研究中，米里亚姆及同事发现，心流倾向性和与工作有关的抑郁症状以及倦怠之间存在中度的负相关关系。[81]那些有较高心流倾向的人的抑郁和倦怠程度较低。变量之间的关系是由遗传和非共享的环境影响造成的。在针对474名学生的研究中，珍妮尔·哈拉尔特（Jenelle Hallaert）发现心流和自杀风险之间存在负相关关系。[82]这种关系是由生活中的目标中介的。也就是说，心流与更大的生活目标有关，而这相应地又与较低的自杀风险有关。在一系列研究中，意大利米兰大学的埃莱奥诺拉·里瓦（Eleonora Riva）及同事发现，基于心流的康复活动，如山间漫步、摄影、烹饪、园艺以及艺术治疗，有助于成人精神病患者的幸福感，包括精神分裂症、情绪障碍和人格障碍。[83]

可以带来心流体验的活动

经证明，许多活动可以带来心流体验。这些活动包括体育和田径、熟练的工作、熟练的娱乐活动、教育和奖学金、阅读和写小说、欣赏和创作艺术或音乐以及各种各样的基于计算机的娱乐、教育和职业活动。[84]在所有这些领域中，有证据表明，在某些情况下，心流有助于提高绩效。

心流与体育活动

已有证据表明，在许多运动中，心流会发生并增强表现，例如，跑步、攀岩、篮球、无挡板篮球、足球、网球、骑自行车、滑板、花样滑冰、游泳、国际象棋、赛马和高尔夫。[85]许多因素促进了运动中的心流。这些因素包括有效的准备、自信心、积极的想法和情绪、最佳动机和生理唤醒、最佳环境和情境条件以及最佳的团队合作和互动。运动中的心流源于内部状态（如积极的想法和情绪）、外部因素（如最佳的环境和情境条件）以及行为因素（如准备）的相互作用。超过2/3的精英运动员认为心流是可控的，并且心流状态中断后可能会恢复。积极思考、放松、清醒头脑以及建立自信是运动员认为促进心流的恢复的一些因素。如果你想要在你最喜欢的运动或体育活动中发展心流，不妨试试专栏4.11中的指导。

> **专栏4.11　在体育活动中创造心流**
>
> - 选择一个不会被打扰且不会分心的时间和地点
> - 设立一个总目标,并将其分解为一个个小目标
> - 选择一种衡量目标进展的方法
> - 当你在做的时候,尽可能专注于你做的这项工作,并注意你实现子目标的程度
> - 逐渐增加你所瞄准的子目标的难度或者复杂度,以使你面临的挑战与你不断增长的技能水平相匹配
>
> 注：Based on Jackson, S., & Kimiecik, J. (2008). The flow perspective of optimal experience in sport and physical activity. In T. Horn (Ed.), *Advances in sport psychology* (3rd ed, pp. 377–399). Champaign, IL: Human Kinetics.

有研究者认为,奇克森特米哈伊提出的心流的九个维度的概念将两种不同的心理状态混为一谈,他们称之为心流状态和努力争取状态。[86]尽管它们具有重叠的特征,努力争取状态在许多方面都与心流不同。努力争取状态发生在存在巨大压力,需要加倍努力来实现固定目标(例如赢得比赛或者进球)的情况下。心流状态发生在以不确定性为特征的情况下,需要探索、发现以及实验来实现开放性的目标(例如冲浪或者攀岩)。努力争取状态的特点是完全且有意识地专注于任务,而心流的特点则是毫不费力地专注于任务。努力争取状态涉及对压力情况及其需求的高度认识,而心流则涉及积极的反馈和一切都按计划进行的感觉。努力争取状态需要付出巨大的努力。相比之下,心流则是一种毫不费力的自动体验。这两种状态的共同点是体验同化、享受、控制感、时间知觉改变以及增强的动机和信心。

心流与工作

奇克森特米哈伊及同事对工作中心流的早期研究以及其他学者的后续研究一致表明,在工作环境中,当员工对自己的工作有控制感、当他们的工作要求他们使用成熟的技能来完成有挑战性的任务、当他们收到关于明确目标的反馈、当他们认为组织环境支持他们时,就会发生心流。[87]工作中的心流的特点是专注于工作活动以及为工作本身而工作的享受和内在动机。专注、享受和内在动机这三个因素可以用阿诺尔德·巴克(Arnold Bakker)与工作有关的心流量表进行评估。[88]工作中的心流已被发现

可以在一系列指标上提高工作满意度和工作绩效。[89]这些指标包括工作参与、服务质量、团队合作和创造力。

然而，与工作有关的心流并不总是令人愉快的，在针对78名成年工人的经验抽样研究中，米哈伊·奇克森特米哈伊和朱迪思·勒菲弗（Judith LeFevre）发现，在工作中会更加频繁地体验到心流的认知方面（注意力、控制、目标和反馈），但在休闲时心流的动机方面（享受和内在动机）则更常见。[90]对于这种"工作悖论"，有各种可能的解释。例如，大多数人感到有责任工作来养活自己和家属，但他们不觉得有义务从事休闲活动；工作需要长时间的持续努力，而且很累；工作包括内在激励和可控的元素，以及其他不可控且非内在激励的元素。然而，不是所有的职业都表现出"工作悖论"。在一系列研究中，研究者发现，参与有挑战性的、有社会意义的和有创造力的工作的人，例如助人工作、教学、艺术和手工艺，并没有报告"工作悖论"。[91]在这些类型的职业中，会出现高水平心流的认知和情感或者动机等。

心流与教育

在对实地研究进行广泛综述后，戴维·舍诺夫（David Shernoff）和米哈伊·奇克森特米哈伊得出了结论。他们认为，对于小学和中学，某些教学方法可以促进心流体验，并为学生带来更好的学业成绩和行为表现。[92]这些方法通过以下双重途径促进学生有意义的参与：(1)让学习能够带来快乐；(2)让学习变得有挑战性，使任务难度与学生的技能水平相匹配。在实践中，这涉及鼓励学生积极参与个人和集体学习活动，并促进学生内在动机的发展，使学生学习被他们视为课外的、与他们的生活相关的新知识和技能。促进心流的教学方法以学生和教师之间积极、协作的学习精神为特征。在技能获取过程中，教师能为学生提供支持和"支架"，同时学习新技能和知识的挑战与学生当前的技能发展水平相符。例如，在针对290名就读于蒙台梭利学校或传统中学的学生的研究中，凯文和奇克森特米哈伊发现，蒙台梭利学校的学生心流体验更强烈。[93]这是因为蒙台梭利教育法鼓励自主学习，并且创造机会让学生参与挑战-技能达到最佳平衡的相关任务。蒙台梭利学校处理不良行为的主要方式是，强调引导学生参与亲社会活动，并且表扬他们在这些活动中的投入，而不是侧重于处罚或制裁。

心流与计算机

当使用计算机（以及其他信息技术设备，如智能手机和平板电脑）从事一系列教育、工作和休闲相关的任务时,会发生心流体验。[94]这些任务包括教学和学习;创造、营销和消费产品、服务、艺术和音乐;开发电子游戏和玩电子游戏;阅读、写作、使用电子邮件通信和搜索信息等。克里斯蒂娜·芬纳兰(Christina Finneran)和张平(Ping Zhang)对计算机媒介环境中的心流研究进行了综述,认为心流体验在这种环境中相对常见。[95]这些体验的特点是享受、专注、自我意识丧失、时间扭曲和网真技术带来的身临其境的感觉。网真技术是我们在计算机媒介环境中,而不是直接的物理环境中,感受到存在的程度。在计算机媒介环境中发生的心流体验会带来一系列短期和长期后果,包括积极情绪、学习、探索、沟通和增加计算机使用。也就是说,我们越来越擅长在计算机媒介环境中操作,并且未来更有可能使用计算机在计算机媒介环境中探索和交流。计算机媒介环境中的某些特征有助于心流体验。这些特征包括我们的计算知识和技能与计算机媒介环境带来的挑战之间的匹配,以及虚拟环境的逼真度、速度、交互性、重要性和吸引力。例如,在针对1900名在线计算机游戏用户的研究中,廖根易(Gen-Yih Liao)及同事发现,头像的吸引力和定制化与头像识别呈正相关,头像识别与心流和网络游戏玩家的忠诚度呈正相关。[96]然而,与计算机使用相关的心流并不总是一件好事。它可能会产生有害影响,导致网络成瘾,尤其是对自尊心低下的焦虑人群而言。[97]

团队和小组活动中的心流

在最初的概念里,心流来自个体活动。然而现在很清楚的是,心流体验可能发生在个体活动中,也可能发生在集体活动中。个体心流体验可能发生在一个团体中,例如,在摇滚乐队中独奏吉他时。然而,团体心流是一种与个体心流在性质上截然不同的体验。这种体验能用多种隐喻描述,例如,"团体中的一切都是同步的"和"我们的团队配合默契"。团体心流可能发生在运动队、乐队或者工作团队中,以及发生在许多个体共同合作从事技巧性活动,以实现具有挑战性的共同目标的其他环境中。在对14项研究的系统综述中,费边·佩尔斯(Fabian Pels)及同事得出结论,尽管团体心流也具有专栏4.8中列出的个体心流的九个特征,但其在许多方面都与个体心流不同。[98]交互同步和相互响应是群体心流的核心体验。在团体心流中,有一种集体的、共享的心态。这需要高水平的技能,以实现有挑战性的任务的合作、平衡的活动。这种集体活动得到了团体内流畅互动的支持。在进行引发心流的活动时,互动顺畅度依赖于团体内之前建立的高质量关系。积极的、信任的、支持的关系、合作、良好的沟通、集体能力以及对团体其他成员的技能的了解是团体心流的前置因素。团体心流的结果是卓越的集体表现、协同效应、创造力、增强的集体效能、个人身份与团队的融合以及积极的集体体验。

家庭中的心流

家庭环境可能有助于或阻碍心流的发展。在针对190多名有才华的青少年及其家庭的研究中，凯文发现，某些类型的家庭能促进心流体验。[99]在以清晰度、中心度、选择、承诺和挑战处于最佳水平为特点的家庭中，青少年的心流体验更加频繁。在清晰度达到最佳水平并且目标和反馈清晰的家庭中，孩子们清楚地知道家庭对自己的期望。在中心度达到最佳水平的家庭中，孩子们知道目前父母对自己现在所做的事和所经历的事感兴趣，并且不专注于要他们毕业后找到一份好工作或者进入一所好大学。在选择达到最佳水平的家庭中，孩子们认为自己对自己的行为方式有一定的选择权，并且知道不同的选择，包括违反父母的规定，会有不同的后果。在承诺达到最佳水平的家庭中，孩子们认为家庭足够安全，让他们能够大方自然地从事他们真正感兴趣的活动和运动，而不用担心得到消极评价、批评或羞辱。因此，孩子们若要全身心投入让他们有心流体验的活动，就必须对父母有高度的信任。在挑战达到最佳水平的家庭中，随着孩子们年龄的增长和技能的提高，父母致力于为孩子提供越来越复杂的机会，让孩子锻炼他们独特的、不断发展的技能。这项研究的结果表明，我们可以做一些具体的事情帮助孩子有更多的心流体验，这些都在专栏4.12中列出。

专栏4.12　这样养育子女，孩子可以发展心流

- ◆ 支持孩子们做他们现在感兴趣的事情，而不是只关注在遥远的未来可能对他们有益的事情
- ◆ 鼓励他们大方自然地、不遗余力地从事他们感兴趣的活动
- ◆ 给孩子提供清晰的目标和即时的反馈
- ◆ 给他们机会就自己所做的事做选择，并让他们知道这些选择的后果
- ◆ 随着他们年龄的增长，给他们提供面对更大挑战的机会

正念

现代积极心理学背景中的正念冥想始于佛教思想。[100]其后，随着以加拿大多伦多大学的斯科特·毕晓普（Scott Bishop）为首的一批学者对正念操作性定义的进一步探索与拓展，正念的核心特点逐步在心理学学术共同体内部收获共识。[101]正念意味着刻意凝聚注意力于每一当下，且对其不加评判，也即以好奇的、开放的、接纳的态度观照每一当即的感知体验。在正念状态下，思想与感受被视为流变的主观体验现象，而不是世间某一固定不变的元素。在正念冥想期间，注意力将不可避免地发生游移。其可踯躅于对过往的悔恨、哀伤抑或愤怒，亦可飘忽于对未来的担忧与焦虑。当注意力发生游移时，可导引自己的注意力复归于呼吸或对身体的觉知。按此操作，可避免卷入评判抑或妄图扭转这些思想与感受所产生的纠葛之中。对于冥想期间的种种思想与感受，如其所是地接纳它们，也即将其视为流变的、主观的体验现象。那些经久实践的练习者发现，正念冥想提升了他们的耐心、安宁与智慧，且使他们对自己以及他人更怜悯。虽说上述练习体验并不属于正念定义中的核心部分，但也有正念领域中的部分专家将这些特点纳入正念的定义中。只是在斯科特·毕晓普团队所发展出的正念操作性定义中，上述特点被视为正念修习的结果而非正念的核心特点。

正念的测量

对于作为状态的正念或作为特质的正念的水平的测量，目前已发展出多种可供使用的心理测量工具。[102]其中包括五因素正念量表（Five Facet Mindfulness Questionnaire, FFMQ）、正念注意觉知量表（Mindful Attention Awareness Scale, MAAS）、肯塔基正念水平问卷（Kentucky Inventory of Mindfulness Skills, KIMS）、多伦多正念量表（Toronto Mindfulness Scale, TMS）、认知情绪正念量表-修订版（Cognitive Affective Mindfulness Scale-Revised, CAMS-R）、弗莱堡正念问卷（Freiburg Mindfulness Inventory, FMI）以及青少年与成人正念量表（Adolescent and Adult Mindfulness Scale, AAMS）。[103]在这些工具中，FFMQ是应用得最为广泛的量表之一。它拥有极好的心理测量学特性。[104]久经练习的正念练习者在该量表上的得分高于无练习经验者，此外，随着正念冥想日深，练习者在该量表上的得分也会有所增高，因此该量表能可靠地测量正念。该量表也曾演化出青少年版本以及简化版本。[105] FFMQ通过5个子量表反应正念的五个要素。其所测能力如下：

- 观察当下的世界
- 用语言描述这些即时体验
- 专注于当下瞬间所发生的事
- 避免对当下体验做出优劣判断
- 更少地回应消极思维

不妨通过专栏4.13中简化版本的五因素正念量表测量你当前的正念水平。

专栏4.13 五因素正念量表

通过本量表，你可了解自己正念的总体水平以及正念概况。请结合自己过去一周的经历，圈出最符合自身情况的答案。单一维度计分方法为：先求该维度下所有项目得分之和，然后除以该维度相应题目数。总分计分方法为：全部题目所得分数相加，然后再除以24。分值由1到5。分值越高代表正念水平越高。

	几乎完全不符合	极少符合	有时符合	时常符合	几乎完全符合
观察					
1. 我对身体感受有所留意，例如留意到微风拂过发梢，阳光洒满脸颊。	1	2	3	4	5
2. 通常我对声音有所留意，例如时钟的嘀嗒声、鸟鸣或汽车飞驰而过的声音。	1	2	3	4	5
3. 我能留意到事物的气味与芳香。	1	2	3	4	5
4. 我能关注到艺术与大自然中的视觉元素，例如颜色、造型、质地、光与影。	1	2	3	4	5
描述					
5. 我善于找到词汇来描述自己的感受。	1	2	3	4	5
6. 我很善于运用词汇表达自己的信念、观点与期望。	1	2	3	4	5
7. 即使极度沮丧，我也能想方设法将这种状态用语言表达出来。	1	2	3	4	5

(续)

8. 对我来说，很难找到词语来描述自己的所思所想。	5	4	3	2	1
9. 我能感觉到身体的变化，但又很难找到合适的词汇描述它。	5	4	3	2	1
有觉知地行动					
10. 我很难对当下之事集中注意力。	5	4	3	2	1
11. 我似乎像一台自动运转的机器，对所做的事并没有过多觉察。	5	4	3	2	1
12. 我参与活动走马观花，并不会真正专注。	5	4	3	2	1
13. 我机械地应付工作与任务，甚至并不知道自己在做什么。	5	4	3	2	1
14. 我发现自己做事并不专心。	5	4	3	2	1
对内在经验不评判					
15. 我告诉自己，不应该以当前这种方式获得感受。	5	4	3	2	1
16. 我会对自己的想法做出好坏判断。	5	4	3	2	1
17. 我告诉自己，不应该以当前这种方式进行思考。	5	4	3	2	1
18. 我认为在自己所体验到的情绪中，有些是糟糕的或不适切的，而且我不应该有这些情绪。	5	4	3	2	1
19. 当发觉自己持有一些不合逻辑的观念时，我会自我否定。	5	4	3	2	1
对内在经验不反应					
20. 我能静观自己的感受，且不卷入其中。	1	2	3	4	5
21. 当令我痛苦的想法与画面出现时，我不让自己被其控制。	1	2	3	4	5
22. 当令我痛苦的想法与画面出现时，我很快就能平静下来。	1	2	3	4	5
23. 通常，当令我痛苦的想法与画面出现时，我能做到仅仅知晓却不回应它们。	1	2	3	4	5
24. 当令我痛苦的想法与画面出现时，我仅仅注意到它们的存在，然后就放手任其流逝。	1	2	3	4	5

注：Adapted with permission of Sage Publications from Appendix, p. 318, in Bohlmeijer, E., ten Klooster, P., Fledderus, M., Veehof, M., & Baer., R. (2011). Psychometric properties of the five-facet mindfulnessquestionnaire in depressed adults and development of a short form. *Assessment, 18*(3): 308-320. Copyright © 2011 Sage. Permission conveyed through Copyright Clearance Center, Inc.

心智游移

正念冥想是一种心智训练方法，可使训练者更有效地处理心智游移以及随此引发的消极情绪状态。当我们不能投入有目标的行动时，心智会发生游移。此时，心智将从对当下体验的关注中出离，而后游移入对过往困境的反刍与未来难题的忧虑中。心智游移与一种被称为大脑默认模式的特殊大脑活动状态有关，而这种大脑默认模式在冥想状态下有所减少。[106]在进化论的视域下，大脑默认模式这一机能得以发生的最主要原因，或许是其可帮助我们的祖先在不需竭力调动意识的状态下，搜寻天敌或其他威胁的踪迹以确保安全。这一机能使穴居的祖先安全地享受进食、交配、劳作或玩乐，而不致在此期间陷于被天敌猎杀的险境。虽然在现代工业化社会中，人类已没有必要为警戒天敌而时刻关注外部环境，但大脑默认模式这一警戒系统仍可使我们留意环境中的威胁以确保安全。

在工业化的世界中，多数威胁源自内部精神世界。例如，我们可能怀念那些已不再属于我们的某个人、某件事、某种地位或那些曾获得的声誉与赞许。因致其消逝，我们可能怨恨自己抑或迁怒他人。我们害怕那些将来可能会遇到的问题。对过往困境耿耿于怀可能会让我们悲伤或愤怒。对未来忧心忡忡也可能会让我们焦虑。

相较于穴居祖先的生活，另一巨大差异是我们的生活远比他们复杂得多。我们不是仅有一两件关乎过往的失利或关乎未来的难题。我们常有一箩筐并非所愿的经历。其中一些可能很重要，而更多的则是引发我们窘迫、哀伤抑或恼怒体验的小事，例如输了一局游戏或在社交场合做出不得体的行为。在家庭生活或工作中，也常有许多待完成的任务，我们会担心这些事态的最终走向。现代人的心智就像一台开启过多程序的计算机。过多的程序使心智的工作效率变慢，也更可能使我们对事物的思考进入自动的状态，这种不能专注于当前任务的状态会引发哀伤、恼怒或焦虑。

当我们变得忧伤、愤怒或者焦虑时，令我们痛苦的往往不是这些正常的情绪波动本身，而是我们对此的反应。沉溺于思索我们为何闷闷不乐只会让我们变得更糟。那些让自己抽离出消极情绪的无用功只会增加我们的痛苦。我们对痛苦的判断也许会加剧消极情绪。

当体验到某种消极情绪时，我们常会将其视为待处理问题，并为其寻求解题策略。为了找寻这一方法策略，我们将自动对记忆中与此相似的过往生活经历展开彻查，并从中获悉过往应对之法。如果我们当前对未来感到毫无把握，我们将自动回忆起过往面对某一未来挑战时所感忧虑的相似经历。如果我们当前对逝去的友谊感到伤心，抑或对丧失的地位感到愤怒，我们将回忆起此前相似的不悦经历。这种回忆过往相似经历与彼时应对策略的自动化倾向，是一种经数百万年进化而来的基本生存技能。一旦遭遇待解决的问题，我们的心智将即时地、自动地对过往生活中成功处理相似问题的经历展开检索。面对诸如捕鱼、采果、狩猎或修补漏水屋顶这类待解决问题，上述着眼于过往相似经历的自动化倾向对我们穴居的祖先是大有裨益的。但对于生活在现代世界的我们，待解决的问题常是那些由不同程度的忧虑所引发的短暂情绪波动，对于这类问题，回溯过往相似生活经历不但不能解决问题，反而会引发更多困境。回溯过往悲伤、愤怒、焦虑的相似经历会让我们的情绪进一步低落。同时这类回溯也会引发我们对自己的评价更趋向严苛、无情。我们可能中伤自己道："瞧瞧你做的这一大堆错事。你能做对什么？你到底怎么回事？但凡有点记性的人都不会像你这样，把同样的错误整个重来一遍！你真是一无是处！你的生活简直一团糟！"这些妄自菲薄、严苛消极的自我评价会使情绪更糟糕。上述心理过程将发生得极其迅速且不由自主，以至于我们不免生疑，"我究竟是怎么把自己的情绪搞得如此糟糕？"而这种疑虑将可能引发更趋于怨艾的自我评价、更低落的情绪、更消极的回忆，等等。

　　心智游移还会引发导致情绪低落的另一问题。当意识到自己处于消极思维中，或意识到自己开始自我批评，又或意识到自己的情绪持续走低，我们可能会尝试回避这些心理过程所带来的伤痛，但回避方式往往是试图将消极记忆、自我批评、低落情绪硬推出意识的门外。这将导致一种讽刺的或事与愿违的效应，即导致那些消极记忆、那些念头、那些低落情绪变得更加生动。如果你现在就想体验一下，不妨在接下来的30秒里，试着不要去想一只白熊。是的，你猜对了，你将发现你满脑子都是白熊。哈佛大学已故心理学家丹尼尔·韦格纳（Daniel Wegner）曾研究过这种颇显讽刺的反噬过程，他认为当我们尝试镇压自己的念头时，就会发生这种现象。后来这一观点以"白熊现象"之名广为人知。韦格纳表示，这一心理过程被命名为白熊现象，是因为大文豪陀思妥耶夫斯基于1863年首次提出了"如果尝试不去想一只北极熊会有何效果"这一设想。[107]

　　平常的情绪波动以及由其引发的回忆是不可避免的。但是，反刍这些思想与感受或者妄图抑制它们时所发生的恶性循环，可因正念练习而得以抑制。正念冥想可让我们更巧妙地处理认知活动，也即让我们认识到那些我们所追忆的、反刍的、那些过往我们经历过的痛苦以及那些我们对未来的忧虑都绝非客观事实。所有这些都仅仅是我们主观建构的思想。

正念冥想

正念冥想是一种培养新觉知习惯的方法，这种新习惯使我们专注于日常生活中当下瞬间的即时体验，这也就意味着正念冥想能打破那种让我们的注意力在思考过往、分析当下、计划未来间游移的旧习惯。周期性规律地练习正念冥想，可训练我们将充分的觉知注入日常生活。进而，我们才有可能按日常生活在每一瞬间实然的展开方式，体验我们的生活。

为了开展正念冥想练习，我们需要每天留出一两个15—40分钟的时间段，在此期间我们将觉知专注于每一即时体验。多数人发现清晨或傍晚是冥想的绝佳时刻。为体验上述这些练习，你可以试着练习专栏4.14与专栏4.15中的内容。专栏4.14中包含呼吸与身体的正念冥想，专栏4.15中包含身体扫描的正念冥想。在实践这些冥想时，你可以选择一个安静的、不会被打扰的场所［马克·威廉姆斯（Mark Williams）与乔·卡巴-金（Jon Kabat-Zinn）是正念研究与实践领域的领军人物，读者可以在网上搜索两位学者的视频资料，并配合专栏4.14与4.15中的内容，跟随二位专家的导引展开正念冥想］。

专栏4.14　呼吸与身体的正念

当开始呼吸与身体的正念冥想练习时，我们会有意识地将觉知由呼吸扩展至全身。坐在椅子上，双脚平放于地面，保持脊柱中正且不要倚靠椅背，平和地闭上双眼。保持一种坚挺的、端正的、舒适的体态。

1. 将注意力领到下腹部丹田处，觉察空气进出身体时所引发的感受。让你的觉知随着腹部物理感受的变化而流动，如吸气时空气进入体内的感受，呼气前轻微停顿、保持的感受，呼气时的感受，吸气前再次轻微停顿、保持的感受。不需要刻意控制自己的呼吸。让其自然发生。
2. 当你感受到已能处理好空气进出身体时自己对腹部与鼻孔的觉知时，接下来，你可以有意识地将觉察范围由呼吸扩展至遍及全身的任何一种感受，或者觉察由坐与呼吸引发的整体身体感受。你甚至有可能发现你将获得一种气流在全身贯穿的感觉。
3. 当体验到上述那种身体作为整体所带来的更宽泛的感受，以及吸气与呼气所带来的体感之后，如果你愿意，接下来你可继续觉察更局部、更特殊的物理感觉，如身体与座椅相互作用所产生的感觉，双脚与地面接触所产生的感觉，臀部被支撑的感觉，双手放于双腿所带来的手部以及腿部的感觉。尽你所能抓住这些感觉，并将其与呼吸以及身体的整体感受一起保持，从而进入

(续)

宽阔、开放的觉察中。

4. 当然，极有可能你将发现心智反反复复游移出你对呼吸与身体的觉知。但记住，这是一种自然而然的心理趋势，而且这种反复的游移并不是某种错误或失败的信号。每当你意识到自己已从对身体感觉的觉察中飘移，并希望看清此刻所觉察到的意识活动时，这意味着你已经回到或重又唤起了当下的意识体验。就是这一刻，极有助于你平和地明晰自己意识活动的实际内容（"思索""计划""回忆"）。也正是在此刻之后，你可重新将觉知拉回呼吸中以及拉回对身体的整体感受中。

5. 尽你所能，依随于每一瞬间所平和觉察到的实际身体感觉，并且对任何随时可能生发的愉悦、不愉悦或中性情绪保有觉察。

6. 练习时间越久，你就越有可能更频繁地体验到发乎某一特定身体区域的极为强烈的感觉，如来自后背、膝盖、肩膀。面对这种强烈的感觉，特别是当借由这些感觉而产生不悦与不舒适的体验时，你可能发现自己的注意力会反复被这些感觉吸引，并且不断偏离对呼吸以及作为整体的身体之专注的觉察。在这种时刻，我们需要做的并不是变换身体姿态（尽管整个练习期间你可以随时调整），而是试着有意识地将注意力恰恰带领到这些感觉所发生的最强烈的那一区域。尽你所能，用平和、精到的洞察来探索你在这些区域所发现的感觉之细节——如在更精确的意义上，这些感觉的性质究竟为何？或这些感觉事实上究竟发于何处？再或这些感受是否会随时间或身体姿态的改变而在身体各处变换？这些探索发乎感受与体验的领域，而绝非发乎理性思考。再次强调，不论你将面对何种体验，请尽己所能地打开你的感觉，让自己察知那些发于直接当下体验本身的真实感受。以呼吸作为载体，宛如"吸气进入""呼气离开"般，由其引渡觉知进出这些感觉区域。

7. 无论何时，当你发现自己被某种强烈的身体感觉或其他干扰带跑，请将注意力重新集中于自身呼吸或是整个身体，从而与当下再次建立联系。保持平衡并端坐，即使你被某种强烈感觉包围，也请扎根于当下瞬间。留心我们从不悦的想法中创造了多少痛苦，尤其是当我们思考这种不悦将持续多久的时候。

注：Reproduced with permission of the Licensor through PLSclear from points 2–7, pp. 130–131 of Williams M., Teasdale, J., Segal, Z., & Kabat-Zinn, J. (2007). *The mindful way through depression*. New York: Guilford. Copyright © 2007 Guilford.

专栏4.15 身体扫描冥想

当练习身体扫描时，我们将有意识、有条理地操控我们注意力的聚光灯探察全身，并觉察不同身体区域的感觉体验。我们接收或全面感受那些感觉，让自己意识到正在发生什么。但这些感觉多数为我们所熟悉，所以往往对我们处于关闭状态，我们很难觉察到它们的发生。

安安静静地坐下

找一处不会使你分心或受干扰的地方，铺好垫子，平躺于其上并微闭双眼。

将你的觉知带到你的身体因与垫子接触而产生的感觉中。随着每次呼吸，逐步更深沉地压向垫子。

你要记住，身体扫描冥想的训练目的绝非放松。相反，你应尽己所能地将注意轮流凝聚于不同的身体部位。这是觉醒时刻而非入眠前奏。这是按体验实然所是的觉察时刻，而非对某种体验的应然所是的思想时刻。训练中，请不要试图扭转你体验的方式，同时也别让自己越来越放松。

呼吸

将你的觉知带到丹田处，觉察因吸气与呼气所带来的感觉。

右脚脚趾

与腹部（丹田处）的感觉建立联系，此时你可将自己的注意想象为探照灯，并将其向下照向右腿，再由右腿向下照向右脚，然后再向外照向脚趾。轮流观照每根脚趾，并将平和的、好奇的、有感情的觉察以及对性质的探寻施以我们所发现的感觉。这些感觉可能是脚趾的相互触碰，或是痒痒的，或是温暖的，抑或是麻木的。当然，你也可能在那里根本没体验到任何感觉。这也没关系。你体验到什么都无所谓。任何体验恰是那一刻之所是。

此刻，在你吸气时，想象你吸进的气流穿过肺部，经由腹部，在穿过右腿后注入右脚，然后又从右脚冲向脚趾。接下来，在呼气时，想象气流由脚趾回向右脚，上升穿过腿部后返归腹部与胸部，并最终由鼻孔呼出。如此往复几个呼吸，气流下冲脚趾，再由脚趾回还。尽己所能地操控此"气流"，愉悦地接近它。

右脚脚底

现在，当你准备呼气时，让你的注意焦点从脚趾离开，并将其聚向右脚底部。觉察足底的感觉，脚跟与垫子接触的感觉，足弓的感觉。在吸气时，想象你吸进的气流穿过肺部，经由腹部，在穿过右腿后注入右脚。接下来，在呼气时，想象气流自右脚始，升回腿部并返归腹部与胸部，最终由鼻孔呼出。如此往复几个呼吸，气流下冲足底，再由足底回还。让你足部的感觉成为你意识的实显部分，呼吸成为背景部分。

右脚其余部分

现在，让你的觉察向右脚其余部分扩展，扩展至脚背、脚踝以及足部其余部分。深深地吸一口气，且对其凝注更多意识，并将气流下行导引至整个足部。然后，当呼气时，让你的觉察离开足部，并将自己的注意带到右侧小腿，小腿腓侧、胫侧，而后是膝盖，大腿，如此轮流往复。

(续)

继续身体扫描

继续平和、开放、好奇地觉察身体每一部分的物理感觉——觉察你的左脚，脚踝，小腿，膝盖，大腿；你的骨盆区域，腹股沟，臀部；你的腰部，腹部；你的上背部，胸部，肩膀。由肩膀同时移向双手。再由双手指尖开始，先是拇指，然后到手掌，手背，手腕，小臂，手肘，大臂，最后又回到肩膀。接下来聚焦颈部；面部（下颚，口部，嘴唇，鼻周面颊，耳朵，眼睛，前额）；接下来是整个头部。每当你将离开某一区域时，先吸气并想象气流注入该区域，随呼气将注意带出这一区域。

紧绷与强烈的感觉

当你在某一身体区域觉察到紧绷或某种较为强烈的感觉刺激，试着将"气流"带到这一区域，也就是当你吸气时，恰恰觉察这一感觉，而后在呼气时让觉察随"气流"一同离开该区域。

心智游移

有时心智会从其对呼吸与身体的专注中游移。这恰是心智的本性。当其发生时，接纳它，并感受心智飘向何处。你可能会注意到并标签化那些心智游移所到之处的思想与感受。例如，你可能注意到"那是计划""那是思考""那是担忧""那是判断""那是惊讶""那是厌倦""那是悲伤"，等等。此时，你只需平和地将觉察带回到之前聚焦的身体部位即可。

全身

当你扫描完全部身体区域，再花几分钟关注作为整体的身体，与此同时觉察气流在全身的进出、流窜。

觉醒

如果你在身体扫描冥想练习时昏昏欲睡，不要责备自己。也许，以坐姿或微睁双眼来完成身体扫描更适合你。

注：Based on Segal, Z., Williams M., & Teasdale, J. (2012). *Mindfulness-based cognitive therapy for depression* (2nd ed.). New York: Guilford; Williams, M., & Penman, D. D. (2011). *Mindfulness. A practical guide to finding peace in frantic world*. London: Piatkus; and Williams M., Teasdale, J., Segal, Z., & Kabat-Zinn, J. (2007). *The mindful way through depression*. New York: Guilford.

在（上述）这些正念冥想中，我们的注意从对呼吸的专注开始，而后发展至全身，如身体扫描冥想中身体的各个区域。当心智游移发生时（这会时常发生），知晓其游移的去处，并平和地将注意带回呼吸上。每天冥想两次，训练中你的注意力会在呼吸或身体上停留一段时间。

在正念冥想练习时，会有各种消极的、积极的、中性的念头进入我们的意识。我们也可能会从对当下感觉体验的专注中分心。每当这种时刻，请平和地将注意带回当下感觉体验。通过正念冥想，我们明白，那些使我们从对当下感觉体验的专注中分心的念头，只会短暂地留驻并很快消失。我们也学会，避免卷入对这些念头的扭转、评价、制止。我们仅仅知晓它们的发生。对于当下难题的解决，以及对未来规划的制订，我们不再企图通过回望过往以求解决之道。

正念生活的一大挑战是，将那些在宁静与平和正念冥想中学到的技能，迁移到喧哗与骚动的日复一日的生活中。专栏4.16中的3分钟正念修整，可作为桥梁，连接一早一晚专门的正念练习与日间正念生活。这一极为简短的练习，可让你在面对压力、苦恼、气愤、焦虑、伤心时保有正念状态。

专栏4.16　3分钟正念修整

第一步：启动觉察

无论站或坐，首先请刻意维持一种坚挺的、端正的姿势。如果可以，请微闭双眼。接下来，请将自己的觉知带入内在体验的世界，试着问自己：此时此刻，我体验到了什么？

- 哪些念头正从心间划过？尽可能将这些念头视作心理事件，如果可以，请用词语对其固定、描述。
- 当下有哪些感受？直面任何不适的或不快的情绪感受，承认其发生。
- 当下有哪些身体感觉？如果可以，请迅速扫描全身，进而找到某一僵硬或紧绷的感觉。

第二步：聚焦

调整注意的焦点，将其聚焦到仅由呼吸本身所带来的物理感觉。

专注于呼吸时腹部的感觉，感受吸气时腹部的扩张，呼气时腹部的回落。

全然地沉浸于呼吸之中，利用呼吸将自己锚定于每一当下。

第三步：扩展

现在，请围绕呼吸扩展你的觉察范围。由此扩展，在呼吸所带来的感觉之外，还囊括身体作为整体的感觉、体态的感觉、面部表情的感觉。

如果你觉察到任何不适的、紧张的或阻滞的感觉，放松并敞开自我，想象自己在吸气时将气息带入它们，而在呼气时将气息带出它们，从而将这些感觉归零。

如果你愿意，你可以在呼气时对自己说：

"没关系，它是什么体验都无所谓，毕竟它已在那里了，让我感受它。"

尽你所能，将此扩展的觉知带到接下来的日常生活中。

注：Reproduced with permission of the Licensor through PLSclear from p. 183-184 of Williams M., Teasdale, J., Segal, Z. & Kabat-Zinn, J. (2007). *The mindful way through depression*. New York, NY: Guilford. Copyright © 2007 Guilford.

正念减压疗法与正念认知疗法

专栏4.14—专栏4.16中的三个冥想练习基于两种正念干预项目：正念减压疗法（Mindfulness-Based Stress Reduction, MBSR）[108]与正念认知疗法（Mindfulness-Based Cognitive Therapy, MBCT）[109]。为辅助疼痛患者以及帮助健康人群处理压力，美国马萨诸塞大学医学院的卡巴-金创建了正念减压疗法。正念认知疗法改编自正念减压疗法，面向长期抑郁群体。该疗法由加拿大多伦多大学的津德尔·西格尔（Zindel Segal）、英国牛津大学的马克·威廉姆斯以及英国剑桥大学的约翰·蒂斯代尔（John Teasdale）创建。

正念减压疗法与正念认知疗法皆采取团辅训练、治疗的形式。它们包括八次每周2.5—3小时的课程，每周1天的静修日，以及在课程之间，周中每天45分钟的日常作业，其中一些练习有音频指导。两种疗法的训练大纲可见专栏4.17。对于指导者，最关键之处在于让上述训练进程步入规律状态。正念冥想的实践经验积累对两种疗法至关重要。当然，两种疗法围绕正念各个方面，以及压力、疼痛、抑郁的主题，形成了有结构的课程体系。所有的课程皆配有对既往家庭练习的回顾以及对后续家庭训练的导入。两种疗法的训练方式皆可用一种好奇的、探寻的、怜悯的气质来刻画。正念减压疗法以瑜伽练习配合正念冥想。该疗法专门为那些因各类治疗过程或疾病而饱受慢性疼痛折磨的人们，以及需要处理压力的健康群体而打造。正念认知疗法以认知治疗配合正念冥想。该疗法专门为抵御那些长期抑郁患者病情的反复发作而打造。此外，对于那些期望通过正念认知疗法提升幸福感的健康人群，马克·威廉姆斯也曾发展出一种正念认知疗法的针对性训练版本。[110]

专栏4.17　正念减压疗法与正念认知疗法课程大纲

课程	正念减压疗法	正念认知疗法
1	主题：正念觉知 ·站式瑜伽，山式 ·腹式呼吸 ·葡萄干练习——正念进食 ·身体扫描	主题：觉察自动巡航状态 ·葡萄干练习——正念进食 ·身体扫描 ·正念呼吸

（续）

	作业： • 身体扫描 • 充满正念地吃一餐饭 • 培养日常生活中的正念瞬间 • 练习正念拉伸 • 仅用四条直线，连接构成正方形结构的九个点，注意自己如何达成	作业： • 身体扫描 • 每日规律的正念练习
2	主题：**你如何看待事物，它就如何影响你** • 静坐冥想 • 站式瑜伽 • 身体扫描 • 探讨扩展觉知以及九点连线 • 正念呼吸 作业： • 身体扫描 • 正念呼吸 • 在一件日常活动中实践正念 • 愉悦体验记录表	主题：**放下你的大脑，与对身体的直接觉察建立联系** • 身体扫描 • 10分钟正念呼吸 • 用 ABC 法分析诱发事件、信念、感受的结果 作业： • 身体扫描 • 10分钟正念呼吸 • 在一件日常活动中实践正念 • 愉悦体验记录表
3	主题：**体验活在当下的愉悦与力量** • 静坐冥想，正念呼吸 • 卧式瑜伽 • 静坐冥想，呼吸与身体的正念 作业： • 交替练习身体扫描与卧式瑜伽 • 静坐冥想，正念呼吸	主题：**通过专注于呼吸与身体，抓住散乱的心智** • 5分钟直观与倾听练习 • 30分钟静坐冥想，觉察呼吸与身体 • 3分钟正念修整 • 正念拉伸 作业： • 拉伸与呼吸冥想 • 40分钟正念运动 • 不悦体验记录表 • 3分钟正念修整
4	主题：**正念可替代自动的、习惯的压力应对方式**	主题：**识别厌恶** • 5分钟直观与倾听练习

	· 站式瑜伽； · 静坐冥想，正念觉察呼吸、身体、不适、疼痛、抑郁 作业： · 交替练习身体扫描与卧式瑜伽 · 静坐冥想，正念觉察呼吸、身体、物理感觉 · 对自动的、习惯的压力应对方式保有觉察，感受卡顿、阻滞、麻木 · 回顾印发的关于压力的学习材料	· 30~40分钟的静坐冥想，以及关于声音与思想的正念 · 3分钟正念修整 · 正念行走 · 自动化思维问卷与抑郁症的诊断标准 作业： · 静坐冥想 · 3分钟正念修整
5	主题：**充分认识并接纳自动的、习惯的压力应对方式，且不妄图扭转它们** · 站式瑜伽 · 正念觉察呼吸、声音、念头、情绪、走投无路的体验 · 区分自动化的压力应对与正念的回应 作业： · 交替练习静坐冥想与站式瑜伽，交替练习身体扫描与卧式瑜伽 · 填写困难社交记录表 · 对自动化压力应对方式保有觉察，并为正念的压力回应方式创造机会	主题：**接纳——让消极感受如其所是地被回应** · 30~40分钟的静坐冥想，将难题引入身体，并透过身体对其展开处理 作业： · 处理困难的冥想 · 3分钟正念修整
6	主题：**正念地投入有压力的社交环境** · 站式瑜伽 · 正念觉察呼吸、声音、念头、情绪、走投无路的体验 · 练习探索交际中的困难 作业： · 交替练习静坐冥想与站式瑜伽，交替练习身体扫描与卧式瑜伽	主题：**思想并非事实** · 30~40分钟的静坐冥想，以及关于呼吸、身体、声音、念头、感受的正念 · 3分钟正念修整 · 抑郁复发的显著特征 作业： · 每日40分钟冥想（自选项目） · 3分钟正念修整

(续)

	静修日	正念一日实践
	• 静坐冥想，正念呼吸 • 瑜伽 • 身体扫描 • 正念行走 • 慈心禅	• 正念觉察呼吸、声音、念头、情绪、走投无路的体验 • 正念拉伸 • 正念行走 • 山式冥想 • 正念拉伸 • 静坐冥想
7	主题：将正念整合入日常生活 • 站式瑜伽 • 山式、湖式或慈心禅冥想 • 正念行走 作业： • 在无音频指导情境下，练习45分钟静坐冥想，或身体扫描，或瑜伽	主题：关爱自己 • 30~40分钟静坐冥想，当遇到困难时，使用正念呼吸法 • 为情绪低落时仍可正念行动，准备3分钟正念修整练习 • 建立行动与情绪的联结 • 当情绪崩溃时，规划行动 • 平衡蓄力与消耗行为 • 将愉悦的与精通的行为列出来 作业： • 选择一种可持续规律练习的冥想 • 3分钟正念修整 • 为将来可能遇到的低落情绪，准备一个复发预防计划
8	主题：保持势头 • 身体扫描 • 瑜伽 • 静坐冥想 • 写下所学到的最重要内容 • 为后续实践制定三个短期练习目标	主题：维护与扩展所学 • 身体扫描 • 回顾所学并规划未来练习 • 冥想收尾

注：Based on Segal, Z., Williams M., & Teasdale, J. (2013). *Mindfulness-based cognitive therapy for depression* (2nd ed.). New York: Guilford; and Kabat-Zinn, J., Santorelli, S. F., Meleo-Meyer, F., & Koerbel, L. (2017). *Mindfulness-based stress reduction* (MBSR). Authorised curriculum guide. Center for Mindfulness, University of Massachusetts MedicalSchool.

正念干预的效果

数以百计的对照组试验评估了MBST、MBCT以及其他正念干预训练的效果，其参与者包括数以千计的成年人与儿童，其中既有各类身心疾病患者，也有健康群体。这些实证研究结果，已在不同阶段获得元分析与系统性综述研究的整理。对这些证据的综合，引发下列讨论。

健康成人

在一系列自我报告的测量中，与未接受干预的控制组相比，接受MBSR、MBCT、简化版正念干预以及开展正念冥想静修的健康成人练习者，皆获得显著练习效果。[111] 测量涉及正念、幸福感、自尊、人生意义、生活质量、自我慈悲、共情、亲社会行为、执行功能（包括工作记忆，抑制控制）、明辨情绪（识别与描述内在情绪体验的能力）、压力、反刍、抑郁与焦虑症状、倦怠。追踪研究显示，部分积极效应可持续3—6个月。正念冥想干预在不同方面效果大小不等。其中，对正念特质与压力影响最大，对倦怠影响最小。相较于简化版正念干预，完整版MBSR效果更好。对于健康群体，基于正念的干预项目与其他干预项目（如放松训练）有相似效果。

工作绩效

在工作场所，包括商务公司、学校、卫生保健单位，正念干预能促进健康与幸福感。[112] 与未接受干预的控制组相比，正念干预引发了一系列可被测量的积极效应，其中包括工作满意度、工作表现、幸福感、正念水平、慈悲、压力、抑郁与焦虑症状、倦怠。追踪研究显示，积极效应可维持4个月。正念冥想干预所引发的效应结果多数有着中等的效应量。相较于工作表现，正念冥想干预对工作满意度的影响要显著得多。但是，与其他形式的职业压力管理干预（如放松训练、瑜伽）相比，正念冥想并不属于更有效的干预项目。

体育

对于大量体育项目，正念干预可提高选手的表现，其中包括田径、自行车、飞镖、链球、曲棍球、跨栏、柔道、橄榄球、中长跑、长跑、射击、短跑、排球。[113] 与未接受干预的控制组相比，正念干预对运动表现、正念水平、沉浸体验以及竞赛焦虑的影响极其显著。

心理健康障碍

正念干预，特别是MBSR与MBCT，对诊治一般精神健康问题，如抑郁、焦虑、成瘾、进食障碍、精神病都有积极效果。[114]正念干预可使抑郁、焦虑、压力得到轻度到中度的缓解，并且提升生活质量。追踪研究显示，这种效果可维持6—12个月。但正念干预与其他有实证依据的干预（如认知行为治疗或药物）所产生的效果相近。

抑郁

相较于其他心理卫生障碍，正念干预治疗抑郁症的相关研究要丰富得多，此中被试群体覆盖从青少年至老年的多个生命阶段。[115]那些接受心理健康服务的受众中，抑郁症群体，特别是长期抑郁患者，最有可能从以正念为基础的干预训练中受益。对于这一点无须惊讶，因为MBCT是专门为预防那些已从反复发作的抑郁中恢复的人们再次复发而打造的。

在包括9个研究、1000名被试的基于个体数据的元分析中，英国牛津大学的威廉·凯肯（Willem Kuyken）及同事发现，相比于接受常规治疗的患者，完成MBCT并且抑郁症状得到缓解的患者，在随后的60周内，抑郁复发风险显著降低，这一结果与接受其他有实证依据的疗法相似。[116]那些有显著后遗症的患者从MBCT中收益最大，也许这是因为从MBCT中学到的技巧可帮助他们应对这些症状。

焦虑障碍

基于正念的干预可降低焦虑障碍患者的忧虑，但在缓解诸如社交焦虑中的回避行为方面，其效果不如认知行为治疗。在社交焦虑中，人们由于害怕他人做出消极评价而减少社交与人际互动。[117]

创伤后应激障碍与创伤后成长

与其他疗法相比，基于正念的干预可改善战后退伍军人的创伤后应激障碍，并且促进抗癌患者的创伤后成长，尤其是提升了他们对亲密关系的珍视与对生命的珍重。[118]

成瘾

与常规治疗或不加任何干预相比，基于正念的干预对酒精依赖、吸毒、赌博成瘾的各康复指标,有大小不等的积极效果。[119]对于物质滥用,正念干预降低其频率、严重度、渴望的强度和压力程度。对于赌博,正念干预能降低其赌博冲动、减少赌博行为并改善与赌博相关的经济困境。

精神病

与常规治疗相比,基于正念的干预配合抑制精神疾病的药物治疗,对入院治疗需求的产生以及治疗结束后的离院有很大的影响。[120]但是,对于精神疾病的症状,基于正念的干预项目仅有很小的、甚至微不足道的影响。

躯体疾病

与常规治疗或未治疗的控制组相比,基于正念的干预(如MBSR)对减轻疼痛以及缓解慢性疼痛患者(包括肌肉疼痛)的抑郁症状,有较小的正向作用。[121]基于正念的干预也可提升面对一系列身体疾病的心理调适能力。[122]其中包括癌症、血管疾病、艾滋病、多发性硬化症、糖尿病、炎症、肠道疾病、创伤性脑损伤。对于这些疾病,基于正念的干预可降低因症状引起的抑郁、焦虑、压力、疲惫,并且提升生命质量与幸福感。

儿童与青少年

基于正念的干预已经发展出专门的儿童与青少年版本。其中多数基于成人版MBSR项目。大多数研究考察这些项目对儿童幸福感的影响,这些项目多在学校面向健康儿童开展。关于这些研究的元分析显示,相较于未被干预的控制组,参与正念项目的年轻群体,在正念水平、抑郁与焦虑症状、行为问题、注意和执行功能(执行功能代表着成功地计划、有目标的行动、减少分心的必要能力)方面表现出较小的改善。[123]相较于接受其他干预措施的群体,参与正念干预训练的年轻群体在正念水平、抑郁与焦虑症状方面有极其显著的改善。对于那些被诊断出精神疾病的年轻群体,有证据表明基于正念的干预训练对焦虑障碍以及注意缺陷多动障碍有中等的改善效果。[124]

自助正念项目

自助的正念项目已得到开发,且已有研究对其展开评估,考察可否以更低的成本实现类似MBSR与MBCT这类集中辅导型干预项目的收益。自助项目可使用练习指导手册、正念冥想导引音频、计算机程序和智能手机应用。在某些情况下，自助项目偶尔也会得到专业正念指导师的辅助。对自助项目的元分析显示，这些项目对有或无正念、焦虑与抑郁症状以及压力等临床问题的群体，都具有小到中等的效应[125]，对正念水平与压力的影响最大。练习自助正念项目越多，效果越显著。

正念如何发挥作用：存在模式与行动模式

虽然当前已很少有研究怀疑正念的有效性，但时下的研究仍致力于理解正念提升幸福感的精确机制。以MBCT降低抑郁复发风险为例，让我们一起思考其作用机制。MBCT是为降低处于暂时缓解状态的长期复发性抑郁人群的再次复发风险而专门打造的。一种名为直觉唤起假设（intuitively appealing hypothesis）的理论引领着对MBCT作用机制的研究。约翰·蒂斯代尔假设，易受未来情景中的抑郁伤害的人们，在处理与本人相关的信息时存在问题，而这一问题关乎幸福。[126]此类人群在面对低落情绪时，不能将概念的或"行动的"模式，切换到体验的或"存在的"模式。在存在模式（being mode）中，我们专注于对自身即时感觉体验的觉察，并如其所是地接纳它们，比如我们感受微风拂过发梢，倾听波涛拍打海岸。在行动模式（doing mode）中，我们首要关心的是缩小事态实际所是与我们期望它们应该所是之间的裂隙。我们回顾过往的难题以求解决之道，且以优劣对其评判，并进而计划未来的行动。

行动模式善于处理身外物质世界的各类问题，从煎鸡蛋到将人类送上月球皆属此类。但是，当我们试图回应内部精神世界的各类问题时（例如悲伤的情绪），行动模式却并不适切。当我们尝试以行动模式应对诸如微微的悲伤感这类问题时，我们可能会反刍我们为什么会感到悲伤、回忆过往悲伤情景、展望未来在劫难逃。兜圈子与在劫难逃的体验会让我们感到更糟糕。这种时刻，我们需要从行动模式"换挡"到存在模式。下述是行动模式与存在模式的主要特点。[127]

有意识抉择——自动巡航

如果我们绝大多数时候都以行动模式生活，那么我们最终将在自动巡航状态下度过自己生命的大部分时光。我们集中于目标，持续尝试弥合我们当下所是（当前状态）与我们期望所到（期望状态）之间的裂隙。我们所做的事并非源自有意识的选择，而做事的时候却又并不无自觉。如此行事存在风险，即如果被奴役于行动模式，我们可能将错过自己的生活。在存在模式中，我们对自己所做的事有充分的觉知，也因此行动不再出于自动化的习惯，而是基于自己所做的选择。这样做可预防我们花费过多精力为大目标挣扎。对于这种大目标，暂时放手也许是明智之举。暂时放手将使我们感到解放与自由。我们可能会惊奇地发现自己所见到的一切都如初见一般。

透过即时感觉关怀体验——抽象思维

在行动模式中，我们专注于关乎世界的某一理念，而非观注世间某一存在所引发的直接感觉。在行动模式中，我们对目标展开思考。我们通过分析当前状态，追溯过往的相似经历，以及规划未来的策略来思考如何达成目标。如此我们也就被迫"内在地生活于自己的大脑中"，而非直接体验世界本身。在存在模式中，我们留心于即刻的感觉体验，而非理念。我们"觉醒着"。我们如初见般去看，去听，去摸，去闻，去品尝。这种生活于感性世界的体验，而非生活于理念世界的体验，对我们幸福感的产生有立竿见影的效果。

接纳——奋力改变

处于行动模式时，我们时刻在做判断。我们将实然的世界与我们所期望的世界比较。注意焦点凝缩于两种状态间的裂隙。并且持续完美主义式地奋力地缩小这一裂隙。相比之下，存在模式暂时中止判断。并在每一当下，接纳正当时的世界。这种全然悦纳的正念状态为我们带来的是观察与体验，而非对当下状态的判断。其助力我们暂停如膝跳反射般（对抗、逃离、僵化，fight-flight-freeze）的情绪反应。存在模式预防或者减缓了消极自我评价与消极情绪的恶性循环。这反过来又为我们创造空间，进而可以选择处理悲伤感受与状态的最佳方式。

作为心理事件的思想——作为事实的思想

在行动模式下，思想被视作事实或对客观实在的准确反应。这种模式常被用于解决一系列问题。例如，购买生活用品前，你会列好清单、带好信用卡并赶往超市。你不会质疑清单上项目的真实性、信用卡的额度或超市的位置。你在头脑中操纵它们，就好像这些观念都是事实。但是，如果你面对的是压力，那将思想视作事实将会使你感到更大的压力。当你倍感压力时，如果你对自己说"我不能应付"，那么你的情绪会变得更糟。接下来，你可能会做出更严苛的自我中伤式判断，例如"我'弱爆'了。我太差了。没人会像我这样。我将单身一辈子"。如果你假设这些念头都是事实，而不将其视为时刻变动的心理事件，那么这些念头将迫使你的情绪进一步低落。在存在模式下，我们用心地观察这些念头，静看一念起又一念落。我们将其视为心理事件而非事实。这些念头并不是客观实在。它们所反映的，并不是我们整个的人格。它们仅仅是相对的，或者可以说是"一次性"的，从单一视角展露了自我或世界，其仅表现着时刻变化的生命之流的那一刻而已。

以好奇之心接纳不悦——回避

在行动模式中，我们通过贯彻目标并且主动地避免与目标相悖来解决问题。其有助于我们解决身外物质世界的各类问题。例如，我们想从都柏林去莫斯科旅游，我们锁定东方并出发，而避免向西趋近纽约，抑或向南趋近马德里。但如果我们用行动模式处理类似压力与情绪低落这类内部精神世界的问题，可能事与愿违，即让我们更加沮丧。行动模式下，我们将主动回避消极情绪。例如，我们可能会对自己说，振作起来，别再闷闷不乐了。很不幸，讽刺的是，镇压消极情绪将不可避免地引发反噬效应（回忆前文"白熊现象"的例子[128]）。其结果是，尽管我们努力地自我鼓励，但我们只能体验更多的消极情绪。如此则可能引发消极的自我评价，如"我就不该这样。我'弱爆'了。我的努力毫无希望"。这些自我中伤式的评价反过来又进一步使我们体验到更多消极情绪。相反，在存在模式中，我们直面并趋近痛苦。我们对其葆有好奇。我们充分地且不加评判地接纳它们。如此可缓缓地将其弱化，并且让我们感到事情能够转好，即让我们感到希望。

活在当下——心理时间之旅

在行动模式中，我们会调动自己过往如何处理问题的记忆，以及运用计划与预测能力，来预见某事未来将如何展开。这样做可帮助我们处理一系列源自身外物质世界的生活问题，如车抛锚时我们应该怎么做。我们知道，此时有效的办法是请求道路救援。他们将在1小时内前来援助，因为上次就是如此。但面对诸如压力与消极情绪这类内在精神世界的问题时，行动模式就不这么有效了。这是因为我们对过往的记忆以及对未来的预测将被情绪带偏。如果我们感到压力，回忆过去，我们只能想起失败而很难想起成功；展望未来，我们也往往难逃悲观主义，我们预见到的全是灾难。在行动模式下处理内在精神世界的问题还有另一弊端。正因为我们将各种念头视为恒常的事实，而非流变的精神事件，我们就又在以往的失败中过活了一次，并且又体验了伴随此事的那些痛苦。也因此，我们同样会提前生活在被预见的灾难以及由此灾难导致的悲痛中。这就是行动模式判给我们须去执行的心理时间之旅！正念冥想训练我们生活在当下，在存在模式中，我们不卷入心理时间之旅。我们将回忆与预见视为被心灵建构的精神事件，而非永恒的客观事实。这意味着，我们不会体验到那些源自"重生活于"过往失败与"预生活于"所料灾难的额外痛苦。

自我慈悲和成长类活动——自我批评和消耗类活动

在竭尽全力达成重要的职业规划与人生目标时（例如为在工作中取得成功，或者要求自己在抚幼、养老方面务必展现出超群的能力），我们有可能逐步被诱困于行动模式中。这些目标的确重要，但同时它们也往往不易达成。正因此，为将其实现，我们可能需要耗费很多精力，而一旦我们产生不如此行事的打算，又会责备自己。在这种状态下，我们很难再有时间去做那些可真正滋养我们的成长类活动，例如消遣娱乐、沉浸于自己的兴趣爱好或与朋友共度一段美好时光。最终，这会弄得我们筋疲力尽、倦怠，以及因感到未尽自己的义务而引发进一步的自我批评。正念与存在模式有助于使我们的日常生活恢复平衡。它们能够帮助我们分清滋养我们的成长类活动与耗竭我们的消耗类活动。它们也能够帮助我们认清何时我们需要自我滋养，即展现出自我慈悲。它们也会在我们自我滋养时，为我们带来勇气。

概言之，存在模式与行动模式在以下七个维度上具有差异：

- 有意识选择——自动巡航
- 透过即时感觉关怀体验——抽象思维
- 接纳——奋力改变
- 作为心理事件的思想——作为事实的思想
- 以好奇之心接纳不悦——回避
- 活在当下——心理时间之旅
- 自我慈悲和成长类活动——自我批评和消耗类活动

规律的正念冥想可让我们免于彻底淹没在行动模式中，并让我们更频繁地进入存在模式。因此，MBCT提高了那些易受抑郁困扰的群体对困境与不悦情绪的接纳与忍耐。

关于曾有抑郁既往病史人群的MBCT随机对照试验的元分析显示，MBCT降低了他们关于过往的反刍与关于未来的担忧,也降低了认知性或情绪性的回应方式。同时,MBCT 提升了正念水平、注意能力、心理灵活性以及自我慈悲。[129] 这些发现部分支持了可由下述理论引发的某些预测,即当易受抑郁困扰的人群学会切入存在模式而非滞留于行动模式处理低落情绪时,他们会从中获益。但是,这并不是说行动模式尽是坏处,而存在模式尽是好处。对于每个人一生中的各种奔波劳碌,行动模式是其题中之义。但是,对于源自人类内在精神世界的诸多问题,行动模式则并不适切。当践行正念之道时,我们并非完全放弃行动模式。我们从不放弃解决问题与发现对策。只是,我们制止那种下意识的行为冲动,并且放弃那种不问体验殊异,而均以单一刻板模式回应的行为方式。我们从容且兼具创造性地绵延于世间,保持觉察,不评判自己,虽然忍受着一些痛苦,却也相信,假以时日,一切都会好起来。

关于正念的神经生理学

正念可带来诸多积极心理效应,这得益于其对大脑功能及结构的影响。[130] 图 4.4 展示了正念冥想可影响的大脑区域。功能性脑成像研究显示,正念冥想所影响的脑区功能包括注意控制(前扣带皮质与纹状体)、情绪调节(多个前额叶区域和边缘系统区域,特别是杏仁核与纹状体)、自我觉察与共情(脑岛、腹内侧前额叶皮质、后扣带皮

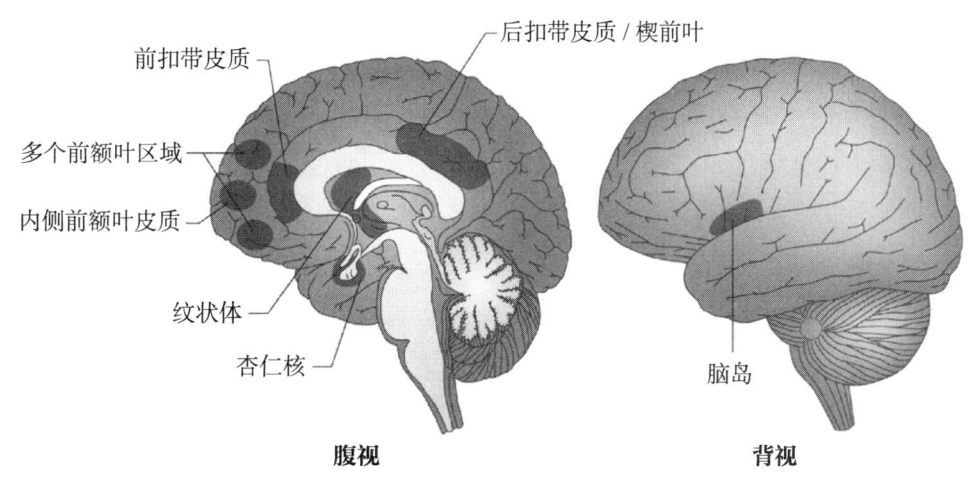

图 4.4 正念冥想涉及的脑区

注:Reproduced with permission of Springer Nature from Figure 1, p. 217, in Tang, Y., Hölzel, B., & Posner, M. (2015). The neuroscience of mindfulness meditation. *Nature reviews. Neuroscience, 16*, 213–225. Copyright © 2015, Springer Nature. Permission conveyed through Copyright Clearance Center, Inc.

质、楔前叶）。结构性脑成像研究显示，长期冥想会塑造大脑形状。最重要的一项研究是，正念引起大脑皮质的增厚。[131]长时间冥想练习后，大脑结构在多个位置发生改变，结合脑功能研究，这种改变涉及正念冥想中被激活的多个脑区。[132]

关于正念的生理心理学

正念在心理-生理的意义上降低压力反应，也许是降低自我报告的压力的作用机制。有研究者曾展开元分析研究，囊括了45项正念冥想练习与诸如放松训练等替代练习，研究中作者在生理心理学指标或压力方面比较了二者的效果。他们发现，正念冥想练习能降低静息心率、动态收缩压以及压力测试后的收缩压。[133]

人格特质、个人特质与正念

有些人格特质与正念特质水平相关。在涵盖46项研究的元分析中，研究者发现，使用FFMQ与MAAS测量所得的正念水平与大五人格特质中的三个特质相关：情绪稳定性（低神经质）、尽责性、宜人性。[134]因此，一个具备正念人格特质的人，是情绪稳定、尽责与讨人喜欢的。也许人格特质与正念素质之间存在协同关系。

关于相关性研究的元分析显示，正念特质水平与一系列积极个人特质，以及低水平的问题隐患特质数量有关。[135]高水平正念特质人群，具备高水平的自信、情绪调节、创造性、人生意义、亲社会行为、生活满意度、精神健康、称心的人际关系、安全的成人依恋、工作满意度以及工作表现。相比之下，他们还具备更低水平的抑郁、焦虑、压力、倦怠、冲动性、进食障碍与物质滥用。同时，值得关注的是，与上述诸多因素相关的正念特质，作为一种属性是能够被正念冥想训练影响的，即被上文提及的那些有效的正念干预项目改变。

争议

心流领域的一个争论或许可用下述问题概括，也就是"品味、心流以及正念是对任何人都百利而无一害的吗？"此处我们可思考一种可能性，即对人生各种甜头的过度品味是否有可能引发肥胖、成瘾以及与自私相关的人际问题。威洛比·布里顿（Willoughby Britton）在一篇关于正念负性效应的综述中发现，对于有些人，特别是处于青春期的男孩以及危重期的癌症患者，正念存在负性效应，其中包括忧虑与分裂。[136] 诚然，心流体验在短期内具备内在积极效应，但在有些情境中，心流体验的发生可能会损害个体长期利益或不利于其家庭与社交网络，甚至不利于社会。例如，驾驶偷来的汽车、致力于战争以及跳伞等极有可能创造心流的活动，显然这些活动会为自己与他人带来显著的健康风险。再举一个不如此极端的例子，不计得失又全神贯注地扑在具备一些心流感的工作、运动或以计算机为基础的活动中时，可能会导致我们筋疲力尽，以及忽视家庭与朋友这些重要关系。对品味、心流、正念提升总体幸福感的条件的研究，与对三者所引发的不易预期的有害副作用的条件的研究都是必要的。

总结

品味、心流和正念冥想虽各有别，但仍是相互关联的心理过程。在此三者中，皆有注意须刻意聚焦的某一特殊体验域：品味中的愉悦感受，正念冥想中的呼吸与其他感觉刺激，或心流中的技巧性活动。对于这三种心理过程，上述这种注意力的集中，在训练中以及训练后提升着幸福感。

布赖恩特与维罗夫曾提出过关于品味的理论，并发展出一套可从多方面对品味展开测量的问卷。他们识别出品味的四个基本过程：感激中升起的感恩、适意中萌生的自豪、惊叹中生发的敬畏、沉醉中流淌的愉悦。二位学者发展出可测量品味能力的品味信念量表，该量表所测量的品味能力，涉及在每一当下中展开的品味，在对过往的追忆中展开的品味，以及在对未来的展望中展开的品味。此外，他们还发展出可测量十种品味策略的品味方式检查清单，例如与他人分享积极的体验或建构积极的回忆。为同时评估品味与抑制的策略，其他学者还编制过基于小插图的测量工具，其所测策略如压抑与分心。对积极事件的认知评估影响品味策略的使用。例如，专注与感知增进策略用于品味那些被评估为长时程的事件。而那些被评估为极其称心如意的事件，则由知足策略品味。预期性地品味即将到来的体验，可增强实际体验时的享受度。西方文化背景中的女性、高水平的社会支持、成功管理日常生活压力的既往经历、不具备大量的积极心理资源以及具备耐心，这些方面与更强的品味相关。更强的品味能力与高水平的自尊、智慧、正念、外向性、乐观、安全的成人依恋、和谐式激情相关，亦与低水平的神经质、内疚、绝望、消极分裂型人格、不安全的成人依恋、强迫式激情相关。有初步证据表明，包括纹状体与前额皮质在内的奖赏相关神经回路的激活可促进品味。品味积极体验提升弱势群体的幸福感、关系满意度以及精神健康。品味提升工作投入与工作绩效。对品味所引发积极后果的研究支持拓展建构理论。品味干预对于积极情绪存在一个虽小却显著的效果，且干预时间越长效果越好。关系品味有可能促成恋人间、父母或照看者与儿童间更亲密的关系。在关系品味中，我们生动地回忆自己曾敏感地回应他人基本生存需要，抑或安全需要，抑或亲密关系需要的那些瞬间，或者反过来，回忆他人对我们这些需要的回应时刻。于是，品味存于这些记忆间的感觉、情绪以及认知。

彻底着迷于某一活动的状态就是心流。可引发心流的活动包括：运动与竞技体育；技巧性的工作；技巧性的娱乐活动；教学与学术活动；阅读或创作小说；欣赏或创作音乐、艺术；各种娱乐性的、教育性的、职业性的基于计算机的活动。当我们投入那些自己可掌控却仍具挑战的任务时，心流体验才会发生。这些任务应具备我们通过各种各样技巧才能实现的某一明确目标，并且在目标达成之时需要即时反馈。处于心流体验状态时，我们全身心地集中于手头的任务，且并不费力地融于其中，并有一种强烈的控制感。心流引发短暂的自我意识丧失，但在完成任务后，反而有可能体验到强烈的自我存在感。时间感知在心流体验中被更改，因此时间似乎飞速流逝，抑或缓慢绵延。引发心流的那些活动具有内在的价值抑或固有的目标，而这些价值与目标又可反被心流体验增强。自得其乐人格的人更易体验到心流。这种自得其乐人格类型的特点包括有好奇心、有毅力、更少自我中心、具备内在动机、享受挑战、可将威胁转换为挑战、将无聊与乏味转换为刺激的体验、具备高水平的注意集中与注意控制能力。在生命早期，心流的形成有赖于发现挑战与建构技能的配套。如果受疾病、伤痛、衰老等不利客观因素影响，导致技能丧失或机能衰退，则接下来对于受此影响的某一领域，为调整挑战与技能的不平衡，可从两个主要方向着手，一是寻求某种策略以维持在此领域的心流体验，二是彻底更换领域另求发展。心流可由半结构化访谈、经验取样法以及心理测量量表评估。基因与环境因素均影响心流倾向的发展。心流倾向与灰质体积的增加以及背侧纹状体中多巴胺受体可用性有关，并且与下述人格特点相关：外向性，情绪稳定性，尽责性，正念，心理韧性。注意与奖励相关的神经网络皆被视为心流的神经生理基础。作为状态的心流与作为特质的心流均提升主观幸福感，生活满意度，积极情绪。心流或许还是那些易患精神健康问题群体的保护因素。心流理论也可被发展为干预疗法，用于为那些身心疾病患者创造条件，帮助他们提升生活中心流体验的强度与频率。运动中的心流源自三者的交互作用，即：内在因素，诸如积极思想与积极情绪；外在因素，诸如最优的环境性与情境性条件；行为因素，诸如准备活动。在运动中，心流状态应区别于努力争取状态。努力争取状态发生在受迫于极大的压力，并须加倍努力以达成某一稳固不变的目标之时。心流状态的发生则受不确定性影响，且须不断探索以实现某一开放目标。在工作环境中，心流发生于以下情况：劳动者对其工作有掌控感、该工作要求劳动者调动所擅长技能以完成有挑战性的任务、劳动者对于清晰目标的实践可得到反馈、劳动者能够体验到源自组织的支持。工作时心流的发生可同时提升工作满意度与工作表现。在学校中，可发展出一套促成心流与学业目标的教学方法。这种教学方法通过双过程促进学生有意义地投入学业，过程一为让学习变得具备享受性，过程二为让学习变得具备挑战性，正是这双过程保证了所挑战任务的难度与学生的能力水平相匹配。在以计算机为媒介的环境中，计算机相关知识、技能与所受挑战的匹配，以及该环境的生动性、速度、交互性、重要性、吸引力，促成心流的发生。在个人任务与团体任务中心流体验均有可能发生。交互性同步与彼此回应是团体心流的核心体验，其可发生于体育活动，工作团队或乐团中。对于那些来自目标清晰性、精力集中度、选择权、遵守承诺、挑战性达到最优水平家庭的孩子，心流体验会更频繁发生。

正念意味着刻意凝聚注意力于每一当下，且对其不加评判，也即以好奇的、开放的、接纳的态度观照每一当即感知体验。对于作为状态的正念或对于作为特质的正念水平的测量，目前已发展出十余种心理测量工具可供使用。在这些工具中，五因素正念量表（FFMQ）是被应用最为广泛的量表之一。五个因素分别是观察、描述、有觉知地行动、对内在经验不评判、对内在经验不反应。正念冥想是一种心智训练方法，可使训练者更有效地处理心智游移，与随此游移引发的反刍，以及更有效纠正那些期盼以抑制方式应对消极情绪与消极思考的妄念。镇压某一念头是无效的，因为颇讽刺地是，这种镇压将导致反噬效应，就好像前面提及的白熊现象。心智游移与一种被称为大脑默认模式的特殊大脑活动状态有关，而大脑默认模式在冥想状态下有所减少。正念减压疗法（MBSR）与正念认知疗法（MBCT）是以正念为基础的，具备大量证据支撑的干预项目。二者皆以体验式学习的团辅课程呈现。"呼吸与身体的正念""身体扫描""3分钟正念修整"可作为在这些课程中所学的诸多正念冥想练习的范例。MBSR与MBCT包含每周一次，共计八次的课程，其间包含1个休息日以及规律的课后家庭冥想践习。这些课程在指导者的引领下逐步转为规律的个人正念练习。MBSR将瑜伽结合入正念冥想，该疗法专门为帮助慢性疼痛患者与深感压力的健康群体而打造。MBCT将认知疗法结合入正念冥想，该疗法专门为预防长期反复受困于抑郁症群体的再次复发而打造。包含数以百计研究结果的元分析显示，正念减压疗法、正念认知疗法以及包含自助项目在内的其他正念干预项目，对各年龄阶段的健康人群以及存在各类身心问题的人群，皆可有效提升其幸福感。依循一系列心理学的、神经生理学的以及心理生理学的作用机制，正念冥想可以提升幸福感，且预防压力与消极情绪状态。有一种理论认为，正念认知疗法是通过授予人们从行动模式向存在模式切换这一技术，帮助他们走出低落情绪。存在模式的特点是：有意识的选择（而不是自动巡航）；透过即时感觉关怀体验（而不是抽象思维）；接纳不悦（而不是奋力改变）；将思想视为心理事件（而不是将其视为事实）；以好奇之心接纳不悦（而不是回避）；活在当下（而不是活在过去与未来）；通过平衡自我成长类活动与自我耗竭活动而表现出自我慈悲（而不是因未能更多实施自我耗竭活动而自我批评）。实证结果支持这一理论，MBCT降低对过往的反刍、对未来的担忧、认知与情绪回应，并且提升正念、注意、心理灵活性、自我慈悲。正念可带来诸多积极心理效应，得益于其对大脑功能及结构的影响。功能性脑成像研究显示，正念冥想可影响的脑区功能包括注意控制，情绪调节，自我觉察与共情。结构性脑成像研究显示，长期冥想引发大脑皮质增厚，并且改变正念冥想中可被激活脑区的范围。正念冥想可同时降低心率与血压，而这种降低可能正是正念冥想减少压力感知的路径之一。作为特质的正念与下述人格特质相关：情绪稳定性（低神经质）、尽责性、宜人性。作为特质的正念也与一系列积极个人特质以及低水平的问题隐患特质数量有关。

关键术语

自得其乐人格（Autotelic personality）：一种让人更易体验到心流的人格。这种自得其乐人格类型的特点包括有好奇心、有毅力、更少自我中心、具备内在动机、享受挑战、可将威胁转换为挑战、将无聊与乏味转换为刺激的体验、具备高水平的注意集中与注意控制能力。

存在模式与行动模式（Being and doing modes）：相比于行动模式，存在模式的特点是：有意识的选择（而不是自动巡航）；透过即时感觉关怀体验（而不是抽象思维）；接纳不悦（而不是奋力改变）；将思想视为心理事件（而不是将其视为事实）；以好奇之心接纳不悦（而不是回避）；活在当下（而不是活在过去与未来）；通过平衡自我成长类活动与自我耗竭活动而表现出自我慈悲（而不是因未能更多实施自我耗竭活动而自我批评）。

努力争取（Clutch）：一种愉悦的着迷状态，虽与心流相似，但又必须严格区分。努力争取状态发生在受迫于极大压力并须加倍努力以达成某一稳固不变目标之时。努力争取状态的特点是，彻底地、刻意地专注于任务，加强对压力情境及由此情境引发要求的觉察，并奋勇拼搏。

抑制（Dampening）：以减少（而非增强）积极情绪的方式，回应积极情境。

心流（Flow）：奇克森特米哈伊用于描述完全着迷于某活动的状态的术语。心流的九个维度是挑战－技能平衡、明确的目标、即时反馈、注意力集中、专注、有控制感、自我意识丧失、时间知觉扭曲、自得其乐的体验。

内在动机（Intrinsic motivation）：为了某一活动本身而投入行动，而不是为了追求某种外部奖励或避免某种惩罚。

心理韧性（Mental toughness）：有决心且尽心尽力实现某一极其有价值的目标的能力，有信心且有效率地处理挑战的能力，面对压力可保持专注与掌控力的能力，从挫折中振作起来的能力。

正念（Mindfulness）：正念意味着刻意凝聚注意力于每一当下，且对其不加评判，也即以好奇的、开放的、接纳的态度观照每一当即感知体验。

正念认知疗法（Mindfulness-Based Cognitive Therapy, MBCT）：MBCT将认知疗法结合入正念冥想，该疗法专门为预防长期反复受困于抑郁症群体的再次复发而打造。

正念减压疗法（Mindfulness-Based Stress Reduction, MBSR）：MBSR将瑜伽融入正念冥想，该疗法专门为帮助慢性疼痛患者与深感压力的健康群体而打造。

关系品味（Relational savouring）：在关系品味中，我们生动地回忆自己曾敏感地回应他人基本生存需要，抑或安全需要，抑或亲密关系需要的那些瞬间，或者反过来，回忆他人对我们这些需要的回应时刻。于是，品味存于这些记忆间的感觉、情绪以及认知。

品味（Savouring）：一种关注、欣赏、提升、延长积极体验以及伴随此体验的积极情绪的心理过程。

网真技术（Telepresence）：在计算机虚拟世界中我们所能感知当下的范围。

个人发展问题

1. 在日常生活中，你在哪种类型的经历或活动中，能经常体验到品味、心流、正念？
2. 对于你亲身体验到的品味、心流、正念，你注意到三者的主要区别是什么？
3. 什么是你在日常生活中体验品味、心流、正念的主要障碍？
4. 你准备如何克服这些障碍？

思考题

1. 比较品味、心流、正念，并找出三者的差异。
2. 对于品味、心流、正念，你认为哪项研究可被视为最重要的研究发现？
3. 你认为品味、心流、正念三者间最重要的联结是什么？

研究问题

针对本章所学术语，梳理过去几年所发表的相关心理学文献。这些术语如品味、心流、正念，并且可配合例如幸福感、满意度、人际关系、学业成就、运动、竞技体育、工作、健康等术语一同梳理。选择一个你感兴趣且能够被重复并扩展的研究。尝试着自己做一次重复研究。

拓展阅读

自助书籍

Carr, A. (2020). *Positive psychology and you. A self-development guide.* London: Routledge. Chapter 8 on gratitude, Chapter 6 on mindfulness, and Chapter 7 on savouring and flow.

心流

Csíkszentmihályi, M. (1997). *Finding flow: The psychology of engagement with everyday life*. New York: Basic Books.

正念

Williams, M., & Penman, D. D. (2011). *Mindfulness. A practical guide to finding peace in frantic world*. London: Piatkus.

Teasdale, J., Williams, J. M. G., & Segal, Z. (2014). *The mindful way workbook: An 8-week program to free yourself from depression and emotional distress*. New York: Guilford.

参考著作

Bryant, F. B., &Veroff, J. (2007). *Savouring: A new model of positive experience*. Mahwah, NJ: Lawrence Erlbaum.

Brown, K. W., Creswell, J. D., & Ryan, R. M. (2016). *Handbook of mindfulness: Theory, research, and practice*. New York: Guilford.

Harmat, H., Andersen, F. O., Ullen, F., & Wright, J. (Eds.) (2016). *Flow experience. Empirical research and applications*. Cham, Switzerland: Springer.

第五章

情绪智力

> **学习目标**
> - 了解情绪智力在积极心理学中是如何被定义或概念化的
> - 了解情绪智力的主要理论
> - 了解如何测量评估能力情绪智力和特质情绪智力
> - 能够将情绪智力的主要研究发现与一般智力、人格、工作表现、幸福感和健康等概念联系在一起
> - 了解关于情绪智力培训的影响的研究
> - 能够参与旨在提升情绪智力的训练

1995年，美国方言协会将情绪智力评选为最有用的新名词。[1]而这一概念的兴起源于丹尼尔·戈尔曼（Daniel Goleman，心理学家兼科学记者）的畅销书《情商——为什么情商比智商更重要？》（*Emotional Intelligence：Why It Can Matter More Than IQ*）。[2]他在这本书中推广了由美国新罕布什尔大学的杰克·迈耶（Jack Mayer）和美国耶鲁大学的彼得·萨洛维（Peter Salovey）在1990年首次发表的关于情绪智力的研究成果，以及美国哈佛大学的霍华德·加德纳（Howard Gardner）于1983年首次发表的关于内省智力和人际智力的研究成果。[3]迈耶和萨洛维提出的研究结果表明，处理有关情绪的信息所需的能力不同于传统智力测试中处理语言、数学或视觉空间问题信息所需的能力。加德纳认为，除了传统的智力测试之外，还有许多其他的智力。其中包括理解和调节自己情绪的能力（内省智力），还包括理解和管理人际关系的能力（人际智力）。但是，这并不是一个新的主张。早在1920年，爱德华·桑代克（Edward Thorndike）就已经将社会智力的概念引入了美国学术心理学。[4]

戈尔曼的书中提出的论点是：无论是工作的成功，还是实现有价值的人生目标，

都很大程度上归功于情绪智力，即在重要的人际关系中识别和管理自己与他人情绪的能力，而非智商。此外，尽管人们普遍认为是遗传因素对智商有限制，但戈尔曼的书中表明情绪智力主要是由环境决定的，并且可以通过训练来提高。美国公众对这一观点的接受度很高，因为当时理查德·赫恩斯坦（Richard Herrnstein）和查尔斯·默里（Charles Murray）所撰写的《钟形曲线》（*The Bell Curve*）一书中主张智商主要是由基因决定的，而高智商是决定职业成功和加入更高社会阶层的一个关键因素。[5]目前的证据表明，智商和情绪智力都是可以部分遗传的，并且在遗传天赋所施加的限制下，二者都可以通过干预项目得到改善。[6]

情绪智力：是能力还是人格特质？

在当今的研究中，情绪智力的概念化有两种不同的方式。[7]它被视为处理情绪信息的一系列能力。这一观点得到了迈耶-萨洛维-卡鲁索情绪智力测试（Mayer-Salovey-Caruso Emotional Intelligence Test, MSCEIT）的作者杰克·迈耶、彼得·萨洛维和戴维·卡鲁索（David Caruso）的拥护。[8]另一种观点认为，情绪智力是一种或一系列人格特质，这在某种程度上兼有情绪信息处理能力的观点。许多学者都采用了这种方法，特别是鲁文·巴昂（Reuven Bar-On）。巴昂是情商量表（Emotional Quotient Inventory, EQ-I）的作者，该量表已修订到第二版（EQ-I 2.0）。[9]

图5.1展示了迈耶-萨洛维-卡鲁索情绪智力的能力模型。后文将详细讨论这个模型。可以注意到的是，情绪智力在这个模型中被视为处理和使用情绪信息的认知能力。它包括：（1）感知；（2）运用；（3）理解；（4）管理自己和他人情绪的能力。图5.2包含样题，其风格与MSCEIT中的样题相同，用于评估情绪智力。这些样题有正确和错误的答案，就像智商测试中的题目一样。

图5.3介绍了情绪智力的特征模型，该模型为EQ-I 2.0的发展提供了信息。在本章的后面部分，将详细讨论此模型。值得注意的是，这个模型中情绪智力特质被看作十五种不同的个人特征的自我感知的集合。这些特征被列在模型的内部。他们在模型的外部被归纳为以下五个领域：（1）自我感知；（2）自我表达；（3）人际；（4）决策；（5）压力管理。图5.3的下半部分包含了EQ-I 2.0的样题，用于评估情绪智力特质。这些题目没有正确或错误的答案。参与者表明他们同意或者不同意的程度，就像人格调

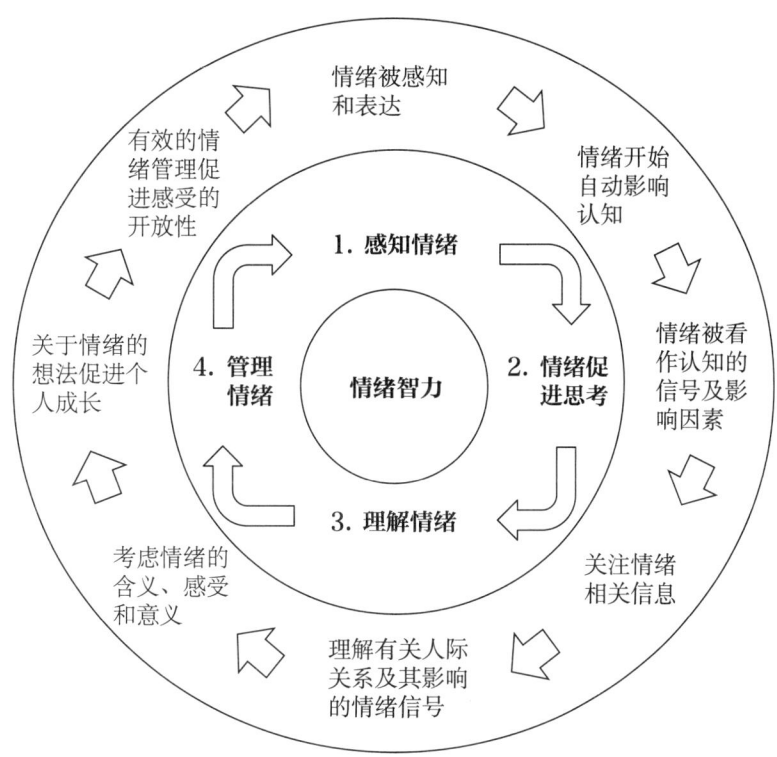

图5.1 迈耶－萨洛维－卡鲁索情绪智力的能力模型

注：Based on Figure 5.2, p. 108, in Mayer, J., Salovey, P., & Caruso, D. (2000). Emotional intelligence as zeitgeist, as personality, and as a mental ability. In R. Bar-On & J. Parker (Eds), *Handbook of emotional intelligence* (pp. 92–117). San Francisco, CA: Jossey-Bass.

查一样。

特质情绪智力和能力情绪智力的区别方法代表了概念化和测量结构的不同方式。在能力方法中，情绪智力被视为一组能力，能通过判断正误的任务得到更好的评估，类似于认知智力测试中的任务。这种测量方法有时被称为情绪智力的最优表现测量。相比之下，情绪智力的特质测量有时被称为典型表现测量，以自我报告或观察者评分工具的分数表明人们通常的行为方式。在特质测量法中，情绪智力被视为一种或一组人格特质，可以通过自我报告的方式来评估，也可以通过观察者评分的方式来评估，这些观察者可以是我们经常互动的同事、父母或教师，因此能够描述我们的典型行为。特质测量法中情绪智力是一种混合模型，因为通过情绪智力的自我报告测量评估的特质一方面是个人属性的组合，例如乐观；另一方面是技能或能力，比如解决情绪问题的能力。

感知情绪

请选择这张图片上显示的情绪程度。（用1到5来表示，其中1代表没有情绪，5代表强烈情绪）

幸福	1	2	3	4	5
恐惧	1	2	3	4	5
悲伤	1	2	3	4	5
感激	1	2	3	4	5

运用情绪

请指出在与老板会面讨论加薪时，什么样的心情可能对你很有帮助。
（用1到5来表示，其中1代表无用，5代表有用）

焦虑	1	2	3	4	5
骄傲	1	2	3	4	5
兴奋	1	2	3	4	5

理解情绪

厌恶、恐惧和蔑视组合起来通常指以下哪种情绪？
1. 嫉妒　　2. 憎恨　　3. 悲伤　　4. 愤怒

管理情绪

绍伊尔丝（Saoirse）刚从希腊旅行回来，她觉得非常平静和快乐。请评估以下两种方式对保持她这种好情绪的有效性。（用1到5来表示，其中1代表非常无效，5代表非常有效）

方式1：列出下个星期要做的工作　　1　2　3　4　5
方式2：做一顿希腊晚餐　　1　2　3　4　5

图5.2　迈耶－萨洛维－卡鲁索情绪智力测试示例

情绪智力的特质方法和情绪智力的能力方法演化地相对独立且对立。与人格评估研究传统相比，情绪智力的能力模型与智力测试有更多共同之处。情绪智力的特质模型则刚好相反。人格评估的心理学被用于对这些模型的研究。如果将纯研究与应用研究或实践研究区分开，那么情绪智力能力模型的发展发生在"纯研究"传统中，而情绪智力特质模型是建立在"应用或实践导向的研究"中。情绪智力能力模型的研究主要为丰富对人们如何处理和使用情绪信息的理解。相反的是，情绪智力特质模型的研究主要关注在学校和工作机构中评估情绪能力，以及运用特质情绪智力测试来选择情绪

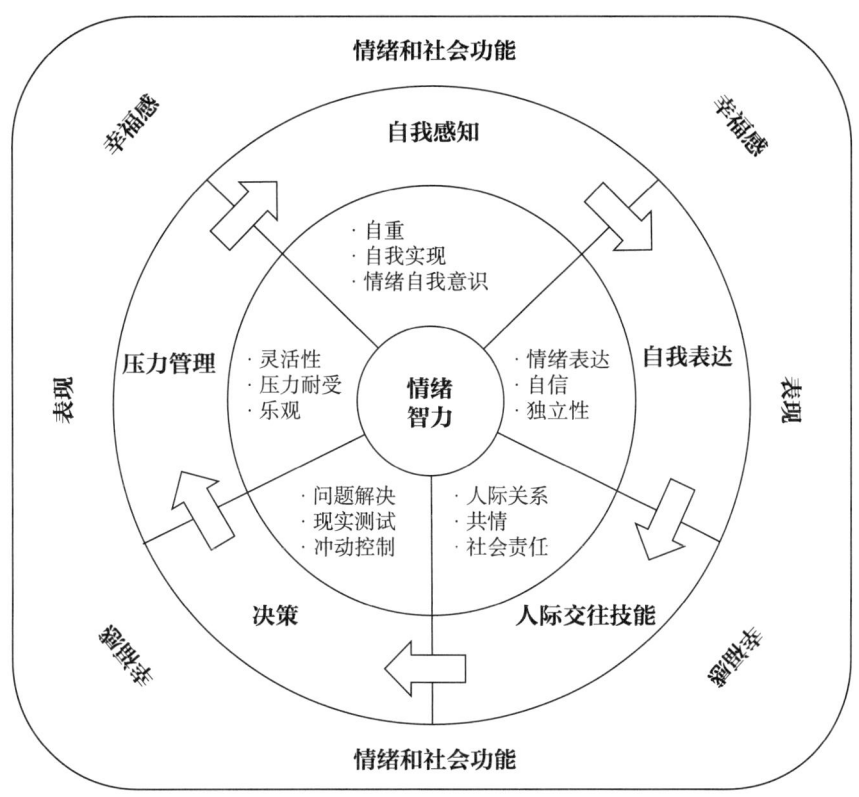

图5.3　EQ-I 2.0中使用的巴昂的特质情绪智力模型

巴昂特质情绪智力模型测试的样例：
· 当我对别人生气的时候，我能够告诉他们；
· 我知道怎么去处理令人不安的问题；
· 我喜欢帮助别人。

注：Based on the Bar-On model of emotional intelligence in Bar-On, R. (1997). Bar-ON Emotional Quotient Inventory: Technical manual. Toronto, ON: Multi-Health Systems; and Multi-Health Systems (2011). EQ-I 2.0 Emotional quotient inventory 2.0 user's handbook. Toronto, ON: Multi-Health Systems.

智力高的个体担任机构中的关键职位。

专栏5.1总结了一些成熟、发展较完善的测量情绪智力特质和能力概念的工具，以及一些有前景的新的评估程序。此列表是说明性的，不是全面的。以下是对这些工具的说明。专栏5.2包含情绪智力量表的示例。

专栏5.1 情绪智力的测量

类型	工具	研发者	条目数量	领域,量表/分量表的数量	角度	简述
能力	迈耶-萨洛维-卡鲁索情绪智力测试	约翰·迈耶 彼得·萨洛维 戴维·卡鲁索	141	4/8	成人 青年	**感知情绪** 脸部：识别脸部的情绪 图片：识别风景和作品中的情绪 **运用情绪** 促进：展示情绪如何影响思维 感受：将各种感觉与情绪联系起来 **理解情绪** 变化：完成情绪如何随着时间变化的一些选择 融合：完成两个或多个情绪词汇定义的选择 **管理情绪** 情绪管理：说明各种管理内在情绪问题办法的有效性 情绪关系：说明各种解决人际问题办法的有效性
能力	第二版非语言准确性诊断分析（Diagnostic Analysis of Nonverbal Accuracy 2, DANVA2）	斯蒂芬·诺维茨基（Stephen Nowicki）	64	3	成人 青年	在这3个测试中，被试被要求回答和识别情绪 **在面部表情中感受情绪** 24张高低强度的面部表情照片（开心、难过、生气和恐惧） **在非语言中感受情绪** 一张录音带里记录了男女演员在开心、伤心、愤怒和恐惧的情绪状态下说："我现在要离开房间，但我稍后会回来。"

					(续)
能力	日本人和欧裔白种人简短情感识别测试（Japanese and Caucasian Brief Affect Recognition Test, JACBART）	戴维·松本（David Matsumoto）	56	1	成人	在姿势中感受情绪 32张照片里每张都有两男两女，他们或站或坐，分别代表了高强度和低强度的情绪（幸福、愤怒和恐惧）
能力		理查德·莱恩（Richard Lane）	20	1	成人	感知情绪 参与者被要求识别56个日本人和欧裔白种人面孔中的情绪。这些面孔描绘了快乐、蔑视、厌恶、悲伤、生气、惊讶和恐惧。这些面孔在两个中性表情之间出现0.2秒 理解情绪 参与者被问及他们或其他人在20种社交场景中的感受，这些场景分别会引起愤怒、恐惧、幸福和伤感
能力	儿童情绪技能评估（Assessment of Children's Emotional Skills, ACES）	卡罗尔·伊泽德（Carroll Izard）	56	3	儿童	在面部表情中感知情绪 儿童被要求在26张代表开心、悲伤、害怕或没有表情的面孔中识别情绪 在社交场合中感知情绪 儿童被要求判断15个简短社会故事中主角各自的情绪 在社会行为中感知情绪 儿童被要求判断15个简短社会故事中主角各自的情绪
能力	情绪理解情境测试（Situational Test of Emotional Understanding, STEU）	卡罗琳·麦卡恩理查德·罗伯茨（Carolyn MacCann,	STEU 42 STEM 44	2	成人	理解情绪 参与者会收到关于情绪情境的简短口头描述，并被要求在五种情绪中选择最有可能出现的一种 管理情绪

(续)

	名称	作者	题数	量表数	年龄	描述
能力	情绪管理情境测试（Situational Test of Emotion Management, STEM）	Richard Roberts	16	1	无	**管理情绪** 参与者收到一份口头描述的情绪情境，并在四个选项中选择其中最有效的管理方式
能力	多媒体情绪管理评估（Multimedia Emotion Management Assessment, MEMA）	卡罗琳·麦卡恩				**管理情绪** 参与者会收到一些视频场景，每个视频场景都以视频的形式附上了四种回应方式。这些视频都会被播放好几遍，请参与者选择他们认为最有效的方式来解决视频里的问题。接着他们会被问为什么会选择这样的回应方式 MEMA 是 STEM 的多媒体版本
能力	日内瓦情绪能力测试（Geneva Emotional Competence Test, GECo）	卡蒂娅·施莱格尔 马塞洛·莫尔蒂拉罗 （Katja Schlegel, Marcello Mortillaro）	110	4	成人	该测试只在线上进行 所有4个量表：参与者回答在工作场所中的情绪问题 识别情绪量表：参与者观看简短的视频并识别微妙的情绪 其他3个量表：参与者阅读小故事，并判断正误 识别情绪 理解情绪 管理情绪 调节情绪
特质	舒特自我报告情绪智力测试（Schutte Self-report Emotional Intelligence Test, SSEIT）	尼古拉·舒特（Nicola Schutte）	33	3	成人	参与者表明他们对基于 MSCEIT 的33个题目的同意或不同意的程度 分数由以下4个量表得出： 感知情绪 运用情绪 管理自我情绪

(续)

类型	名称	项目数	分量表	年龄	维度
特质	情商量表（Emotional Quotient Inventory, EQ-I）鲁文·巴昂	125	5/15	成人 青年 家长/教师 成人360	参与者表明他们对125个项目的态度（同意或不同意的程度）。分数将从15个分量表中得出 **自我感知**：自重、自我实现、情绪自我意识 **自我表达**：情绪表达、自信、独立性 **人际**：人际关系、共情、社会责任 **决策**：问题解决、现实测试、冲动控制 **压力管理**：灵活性、压力耐受、乐观 **管理他人情绪**
特质	特质情绪智力问卷（The Trait Emotional Intelligence Questionnaire，康斯坦丁诺斯·佩特里迪斯（Konstantinos	153 30简版	4/15	成人 成人360 青少年	参与者153个项目里分别选出的同意和不同意的程度。分数从15个分量表中得出 **幸福感**

(续)

类别	量表	作者	项目数	分量表	适用人群	内容
	TEIQue	Petrides			儿童	特质乐观 特质幸福 自尊 **社会性** 情绪管理（他人） 自信 社会意识 **情绪** 情绪感知（自己和他人） 情绪表达 特质共情 人际关系 **自我控制** 情绪调节 冲动性（低） 压力管理 **辅助方面** 适应性 自我激励
特质	情绪能力量表 (Emotional Competence Inventory, ECI)	丹尼尔·戈尔曼	72	4/18	成人 成人360 学生	参与者在72个项目里分别选出他们同意和不同意的程度。分数从18个分量表中得出 **自我意识** 情绪意识 准确的自我评估 自信 **自我管理** 情绪自我控制

(续)

					透明性
					适应性
					成就
					主动性
					乐观
					社会意识
					共情
					组织意识
					服务导向
					关系管理
					发展他人
					鼓舞人心的领导力
					变革的催化剂
					影响力
					冲突管理
					团队工作 & 协作
特质	吉诺斯情绪智力量表（Genos Emotional Intelligence Inventory, Genos EI）	吉勒斯·吉尼亚克（Gilles Gignac）	70	7	成人	参与者分别指出他们工作场合中展现70种不同行为的频率
			31或14简版		成人360	分数由7个量表计算得出
						情绪自我意识
						情绪表达
						对他人的情绪意识
						情绪推理
						情绪自我管理
						对他人的情绪管理
						情绪自我控制

(续)

注：

(1) Mayer, J., Salovey, P., & Caruso, D. (2002). *Mayer-Salovey-Caruso Emotional Intelligence Test MSCEIT Manual*. Toronto, ON: Multi-Health Systems; Mayer, J., Salovey, P., & Caruso, D. (2005). *Mayer-Salovey-Caruso Emotional Intelligence Test-Youth Version MSCEIT-YV Research Version*. Toronto, ON: Multi-Health Systems.

(2) Nowicki, D. (2003). *Manual for the receptive tests of the Diagnostic Analysis of Nonverbal Accuracy 2 (DANVA2)*. Department of Psychology Emory University.

(3) Matsumoto, D., LeRoux, J., Wilson-Cohn, C., Raroque, J., Kooken, K., Ekman, P., ... Goh, A. (2000). A new test to measure emotion recognition ability: Matsumoto and Ekman's Japanese and Caucasian Brief Affect Recognition Test (JACBERT). *Journal of Nonverbal Behaviour*, 24(3), 179–209.

(4) Lane, R. D., Quinlan, D. M., Schwartz, G. E., Walker, P. A., & Zeitlin, S. (1990). The Levels of Emotional Awareness Scale: A cognitive-developmental measure of emotion. *Journal of Personality Assessment*, 55(1–2), 124–134.

(5) Schultz, D., & Izard, C. E. (1998). *Assessment of Children's Emotion Skills (ACES)*. Newark, DE: University of Delaware.

(6) MacCann, C., & Roberts, R. D. (2008). New paradigms for assessing emotional intelligence: Theory and data. *Emotion*, 8, 540–551.

(7) MacCann, C., Lievens, F., Libbrecht, N., & Roberts, R. D. (2016). Differences between multimedia and text-based assessments of emotion management: An exploration with the Multimedia Emotion Management Assessment (MEMA). *Cognition and Emotion*, 30(7), 1317–1331.

(8) Schlegel, K., & Mortillaro, M. (2018). The Geneva Emotional Competence Test (GECo): An ability measure of workplace emotional intelligence. *Journal of Applied Psychology*.

(9) Schutte, N. S., Malouff, J. M., & Bhullar, N. (2009). The assessing emotions scale. In C. Stough, D. H. Saklofske, & J. D. A. Parker (Eds.), *Assessing emotional intelligence: Theory, research, and applications* (pp. 119–134). New York: Springer. Contains the Schutte Self-report Emotional Intelligence Test.

(10) Bar-On, R. (1997). Bar-On Emotional Quotient Inventory (EQ-I): Technical manual. Toronto, ON: Multi-Health Systems; Multi-Health Systems (2011). *The Emotional Quotient Inventory 2.0: User's handbook*. Toronto, ON: Multi-Health Systems.

(11) Petrides, K. V. (2009). *Technical manual for the Trait Emotional Intelligence Questionnaires (TEIQue)*. London: London Psychometric Laboratory.

(12) Wolff, S. B. (2005). *Emotional Competence Inventory-2: Technical manual*. Philadelphia, PA: McClelland Centre For Research, Hay Group.

(13) Gignac, G. (2010). *Genos Emotional Intelligence Inventory Technical manual* (2nd ed.) Surry Hills, NSQ, Australia: Genos.

> **专栏5.2　简易情绪智力量表（Brief Emotional Intelligence Scale, BEIS-10）**
>
> 　　你可以通过完成这份问卷来评估你的情绪智力特质。请在每一题中圈出最符合你的选项，将10道题的分数相加，分数的范围从10分到50分。分数越高，说明特质情绪智力越高。
>
> | | 非常不同意 | 不同意 | 不同意也不反对 | 同意 | 非常同意 |
> |---|---|---|---|---|---|
> | 1. 我知道为什么我的情绪会改变。 | 1 | 2 | 3 | 4 | 5 |
> | 2. 当经历情绪时，我很容易识别它们。 | 1 | 2 | 3 | 4 | 5 |
> | 3. 我可以通过别人的语气来判断他们的感受。 | 1 | 2 | 3 | 4 | 5 |
> | 4. 我可以通过观察他人的面部表情来判断他正经历的情绪。 | 1 | 2 | 3 | 4 | 5 |
> | 5. 我会寻求一些令我愉悦的活动。 | 1 | 2 | 3 | 4 | 5 |
> | 6. 我可以控制自己的情绪。 | 1 | 2 | 3 | 4 | 5 |
> | 7. 我会策划一些他人喜欢的活动。 | 1 | 2 | 3 | 4 | 5 |
> | 8. 在他人情绪低落的时候我会帮助他们改善心情。 | 1 | 2 | 3 | 4 | 5 |
> | 9. 当我处在积极的情绪中，我可以迸发出新的灵感。 | 1 | 2 | 3 | 4 | 5 |
> | 10. 我的好心情能帮助我面对困难并继续努力。 | 1 | 2 | 3 | 4 | 5 |
>
> 　　注：经霍格非出版社许可，转载自 Table 4, p. 204, in Davies, K. A., Lane, A. M., Devonport, T. J., & Scott, J. A. (2010). Validity and reliability of a brief emotional intelligence scale (BEIS-10). *Journal of Individual Differences, 31*(4), 198–208. Copyright © 2010 Hogrefe Publishing.

迈耶-萨洛维-卡鲁索的情绪智力能力模型和情绪智力测试

　　如图5.1所示，迈耶-萨洛维-卡鲁索的情绪智力能力模型中有四个分支，包括准确感知情绪的能力、运用情绪来促进认知的能力、理解情绪的能力以及管理自己和他人的情绪的能力。[10]

　　其中第一个分支"感知情绪"，是指识别自己和他人的情绪以及感知环境、视觉艺术和音乐中的情绪内容的能力。情绪感知还包括准确表达情绪和相关需求的能力，理解情绪是如何根据环境和文化表现出来的，以及区分准确、诚实的感受与不准确、不诚实的感受。善于感知情绪的人能更好地感知他们所处的环境，因此更容易适应。与无法感知此类情绪的人们相比，一个能从细微的面部表情中察觉到愤怒的人，更容易应对潜在的冲突状况。

情绪智力模型中的第二个分支"运用情绪",指的是获得和产生促进思考的感觉的能力。这包括产生情绪的能力,以便与他人的经历产生共鸣或帮助判断和记忆。它还包括根据我们正在进行的情绪状态是否促进我们解决问题的能力去选择什么样的问题。情绪可以作为关于特定感受的具象想法进入认知系统,例如"我很高兴",也可以作为与情绪状态一致的认知改变,例如当一个快乐的人认为"今天,一切都会如我所愿"时,情绪可以通过提供有关我们心情状态的信息(让我们知道我们是快乐、悲伤、害怕还是愤怒),并让我们以与我们的心情状态一致的方式思考来促进思考。因此,善于运用情绪的人在快乐时更有可能从乐观的角度看待事物,在悲伤时以悲观的角度看待事物,而在焦虑或愤怒时则以威胁导向的角度看待事物。这种根据情绪状态改变视角的能力意味着,具有良好情绪运用技能的人可以随着他们情绪变化而转变多个角度看待事物。这种从多角度看待事物的能力可能有助于有创意的问题解决。这或许可以解释为什么情绪波动的人比情绪稳定的人表现出更大的创造力。情绪波动受自愿控制的程度取决于情绪管理技能,也就是情绪智力模型的第四个分支,将在下面进行描述。

情绪智力模型的第三个分支"理解情绪",是理解情绪含义的能力。情绪理解能力发达的人知道什么情况会产生什么样的情绪;知道一种情绪如何导致另一种情绪;知道情绪如何随时间变化;知道人们如何产生复杂、混合或矛盾的情绪;知道文化差异如何影响情绪;以及情绪的时间顺序会如何影响人际关系。例如,表达愤怒作为一种攻击性的表现会伤害他人。如果他不反击这种伤害,他可能感到后悔。但如果真的反击,又可能会导致愤怒升级。理解这些的人可能比不能理解这些的人更能处理冲突情况。

情绪智力模型的第四个分支"管理情绪",是指能够自如地体验愉快和不愉快的感觉,能监测和反思这些感觉,能延长或脱离情绪状态,能控制情绪的表达,且能管理他人呈现的情绪。它也是管理自己和他人的情绪以实现特定目标,以及评估用于调节强烈情绪的策略的能力。一个具有良好情绪管理能力的人可以选择体验情绪或阻断情绪体验。例如,在日常交往中,对自己经历的或他人表达的情绪持开放态度,并自由地表达我们的情绪,可能会丰富我们的生活,加深我们和他人的关系。然而,在紧急情况下(如车祸、被抢劫、着火或进行有风险的手术等情况)阻断情绪的体验以限制表达可能是更合适的做法。具有良好情绪管理能力的人能够选择他们对体验情绪和表达情绪的开放程度。

迈耶-萨洛维-卡鲁索情绪智力测试（MSCEIT）可以测量感知、运用、理解和管理情绪的能力。[11]这个测试需要对情绪做出复杂判断，测试中有正确和错误答案。图5.2显示了一些MSCEIT的示例。以下是一些进一步的题目样本描述。在"感知情绪"的维度，参与者被要求识别一系列面孔、风景和设计所表现或唤起的主要情绪。在"运用情绪"的维度，参与者被问及情绪如何影响思维，以及特定感觉与特定情绪之间的关系。例如，第一次见到另一半的父母时，什么样的情绪可能是会有帮助的（紧张、惊讶或喜悦）？从1（无用）到5（有用）来选择每一种情绪的等级。"理解情绪"的维度是通过一系列的题目来进行评估的，例如，当汤姆（Tom）想到所有需要做的工作时，他会感到焦虑并变得有点压力。那么当他的主管带来一个额外的工作时，他是否会感到不知所措、沮丧、羞愧、自我意识或紧张不安？"情绪管理"通过以下项目进行评估：黛比（Debbie）刚结束度假，她感到很平静和满足。以下几种行为能在多大程度上保持她的好心情？（1）列出她需要做的家里的事情；（2）考虑下一个假期去哪里，什么时候去；（3）忽略这种愉悦的感觉，因为无论如何都不会持续。参与者从1（非常无效）到5（非常有效）对这些选项进行评分。对MSCEIT题目的回答可以根据两组非常相似的标准来进行评分：（1）专家共识，即专家小组的观点；（2）普遍共识，即标准化样本组成员最常表达的观点。

MSCEIT现在修订到了第二版。它源自更长的多维情绪智力量表（Multidimensional Emotional Intelligence Scale, MEIS）。[12] MSCEIT也开发了成人版本和青少年版本。[13] MSCEIT具有足够的心理测量特性。[14] MSCEIT-2已在5000个国际样本上进行了标准化。标准化数据的因素分析表明，MSCEIT分测验分数符合预测的四因素模型。然而，针对10 000多个案例的元分析因素分析表明，将感知情绪和运用情绪合并为一个因素，变成三因素可能更适合。[15] MSCEIT的4个子量表具有足够的内部一致性和重测信度。在结构效度方面，正如预期的那样，MSCEIT与认知能力（包括智商）的测量具有中等程度的相关性，与大五人格特质的相关性较弱。关于效标效度，MSCEIT的分数与以下变量正相关：幸福感（部分研究证实了这一点，而不是所有研究）；在与朋友、家人和恋人的关系中发挥作用；工作能力；情绪预测（预测一个人在特定情况下的感受）。相比之下，MSCEIT的分数与心理压力、物质滥用和反社会行为等适应问题的测量呈负相关。正如预期的那样，MSCEIT使用一些测试任务测量狭义情绪智力的最大表现，它与情绪智力的自我报告测量的结果相关性较低，后者评估广义上特质情绪智力的典型表现。女性在MSCEIT上的得分高于男性。MSCEIT已被翻译成其他语言，包括西班牙语、意大利语、汉语和罗马尼亚语,在其他文化中背景中也同样有效。[16]

基于能力的特定情绪智力技能或特定情绪智力情境的测量

尽管MSCEIT评估了与情绪智力综合能力模型相关的一系列技能,但专栏5.1中的8个能力测试针对的是具体的情绪智力能力,或是一系列在特定情境中应用的情绪智力技能,它是关于最大表现任务的测试。其中包括第二版非语言准确性诊断分析(DANVA2)[17]、日本和欧美裔白种人简短情感识别测试(JACBART)[18]、情绪意识水平量表(LEAS)[19]、儿童情绪技能评估(ACES)[20]、情绪理解情境测试(STEU)、情绪管理情境测试(STEM)[21]、多媒体情绪管理评估(MEMA)[22]和日内瓦情绪能力测试(GECo)[23]。DANVA2、JACBART和ACES根据面部表情、身体姿势或使用的语调来评估情绪感知技能。在这些测试中,参与者会看到人脸图片或与人互动的图片,或听到以特定语气说出的句子,并被要求他们识别相关的情绪,如快乐、悲伤、恐惧或愤怒。LEAS、ACES和STEU评估人际关系中的情绪理解。在这些测试中,参与者被要求推断人们在社交场景中所经历的情绪。STEM和MEMA评估情绪管理。在这2项测试中,参与者都需要指出他们认为哪种办法在一系列情境下最有效。在STEM中,参与者会得到对情境的口头描述,而在MEMA中,参与者会看到情境以简短视频的形式呈现。

到目前为止,本节中提到的所有测试都在各种情况下评估了具体的情绪智力技能,而GECo正好相反,它评估了情绪智力的四个方面,但主要是在工作场合的背景下。GECo基于改进版的迈耶-萨洛维-卡鲁索情绪智力四分支模型,评估情绪的识别、理解、调节和管理。这个四分支模型的修改版本省略了与运用情绪促进思维有关的分支,因为因素分析不支持之前的四分支模型(如上一节所述)。

GECo是一项在线测试,参与者需要回答有关工作情绪的问题。参与者观看简短的视频并识别微妙的情绪进而完成识别情绪量表。在剩下的3个量表中,他们需要阅读小故事并回答问题。所有题目都有基于心理学理论的正误答案(而不是像MSCEIT,需要共识或专家判断)。

下面是一个GECo理解情绪量表中的一个样例:"马克正在参加关系到他未来职业生涯的资格的认证研讨会。在研讨会期间,旁边的人不断地问他问题,使他分心。这种情况下,马克会感受到什么情绪? (愤怒、恼怒、恐惧、怜悯)"在这个样例中,"恼怒"是正确答案,因为情况是出乎意料的,并且会让人有些不愉快,涉及他的利益且阻碍了他的目标,而马克是有能力改变这种情况的。基于情绪的组成过程模型,我们可以确定"恼怒"是正确答案,该模型假定情绪的出现与事件的意外性和愉快性、与个人目标的相关性、与被阻碍的程度,以及与一个人有多少能力来改变情况有关。根据这一理论,情绪会发生在出乎意料的、不愉快的、阻碍目标实现的事件,以及有一定能力改变局面的情况下。

以下是GECo调节情绪量表中的一个案例:

你成功完成了一个非常重要的项目,这个项目花费了你大量的时间。但当你见到经理时,她告诉你,她认为你忽略了其他项目。你感到非常生气,因为你的经理没有意识到你成功完成了重要的项目。以下四个选项中,哪一个会是你的想法?(1)我应该更好地组织并同时处理所有项目;(2)经理永远不会完全满意,我必须接受;(3)我从已经完成了的项目客户那里得到了非常积极的反馈;(4)经理是不公平的,如果这样继续下去,我可能会辞职。

回答2(接受)和3(积极调焦)是正确的。回答1(自责)和4(灾难化)是不正确的。这些关于正确和错误答案的决定是基于一种理论,该理论提出了九种认知情绪调节策略,其中四种是非适应性策略(自责、指责他人、反刍和灾难化),五种是良好适应性策略(接受、积极调焦、积极重新评估、放眼未来和重新关注目标计划)。

本节中提到的所有测试都具有很好的信度,也有数据支持它们的效度。关于效度,这些测试的高分能使一个或多个方面得到很好的提高。包括幸福感、儿童和成年时期的社会能力、更好的家庭和工作关系,以及更好的学业成绩和工作表现。[24]

舒特自我报告情绪智力测试

舒特自我报告情绪智力测试(SSEIT)是由澳大利亚的尼古拉·舒特开发的,采用自我报告而不是能力测试方法来实施早期版本的迈耶-萨洛维-卡鲁索情绪智力模型评估。[25]SSEIT包含33个自我报告条目,采取5点计分(范围从1-非常不同意,到5-非常同意)。它产生一个单一的情绪智力分数和四个因素分数(感知情绪、运用情绪、管理自我情绪和管理他人情绪)。SSEIT已在许多研究中使用。它具有很好的内部一致性和重测信度。有因素分析研究表明,33个条目都是在考核情绪智力,随后的因素分析确定了与其4个子量表相对应的四因素结构。在效标效度方面,SSEIT与幸福感、心理健康以及社会、学术和工作适应的测量标准相关。SSEIT与大五人格中的开放性特质有着强相关,而与其他四个特质则有着较低或者中等程度的相关性。

巴昂的特质情绪智力模型和EQ-I

本章前面提到的EQ-I是由鲁文·巴昂开发的,现已修订到第二版(EQ-I 2.0)。EQ-I 2.0是在2011年由多维健康系统公司对巴昂1997年版本的EQ-I进行的修订。[26]它评估了图5.3中呈现的特质情绪智力模型。该模型是多维健康系统对巴昂原始模型的改进。在这个模型中,特质情绪智力被定义为一组情绪和社交技能,这些技能决定了人们如何看待和表达自己、发展和维系社会关系、以有效和有意义的方式运用情绪信息以及应对挑战。

从图5.3可以看出,EQ-I 2.0评估的十五项特征和能力,以及多维健康系统修订版的巴昂特质情绪智力模型的核心,分为五个维度:自我感知、自我表达、人际关系、决策以及压力管理。其中:(1)自我感知领域包括以下能力:自重、自我实现和情绪自我意识;(2)自我表达领域包括以下能力:情绪表达、自信和独立性;(3)人际领域:人际关系、共情和社会责任;(4)决策领域:问题解决、现实测试和冲动控制;(5)压力管理领域:灵活性、压力耐受和乐观。

在自我感知领域,自重是指尊重自己的能力,同时了解自己的长处和短处。自我实现是设定和追求有价值的目标以实现个人潜力的能力。情绪自我意识是识别和理解自己情绪的能力,并了解这些情绪的原因及其对自己和他人的影响。

在自我表达领域,情绪表达是公开地以语言和非语言表达感受的能力。自信是一种以建设性的、社会可接受的方式表达自己的思想、信仰和感受的能力,以捍卫自己的权利和价值观。独立性是指自主计划和执行任务的能力,能够自我指导和自力更生地思考和行动,并且没有情感依赖。

在人际领域,人际关系是指维系以信任和同情为特征的双方满意关系的能力。在友谊中,它指的是建立亲密情感的能力。在工作环境中,它指的是善于交际和成为优秀团队成员的能力。共情是能够了解和理解他人的观点和感受,能够表达出来,并以尊重他人感受的方式行事的能力。社会责任是合作的能力和意愿,并为一个人所属的社会群体和社会做出建设性的贡献。它涉及关心他人的幸福。

在决策领域,问题解决是在感到压力或沮丧时,找到解决涉及情绪的问题的能力。它包括理解情绪如何影响决策、识别和定义涉及情绪的复杂问题以及生成和实施有效解决方案的能力。现实测试是一种客观的能力，能够识别情绪何时可能导致一个人有偏见或不那么客观。它包括寻找客观证据以检查感觉、感知和思想的有效性，并评估内部经验与外部事实之间的对应关系。具有良好现实测试能力的人会制订切合实际的计划。冲动控制是指控制自己的情绪，抵制或延迟冲动行事，轻率行事或做出冲动决定的能力。

在压力管理领域，灵活性是为适应不熟悉、不可预测或不断变化的情况，而调整自己的思想、感受和行为，并对新的或意想不到的想法和任务持开放态度的能力。压力耐受是指建设性地管理因困难、具有挑战性的情况而产生的情绪，以及相信自己可以积极地改变这些情况的能力。乐观是尽管面对挫折和逆境，始终能够看到事物光明的一面。

巴昂开发的第一版情绪智力量表（EQ-I），用于评估在他的特质情绪智力模型中定义的情绪智力。EQ-I第一版有长版和短版、成人版和青少年版、自我评价版和观察者评价版。[27]该工具第二版（EQ-I 2.0）有成人和观察者评价的版本，已被翻译成多种语言。[28]观察者评价的版本称为EQ 360，可由目标人员的经理、团队成员或下属完成。EQ-I 2.0和EQ 360是由多维健康系统基于巴昂的第一版改制的，主要面向企业市场。EQ-I 2.0和EQ 360可以在线完成，参与者可能会收到有关其情绪智力档案的自动详细反馈报告。EQ-I的所有版本中的条目都是简短的陈述，参与者和观察者在5点计分量表上进行选择（其中1代表很少为真，5代表很多时候是真的）。所有版本的EQ-I都会产生一个整体情绪智力得分和图5.3中列出的五个领域的得分。长版本会得出与五维度相关的十五个方面的分数，以及一般幸福分数和2个反应风格量表：积极和消极印象以及不一致指数。反应风格量表上的分数可以有效评估反应风格。它们会显示出参与者是在"假装好""假装坏"还是在随机选择。

所有EQ-I工具都具有足够的心理测量特性，尽管基于EQ-I第一版的研究要比第二版多得多。[29]EQ-I的标准化数据已经收集了超过15个国家或地区的数千人的数据信息。大量研究表明，EQ-I具有足够的内部一致性和重测信度，并具有一定程度的效度。关于结构效度，对15个EQ-I量表分数的因素分析产生了一个单因素解决方案，表明单个潜在特质情绪智力因素支持对EQ-I的反应。然而，第一版EQ-I中所有条目的因素分析并没有产生巴昂模型和EQ-I子量表所需要的十五因素解决方案。为解决这一问题，EQ-I 2.0改进了EQ-I中的题目，以便EQ-I第二版中的所有条目都能归到同一个子量表上。

关于结构效度，EQ-I 与智商的相关性较低。这是有问题的，如果 EQ-I 测量的是智力的一个分支，那它应该与一般智力的测量有更高的相关性。EQ-I 与大五人格因素具有中到大的相关性，因此可能具有较低的增量效度。也就是说，它可能是另一个不同名称的大五人格特征的衡量标准。积极的一面是，EQ-I 具有良好的效标效度。EQ-I 得出的评分与专家评委的是相似的，并可以部分预测在特定工作环境中能胜任工作的职员类型。它通过计算机来评分，如果一个人的反应模式表明他正试图以异常积极或消极的方式描述自己，得分会降低。

不同年龄和性别的人有不同的 EQ 或 EQ-I 水平。中年之前，人的情绪智力会随着年龄的增长而增加。四五十岁的人会比年轻人和老年人拥有更高的情绪智力。男性和女性的整体情绪智力水平相似，但男性在自我感知、自我表达、决策和压力管理领域得分较高，女性则在人际领域得分较高。与男性相比，女性更能意识到自己的情绪，表现出更多的共情，能更好地与人交往，并采取更负责任的社会行动。相比之下，男性比女性的自尊水平更高、更独立、能更好地应对压力（在短期内）、更灵活、更能解决问题并且更乐观。还有相当多的证据表明，高 EQ-I 分数与良好的心理健康水平相关，而低 EQ-I 分数与心理健康困难程度相关。

佩特里迪斯的特质情绪智力模型和特质情绪智力问卷

英国伦敦大学学院的佩特里迪斯领导开发了第二代的自陈式情绪智力测量方法，并将他的测量建立在一个定义明确的基于特质的结构模型上。他认为由特质情绪智力问卷（TEIQue）评估的特质情绪智力或特质情绪自我效能不是智力的一个分支。[30] 它是一种较低层次特质分类法中的人格特质，超出了认知能力的范畴，预计不会与智商相关。它是一种人格特质，所以特质情绪智力及其维度预计与大五人格的特质有相关性。这一观点得到了几十项数据结果的支持，也就是说，情绪智力的自我报告测量与认知能力测量（包括智商在内）的相关性非常低，而与人格特质的相关系数很高。[31] 20 世纪 90 年代末，在对其他情绪智力模型和自我报告测量的内容进行分析的基础上，研究者保留了共同的核心内容，删除了模型或工具不共通的方面，总结出了 TEIQue 的特质情绪智力的抽样范围。

如专栏 5.1 所示，研究者确定了十五个不同但相关的变量，并将其纳入 TEIQue。对这些变量的因素分析确定了四个维度，每个维度上有三四个条目。TEIQue 的四个维度分别是幸福感、社会性、情绪和自我控制。具体来说每个维度包括：(1) 幸福感：特质乐观、特质幸福、自尊；(2) 社会性：管理对他人的感受、自信和社会意识；(3) 情绪：对自我和他人的情绪感知、情绪表达、特质共情以及建立和维系关系的能力；(4) 自我控制：情绪调节、低冲动和压力管理。适应性和自我激励是TEIQue中的2个独立条目，它们不在四维度的范围。

TEIQue的所有项目都是7点计分的（范围从1-完全不同意到7-完全同意）。所有条目相加后得到维度分数。TEIQue有多个版本，包括长版、短版、成人、青少年和儿童版本，均为自我报告形式。对于成人参与者，还有360度评估的长版本和短版本。TEIQue已被翻译成多种语言。[32]

TEIQue的心理测量特性已经在一系列研究中得到证实。[33] 成人版本的TEIQue已在在1721例国际样本中得到了标准化统计。所有维度都具有可接受的内部一致性信度。TEIQue具有稳定的四因素结构。整体特质情绪智力在性别上的差异可以忽略不计。效度研究表明，TEIQue测试中高情绪智力与很多因素相关。高情绪智力可以提升幸福感和身心健康，产生高适应能力的应对方式，提升亲和力和自我提升的幽默风格，增加面对压力的耐受力，促进儿童的亲社会行为，降低多语种成年人的外语焦虑，使音乐家的训练时间更长，芭蕾舞演员的能力更强，以及增加对实验性情绪诱导程序的敏感性。相反，TEIQue测试中低情绪智力与适应性较差的应对风格，侵略性和弄巧成拙的幽默风格，功能失调的态度和抑郁，人格障碍，逃学和在学校中的行为问题有关。与 EQ-I 一样，TEIQue也因有限的增量效度而受到批评。但能确定的是，它比大五人格能更小范围、更好地预测积极结果。[34]

戈尔曼的情绪智力模型和情绪能力量表

EQ-I 和TEIQue是对特质情绪智力的测量，是为能够在多种情况下使用而开发的，但情绪能力量表（ECI）是专门为职场设计的情绪智力自我报告的测量方法。[35] ECI是基于戈尔曼在他两本畅销书中阐明的情绪智力模型。[36] ECI正在接受第二次修订。该量表有自我报告和同事评价的版本，是与美国凯斯西储大学的组织心理学家理查德·博亚齐斯（Richard Boyatzis）合作开发的。该测试的目的是评估情绪智力能力，这些能力促进在工作中的表现。

ECI对自我意识、自我管理、社会意识和关系管理所必需的能力进行了区分。ECI第二版的主量表和分量表列在专栏5.1中。自我意识是指了解一个人的内部状态、偏好、资源和直觉，包括以下能力：情绪意识、准确的自我评估和自信。自我管理所必需的能力，指的是管理一个人的内部状态、冲动和资源，包括情绪自我控制、透明性、适应性、成就、主动性和乐观。社会意识是指人们如何处理人际关系以及对他人感受、需求和关注的意识，包括共情、组织意识和服务导向。关系管理是指善于激发他人的能力。该领域的能力包括发展他人、鼓舞人心的领导力、成为变革的催化剂、具有影响力、冲突管理和团队合作。ECI所有的条目都采用6点计分（范围从1-从不，到5-始终如一，以及6-不知道）。评分为"不知道"的条目会从量表分数中删除，如果此类条目超过25%，则不计算量表分数。ECI是一个360度评估工具，为了能对一个人的情绪智力进行有效评估，需要四五个熟悉他的同事对他在各种环境中的表现进行评价。

现有证据表明，ECI的第二版是根据国际样本中的4000多名经理的可靠数据开发的，具有相当好的心理测量特性。[37] 在所有量表中，由他人评分的量表平均内部一致性信度是可以接受的，但是自我报告量表的平均一致性要低一些。ECI的重测信度也是这样。因此ECI的自我报告部分不够可靠，但其同行评议显示出良好的可靠性。尽管在开发ECI时使用了验证性因素分析，但其结果尚未公布，因此不清楚ECI的因素结构是什么。关于结构效度，就像EQ-I和TEIQue一样，ECI与认知能力测量的相关性较低，增量效度有限，因为它与大五人格的一些特征相关性相当高。特别是外向性和责任心。关于效标效度，ECI的分数已被证明可以预测一系列工作表现，包括销售、消防、工作中的领导力以及垒球教练的输赢记录。

吉诺斯情绪智力量表

吉诺斯情绪智力量表（Genos EI）与ECI一样，是一种自我报告或由观察者评定的特质情绪智力测量方法，是一种专门用于选拔员工和促其发展的工具。[38] Genos EI是澳大利亚的斯威本大学情绪智力测试（Swinburne University Emotional Intelligence Test, SUEIT）的修订版，这两种工具都是由科恩·斯托（Con Stough）、本杰明·帕尔默（Benjamin Palmer）和吉勒斯·吉尼亚克开发的。Genos EI并不是为了测量情绪智力的高低，而是评估一个人在工作中表现出七十种高情绪智力技能行为的频率，这些行为在概念上分为七个不同的类别：情绪自我意识是感知和理解自己情绪的技能；情绪表达是有效表达自己情绪的技能；对他人的情绪意识是感知和理解同事情绪的技能；情绪推理是在决策中运用情绪信息的技能；情绪自我管理是指自我调节能力；对他人的情绪管理是积极影响同事情绪的能力；情绪自我控制是控制自己强烈的个人情绪的能力。70个Genos EI条目都采用5点计分法（范围从1-几乎从不，到5-几乎总是）。内容涵盖了一系列积极和消极的情绪。积极情绪包括满意、热情、乐观、兴奋、投入和动力；消极情绪包括焦虑、愤怒、压力、烦恼、沮丧、失望和不耐烦。参与者在线完成Genos EI，并从自我报告和观察者报告中获得反馈，结果会显示出优势和发展机会，以及自我发展的建议和好处。Genos EI的31条目和14条目的简短版本已经开发出来。

Genos EI量表具有可接受的内部一致性和重测信度。对4000多份自我报告和6000份评估报告的验证性因素分析证实了七因素结构的有效性，并且量表的因素分析证实了单一的潜在因素。Genos EI具有效标效度，因为它与药品销售代表和女性经理的变革性领导力得分相关。

现有情绪智力测量方法的优缺点

基于特质情绪智力和能力情绪智力的测量工具都具有一定的优势和不足，其中一些很值得讨论。[39] 基于能力情绪智力的评估工具的主要优势在于它们试图评估参与者最大限度处理情绪信息的能力。从这个意义上说，此类测试类似于智商测试。此外，此类测试的分数与智商部分相关。一些证据表明，通过能力测试评估的情绪智力包含在广泛接受的智力分层模型中。[40]

但是，基于能力的测试是存在困难的。第一个问题是，在情绪智力能力测试中确定题目的正确答案并不像IQ测试里那么简单。现有研究虽已采取了多种方法，但都有各自的问题。正确答案是指工具作者或专家小组认为正确且标准化样本中的大多数人认可的答案。第二个问题是，基于能力的测试，尤其是基于特定能力的测试，对情绪智力的定义非常片面，这可能导致无法评估其关键项目。第三个问题是，基于能力的综合情绪智力测试过长，并不适用于所有情况。第四个问题是，当用于筛选员工和促进员工发展时，它们缺乏信效度。

基于特质的情绪智力测试克服了基于能力的情绪智力测试中的一些问题。它们的优点是：包含了更完善的情绪智力定义；易于开发、管理和评分；以及涉及职场的内容中具有良好的表面效度（这可以解释它们的兴起）。大多数有效的特质情绪智力测量工具都具有良好的信度、因素效度和效标效度。

特质情绪智力测试的主要问题是它们的结构效度和增量效度有限。在结构效度方面，它们与智商的相关性不高。因此，它们可能不会像大多数特定类型的智力测试那样评估一般智力的一个方面以及一些特定的能力。具有良好结构效度的情绪智力测试需要这种相关模式。关于增量效度,许多特质情绪智力测试与大五人格特质具有高度相关性,并且在预测个人幸福感和社会、学业和工作适应等结果方面并不比大五人格测试更好。这是因为情绪智力测试量表(像自信和压力管理等内容)与大五人格特征量表的内容(外向性和神经质等)有很大重叠。从这个意义上说,一些特质情绪智力量表是"新瓶装旧酒"。

能力情绪智力和特质情绪智力的测量存在一些共性问题。它们对情绪智力到底是什么缺乏共识。关于如何全面地定义情绪智力,以及它到底是一般智力的一个方面还是人格特质,仍存在争议。因此,情绪智力的特质和能力测量之间的相关性往往非常低。还有一个假设,情绪智力涉及显性的知识和技能,可以通过能力测试和自我报告题目进行评估。然而,情绪智力很可能也需要隐性的知识和无意识的信息处理,这些知识和无意识的信息处理在当前的情绪智力模型中没有明确表达,也没有通过措施进行评估。[41]人们在一些情况下可以有意识地运用积极性和乐观,在其他情况下则可能会无意识地运用创造性的、灵活的和高度适应性的策略,来处理情绪信息以及管理自己和他人的情绪。我们都认识一些具有出色"人际交往能力"的人,他们会以优雅和机智的方式处理复杂的情绪情况,但他们并不能完全意识到他们的能力或他们到底是怎么做成功的。评估情绪智力的工具应该汲取这种隐性知识。

从积极的方面来说,不管是支持特质评估的人还是支持能力评估的人,他们一致认为情绪智力是重要的、是可以被多方面测量的,测量情绪智力的评估工具应该是可靠和有效的。人们一致认为,情绪智力测试的分数应该以有意义的方式与其他心理结构相关联,包括认知能力和人格特征。还有一个共识是,情绪智力是适应性的,因此评估该结构的工具的分数应该与一系列个人、社会、学术和工作中内容的积极调整相联系。

情绪能力的发展

摩西·蔡德纳(Moshe Zeidner)、杰拉德·马修斯(Gerald Matthews)和理查德·罗伯茨提出了一个情绪智力投资模型来解释其发展所涉及的内容。[42]在该模型中,情绪智力的发展被定义为取决于三个过程的相互作用:(1)由遗传决定的和基于生物学的气质;(2)基于规则的情绪能力学习;(3)自我意识、情绪调节策略。

生物学上决定情绪智力的因素

这个模型假设婴儿的气质特征（如情绪化、社交性等）是由生物学和基因情况决定的，气质也为之后的情绪智力发展打下基础。与性格好的婴儿相比，难相处的婴儿可能更难去发展情绪智力。一些证据表明情绪智力具有遗传性。菲利普·弗农（Philip Vernon）及同事在2008年发表了一项双生子家庭研究，主题是遗传因素在特质情绪智力发展中的作用，该研究使用TEIQue进行评估，结果发现特质情绪智力是中度遗传的。[43] 还有一些证据表明气质和情绪智力之间存在相关性。[44]

基于规则的情绪能力学习

模型的第二个部分假设，在与父母或养育者的依恋关系，以及与同伴和其他人的互动中，我们通过建模和强化等过程，学习如何识别、理解、管理自己和他人的情绪的规则。与父母的安全依恋关系和正常发展的语言技能可以促进这一过程，而不安全的依恋和语言延迟会对其产生阻碍。

情绪调节策略

该模型中的第三个部分是，通过父母、教师、同伴和其他人的指导，以及媒体和文化影响，我们发展出了调节自我和他人情绪的策略。情绪智力高的指导者和榜样的存在会对这一过程起到促进作用。人们从婴儿期到成年期逐渐变得成熟，主导情绪智力的因素也逐渐从生物因素转变为社会因素。

研究社会情绪能力的发展有可能帮助预测成年后的情绪智力发展。情绪调节、情绪表达以及管理情绪予求关系的技能从婴儿期到青春期逐渐发展。专栏5.3总结了卡罗琳·萨尔尼（Carolyn Saarni）对这一发展过程的主要研究结果，并在下文进行了详细说明。[45]

婴儿期

在出生的第一年，婴儿发展出了基本的自我安慰技能，例如通过摇晃和喂食来调节情绪。婴儿还发展了调节注意力的技能，在感到痛苦的时候，让养育者能够安抚他们。婴儿依靠养育者提供的情感支持度过压力时期。在生命的第一年，婴儿对所有类别的刺激（包括婴儿控制的刺激和他人控制的刺激）的非语言情绪表达逐渐增加。在

专栏5.3 情绪能力的发展

年龄	情绪调节	情绪表达	管理情绪关系
婴儿期 0—1岁	・自我安慰； ・调节注意力，以便采取协调一致行动 ・在压力情绪下依赖养育者的支持（脚手架）。	・对自己控制和他人控制的非语言情绪表达增加	・对他人所表达的情绪辨别能力增强； ・轮流游戏（躲猫猫） ・社会参照
学步期 1—2岁	・提高对自身情绪反应的认识 ・当父母对其自主需求的表达施加限制时，会出现烦躁情绪	・增加对情绪状态的口头表达 ・情绪表达增加涉及自我意识和自我评价（如羞愧、骄傲或怕羞）	・预测自己对他人的感受 ・初步共情 ・利他主义行为
学前期 2—5岁	・语言（内心语言和与人交流）用于调节情绪	・在游戏中增加假装的情绪表达	・增强对他人情绪的洞察力 ・意识到错误的情绪表达会误导他人对自己情绪状态的认识
幼儿园期 5—7岁	・调节自我意识的情绪，如尴尬 ・在情绪调节方面，除了养育者的调节，增加了自主性	・在同龄人面前表现出很酷的情绪形象	・运用社会技能来处理自己和他人的情绪的次数增加 ・理解双方一致同意的情绪叙事
童年中期 7—10岁	・自主调节情绪，也愿意让养育者参与进来 ・如果儿童对情况无法控制，会用疏远的方式来管理情绪	・增加使用情绪表达，以调节社会关系	・意识到对同一个人会有各种情绪 ・运用自我和他人的多种情绪信息来辅助建立和维系关系
青春期前 10—13岁	・提升识别和使用自主情绪调节和管理压力策略的次数和效果 ・提高对情绪周期的认识（对生气感到愧疚）	・区分亲密朋友和他人的情绪表达和行为 ・自我表现的方法被用于印象管理	・增加对社会角色和情绪的理解，进而帮助建立和维系友谊
青春期 13岁以后	・更多地使用复杂的策略来自主调节情绪 ・自我调节策略越来越多地受到道德原则的影响		・意识到相互之间的对等情绪和对自己经历的表达在维系友谊方面的重要性

注：Based on Saarni, C., Campos, J., Cameras, L., & Witherington, D. (2008). Principles of emotion and emotional competence. In W. Damon & R. Lerner (Eds.), *Child and adolescent development* (pp. 361–405). New York: Wiley; and Saarni, C. (2000). Emotional competence. In R. Bar-On & J. Parker (Eds.), *The handbook of emotional intelligence* (pp.75–76). San Francisco, CA: Jossey-Bass.

出生时，婴儿可以通过持续的关注来表达兴趣，用厌恶来表达对难闻的气味的反应。在 4 周时，婴儿开始以微笑来表达对人声的愉悦感。4 个月时，婴儿在磨牙玩具被拿走时会首次表现出悲伤和愤怒的反应。9 个月时，婴儿对于分离的恐惧会通过明显的面部表情表现出来。婴儿在出生后的第一年里也表现出越来越复杂的能力，以区分他人表达的积极和消极情绪。一旦他们具备了理解物体恒常性的认知技能，他们在躲猫猫等游戏中的能力就会得到发展。第一年年末，孩子们的社会参照也会出现，孩子们通过关注养育者的情绪表达来学习在特定情境下表达合适的情绪。

学步期

在出生后的第二年，学步期的儿童对自己情绪反应的意识逐渐增强。当父母对他们自主和探索的需求加以限制时，他们会表现出易怒或烦躁不安。这种烦躁通常被称为"可怕的 2 岁（terrible twos）"。出生后的第二年，婴儿表现出更多对情绪状态的口头表达和更多涉及自我意识和自我评价的情绪表达，例如羞耻、骄傲或腼腆。这是因为他们的认知能力使他们能够开始从他人的角度思考自己。在人际关系中，学步期儿童表现出基本的共情和利他行为。他们越来越容易预测出在特定情境下自己对他人的感受。

学前期

2—5 岁的学龄前儿童越来越多地使用语言来调节情绪。他们使用内心语言和与他人的对话来调节情绪。在这一时期，学龄前儿童会越发地在游戏中去假装表达情绪。学龄前儿童更容易察觉到他人所经历的情绪。学龄前儿童越来越意识到他们可以通过错误地表达情绪来误导他人的感受。在学龄前阶段，儿童也会发展出更复杂的共情和利他行为。

幼儿园期

5—7 岁的儿童越来越多地调节涉及自我意识的情绪，例如尴尬的情绪。养育者在调节情绪方面也给予儿童更大的自主权。这个年龄段的孩子在同龄人面前表现出很酷的情绪状态，也逐渐运用社交技能来处理自己和他人的情绪。在这一时期，儿童逐渐理解情绪叙事的结构，并认识自己在其中的角色。

童年中期

7—10岁的儿童更喜欢自主调节情绪,而不是像以往那样让养育者参与这个过程。当儿童不太能控制过高的情绪需求时,他们会用疏远策略来管理情绪,即更多运用情绪表达来调节关系的亲近和疏远。儿童意识到他们会对同一个人产生多种相互冲突的情绪,他们也有可能会对自己喜欢的人感到愤怒。儿童在多种情境中运用自己和他人情绪的信息和记忆来帮助建立和维系友谊。

青春期前

在青春期前,即10—13岁,儿童能高效运用多种策略来自主调节情绪和管理压力。他们能分清对亲密朋友的真实情绪表达和对他人展现的情绪管理。他们意识到社会角色和情绪叙述结构在建立和维系友谊中的作用。

青春期

13—20岁,青少年对复杂的情绪周期有了更多认识。例如,对生气感到内疚,或为感到害怕而羞耻。在青春期,青少年更多地使用复杂的策略来自主调节情绪。这些自我调节策略受到道德原则、什么是对或什么是善、什么是错或什么是恶的信念影响。除了对道德的关注之外,自我表现策略也常被用于印象管理。青少年逐渐意识到相互的情绪自我披露(自我经历表述)在维系友谊方面的重要性。

依恋、情绪能力和情绪智力

情绪能力的发展最初发生在家庭环境中。对父母(或养育者)产生安全依恋的孩子会发展情绪能力。[46]如果他们的父母敏感地注意到他们对安全、保障和身体照顾的需求,并且能对儿童发出的需求做出积极响应,孩子们将会意识到父母是他们探索世界的安全保障。提出依恋理论的约翰·鲍尔比(John Bowlby)认为,依恋行为是编程基因编程的,对物种的生存至关重要,在儿童6个月至3岁期间,面临危险时会被激发出来。[47]在这种情况下,儿童会试图去亲近他们的养育者。当得到安慰时,他们会回到探索活动中。这种循环在孩子感知到威胁的时候会重复,他们对满足、舒适和安全的依恋需求就会被激活。经过多次重复,孩子会根据养育者管理这些事件的方式建立依恋关系的内部工作模型。内部工作模型是基于早期依恋经验的认知关系图,可作为后期亲密关系发展的模板。内部工作模型允许人们预测自我和他人在关系中的行为方式。对母子的实证研究表明，孩子与父母的依恋可分为四个不同的类别；对成年后的亲密关系的研究证实，这四种关系风格在生命周期中表现出连续性，成年后的亲密关系可分为四个同等的类别。[48]

安全型依恋的儿童和成人认为他们的父母或伴侣就像是他们探索世界的后盾。这种关系中的父母和伴侣会敏感地察觉并响应孩子或伴侣的需求。其他三种依恋风格与不安全感有关。焦虑型依恋的孩子在分离后会寻找父母，但无法从中获得安慰。他们会抱着父母哭泣或发脾气。具有这种依恋风格的人在成年后往往会要求伴侣更亲密，却又发现这引发了亲密关系中的不满。回避型依恋的孩子在分离后会生闷气，避免与父母接触。具有这种依恋类型的人在成年后往往会在情感上疏远伴侣或与伴侣断绝关系。矛盾型依恋的儿童和成人会同时表现出焦虑型和回避型依恋的特质。矛盾型依恋往往是由于儿童被父母虐待和忽视，以及父母过早缺席、离开或死亡。

依恋和情绪智力的研究主要集中在成人依恋类型，而不是亲子依恋。[49]研究表明，安全的成人依恋类型与较高的特质情绪智力和能力情绪智力相关。安全型依恋与特质情绪智力的关联要强于与能力情绪智力的相关性。另一个重要发现是，情绪智力在依恋类型和许多重要因素之间的关系中起中介作用。这些因素包括幸福感、社会适应、健康、耐受力、抑郁性反刍和孤独感。也就是说，具有安全型成人依恋风格的人报告幸福感、社会适应能力、健康和耐受力更强，抑郁反刍和孤独感也更少，因为他们的情绪智力水平更高。

情绪智力的神经生物学基础

对需要做出复杂社会判断的脑损伤患者所犯的错误进行的研究揭示了情绪智力的神经生物学基础。美国艾奥瓦大学的安东尼奥·达马西奥（Antonio Damasio）研究了双侧腹内侧前额叶皮质损伤的患者的决策错误。[50]临床观察中的发现促成了这项研究，即先前适应良好但腹内侧前额叶皮质双侧损伤的患者，其智商没有显著下降，但在规划与工作相关的活动和职场关系方面严重恶化。他们的行为导致失败，包括经济损失、社会地位下降和失去友谊。鉴于这些临床观察，达马西奥进行了一系列实验，将这些神经病变患者与智商相似但没有脑损伤的对照组参与者的决策任务表现进行比较。因此，表现的差异可能归因于腹内侧前额叶皮质的功能差异。

这些实验中的决策能力是使用爱荷华赌博任务评估的，参与者被要求从四副牌（A、B、C和D）中抽一张牌来尽可能多地赢得游戏币。如果他们从牌组A和B中抽到胜利牌，他们将获得100美元；如果他们从这些牌组中抽到失败牌，他们最多会损失350美元。然而，如果他们从牌组C和D中抽到胜利牌，他们将获得50美元；如果他们抽到失败牌，每张卡最多只损失250美元。这些参与者没有被告知这些规则，也没有被告知他们将有一百次机会从四种套牌中的任何一套中抽牌。无神经病变的对照组参与者发现，从牌组C和D中抽牌是最好的策略，因为虽然每次赢50美元的收益相对较小，但抽到失败牌带来的损失并不大（只有250美元）。相比之下，腹内侧前额叶皮质病变的参与者通常从牌组A和B中抽出大部分牌，每张牌的收益相对较大，为100美元，但这些患者没有意识到，这些短期收益被抽到失败牌所要承担的高达350美元的惩罚性长期成本抵消了。腹内侧前额叶皮质损伤的患者在赌博任务中表现出与他们日常生活中相似的决策模式——经常做出产生短期收益的决策，却没有适当考虑更重大的长期损失，特别是当长期损失的相关信息不明确、必须根据直觉和预感做出选择的情况下。

在这些赌博任务实验中，研究者测量了参与者抽牌前皮肤电导反应(Skin Conductance Responses, SCRs) 的大小，即预期生理唤醒或"直觉"的指数。随着实验的进行，健康的参与者产生了比预期更多的SCRs。他们在从有风险的牌组（A和B）中抽牌时产生的SCRs也比从更安全的牌组（C和D）中抽牌时产生的SCRs更大。因此，随着正常被试在实验中对这四个牌组的经验越来越丰富，他们的"直觉"告知他们的决策，让他们避免了有风险的牌组A和B。相比之下，腹内侧前额叶皮质病变的患者不会产生预期的SCRs，因此他们的决策不是由"直觉"决定的。这些结果表明，在无法获得有关风险结果的明确信息的复杂情况下，有效的决策是由预期的情绪反应指导的。

为了确定这些"直觉"是否只有在人们完全意识到它们的情况下才会影响决策，在另一项赌博任务研究中，参与者从四副牌组中抽十张牌后，被要求陈述他们对抽每一张牌的成本和收益的看法。这项研究的结果表明，在正常参与者意识到牌组A和B风险更大之前，他们在从这两组抽牌时就表现出更大的预期SCRs，然后倾向于更安全的牌组C和D。相比之下，即使当腹内侧前额叶皮质病变的患者完全意识到牌组A和B的风险更高时，他们也没有表现出预期的SCRs，并持续存在从这些牌组中抽取的偏好。这些结果表明，在复杂的情况下，有效的决策是由人没有意识到的预期情绪反应指导的。

达马西奥的研究表明，腹内侧前额叶皮质是神经网络的一部分，涉及来自感觉器官、杏仁核、体感皮质和岛叶皮质的神经投射。在一系列研究中，达马西奥和他的团队比较了三组有不同脑部病变的患者的反应，以确定它们的影响，病变分别为：（1）腹内侧前额叶皮质双侧病变；（2）杏仁核双侧病变；（3）右侧体感/岛叶皮质病变。他发现所有三个部分的损害都会导致无法产生预期的SCRs，并且无法学习如何对赌博任务做出安全的决定。杏仁核的双侧病变和右侧体感/岛叶皮质的病变导致对面部表情所传达的情绪强度的判断错误。在蓝屏（非条件刺激，unconditioned stimulus, UCS）与惊吓声（UCS）反复配对后单独呈现时，只有杏仁核双侧病变的患者未能发展出条件性情绪反应（SCRs）。只有右侧体感/岛叶皮质受损的患者在回忆快乐、悲伤、恐惧或激怒的情况时无法重新体验情绪。

从这些结果可以初步得出结论，杏仁核受损引起的决策障碍可能是由于发展条件性情绪反应的能力受损，这些反应使我们了解刺激物的情绪意义。右侧体感/岛叶皮质受损导致的决策障碍可能源于不能记住与特定事件相关的情绪。腹内侧前额叶皮质损伤引起的决策障碍可能是由于未能抑制应该抑制的反应。因此，在这种条件是偶然的、遥远的或象征性的情况下，此类患者很难进行高阶条件反射。

自达马西奥的开创性工作以来，广泛的研究为他在情绪智力神经生物学方面的发现提供了进一步的支持。[51] 2009年，弗兰克·范·奥弗瓦勒（Frank Van Overwalle）开展了对200项功能性磁共振成像研究的元分析，结果表明，情绪判断以及对积极和消极情绪的体验会激活内侧前额叶皮质的背侧、腹侧和上侧区域。[52]西旺·拉兹（Sivan Raz）和利胡·齐斯伯格（Leehu Zysberg）在2015年对情绪智力的神经生物学研究的文献整理中，得出了以下三个结论[53]：（1）涉及前额叶皮质、杏仁核以及脑岛和扣带皮质的回路有助于情绪智力。前额叶皮质（包括眶额叶、腹内侧和背外侧前额叶皮质）有助于情绪智力技能的形成、调节和管理。杏仁核将感觉刺激与情绪反应联系起来。脑岛和扣带回整合了情绪和认知过程；（2）较高的情绪智力与较高的神经效率相关，表现为解决情绪问题时前额叶皮质的活动较少。这类似于智商较高的人在解决认知问题时的神经效率较高；（3）相同的大脑回路和神经效率模式与特质情绪智力和能力情绪智力相关。

生成性经历和创伤可能会损害促进情绪智力的神经网络运作的效率。约瑟夫·勒杜（Joseph LeDoux）提供的证据表明，杏仁核可以独立于前额叶皮质运作，对储存在杏仁核中的事件的情绪意义的记忆可以在不涉及前额叶皮质的情况下指导决策。[54] 听觉皮质被切除的大鼠在暴露于与电击（UCS）配对的声音（条件刺激，conditioned stimulus, CS）时表现出恐惧。勒杜认为，尽管事实记忆是由海马体支持的，但对情绪意义的记忆是杏仁核支持的。海马体让我们记住大学考场在哪里，杏仁核让我们记住考试是多么令人焦虑。在紧急情况或压力下，我们的感知和反应不受海马体控制，而是由杏仁核控制。

从进化的角度来看，人脑的脑干下部在结构上类似于系统发育较早物种（如爬行动物）。大脑的上一层——边缘系统，类似于早期哺乳动物；上一层——哺乳动物的薄皮质，就像高等哺乳动物的大脑；大脑的最高层——巨大的新皮质，是人类独有的。杏仁核是边缘系统的一部分，当我们对紧急情况或使我们情绪激动的事件做出反应时，我们的反应就像早期的哺乳动物一样。腹内侧前额叶皮质是人类大脑中独特的部分。正是这种结构使我们能够以一种有节制的方式处理情绪状况。

在紧急情况下，或想起过去强烈的情绪经历时，我们大脑中理性的思考会弱化，我们的反应就像进化中更原始的哺乳动物一样。这种情况有利有弊。从积极的方面来看，新情况下的微妙信号会提醒杏仁核过去类似的紧急情况，并触发强烈的情绪记忆和快速反应，而不涉及前额叶皮质或意识，从而保护我们免受伤害。例如，在视野边缘的汽车挡风玻璃上闪烁的阳光可以触发人快速后退到人行道上以避免被汽车撞到的反应，而无须先权衡这样做的成本和收益。消极的方面是，储存在杏仁核中的一些记忆可能会引发强烈的快速情绪反应，这些反应是完全不恰当的。例如，在我的临床实践中，一位年轻的父亲告诉我，当他第一次闻到妻子的母乳气味，他就感到一股莫名的强烈怒火。他无法追溯造成此事的记忆，但后来从他的兄弟姐妹那里得知，他小时候因母亲生病而突然被停止母乳喂养。随后，他难以使用奶瓶或挤出的母乳来进食。这些经历对婴儿时期的他来说是非常痛苦的。所以这位年轻的父亲因妻子母乳的气味而产生的强烈愤怒，与他和妻子融洽的关系及对孩子的热爱没有关系。这与他的杏仁核有关，他的杏仁核已经编码了母乳气味的记忆，这份记忆会使他联想到母亲在哺乳期的缺位，母亲用一个闻起来有母乳气味的瓶子代替了她的乳房，这份经历使他感到强烈的痛苦。这种情绪记忆，由于其重要的情感意义，是在没有前额叶皮质参与的情况下触发的。具有高情绪智力的人可能意识到这些类型的反应的可能性，并且可以在自己和他人身上预测它们、避免它们或修改它们。心理治疗就是帮助人们学会识别和修改这些类型的反应。

关于情绪智力的问答

近来的研究对情绪智力的核心问题做出了解答。下文将主要介绍与情绪智力核心问题有关的元分析研究,这些研究涵盖了成百上千名被试。达纳·约瑟夫(Dana Joseph)和丹尼尔·纽曼(Daniel Newman)的元分析研究解答了七项情绪智力的核心问题,这项元分析纳入了118项研究,基于3万余名被试的情况进行了大量的相关性分析。[55] 相关性分析是统计分析的方法之一,用字母 r 表示两个变量之间相关的程度。r 的取值范围在-1到1之间,r 值为正表示两个变量正相关(例如,身高和体重),r 值为负表示两个变量负相关(例如,幸福感和抑郁)。r 的绝对值的大小表示两个变量间相关性的大小,r 的绝对值小于0.1表示两个变量之间的相关性很小,r 的绝对值在0.1和0.5之间表示两个变量的相关性为中等,r 的绝对值大于等于0.5则表示两个变量的相关性较大。

特质情绪智力与能力情绪智力之间的关系

研究表明,以自我报告形式评估的特质情绪智力和以行为表现为基础的能力情绪智力,二者之间的相关性是较低的($r = 0.26$)[55]。这是因为,情绪智力的能力测试评估的是人们的最大表现,而情绪智力的特质性测验考察的是人们的典型表现。此外,二者相关较低的另一个原因是特质情绪智力与能力情绪智力的内涵有所区别,特质情绪智力比能力情绪智力的内涵更广泛。

特质情绪智力和能力情绪智力与一般智力和大五人格之间的关系

和特质情绪智力相比,能力情绪智力与智商等认知能力指标的相关性更大(特质情绪智力:$r = 0.11$,能力情绪智力:$r = 0.25$)[55]。而特质情绪智力与大五人格的相关性高于能力情绪智力(特质情绪智力:$r = 0.29$~0.53,能力情绪智力:$r = 0.13$~0.29)[55]。这表明特质情绪智力测量了人格的一方面,能力情绪智力测量了一般智力的一方面。

情绪智力与工作表现之间的关系

特质情绪智力与工作表现之间的相关性高于能力情绪智力(特质情绪智力:$r = $

0.47，能力情绪智力：$r = 0.18$)[55]。工作内容对情绪劳动的要求会影响情绪智力与工作表现之间的关系，无论是特质情绪智力还是能力情绪智力。情绪劳动指的是识别、管理自己和他人的情绪，在高情绪劳动的工作中，情绪智力与工作表现的相关性更高（$r = 0.24$~0.59)[55]，在低情绪劳动的工作中，情绪智力与工作表现的相关性相对较低（$r = 0.01$~0.43)[55]。这一发现表明，对于销售人员、团队领导或顾问等需要与他人进行大量人际互动的职业来说，高水平的情绪智力将有助于他们在工作中的良好表现。而科学家、机械师和工厂工人的工作对情绪劳动的要求较低，所以不同水平情绪智力的人们在工作中的表现也没有较大的差别。

情绪智力对工作表现的影响比一般智力更大吗？

特质情绪智力与工作表现的相关性略高于一般智力（特质情绪智力：$r = 0.47$，一般智力：$r = 0.44$)，而能力情绪智力与工作表现的相关性远低于一般智力（能力情绪智力：$r = 0.18$，一般智力：$r = 0.44$)[55]。在高情绪劳动的工作中，特质情绪智力与工作表现的相关性比一般智力更高，但能力情绪智力与工作表现的相关性低于一般智力（特质情绪智力：$r = 0.59$，一般智力：$r = 0.37$，能力情绪智力：$r = 0.24$)[55]。这些结果与丹尼尔·戈尔曼在《情商——为什么情商比智商更重要？》中的观点一致[56]，即对一般工作而言，特质情绪智力的作用略大于一般智力；但在高情绪劳动的工作中，特质情绪智力比一般智力更能发挥作用，能力情绪智力的重要性则低于一般智力。

情绪智力对工作表现的影响比大五人格特质更大吗？

和大五人格中任意一个特质相比，特质情绪智力与工作表现的相关性都更大（特质情绪智力：$r = 0.47$；大五人格特质：$r = 0.06$~0.21)[57]。能力情绪智力与工作表现的相关性略低于大五人格特质中的责任心特质（能力情绪智力：$r = 0.18$，责任心特质：$r = 0.21$)，高于其他四项人格特质（$r = 0.06$~0.11)[57]。在高情绪劳动的工作中，能力情绪智力和特质情绪智力与工作表现的相关性（$r = 0.24$~0.59）均高于大五人格的五项特质（$r = 0.09$~0.20)[57]。

为什么特质情绪智力可以预测工作表现？

与智力和大五人格特质相比，特质情绪智力更能预测人们的工作表现。达纳·约瑟夫及同事为了探索其原因，对大量研究进行元分析，想要验证特质情绪智力之所以更能预测人们的工作表现,是因为特质情绪智力的测量内容与工作表现的预测因素有重叠。[58]七个公认的工作表现预测因素包括:一般能力,大五人格中的尽责性、情绪稳定性(低神经质性)和外向性,能力情绪智力,自我效能感和工作表现的自我评价。达纳及同事发现,特质情绪智力与这七个变量有很大的重叠,而且当控制了这七个变量的影响后,特质情绪智力与工作表现之间的相关性变得很低,几乎可以忽略不计。因此,他们得出的结论是,特质情绪智力与工作表现之间的高相关,是因为特质情绪智力的评估内容包含了认知能力、人格特质、能力情绪智力和自我感知。

能力、情绪智力、智商和大五人格特质是如何影响工作表现的?

约瑟夫和丹尼尔·纽曼通过大量元分析,总结出如图5.4所示的模型。[59]该模型指出了迈耶-萨洛维-卡鲁索情绪智力模型(该模型见图5.1)中的三个方面(管理、理解和感知)对工作表现的影响。人们对积极情绪和消极情绪的管理能力直接影响其工作表现,而情绪管理又受到情绪理解与情绪感知能力的影响。在该模型中,情绪管理、情绪理解与情绪感知影响着人们的工作表现,同时它们也受到认知能力、大五人格特质中尽责性与情绪稳定性(低神经质)的影响。其中,尽责性影响着情绪感知,因为尽责

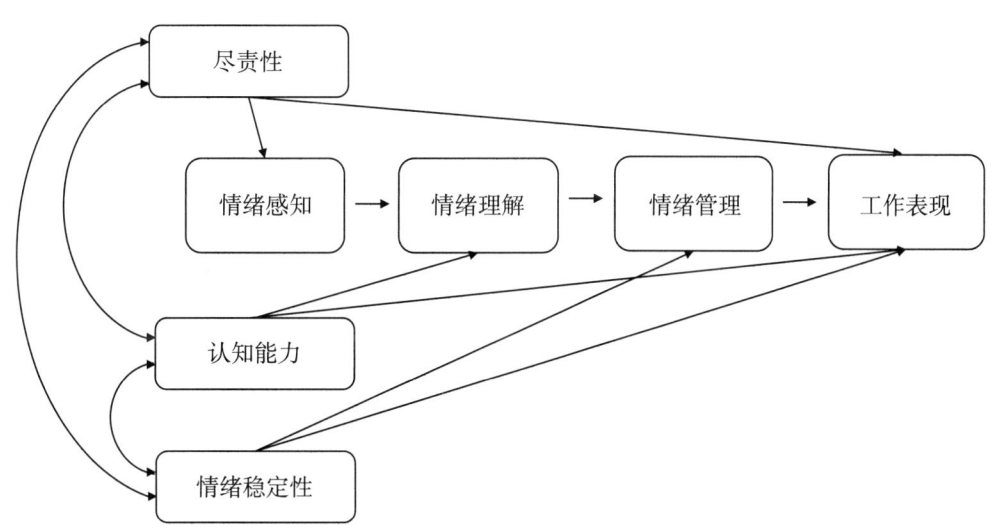

图5.4 约瑟夫和纽曼提出的情绪智力与工作表现关系的模型

注:Reproduced with permission of the American Psychological Association from Figure 1, p. 56, in Joseph, D. L., & Newman, D. A. (2010). Emotional intelligence: An integrative meta-analysis and cascading model. *Journal of Applied Psychology, 95*(1), 54-78. Copyright © 2010 American Psychological Association. Permission conveyed through Copyright Clearance Center, Inc.

性较高的人更善于发现自己或他人的情绪并加以管理。认知能力影响情绪理解,因为智力高的人能够更好地理解复杂的情绪。情绪稳定性影响着情绪管理,因为情绪越稳定的人其自我调节能力越强。

该模型提出,认知能力、尽责性和情绪稳定性对工作表现有直接影响,也通过影响情绪智力的各个方面来间接影响工作表现。约瑟夫和纽曼提出的模型对整合理论与实证研究做出了重要的尝试。

情绪智力是否与工作满意度、工作态度和组织行为相关?

苗超(Chao Miao)、罗纳德·汉弗莱(Ronald Humphrey)和钱珊珊(Shanshan Qian)的3项元分析研究表明,特质情绪智力、能力情绪智力与工作满意度、工作态度之间的关系,受到工作资源、工作绩效和积极情感的中介作用。[60]情绪智力水平高的员工能拥有更多的工作资源,从而更好地完成工作,并在工作中体验到更多的积极情绪,这些都能提高他们的工作满意度。特质情绪智力和能力情绪智力与两种重要的工作态度——组织承诺和离职意愿密切相关。情绪智力水平更高的员工对工作集体的忠诚度更高,离职意愿更低。特质情绪智力和能力情绪智力与组织行为呈正相关,与怠工行为呈负相关。情绪智力水平更高的员工会表现出更多有建设性的组织行为,表现出的怠工行为更少。

高效领导者的情绪智力更高吗?

一系列元分析研究表明,情绪智力与变革型领导、建设性的冲突管理和员工工作满意度相关。[61]在工作中,高情绪智力的管理者更擅长担任变革型领导,并建设性地处理工作中的冲突问题。因此,他们的员工也会表现出更高的工作满意度。变革型领导是指管理者通过提高员工士气、激发员工的工作动力和优秀表现[62],让员工意识到自己的工作和责任来获取认同感和使命感,激励员工承担更多的工作责任,能够根据员工的优势和劣势来分派工作任务,进一步优化他们的工作表现。

情绪智力是否与学业成绩相关?

卡罗琳·麦卡恩及同事在2020年发表了一篇纳入150余项研究、42 000余名被试的元分析研究。[63]这项元分析发现,情绪智力与学业成绩的相关性为0.20。这项元分析中的被试涵盖了小学、中学和高校的学生。与自我报告的特质情绪智力相比,能力情绪智力与学业成绩的相关性更高。情绪智力是学业成绩的第三大预测因素，仅次于智商和尽责性。能力情绪智力对人文学科的预测作用要强于能力情绪智力对科学学科的预测作用。麦卡恩认为，情绪智力与学业成绩之间的相关可能存在三种机制：第一，情绪智力可能通过调节学生在学校里的情绪来促进学业成绩；第二，情绪智力可以让学生在学校中建立良好的社会关系，进而提高其学业成绩；第三，情绪智力还可能帮助他们更好地理解学科课程中关于情绪的知识。

情绪智力是否与幸福感相关？

尼古拉斯·桑切斯·阿尔瓦雷斯（Nicolás Sánchez álvarez）及同事于2016年对25项研究、8500多名被试进行元分析，结果发现情绪智力与主观幸福感之间存在中等强度的相关（$r = 0.32$）。[64]情绪智力较高的人们报告了更高的主观幸福感。主观幸福感包括认知部分和情绪部分，其中，情绪智力与认知部分的相关（$r = 0.35$）高于情绪智力与情绪部分的相关（$r = 0.29$）。特质情绪智力与主观幸福感的相关（$r = 0.38$）比能力情绪智力与主观幸福感的相关（$r = 0.22$）更高。

情绪智力是否与正念相关？

在2018年的纳入19项研究、4700余名被试的元分析中，苗超及同事发现情绪智力与正念存在高相关（$r = 0.48$）[65]，高情绪智力的人们报告了更多的正念。

情绪智力是否与健康相关？

2010年，亚历山德拉·马丁斯（Alexandra Martins）及同事收集涵盖了19 000余人样本量的80项研究，进行了元分析。[66]结果发现，高水平情绪智力与更加良好的健康状况相关。情绪智力与心理健康呈正相关（$r = 0.36$），与身体健康呈正相关（$r = 0.27$），与身心健康呈正相关（$r = 0.33$）。情绪智力同样可以作为慢性疲劳综合征等病症的指标。与能力情绪智力相比（$r = 0.17$），特质情绪智力与健康的相关性更高（$r = 0.34$）。

大量研究表明，情绪智力与一系列心理健康问题呈负相关，如抑郁、焦虑、饮食失调、物质滥用、自杀倾向、攻击、精神障碍和精神病等。[67]高水平的情绪智力与低水平的心理健康问题相关。

为了明确哪些行为因素或生理因素可以解释情绪智力与健康之间的关系，研究者在2019年进一步开展了元分析研究。[68]通过对纳入45 000余名被试的106项研究进行分析，研究者们发现，情绪智力与睡眠质量（$r = 0.36$）、社会支持（$r = 0.33$）、健康的饮食习惯（$r = 0.20$）及体育活动（$r = 0.17$）呈正相关。情绪智力与物质滥用（$r = -0.10$）、刺激情境下的下丘脑-垂体-肾上腺激活（$r = -0.27$）呈负相关。下丘脑-垂体-肾上腺激活是刺激情境下人们做出应激反应的生物指标。总体而言，这些结果都表明，与情绪智力水平较低的人们相比，高情绪智力的人们往往拥有更好的睡眠质量、更多的社会支持、更健康的饮食习惯，会更积极地参与到体育活动中，同时他们较少会滥用物质，在应激情境下他们也会表现出较低的生理反应。这一系列因素或许可以解释情绪智力与健康之间的相关。

情绪智力是否与孩子的社交能力和行为问题相关？

克里斯托弗·特伦塔科斯塔（Christopher Trentacosta）和萨拉·法恩（Sarah Fine）在2010年对涉及5000多名儿童的63项研究进行了元分析。这些研究通过DANVA等工具来测量儿童情绪智力的分支——情绪知识。[69]他们发现，情绪知识与社会能力之间存在较弱的正相关（$r = 0.22$），与内在或外在的问题行为存在较弱的负相关（$r = -0.17$）。这些结果表明，与情绪知识水平低的儿童相比，情绪知识水平高的儿童社会能力更强，内化和外化行为问题更少。

情绪智力是否与人际关系满意度相关？

约翰·马卢夫（John Malouff）及同事对纳入600多名被试的6项研究进行元分析，结果发现，情绪智力与亲密关系满意度之间呈中等强度相关（$r = 0.32$）。[70]这可能是因为情绪智力较高的人们能够更好地感知、理解自己和伴侣的情绪，并通过情绪信息来优化伴侣间的亲密关系、解决情感问题。他们也更擅长调节自己的情绪，在最大程度上提高亲密关系满意度。此外，也可能是因为高情绪智力的人们更能够选择到适合自己的伴侣。

提高情绪智力

无论是在学校还是在工作场合，一些声称能够提高情绪智力的项目越来越多。但其中只有一部分是基于实证或研究的。

在学校中提高情绪智力

社会情绪学习是能够提高儿童和青少年情绪智力的教育项目,它在学校中发展迅速。[71]美国学业、社会与情绪学习联合会明确了社会情绪学习项目旨在提高儿童青少年的五大能力:自我意识、自我调节、社会意识、人际关系和负责任的决策。自我意识是指能够准确认识自己情绪、想法及其对行为的影响的能力。自我调节是指能够在不同情境下有效调节自己的情绪、想法和行为的能力。社会意识是指能够对来自不同背景、不同文化的人们产生共情的能力。人际关系知识是与不同人们、不同群体建立并维持积极关系的能力,它包括沟通、倾听、合作、抵抗不恰当的社会压力、建设性地解决冲突、在必要时刻寻求帮助或提供帮助等技能。负责任的决策是指基于道德标准、安全考量、行为后果,对自身行为做出评估和选择的能力。

美国芝加哥大学的约瑟夫·杜拉克(Joseph Durlak)及同事对纳入270 000多名儿童的213项研究进行元分析,结果发现,与对照组相比,学校开展的普遍性社会情绪学习项目对一系列结果产生了积极影响。[72]社会情绪学习项目对儿童的社会及情绪技能有中度影响,对改善亲社会行为、提高学业成绩和减少问题行为的影响虽然较小但是显著。这些积极的影响在6—12个月后仍得以保持。采用循序渐进的训练方法,积极的学习方式,给技能发展留出充足的时间,有明确的学习目标,还要按照设计者的意图实施,能让社会情绪学习项目取得更好的结果。他们的另一项元分析纳入了97 000名被试,这项元分析的结果表明,社会情绪学习项目对青少年的积极发展也有长期影响,可以在项目干预结束后持续影响18年之久。[73]

RULER是由美国耶鲁大学的马克·布拉克特(Marc Brackett)及同事开发的社会情绪学习项目。[74]RULER是以证据为基础、在全校实施的项目,已经被大量研究证实可以有效提高学生的社会情绪能力和教师幸福感。RULER是基于迈耶-萨洛维-卡鲁索的情绪智力理论设计的。RULER是由五个重要社会情绪技能的首字母缩写组成。RULER项目旨在帮助教师和儿童青少年识别(recognising)、理解(understanding)、归类(labelling)、表达(expressing)和调节(regulating)情绪。RULER项目包含四个核心部分:公约、情绪测量仪、情绪调整方法和问题解决指南。

公约是学校教师和学生共同制定和认可的规范。公约主要包含两个关键问题:我们想要怎样的感受,我们如何确保每个人都有这样的感受?公约制定完成以后,教师和学生都要在上面签上自己的名字。为了帮助大家都体验到想要的感受,公约会制定一些行为规范，来维持积极的情绪氛围。

情绪测量仪可以帮助教师和学生讨论自己的感受，并对情绪进行细微的划分。情绪测量仪通过两个垂直的坐标轴划分了四个象限，x轴表示情绪从愉快到不愉快的程度，y轴表示情绪从强烈到微弱的程度。每个象限有不同的颜色。积极而强烈的情绪象限是黄色的，包括高兴、兴奋等情绪；积极但微弱的情绪象限是绿色的，包括平静、放松等；消极且强烈的情绪象限是红色的，包括愤怒、恐惧等情绪；消极但不强烈的情绪象限是蓝色的，包括悲伤、孤独等。

情绪调整方法是指在困难情况下调节情绪的策略。RULER提供了四个步骤：第一步，通过识别认知、生理、行为的变化来识别情绪；第二步，暂停、呼吸；第三步，在脑海中想象一个最好的自己——也就是你想成为的那个人；第四步，在行动前选择并适用一个有效的情绪调节策略。

问题解决指南是指冲突管理策略。在冲突产生时，每个人都要回答"我现在的感受是怎样的？""是什么引发了我的情绪？""我是如何表达和调节我的情绪的？""对方现在会是什么感受？""引发他产生这种情绪的原因是什么？""他是如何表达和调节自己的情绪的？"等问题。这些问题可以让人们了解自己，同时与他人产生共鸣。回答完这些问题后，他们还要回答最后两个问题：我本可以怎样做来处理这种问题？我现在能做些什么？问题解决指南有助于儿童修复人际关系，并恢复班级内积极的气氛。

RULER项目会提供一套系统的在线操作程序，包括为期1年的领导者及教职工培训、将RULER项目融入学科教学、利用RULER项目制定学校政策及实践计划以及增加家园协作促进儿童情绪智力的发展。

在工作场合中提高情绪智力

情绪智力训练项目能让人们的情绪智力有所提高。维多利亚·马丁利（Victoria Mattingly）和库尔特·克莱格（Kurt Kraiger）对58项研究进行了元分析，萨比娜·霍季奇（Sabina Hodzic）及同事对24项研究进行元分析。[75]这2项元分析研究都涵盖约2000名成年被试，这些被试都是大学生并在各行各业工作，包括零售、银行、执法、教学、医疗等行业。这2项元分析都表明，情绪智力训练项目在结束后可以使人们的情绪智力得到即时提高，并能够在一段时间后的随访中得以保持。下面这个例子就是元分析中包含的研究之一。

美国加利福尼亚州立大学商业与经济学院的凯文·格罗夫斯（Kevin Groves）及

同事开展了研究，目的是明确商业课程中员工情绪智力培训的影响。[76]实验分成两组，其中75名被试作为训练组，60名被试作为控制组。训练组的被试需要完成为期11周的、以迈耶-萨洛维-卡鲁索情绪智力模型为基础的干预训练。控制组的被试需要完成一项常规的本科生管理课程，这项课程完全没有涉及与情绪智力相关的内容。结果发现，接受情绪智力干预训练的被试比干预组被试表现出更高的情绪智力。训练组被试学习了迈耶-萨洛维-卡鲁索情绪智力模型的四个要素。在干预训练初期，他们完成了基于该模型的自我评估量表并得到了反馈。根据反馈内容，他们设定了三个与发展情绪智力技能相关的目标。在导师的引导下，他们设计并完成了能够帮助自己实现目标的技能练习。他们也会定期回顾这些目标的进度，积极地解决阻碍目标实现的困难。在整个训练过程中，他们会与同伴协作、与导师商议并坚持在日记中记录他们情绪智力技能发展和目标实现的情况。他们也会学习一些课程，在课堂上观察榜样是如何运用情绪智力技能来解决问题的，并通过角色扮演、练习和反馈来发展这些技能。他们还会欣赏并讨论一些与情绪智力技能相关的电影片段，阅读戴维·卡鲁索和彼得·萨洛维所著的《高情绪智力的管理者》（*The Emotionally Intelligent Manage*）等情绪智力书籍。[77]他们还采访了自己的领导如何在工作中运用情绪智力。此外，他们需要撰写两份对同伴自我发展计划的建议，同时也会收到同伴对自己的建议，还需要撰写三份关于自我发展计划的中期报告。这个情绪智力干预项目遵循了情绪智力研究组织联盟制定的指导方针。

这些指导方针基于详尽的研究文献而制定，代表了工作场合中情绪智力改善的最佳实践。[78]首先要评估组织的需求，以明确哪些情绪智力技能对于良好工作表现是必要的，并确保要发展的情绪智力技能与组织文化氛围是一致的。这些情绪智力技能可能包括情绪感知、情绪理解、情绪运用与情绪管理。评估哪些情绪智力技能对其工作内容是必要的。在一个安全的、支持性的环境中，对员工进行情绪智力测验并为其提供反馈报告，目的是尽量降低员工的抵触和防御情绪。员工可以自主决定是否要参加情绪智力训练项目，并且在项目中员工可以自主设定发展目标。鼓励员工参加训练项目和发展性活动。将训练目标与员工的个人价值观相结合，以提高他们的动机。向员工展示情绪智力技能的确可以通过干预训练而得到提高，激发员工积极的、可实现的目标期望，将直接影响训练的结果。判断员工是否已经做好接受训练的准备，如果他们还没有准备好，那么干预的重点则在帮助他们做好心理准备。发展培训导师与员工之间的积极关系，并鼓励员工自主学习。设立明确的目标，除了大目标以外，还要设定多个更小的、可操作的目标。通过现场演示或播放演示录像，为员工说明如何在工作场合中应用情绪智力。运用积极的、经验性的方法来帮助员工掌握情绪智力技能。在训练项目中为员工提供练习情绪智力技能的机会，并对员工的技能掌握情况和目标实现情况给予定期的反馈。鼓励员工与他人组成互助小组，在训练项目中互相支持。帮助员工理解他们的想法、感受和行为是如何对自己及他人造成影响的。鼓励员工不要将失误当作失败，而将失误看作提高自己情绪智力技能的机会。鼓励员工在工作中主动运用情绪智力技能。在集体中形成学习新技能的文化氛围。在训练前、训练后以及定期随访中评估员工情绪智力技能的发展，不仅要将情绪智力技能量表得分作为评估标准，还要考量他们在工作中的表现以及旷工率等职业适应指标。

提高自己的情绪智力

专栏5.4中提供了一些有助于提高情绪智力的策略。这些策略大多出自本章提及的情绪智力研究和心理治疗研究。[79]

专栏5.4　情绪智力提高策略

维度	策略
设定情绪目标	考虑一下你与家人、朋友的生活，以及你的教育或工作情况，并回答这些问题： ·你想要怎样的感受？ ·你希望别人有怎样的感受？ ·为了实现这些情绪目标，你会怎样做？
监控情绪	·坚持记录每一个情绪变化的时刻 ·记录要点： 　·导致情绪变化的行为事件（A） 　·导致情绪变化的想法或信念（B） 　·情绪发生了哪些改变（C） ·评估情绪变化 　·用10点评分法评估情绪的强烈程度，1—10表示强度较低—非常强烈 　·用10点评分法评估情绪的愉悦程度，1—10表示非常不愉悦—非常愉悦 ·描述这种情绪。例如： 　·高强度的积极情绪：激动、快乐、乐观、主动

(续)

	・低强度的积极情绪：放松、满足、感恩、爱 ・高强度的消极情绪：生气、紧张、恐惧、震惊 ・低强度的消极情绪：沮丧、伤心、悲观、孤独
处理困难情境	・通过注意你的感受、想法和行为的变化来识别这种情绪 ・停下一切想法和行为，进行三组深呼吸，每组吸气3秒，呼气6秒 ・在脑海中想象最好的自己，也就是你真正想成为的那个人 ・在冲动地处理消极情绪之前，选择并使用一个有效的策略来管理你的情绪。例如： 　・深吸气3秒，呼气6秒，让自己充分体验并接纳由消极情绪引发的情绪感受。当这样做时，这些情绪感受会慢慢变得平和而微弱 　・换一种积极的或幽默的视角来看待这件事 　・做点其他事情来分散注意力 　・离开当下的情境 　・寻求朋友的支持
解决冲突	・思考下列问题可以帮助你明晰冲突中你的感受： 　・我感觉如何？ 　・是什么引发了我的情绪？ 　・我如何表达和调节我的情绪？ ・思考下列问题可以帮助你明晰冲突中他人的感受： 　・他感觉如何？ 　・是什么引发了他的情绪？ 　・他怎样表达和调节自己的情绪？ ・思考下列问题可以帮助你反思自我并制订行动计划： 　・我本可以做些什么来更好地处理这种情况？ 　・我现在能做什么？
调节抑郁、焦虑和愤怒	・调节抑郁：尽量避免卷入会引发消极情绪的情境，将注意力转向情境中不会引发痛苦的方面，坚定地挑战引发痛苦的人，挑战悲观信念和完美主义信念，保持积极主动，获得他人支持 ・调节焦虑：挑战焦虑导向的思维，模拟引发焦虑的情境来提升勇气，用应对策略减少焦虑 ・调节愤怒：避免卷入挑衅情境，关注情境中不令人痛苦的方面，果断地要求挑衅的人不要挑衅，站远点，练习共情
交流	・当你在倾听时，不带有批判性

(续)

	· 先把自己的想法和情绪放一放
	· 总结你听到的内容
	· 评估自己的总结是否准确
	· 当你在讲话时,确定你想表达的观点
	· 组织好话语
	· 清晰地表达
	· 观察别人是否理解了你的表达
	· 陈述你的观点,不要攻击、指责或生闷气
	· 如果有必要,重复你的观点
问题解决	· 把大而模糊的问题拆解为多个小而具体的问题
	· 用可解决的语言来定义这些问题
	· 关注问题本身,而不是人
	· 考虑多种解决方案
	· 分析每种解决方案的优点和缺点
	· 选择最佳解决方案
	· 实施解决方案
	· 提前预想可能遇到的挫折和解决方法
	· 关注问题解决的进展
	· 如有必要则重复上述步骤
	· 庆祝问题的成功解决
发展孩子的情绪智力	· 理解婴儿对生理照顾和情绪关怀、可控性、智力刺激因素的需要,并尝试去满足他们,这将有助于他们形成安全型依恋
	· 帮助孩子理解他们的情绪:对情绪归类(按照强-弱、积极-消极划分),讨论哪些想法或行为导致了他们的情绪
	· 帮助孩子学会调节自己的情绪:示范如何识别情绪,暂停自己的想法和行为并进行深呼吸,头脑中想象最好的自己是怎样的,选择一个有效的策略来调节情绪(如分散注意力、用幽默的想法来看待此事、自我对话、放松等),当孩子在沮丧或焦虑情境中运用这些策略时给予他们赞扬和鼓励
	· 帮助孩子学会应对冲突:讨论生活中发生冲突的情境,询问孩子引发冲突的原因,询问孩子自己和对方的感受以及双方是如何表达情绪的,引导孩子思考双方本可以怎样做来应对冲突以及现在双方可以怎样做
	· 帮助孩子发展交流技能和共情能力:了解并讨论特殊情境如何引发他人的特殊情绪
	· 帮助孩子发展合作能力:示范并邀请孩子共同参与问题解决

"热门智力"：情绪、个人和社会智力

情绪智力与人格智力、社会智力并称为"热门智力"。[80]情绪智力被简单定义为"处理、判断、应用情绪信息的能力"，它可以帮助人们体验到自己或他人想要达到的情绪状态。人格智力是一种推断人格个性的能力，包括动机、情绪、想法、自己和他人的人格特征等方面。人格智力可以帮助人们实现令自己满意的生活以及与他人理想的互动。[81]社会智力是一种理解和思考群体内部及群体之间的社会规则、社会角色、关系、依恋类型、文化习俗及制度的能力，它能帮助人们融入不同群体。[82]这三种热门智力包含了更大层面上的人类机能：情绪、个性和社会系统。针对这三种智力的评估，现在已经研究出多种评估量表。目前人们认为这三种智力是相互独立的，然而，未来研究可能会认为，这三种智力可能都是另外一种与人类各方面机能都相关的重要智力的组成部分。

争议

情绪智力作为一个较新的研究领域仍然存在很多争议。如爱德温·洛克（Edwin Locke）等对情绪智力持批判态度的研究者认为，情绪智力是一个无效的概念。[83]一方面，情绪智力并非智力的另一种形式；另一方面，情绪智力的定义太宽泛，以至于难以被准确地理解。而认为情绪智力有意义的研究者们又分为两个阵营，一个阵营认为情绪智力是一系列能力，另一阵营则把情绪智力定义为一系列人格特征。前者的主要争议在于，能力情绪智力的评估与智商测验不同，能力情绪智力测验的正确答案的标定，要么是由大部分被试或专家小组认可而得出的（共识法或专家法），要么是参考情绪智力理论而得出（专家法的变式）。[84]通过能力情绪智力测验得出的分数，可能难以准确反映人们处理情绪信息的能力，而更多的是反映人们词汇量的大小、对社会规范的遵循程度、对情绪理论知识的掌握以及刻板印象判断等，或是这些因素的相互作用。而将情绪智力定义为人格特征也同样存在争议。[85]首先，特质情绪智力是以自我报告的形式评估，但人们通常难以准确地判断自己的能力。其次，特质情绪智力测验较少评估到大五人格测验没有评估到的部分，以及能力情绪智力测验评估到的部分。此外，

伦理和道德行为是否也应被纳入情绪智力的结构中，情绪智力是否应该与道德品质、道德行为和社会规范区分开，这些问题都悬而未决。[86]

从理论的角度来看，情绪智力是否应该被定义为包括道德行为和抵抗遵守奴隶制、种族隔离制度或纳粹主义社会规范的社会压力？从另一方面来看，这是不是在否认可能存在自恋、马基雅维利主义、心理病态但情绪智力水平很高的人，他们能够敏锐察觉别人情绪上的致命弱点，但不道德地利用这些弱点来操纵别人。尽管存在这些争议，但是运用情绪智力的研究成果促进教育教学、工作组织和临床干预项目的发展还是十分有必要的，这也是情绪智力十分重要的原因之一。

总结

人们对情绪智力的兴趣始于20世纪90年代丹尼尔·戈尔曼的畅销书《情商——为什么情商比智商更重要？》。在学术研究中，情绪智力被定义为处理情绪信息的能力或人格特征。这两种定义各有优缺点，但这两种定义的支持者都一致认为，情绪智力测验的分数与其他心理特征（如智商、人格特征）相关，也与一系列个人、社会、学业和工作的适应性行为相关。

研究者编制了特质情绪智力测验和能力情绪智力测验。迈耶-萨洛维-卡鲁索情绪智力测验（MSCEIT）是评估人们能力情绪智力的主要测评工具。巴昂的情商量表（EQ-I）主要用于评估人们的特质情绪智力。

在蔡德纳的投资模型中，情绪智力的发展取决于三个相互作用的过程：(1) 由基因和生物基础决定的气质类型；(2) 基于规则的情绪能力学习；(3) 自我意识，情绪调节策略。儿童期情绪智力发展的研究表明，人们的情绪智力是从婴儿期到成年期逐渐发展起来的，这些技能包括情绪调节能力、情绪表达能力和人际关系机能。儿童早期对抚养者的安全性依恋关系到他们情绪能力的发展。安东尼奥·达马西奥在研究脑损伤患者对复杂社会问题的判断时发现，有一些神经网络可能与情绪智力相关，包括杏仁核、前额叶皮质、体感和岛叶皮质，以及来自感觉器官的神经投射。高水平情绪智力与较高的神经效率相关，这意味着在解决情绪问题时，前额叶皮质的活动较少。

最近的研究表明，能力情绪智力与特质情绪智力之间的相关性很小。能力情绪智力与智力的相关更大，特质情绪智力与大五人格特质之间的相关更大。和能力情绪智力相比，特质情绪智力与工作表现的相关性更高，但能力情绪智力和特质情绪智力与工作表现的相关性都在高情绪劳动的职业中更明显。与智商、大五人格特质相比，特质情绪智力也与工作表现呈现出高的相关性。除大五人格特质中的尽责性特质以外，能力情绪智力与工作表现的相关性高于大五人格特质中的另外四项。特质情绪智力与工作表现之间相关性异常高，这可能是因为特质情绪智力测验的内容涵盖了认知能力、大五人格特质、能力情绪智力和自我感知。约瑟夫和纽曼结合相关理论和实证研究，提出了情绪智力、认知能力、人格特质对工作表现产生影响的模型。该模型指出，情绪智力的三个方面——情绪管理、情绪理解和情绪感知对工作表现产生影响，这三个方面受到认知能力、尽责性和情绪稳定性的影响。员工的特质情绪智力与能力情绪智力都与工作满意度、工作态度和组织行为相关。在工作组织中，情绪智力更高的领导者更擅长变革型领导风格和建设性的冲突管理，他们的员工报告了更高的工作满意度。

情绪智力与学业成绩、主观幸福感、正念、健康和人际关系呈正相关。对于儿童来说，情绪智力与社交能力和适应性行为相关。

学校社会情绪学习干预项目的研究表明，此类项目可以有效提高儿童青少年的情绪智力。工作中开展情绪智力干预项目的研究表明，这些干预同样产生了积极的效果。

情绪智力与人格智力、社会智力并称为"热门智力"。这三种智力与情绪、个性和社会系统相关。

关于情绪智力这一概念的有效性、情绪智力是作为一种能力还是一种人格特质、伦理和道德行为是否也应被纳入情绪智力的结构中，这些问题仍存在争议。

关键术语

能力情绪智力（Ability emotional intelligence）：处理和运用情绪信息的能力，包括情绪感知、情绪运用、情绪理解和情绪管理的能力。

依恋理论（Attachment theory）：鲍尔比的依恋理论是指，抚养者能够满足孩子的需求并及时对孩子的需求做出反应，孩子就会形成与抚养者的适应性相互作用，并且把抚养者视为他们探索世界的安全基地。如果抚养者难以满足孩子的需求或对他们的需求反应迟钝，孩子就会形成不安全型依恋。童年期的依恋风格会影响他们成年后的亲密关系。

大五人格特质（Big Five personality traits）：大五人格理论认为人格由五种特质组成，分别是神经质（或情绪稳定性）、外向性、开放性、尽责性和宜人性。

IQ（Intelligence quotient）：智力商数，是通过语言、数学和视觉空间能力的标准化测试评估的一般智力指数。

人格智力（Personal intelligence）：对人格和人格相关信息进行推理的能力，包括自己和他人的动机、情感、思想和人格特质等，使自己能够过上令人满意的生活、与他人进行理想的互动。

心理测验的指标（Psychometric properties）：信度和效度是心理测量的指标。信度是指心理测验结果的一致性、稳定性及可靠性。效度测量工具或手段能够准确测出所需测量的事物的程度。效度是指测量到结果能够反映所想要考察内容的程度。

信度（Reliability）：心理测验结果的一致性和稳定性。内部一致性信度是指心理测验中所有题目之间相关联的程度。重测信度是指人们两次测验结果之间相关联的程度。

社会智力（Social intelligence）：了解、推断群体内部和群体之间的社会规则、社会角色、社会关系、依恋类型和社会权力等文化和习俗的能力，能够帮助人们融入不同群体。

特质情绪智力（Trait emotional intelligence）：对个人特征的一系列自我感知，其中一些是感知、理解和管理情绪的能力，另一些是支持情绪功能的积极人格特征。

效度（Validity）：心理测验结果反映其想要考察内容的程度。效标效度是指测验与能够衡量测验有效性的参照标准之间的相关程度。因素效度是指测验实际测量得到的因素结构与理论构想的因素结构之间的一致程度。

个人发展问题

1. 在过去的1个月，你有哪些成功识别并管理自己和他人情绪的经验？
2. 你在自己和他人身上发现了哪些情绪？
3. 你有哪些管理自己情绪的技巧？
4. 你有哪些管理他人情绪的技巧？

5. 在过去的1个月，有哪些时候你发现识别和管理自己或他人的情绪是至关重要的，自己却没有成功做到？
6. 你很难在自己和他人身上识别哪些情绪？
7. 在管理自己的情绪方面，你希望获得哪些技能？
8. 你现在可以采取什么行动来培养这些技能？
9. 这些行动的成本和收益是什么？
10. 运用第一章提及的幸福量表，分别评估采取行动之前和之后的幸福感。

思考题

1. 比较能力情绪智力和特质情绪智力。
2. 你认为关于情绪智力最重要的研究发现是什么？

研究问题

使用本章提及的关键词，如情绪智力，结合健康、满意度、人际关系、学业表现、运动、工作等关键词，在PsycINFO搜索近几年发表的研究文献，从中选择一项你感兴趣的展开进一步的研究。

拓展阅读

自助书籍

Caruso, D., & Salovey, P. (2004). *The emotionally intelligent manager: How to develop and use the four key emotional skills of leadership*. New York: Jossey Bass.

Goleman, D. (1995). *Emotional intelligence. Why it can matter more than IQ*. New York: Bantam.

Goleman, D. (1998). *Working with emotional intelligence*. New York: Bantam.

Gottman, J. (1998). *Raising an emotionally intelligent child*. New York: Simon & Schuster.

参考著作

Matthews, G., Zeidner, M., & Roberts, R. (2007). *The science of emotional intelligence. Knowns and unknowns*. Oxford, UK: Oxford University Press.

Murphy, K. (2006). *A critique of emotional intelligence. What are the problems and how can they be fixed?* Mahwah, NJ: Lawrence Erlbaum.

Stough, C., Saklofske, D., & Parker, J. (2009). *Assessing emotional intelligence. Theory, research and applications*. New York: Springer.

Zeidner, M., Matthews, G., & Roberts, R. (2009). *What we know about emotional intelligence. How it affects learning, work, relationships, and our mental health*. Cambridge, MA: MIT Press.

第六章

天赋、创造力和智慧

> **学习目标**
>
> - 能够根据伦祖利（Renzulli）的三元天赋模型、加德纳（Gardner）的多元智力理论和斯滕伯格（Sternberg）的WICS模型来定义天赋
> - 能够描述一些关于天才儿童的研究发现，包括早期天赋表现、天赋的基因和环境来源、天才儿童的家庭背景及其心理适应性以及天赋的神经生物学基础
> - 了解奇克森特米哈伊的创造力系统模型以及斯滕伯格和卢巴特（Lubart）的创造力投资理论
> - 介绍说明关于具有创造性的产品、人、流程和环境的一些重要研究发现
> - 理解解释智慧的不同概念模型，包括将智慧看作人格和认知发展的最终阶段、将智慧看作专家知识系统，以及智慧的平衡理论
> - 能够定义成长型思维和毅力，并说明其对教育和职业成功的影响
> - 理解天赋、创造力、智慧、成长型思维和毅力的实践意义

童年的天赋、成年的创造力和晚年的智慧是心理学家研究人生各阶段杰出成就的不同主题。天赋、创造力和智慧都不仅仅是传统智商测试所衡量的高水平智力。天才儿童不仅非常聪明，而且有着杰出的天赋，例如，他们可能非常善于演奏，或者几乎无须训练就能够在学龄前完成复杂的数学运算。[1]有创造力的成年人也不仅仅是聪明[2]，而且可以通过科学发现或杰出的艺术作品来挑战旧惯例、开拓新天地。智者，如圣人所罗门（Solomon），会运用深刻的理解、丰富的经验和深远的慈悲，冷静地对高度复杂的社会困局做出明智的判断。[3]天赋、创造力和智慧都是个人的优势，有可能为自己和他人带来积极的结果。

天赋

弗朗西斯·高尔顿爵士（Francis Galton, 1822—1911）和刘易斯·特曼（Lewis Terman, 1877—1956）最早开展了关于天赋的研究。高尔顿对杰出人士家庭进行了追溯研究，并于1869年出版《遗传天才》（*Hereditary Genius*）。[4]特曼对天才儿童进行了持续35年的纵向追踪研究。[5]高尔顿发现很多杰出人士同属一个家族，并得出结论：遗传决定天赋。天赋是天生的还是在后天环境中形成的，仍然是一个有争议的问题。有人认为天才儿童的天赋是大量精细练习的产物，这样的练习能够带来专业化的表现[6]，也有人认为天赋是与生俱来的。[7]有证据表明，天才儿童在练习前就表现出了杰出的天赋，同时他们也有动力不断练习运用自己的天赋。因此，遗传和环境因素相互作用，共同促进天赋的发展。[8]

在关于天赋的第二项早期主要研究中，特曼使用斯坦福－比奈智力测试筛选了1000多名智商超过140的儿童，并对他们进行了35年的追踪调查。[9]特曼发现，这群高智商儿童也表现出超常的身体健康、行为适应和道德发展。但天赋总是与良好的整体适应能力相关这一观点没有得到后续研究的支持。天才儿童和正常同龄人出现社交问题和情绪问题的比例相近。[10]

天才儿童在五个方面面临独特的挑战，这些挑战可能会影响他们的社会情绪调节。这些情况包括：他们的天赋与在学校环境中发展这些天赋的机会不匹配；他们与和自己能力、兴趣和动机相似的同龄人交往的机会有限；他们对成就的需要和与不那么有天赋的同龄人保持友谊的需要之间存在冲突；应对他们追求完美主义的冲动；人生规划的不确定感。[11]

天赋的定义

在特曼的引领下，在许多关于天赋的早期研究中，如果儿童的智商得分超过某一特定水平（通常为140）就被定义为天才儿童。然而后续研究表明，很多以这种方式定义的天才儿童，尽管成年后的生产力很高，但并不卓越。这可能是因为他们的高智商并未伴随创造力和追求卓越的动机。此外，许多视觉艺术家、音乐家等在专业领域明显表现出高天赋的人的智商水平并不到140。这些发现导致了在多维结构模型的基础上对天赋的更宽泛的定义，多维结构模型包括伦祖利的三元天赋模型[12]、加德纳的多元智力模型[13]和斯滕伯格关于成功智力与天赋的智慧（wisdom）、智力（intelligence）、创造力（creativity）综合模型（WICS）[14]。这些模型代表了这一快速发展的研究领域中具有影响力的理论立场。

伦祖利的三元天赋模型

美国康涅狄格大学教授约瑟夫·伦祖利（Joseph Renzulli）在他的三元模型中定义天赋时提出，天赋包括：（1）通过智商测验或数学、音乐或雕塑等领域的特定能力倾向测试来衡量的杰出的一般能力；（2）在具有较高能力的领域中具有创造力；（3）有投身具有较高能力的领域并且发展技能的高度动机。[15]

伦祖利对天赋的定义部分基于智力的层级模型。这一模型起源于英国的查尔斯·斯皮尔曼（Charles Spearman, 1863—1945）和美国的路易斯·瑟斯顿（Louis Thurstone, 1887—1955）的工作。斯皮尔曼应用因素分析考察了对大量样本进行的多种不同类型能力测试之间的相关性模式。[16]他发现了一个一般智力的潜在因素，并称之为"g"。此后不久，瑟斯顿采用更多的测验和略有不同的因素分析方法，却未能找到"g"，而是找到了七个独立的因素，他称之为基本心理能力[17]，包括语言理解、词汇流畅性、数字能力、空间能力、感知速度、归纳和记忆。自斯皮尔曼和瑟斯顿的早期工作以来，研究者试图调和这两种不同智力结构模型，促进了各种层级模型的发展。这些发展最终汇聚到一个三层的能力模型上，"g"或一般智力能力位于顶层，下面一层是九或十种广义能力，底层则是五十多种狭义能力。这种当代的层级模型被称为卡特尔-霍恩-卡罗尔（Cattell-Horn-Carroll, CHC）智力模型。[18]

伦祖利对天赋的定义认为，天才儿童可能在"g"或一般智力能力上得分很高，或在CHC智力模型中层级较低的能力上得分很高，或两项得分都很高，同时还要有创造力和任务投入以及追求卓越的动机。

伦祖利在其天赋理论的后期发展中提出，乐观、勇气、对某个主题或学科的浪漫情怀、对人类的敏感关切、身体和精神能量以及远见或使命感是增强与天赋发展相关的认知特征的重要因素。[19]

天赋与多元智力

美国哈佛大学的霍华德·加德纳（Howard Gardner）教授在瑟斯顿的影响下提出，

智力不是一个单一的结构，而是多样的。[20]天赋并不意味着整体能力高，而是在这些多元智力中的某一方面表现卓越。

加德纳在最初的理论中界定了七种类型的智力：语言、逻辑-数学、空间、音乐、身体运动、人际和内观。语言智力是指口语和书面语的产生和理解，澄清、说服和解释，对语言中含义细微差别的敏感性。逻辑-数学智力的核心要素是数字能力、操作抽象符号系统的能力以及探索假设陈述之间的逻辑关系的能力，这对数学、逻辑和科学都很重要。空间智力是指感知和转换视觉-空间关系的技能，对建筑或视觉艺术非常重要。音乐智力的主要组成部分是对节奏、音高和音色的敏感度。身体运动智力是指对身体运动的敏感度和控制力，这对体育和舞蹈非常重要。人际智力的主要因素是对他人意图和愿望的敏感以及以期望的方式影响他人的能力。内观智力指的是了解自己的心理优势和弱点，这对于做出明智的个人决定非常重要。在后来的理论发展中，加德纳提出还可能存在自然主义和存在主义智力。自然主义智力包括理解自然环境中的模式。存在主义智力的核心是解决有关生死和终极现实问题的非凡能力。

加德纳认为，无论个体发育还是系统发育，多元智力中的每一种智力都遵循着独特的发展过程。与每种智力相关的信息都编码在一个独特的符号系统中——例如，字母、数字、音乐符号。每种智力都与独特的核心操作相关。这些核心操作可以通过实验任务进行分析，并且可以通过心理测试评估其个体差异。每种智力都能通过脑损伤单独验证——例如，菲尼亚斯·盖奇（Phineas Gage, 1823—1860）的案例：他的前额被一根铁棒刺穿。该案例表明前额皮质损伤会导致人际智力受损，同时其他智力完好无损。[21]此外，特殊个案同样能够验证每种智力——例如，弗洛伊德（Freud）的内观智力、甘地（Gandhi）的人际智力、达尔文（Darwin）的自然智力都是非常突出的。根据加德纳的观点，天赋代表着某一种智力上的卓越能力。

斯滕伯格的WICS模型

美国康奈尔大学的罗伯特·斯滕伯格（Robert Sternberg）教授指出，智慧、智力和创造力对于成功智力的发展必不可少，而成功智力表现为天赋。[22]他的WICS模型表达了这一观点。WICS是智慧、智力和创造力的综合能力的缩写。根据这个模型，有天赋的人以创造性的方式运用智力来做事，并运用智慧辨别如何以一种对社会有重大积极影响的方式来做到这一点。该模型建立在斯滕伯格的智力、创造力和智慧理论模型的基础上。在斯滕伯格的三元智力理论中，智力被定义为运用分析智力、创造智力和实践智力（这是三种不同形式的智力），通过利用优势和弥补劣势，在社会文化背景下实现人生目标，从而选择、塑造或适应环境的能力。[23] 在斯滕伯格和卢巴特的创造力投资理论中，有创造力的人会"低买高卖"。[24] 也就是说，他们"购买"并发展出很少有人感兴趣的新想法，然后说服社会或知识社区中的其他人"购买"或采纳这些新创意。分析、创造和实践智力是创造力的基础。创造智力用于产生新想法，分析智力检验这些想法，实践智力将这些想法转化为实践成果。在斯滕伯格的智慧平衡理论中，智慧被定义为在价值观的引导下，应用实践智力和创造力实现共同利益。[25] 智慧包括在短期和长期内平衡个人、人际和超越个人（extrapersonal）的利益，并在选择新环境和适应或塑造现有环境之间取得平衡。斯滕伯格的WICS模型的核心命题是天赋是智力、智慧和创造力的综合体现。[26] 他提出了培养天才青年的三水平教育方案，帮助他们学会运用其创造智力、分析智力、实践智力、基于智慧的和道德的技能，为世界带来积极的、有意义的和持久的改变。斯滕伯格将这一过程称为积极关注公民意识和道德领导力。[27]

关于天才儿童的研究发现

目前关于天赋的研究得出了很多结论，这些结论涉及早期天赋表现、天赋的遗传和环境因素、天才儿童的家庭背景、天才儿童的心理适应性、与天赋相关的大脑加工过程以及天才儿童的成人期创造力等。

早期天赋表现

专才（savant）和奇才（prodigy）（他们在某一领域表现出色，但智商低于一般范围）在生命早期就已经在特定领域表现出极高的技能。比如，在4岁之前，专才儿童就可以在没有指导的情况下流利地阅读，或者擅长演奏乐器，或者将解决复杂的数学问题作为消遣。研究发现，卓越的技能与孤独症谱系障碍及其特征高度相关。[28] 专才儿童不同于高智商（130—140）儿童，高智商儿童在各种学术和非学术领域中都表现很好（但并不突出）。

天赋的遗传和环境因素

关于天赋的发展，一个很重要的问题就是遗传或体质因素和训练或环境因素的作用。研究观察发现了高能力的家族聚集现象，这表明天赋是部分遗传的。遗传研究也支持这一观点。[29]安娜·温克胡森（Anna Vinkhuyzen）及同事调查了1685对青少年双生子在音乐、艺术、写作、语言、国际象棋、数学、体育、记忆和知识方面的天赋[30]，发现天赋的遗传力估计值在0.5—0.9。克莱尔·霍沃思（Claire Haworth）及同事对澳大利亚、荷兰、英国和美国的11 000对6—71岁的双生子进行研究，发现高认知能力的遗传力为0.5。[31]

所有有天赋的孩子都会对其才能进行大量练习。为了在特定领域（如国际象棋或音乐）达到专家水平，这些孩子需要至少10 000小时的训练（从3岁到17岁，每天近2小时练习）。[32]这是"专家表现"假说的核心，即环境在很大程度上决定了天赋，但天赋也是强化训练的结果。然而，天才儿童的高练习率可能是天赋的结果，而非天赋的原因。也就是说，有天赋的孩子可能会有很强的动机去掌握他们的天赋，因此会大量练习。从现有证据可以合理推论，天赋是先天能力和后天练习共同作用的结果。[33]

天才儿童的家庭背景

天才儿童通常有较好的家庭背景。[34]对天才儿童进行的实证研究发现，他们并非在雄心勃勃的父母的鞭策下才有高水平的表现，也不会因此变得疏离、怨恨和抑郁。在大多数情况下，天才儿童与父母的关系是积极的。天才儿童通常生长于以儿童为中心的家庭。在这样的家庭中，父母努力工作并取得高成就，通过榜样作用影响孩子，为孩子提供智力和艺术刺激的环境，并给孩子高度的自主性，期望他们有卓越表现。我们不知道究竟是天才儿童引发了正常父母这样的养育行为，还是这种类型的养育方式培养了孩子的天赋。与缺乏良好家庭支持的天才儿童相比，来自具有高水平养育和刺激的家庭的天才孩子表现出更好的整体适应能力，也更善用自己的天赋。

天才儿童的心理适应性

劳里·马丁（Laurie Martin）及同事对天才和非天才青年的精神病理的流行病学研究进行了综合元分析，发现天才青年的焦虑水平显著低于非天才同龄人，二者在抑郁或自杀观念方面没有差异。[35]马丁等没有找到比较天才和非天才青年中双相障碍或注意缺陷多动障碍发生率的研究。这些结果并不支持天才儿童具有更多行为问题的观点。这些观点是基于个案研究或者没有控制组的队列研究。

天赋的神经生物学基础

对天赋的神经生物学研究有两个假设。[36]神经资源假设认为，天才与非天才的大脑在结构或功能上有所不同。而神经效率假设认为，天才比其他人更有效地运用大脑。

在支持神经资源假设的研究中，有充分证据表明智商与头围和脑容量呈正相关，这表明更大的大脑服务于更高的智力。[37]比如，英国伦敦大学学院的埃莉诺·马圭尔（Eleanor Maguire）及同事发现，记忆大量导航路线图的专业出租车司机的后海马体（存储环境信息的空间表征）明显大于正常对照组，驾驶出租车的时长与后海马体体积呈正相关。[38]

支持神经效率假设的研究一再表明，相较于智商低或没有特殊才能的群体，智商高或有特殊才能的人在解决其专业领域问题时，脑电结果显示的大脑活动较少。[39]这可以解释为其神经效率较高。

这些研究指向了一个合理的结论：有天赋的人的大脑可能由于遗传因素或高频练习而得到发展，促进了专家表现。而且在这种专家表现中，他们的大脑比没有天赋的人的大脑更有效地发挥着作用。

童年天赋与成年创造力

研究尚未证实天才儿童成年后会具有高度创造力。[40]大多数天才儿童长大后都会在自己的领域适应良好，成为成功的专家。但只有少数天才儿童能够成长为有创造力的成年人，对自己的领域做出重大的创新贡献。这并不意外，因为在成年期表现出创造力需要经历艰难的转变：从童年期遵守既定领域的规则并实践就能轻松达到高水平，到成年期要努力打破和改变既定领域的规则和经验。这种转变需要从主要运用聚合思维变为强调发散思维。天才儿童通常不会成长为有创造力的成年人的另一个原因可能是，有创造力的成人所需要的人格特质与天才儿童所表现出的特质大不相同。天才儿童通常是顺从的，来自提供支持且稳定的家庭。相反，有创造力的成年人通常是叛逆的，经历过童年创伤和逆境，这使他们倾向于挑战传统规则和经验。[41]在有创造力的成年人中，双相障碍和精神分裂症（精神分裂症谱系障碍易感）的比例也非常高。[42]

创造力

创造力是一个人（或团体）在特定的环境中产生既新颖又有用的产物的过程。这个定义对创造性个人（或团体）、创造性产物、创造力的过程、创造力发生的环境进行了区分。早期的创造力研究主要来自精神分析、格式塔心理学和心理测量学。西格蒙德·弗洛伊德（Sigmund Freud, 1856—1939）强调，创造力的核心是非理性的初级过程思维，并认为艺术、科学和其他领域的创造性产物以一种社会可接受的方式，表达了不被接受的无意识的、攻击的和性的对权力或爱的驱动。[43]格式塔心理学家，特别是马克斯·韦特海默（Max Wertheimer, 1880—1943），关注在创造性思维过程中，转换、图形-背景反转、延迟闭合的重要性。[44]根据心理测量传统，吉尔福特（J. P. Guilford, 1897—1987）在他的人类能力智力模型的结构中区分了聚合和发散思维。[45]他开发了IQ式的测试来测量聚合思维，并开发了需要创造力参与的测试来评估发散思维。他认为发散思维能力在人群中呈正态分布，并提出在这种特质的测试中获得高分的人是创造性个人。一般认为，吉尔福特1950年在美国心理学会的开创性讲话开启了创造力心理学的现代科学研究。

关于创造力的理论有许多。[46]奇克森特米哈伊作为积极心理学领域的创始人之一，其创造力系统模型尤为重要。[47]罗伯特·斯滕伯格和托德·卢巴特（Todd Lubart）的创造力投资理论以及该理论的后续发展也具有重要意义，因为斯滕伯格在开发现代心理学方法来测量智力、天赋、创造力和智慧方面发挥了突出作用。[48]

奇克森特米哈伊的创造力系统模型

奇克森特米哈伊提出，创造力不是一个单独的过程，而是三个不同系统动态交互的整合过程。这三个不同系统分别为：有才能、人格特质和动机的个人；由符号系统、规则、技术、实践和指导范式等一系列知识组成的领域；遵守同一活动领域规则的专业共同体（如艺术家、科学家、评论家、期刊编辑）。[49]因此，创造过程是某个专业共同体中提出原创想法的人与可能质疑该想法的他人之间的互动过程。从图6.1可以看出，要产生创造力，个人必须内化该领域的规则，并不断实践，然后在领域内容上进行创新。当有才能的人要应对专业共同体内的竞争者或质疑者时，或者当专业共同体内的日常工作要求低而个人能力高时，就容易产生创新性观点。然后，专业共同体通过筛

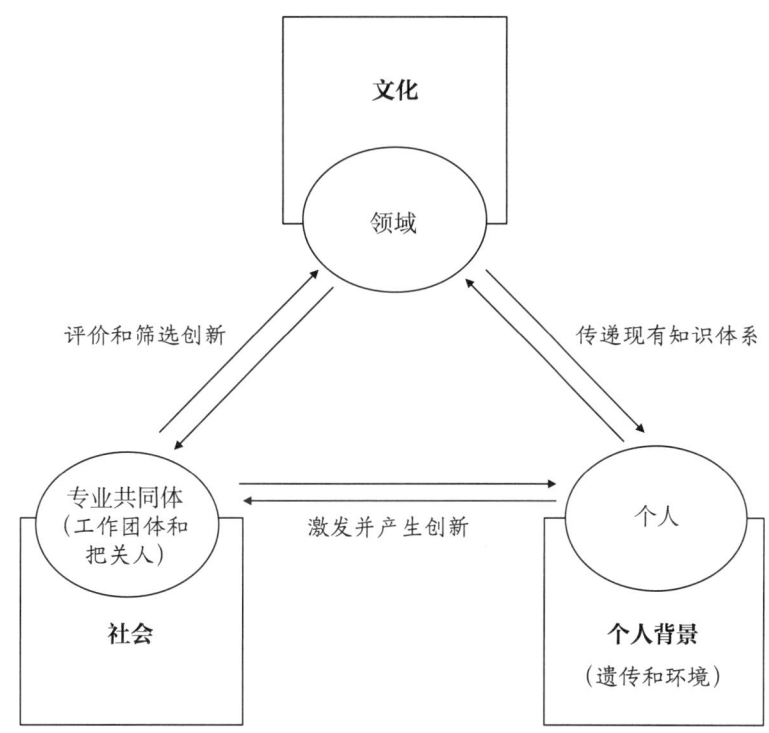

图6.1 奇克森特米哈伊的创造力系统模型

注：Reproduced with permission of the Licensor through PLSclear from the figure on p. 315 in Csíkszentmihályi, M. (1999). Implications of a systems perspective for the study of creativity. In R. Sternberg (Ed.), *Handbook of creativity* (pp. 313-335). Cambridge, UK: Cambridge University Press. Copyright © 1999 Cambridge University Press.

要产生创造力，个人必须内化该领域的规则，并不断实践，在领域内容上进行创新。然后，专业共同体通过筛选，把创新性的观点纳入领域。

选，把创新性的观点纳入领域。这些创新性的观点还必须经历时间的考验。这类似于进化。要想保持创造性，想法必须不断适应社会环境并经历时间的考验。

个人的创造性成果、领域和专业共同体是创造力系统模型的三个主要成分。第一，个人的创造性成果是在其过去经历、遗传天赋和个人特质的影响下产生的。第二，成果产生的领域（如科学或艺术的一个分支）隶属于更广泛的范畴。第三，具有创造力的专业共同体成员也是更广泛层面的社会的成员。根据奇克森特米哈伊的理论，某些文化、领域、专业共同体、社会和个人特质可能有利于创造力发展。

促进创造力的文化

相比于通过口头传播信息且仅对少数人开放的文化，以物理方式存储信息且对所有成员开放的文化更能促进创造力发展，即有序且自由开放的文化比无序小众的文化更能促进创造力发展。文化中的不同领域（如科学和艺术）差异越大、联系越小，就越有可能接纳新想法，因为创新只会对文化的一个特定部分产生影响。不同文化间的交流越多，就越有可能产生更富创造力的新想法。

促进创造力的领域

使用清晰准确的符号系统记录信息的领域可能有利于产生更具突破性的创新，因为这易于将新想法纳入已有知识体系中。信息组织和整合过于紧密的领域可能难以接纳新想法，因此不利于发展创造力；而组织过于松散的领域可能难以识别新想法，也不利于发展创造力。组织适度的领域可能会有利于发展创造力。如果某个领域（如政治或科学）居于文化核心地位，与文化的其他各个领域密切相关，并且只有少数精英才能接触到，则该领域的创造力发展可能会变得更难，如20世纪后半叶的物理科学。如果某个领域不居于文化核心地位，只是与该文化的其他各个领域有所关联，且许多人都能接触到，那么新想法和创造力可能会良好发展，如20世纪后半叶的流行音乐。

促进创造力的社会

与力求谋生的社会相比，物质和精神能量有余的社会更有可能促进创造力发展。与墨守成规和维持现状的社会相比，重视变革和创新及商业经济的社会更有可能促进创造力发展。存在外部威胁或内部冲突的社会也会促进创造力发展。

促进创造力的专业共同体

如果专业共同体中的成员能够从社会获得经济资源或地位，那么这些专业共同体就有可能促进创造力发展。如果某个专业共同体过度依赖于政治或经济对新想法的价值判断，那么它就不太可能促进创造力发展。如果某个专业共同体过于独立，与社会的其他领域缺乏联系，那么创造力也不会蓬勃发展。组织紧密、官僚主义盛行的专业共同体会限制创造力发展。新想法的认定标准不严格或过于严格的领域都会扼杀创造力。

促进创造力的家庭生活

与家境贫寒的人相比，那些家境优渥的人更有可能具有创造性。重视学习的家庭会促进个人创造力发展。如果家庭可以通过学校、导师或有组织的艺术或运动活动，让孩子接触到某个领域，就更有可能促进创造力发展。如果一个人在不被重视的家庭中长大并且想要摆脱这种境遇，或者在遇到逆境或创伤时得到支持坚持下去，就更有可能产生创造力。丰富的发展经历可以削弱传统社会化带来的限制，从而增强创造力。

促进创造力的个人特质

有利于创造力的个人特质包括特殊的才能或天赋、在擅长领域努力工作的内在动机、良好的发散思维、对经验的开放性、灵活性和跳出框架的性情。要做出创造性贡献，个人必须内化领域规则和专业共同体观点，对其中的某些方面感到不满，然后提出各种新想法。在这一点上，创造力的核心是识别并保存好的新想法，丢弃那些不太有用的想法。

奇克森特米哈伊的个案研究和本章后面介绍的研究结果为创造力系统模型所包含的许多假设提供了支持。

斯滕伯格和卢巴特的投资理论

根据斯滕伯格和卢巴特的创造力投资理论，当一个人在某创意领域"低价买入，高价卖出"时，他们会对该领域做出创造性贡献。[50]也就是说，他们"购买"或采纳不流行或鲜为人知但有增长潜力的不成熟的想法，并创造性地投资于它们，将其发展成"创造性产物"，然后"销售"给同行，继而转向具有增长潜力的"新的"不流行的想法。有创造力的人的一个独特特征是，尽管新的想法在领域内受到阻碍，并且缺乏接受度，但他们仍坚持发展这些想法。也就是说，创造力包括"挑战大众"。

根据投资理论，创造力需要六个因素的共同作用。第一，具有以新颖和非传统的方式看待问题、识别哪些问题值得探究以及向他人推销自己的想法的能力。第二，对某一领域有足够多的了解，以能在该领域有所突破，但又不至于被传统做法束缚。第三，具有以新颖的方式思考如何有效解决问题的能力，以及全局（关于整体）思考和局部（关于细节）思考的能力。第四，具有以下人格特质：明智地承担风险（尤其是在低价买入和高价卖出方面）、坚持不懈地克服阻碍（忍耐领域对其新想法的抵制）、自我效能感以及对不确定性和模糊性的忍耐。第五，在领域内以内在动机工作。第六，具有支持性的环境，即对领域内的创造性贡献进行奖励的环境。

斯滕伯格在后来对投资理论的阐述中，提出了创造力三角理论，该理论的中心主题是"挑战大众"。[51]他认为具有非凡创造力的人，例如阿尔伯特·爱因斯坦（Albert

Einstein, 1879—1955），不仅挑战大众，而且挑战自己的信仰和价值观，挑战当时的时代精神或所处领域的共同假设。缺乏创造力的人很少挑战大众、自我和时代精神这三个要素。投资理论和三角理论的一个关键特征是，有创造力的人虽然承受着内外界让其维持现状的压力，但依旧进行具有创造性的活动或做出具有创造性的决定。

创造性的产物、个人、过程和环境

对创造力的现代研究关注创造性的产物、个人、过程和环境。[52]对创造性产物的研究包括测量创造性产出以及这些产出的相关性。关于创造性个人的研究既有特征研究（包括被定义为特质的创造力），也有关系研究（考察智力、人格特质、精神病理、动机、遗传和创造力之间的关系）。在创造性过程领域，研究者探索了认知、情感和神经生物学因素在创造力中的作用。环境因素的研究关注家庭、工作团体、文化和干预在促进创造力中的作用。下文将介绍与创造性的产物、个人、过程和环境相关的研究结果。

创造性产物

什么是创造性产物？只有著名的艺术作品和科学理论才可以真正称为创造性产物吗？为了回答这些问题，詹姆斯·考夫曼（James Kaufman）和罗纳德·贝盖托（Ronald Beghetto）对大创造力（big C*）、小创造力（little C）、迷你创造力（mini C）和专家创造力（pro C）进行了区分。[53]大创造力或非凡创造力造就了杰出的创造性产物，如爱因斯坦的相对论或列奥纳多·达·芬奇（Leonardo da Vinci, 1452—1519）的《蒙娜丽莎》。通常，领域内的专家（例如，领域内的其他艺术家或科学家）会对大创造力的创造性产物进行判断。这些产物通常由创造性天才产出。研究者采用历史个案研究方法来研究大创造力。相比之下，小创造力或日常创造力能促使人们在日常工作或休闲活动中产生创造性的想法或产出，例如在工作中开发新体系或为朋友画画。小创造力的产物可以通过特雷莎·阿马比尔（Teresa Amabile）的创造性评估技术来衡量。[54]在这一技术中，评价者通过在利克特（Likert）量表上评估创造力、材料的创新性使用、细节和复杂性等维度，来评价被试的创造性产物。迷你创造力的产物是人们对学习过程中的经历或发生的事件的有意义的解释，例如找到一种方法用主音吉他来即兴弹奏

---

* 英文"Creativity"的缩写，中文含义为"创造力"。——译者注

一首悦耳的曲子，或者编写一个计算机小程序来完成某项工作。迷你创造力的产物是一个人在进入领域的早期阶段、成为专家之前产生的。研究者一般采用微观发生法研究迷你创造力的产物，并录制人们进行迷你创造力活动的过程。然后，这些人与研究者一起回顾录像，并解释他们在该活动过程中的经历和决策。[55]对迷你创造力的研究有助于我们了解创造力发展的早期阶段。专家创造力的产物是由那些已经超越了小创造力的专业人士产出的。对国际象棋、体育、艺术和科学等领域的专家表现的研究表明，从初学者到创造性专家的这一过程需要大约10年的时间。[56]然而，并不是所有的专业人士都能产生大创造力的产物，与此同时，世人对大创造力的产物的认定通常只发生在创造者逝世后。并不是所有有能力和技能的创造性专业人员都能产生专家创造力的产物，只有少数人才能做到。奇克森特米哈伊的创造力系统模型以及斯滕伯格和卢巴特的投资理论只适用于专家创造力和大创造力范畴，而不适用于小创造力或迷你创造力范畴。

创造性个人

创造性个人的特点研究关注发散思维、智力、人格特质、精神病理、内在动机和遗传因素。

发散思维和创造力

创造性个人的一个重要特征是有发散思维。[57]吉尔福特将创造力视为其智力模型结构的子成分，开发了发散思维技能测试来评估创造力。[58]聚合思维测试中的题目只有一个正确答案（例如，2+2等于几），而发散思维测试往往根据流畅性（回答的数量）、独特性、变通性以及精细性等维度，对答案进行评分。埃利斯·托兰斯（Ellis Torrance,1915—2003）等人基于智力测试，开发了创造性思维测试，并延续了上述研究传统。这些研究表明，发散思维存在个体差异，在人群中呈正态分布。托兰斯的创造性思维测试（Torrance's Test of Creative Thinking）是这一领域最广泛使用的心理测量研究工具[59]，包括用图片评估发散思维的4个图形子测验和用单词评估发散思维的7个子测验。例如，在图形子测验中，要求测试者用基本形状构建创造性图片；在非常规用途子测验中，要求测试者尽可能多地思考各种物体的非常规用途。托兰斯的测验和其他类似测验具有良好的信度和中等的预测效标效度。例如，包含17项研究、总计超过5000名被试的元分析发现，发散思维测试分数与创造性成就之间的相关（$r = 0.21$）比智商测试分数与创造性成就之间的相关（$r = 0.16$）更强，创造性思维的托兰斯测验比该研究中的其他发散思维测验更能预测创造性成就。[60]一个人在儿童或青少年时期的发散思维测试分数与其成年期的创造性工作产出之间的相关性相对较小，这可能是因为成人的大创造力或专家创造力通常发生在特定领域，例如科学或艺术的一个分支，只有在所处领域得到充分的历练才能发挥发散思维能力，做出创造性贡献。虽然通过发散思维测试得到的创造力分数随着时间的推移相对稳定，但事实上儿童的创造力在小学高年级会有所下降（四年级时的创造力下降）。原因在于发散思维测试是最大表现测试，测量一个人能力的上限。相比之下，父母、教师和同龄人的创造力评定量表评估的是常态表现，而不是最大表现[61]，从而弥补了以往创造力评估中只能测试最大表现的局限性。

智力和创造力

从事创造性活动需要基本的智力水平，但超过这个基本水平后，创造力和智商又是相对独立的能力。这被称为阈值假设。元分析发现创造力和认知能力（包括智商）之间存在低的正相关，支持了这一假设。[62]

人格特质和创造力

在大五人格特质中，开放性和外向性与创造力的相关最强。[63]这并不奇怪，因为开放性意味着渴望接触新的想法和经验，外向性不仅包括善于交际，还包括精力充沛、感觉寻求和易于体验积极情绪。此外，研究结果一致表明，积极的情绪状态和情感会增强创造力。[64]这一结果符合第一章中的拓展建构理论。[65]

精神病理和创造力

尽管创造性产出发生在双相障碍和精神病或精神分裂症患者精力充沛且功能良好时，而非躁狂或精神病症状病发期，创造力与双相障碍和精神病或精神分裂症的易感性之间依然存在着低到中的相关性。[66]创造力与神经发育障碍（如注意缺陷多动障碍和孤独症谱系障碍）以及与酒精和药物使用问题之间的关系尚不明确。[67]在所有这些条件下，人们都可能产生创造力。然而，目前尚不清楚创造力发生的最佳环境是什么，以及患有这些疾病的人群的创造力是否高于正常人群。

动机和创造力

创造力与内在动机的相关远高于外在动机。[68]第二章中在自我决定理论中讨论过内在动机[69]，它指的是为了活动本身（具有挑战性、趣味性和愉悦性）而参与活动的意愿，而不是为了达到其他目的。相比之下，外在动机指希望通过参与某项活动来实现某些外部目标，例如获得社会或金钱奖励、避免惩罚或获得反馈。反馈、奖励或惩罚等外部激励因素会分散对任务的注意力或降低自主性，从而阻碍创造力。然而，获得与任务相关的反馈等外部激励因素可以增强人们的感知能力和任务参与度，从而促进创造力。任务相关反馈之所以是一种促进性外部激励因素，是因为它有助于加快人们产生重大创造性突破的进程，或者帮助人们在产生重大创造性突破之后进一步完善。其他外部激励因素，例如获得别人对自己创造力的认可，可能也能促使领域内的人进行创造性工作。因此，创造力可能存在一种动机-阶段循环匹配模式。在准备、酝酿、顿悟阶段，内在动机至关重要，而在验证阶段和下一次创造过程开始前，促进性的外在激励因素（如任务相关反馈或获得别人对自己创造力的认可）至关重要。

遗传和创造力

遗传因素影响着一系列心理和神经生物学因素，进而影响创造力。已有研究结果表明，这些因素包括智力、发散思维、创造性的领域特定因素（如音乐能力）、人格特质（如对经验的开放性）、心理病理因素（如易患双相情感障碍或精神病）、神经生物学因素（如多巴胺和5-羟色胺神经传递系统的效率）等。[70]

创造性过程

在创造性过程领域，研究者探索了认知、情感和神经生物学等因素在创造力中的作用。

认知和创造力

对创造性个人的生活进行的案例研究揭示了创造性过程各阶段所涉及的认知任务。[71]这些案例研究主要基于博物学家查尔斯·达尔文（Charles Darwin, 1809—1882）、博学家让·皮亚杰（Jean Piaget, 1896—1980）[72]、物理学家阿尔伯特·爱因斯坦、精神分析师西格蒙德·弗洛伊德、政治家莫罕达斯·甘地（Mohandas Gandhi, 1869—1948）、画家巴勃罗·毕加索（Pablo Picasso, 1881—1973）、音乐作曲家伊戈尔·斯特拉文斯基（Igor Stravinsky, 1882—1971）、诗人艾略特（T. S. Eliot, 1888—1965）、舞蹈家玛莎·葛兰姆（Martha Graham, 1894—1991）[73]、哲学家约翰·斯图尔特·密尔（John Stuart Mill, 1806—1873）、控制论创始人诺伯特·维纳（Norbert Weiner, 1894—1964）、作家乔治·伯纳德·萧（George Bernard Shaw, 1856—1950）和科学家迈克尔·法拉第（Michael Faraday, 1791—1867）[74]。自格式塔心理学家提出了早期构想以后，许多理论家提出创造力的过程包括几个阶段，即准备、酝酿、顿悟和验证阶段。例如，在案例研究的基础上，奇克森特米哈伊指出，要做出创造性贡献，个人必须内化领域规则和观点，对其中的某些方面感到不满，然后想出各种新想法。[75]创造力主要体现在对如何解决特定问题的突然顿悟上，这种顿悟通常需要长期努力地探索问题及其解决方案的相关细节。在此期间，个人会产生各个方面的小灵感，并经历一个在无意识中构建问题解决方法的酝酿期。大多数有创造力的人在产出之前都会在大脑中对成品有一种预设。而他们的主要工作通过评估其价值和阐述大脑中成品的细节来验证这种预设。与创造力联系最紧密的是以新的方式解决问题（发生在顿悟阶段），而不是从问题的各种变式中选择和评估潜在的解决方案（发生在验证阶段）。[76]西蒙顿（Simonton）阐释了成年人出现大创造力需要经历时间的积淀。[77]有创造力的成年人通过多年的历练以获得他们所在领域的专业知识。在这段学徒期或浸入期（通常持续约10年）之后，他们会做出创造性贡献，这些贡献往往不是单个产物，而是相互关联的多个产物。创造性产出呈曲线形，遵循反向倒J形函数。对于大多数创造性个人来说，他们最好的成果通常是在最高产的时候产生的。

情绪和创造力

早些时候，人们注意到，积极的情绪状态和情感会增强创造力[78]，这一结果符合第一章中的拓展建构理论。[79]然而，贝丝·亨尼茜（Beth Hennessey）和特雷莎·阿马比尔回顾了已有研究，表明创造力不仅与积极情绪相关，而且与消极情绪相关。[80]她们提出，积极的情绪表明我们是安全的，这有助于有趣、开阔的发散思维，而消极的情绪则表明有些事情是错误的，这激励我们努力寻找创造性的解决方案以纠正错误。

神经生物学过程和创造力

创造力的首个脑成像研究开展于21世纪初。对大量已有研究进行的综述得出了一些结论。[81]早期研究表明，创造力的神经基础是分布式皮质网络。创造力的出现不是由单个脑区或半脑决定的（尽管有一种流行的观点认为，进行创造性思维的基础是右脑功能）。不同类型的创造性任务（例如，视觉、艺术、音乐、文学、动觉或科学）涉及不同的脑区和神经回路。然而，特定的脑区或回路与创造力的特定方面所涉及的特定认知过程（如注意力或记忆）有关。简单的双因素理论（例如右脑－左脑理论）已被多因素理论所取代。越来越多的研究结果表明，创造力涉及三种主要的神经网络：默认模式网络（default mode network）、执行控制网络（executive control network）和显著性网络（salience network）。默认模式网络与自发产生想法有关。执行控制网络与目标导向思维相关。显著性网络用于给相关任务检测和分配神经资源。默认模式网络和执行控制网络之间的相互作用为创造力所涉及的自发思维过程和受控思维过程之间的相互作用服务。显著性网络有助于人们在创造过程的不同阶段在默认模式网络和执行控制网络之间切换。

创造性环境

对环境因素的研究涉及家庭、工作团体和文化在促进创造力中的作用。下面将介绍与这些领域相关的研究结果。

家庭和创造力

高创造力者的家庭通常支持他们在创造上做出的努力。[82]自主支持的家庭创造了一个良性的环境，使高创造力者可以投身于他们的工作。然而，在高创造力者的家庭背景中，通常存在儿童时期失去父母以及遭受严重疾病、自然灾害、经济困难或长期父母冲突等创伤经历的情况。[83]可能正是这些丧失、创伤和逆境激发了一个人的创造性动机。这些观察和结论来自表现出大创造力的人的个案研究。我们虽然非常了解什么样的工作环境会促进小创造力，但是不太了解什么样的家庭环境会促进小创造力。

工作团体和创造力

有确凿的证据表明，工作环境的某些特征能够促进职场环境中的小创造力和创新。荷兰马斯特里赫特大学的乌特·希尔舍格（Ute Hülsheger）及同事在包括104项研究、总计超过50 000名被试的元分析中发现，工作团队的一些特征与创造力和创新显著相关。[84]与创造力和创新最密切相关的因素包括对团队目标的愿景和承诺、团队对创新的支持、与团队外部组织网络的良好沟通、对团队内出色任务表现的共同关注、团队内部的良好沟通以及对工作团队的凝聚力和承诺。创造力与团队成员工作目标的相互依赖性、更大的团队规模、团队成员技能和专业的多样性、团队内部的信任和共同决策之间存在虽低但显著的相关。这些结果表明，在创造性工作团队中，成员们有着对团队目标的承诺，并且某个成员的目标依赖于团队中其他成员的目标完成度。创造性团队对创新持认可和支持的态度，并且共同关注出色的任务表现。创造性高的团队比创造性较弱的团队规模更大，虽然成员具有不同的专业背景和技能，但是仍具有凝聚力，并处于信任和共同决策的氛围中。创造性团队成员之间以及创造性团队与其更广泛层面的组织网络之间有良好的沟通。

文化和创造力

创造力领域研究的主要文化维度是个人主义-集体主义。个人主义文化重视个人需要而非群体需要，集体主义文化重视群体目标而非个人愿望。研究一致表明，个人主义文化（如美国和英国的文化）促使人们在日常工作或休闲活动中产生创造性的想法或产出（小创造力），而集体主义文化（例如中国和韩国的文化）促使人们保持一致的想法。[85] 接触多元文化和信息技术会提高创造力。[86]

创造力训练

元分析一致表明，可以通过干预提高小创造力。[87] 例如，为了揭示在学校和工作环境中进行创造力干预是否有效，美国俄克拉荷马大学的吉纳马里·斯科特（Ginamarie Scott）及同事对70项研究进行了元分析。[88] 他们发现总体效应大小为0.68，表明创造力干预使发散思维、创造性问题解决和创造性工作表现显著提高。能有效培养创造力的课程侧重于培养对创造力至关重要的认知技能，而不是相关的动机、人格特质或人际交往技能。这些课程以创造力过程的一系列理论模型为基础，使用真实案例研究，通过精心设计的练习使人们主动学习。创造性问题解决课程是有效培养创造力的一个很好的例子。[89] 该课程有六个步骤：(1) 发现困境，确定存在挑战的情境；(2) 探寻实情，探寻与该情境有关的实际情况；(3) 发现问题，确定与困境相关的各种问题，并为主要问题构建一个有用的框架；(4) 寻找想法，提出主要问题的各种解决方案；(5) 寻找解决方案，确定主要问题的最佳解决方案；(6) 寻求接受，努力获得相关人士对解决方案及其行动计划的接受。

智慧

在西方文化中，天赋通常与童年期有关，创造力通常与成年期有关，而本节所关注的智慧则通常与人生的中后期有关。自古以来，智慧一直是世界各地许多哲学传统所关注的焦点。[90] 正因如此，在本书第二章提到，智慧是积极心理学VIA美德和品格优势分类中的六大美德之一。在VIA分类中，支撑智慧这一美德的是创造力、好奇心、判断力、热爱学习和洞察力这五种优势。[91]

智慧的内隐和外显理论

心理学对智慧的研究可以分成智慧的内隐和外显理论。[92] 智慧的内隐理论旨在阐明智慧在大众心目中的概念，心理学家试图通过研究弄清楚街上来来往往的人们所认为的智慧是什么。智慧的外显理论则采用由心理学家对智慧进行概念化的方法。智慧的内隐理论研究会要求被试对描述智者特征的一些词汇进行分类，然后通过多维尺度分析将这些词分成几个维度。这类研究结果发现，人们能清楚地认识到智慧与卓越有关，同时有别于社会智力、成熟度、创造性等其他概念。智慧的内隐理论认为智慧包括杰出的认知能力、洞察力、直觉和仔细思考问题的意愿。智慧还包括真诚的仁爱和对他人的同情、积极乐观的态度以及倾听他人诉求的能力。智者以复杂的方式将这些品质结合起来，用以解决现实世界中的问题。人们一般认为智慧来源于丰富的生活阅历，通常与成功应对个人重大得失和挑战的经验有关。尽管智慧的内隐研究大多是在西方文化背景下进行的，但还是有一些其他文化背景下的研究表明关于智慧的概念存在着微妙的跨文化差异。[93] 例如，在东方文化和中东文化背景下，大众心目中的智慧概念更强调以下一个或多个因素：精神性，言、思、行合一，超越苦难、善待生命。

与大众心目中智慧内隐理论的趋同性相反，心理学家还发展出了一些智慧的外显理论。[94] 外显理论认为智慧是包含一系列特征的个性类型[95]或者是个性认知发展的高级阶段[96]。智慧的概念还包括在复杂情况下做出明智判断的认知能力，也被视为认知发展的高级阶段。[97] 与这种只关注个性或认知能力之一的理论不同，智慧还被概念化为一种高水平的技能发展或专业知识，既包括个性过程，也包括认知过程。[98]

本节后面还将再回到上面提到的一些智慧理论。现在先让我们来考虑一下如何从心理学角度定义智慧。

智慧的定义

美国加利福尼亚大学圣迭戈分校的迪利普·杰斯特（Dilip Jeste）及同事基于广泛的文献综述和专家共识对智慧进行了定义。[99] 他们将智慧定义为由九个成分平衡整合的复杂特质，包括：

- 专业的社会决策能力和实用的生活知识
- 亲社会态度与行为
- 保持情绪稳定并偏向积极情绪的能力
- 反思与理解的能力
- 预期和应对不确定性的能力
- 对不同价值观的包容以及对价值相对性的理解
- 精神性
- 对新体验的开放性
- 幽默感

智慧包括以上九个特质，体现于旨在增进个人和社会福祉的行动之中。

智慧的神经生理基础

在界定了智慧所包含的特质之后，杰斯特及同事又通过综述相关脑成像文献找到智慧的神经生理学基础。[100]综述结果如图6.2所示。杰斯特总结现有研究证据发现，不同的神经解剖结构和神经回路支持着智慧的不同方面。根据杰斯特初步设想的神经生物学模型，智慧包括前额叶皮质（较晚发展出的）对边缘系统（较原始）功能的调节。

神经解剖定位	智慧的成分
前扣带皮质	社会决策 情绪稳定性（冲动控制） 价值相对性/包容（觉察不喜欢的态度） 应对不确定性（分析执行功能）
后扣带皮质	亲社会态度与行为（心理理论） 社会决策（道德推理） 精神性（自我参照加工）
伏隔核/纹状体	亲社会态度与行为（利他与合作） 社会决策（奖赏通路）
杏仁核	亲社会态度与行为（合作） 社会决策（即时奖赏） 情绪稳定性（情绪反应）
内侧/腹内侧前额叶皮质	亲社会态度与行为（合作） 社会决策（即时奖赏） 情绪稳定性（情绪反应） 反思/自我理解（自传体记忆） 精神性（自我意识）
眶额皮质	社会决策（延时奖赏） 情绪稳定性（冲动控制）
顶叶皮质	亲社会态度与行为（自我与他人情绪） 精神性（自我超越，冥想）
颞上沟/颞叶皮质	亲社会态度与行为（自我与他人情绪） 精神性（精神性体验）
外侧/背外侧前额叶皮质	社会决策（延时奖赏） 情绪稳定性（冲动控制） 价值相对性/包容（杏仁核去激活） 应对不确定性（分析执行功能）

图6.2 智慧的神经生理基础

注：Reproduced with permission of the Licensor through PLSclear from Figure 4.1, p. 78, in Lee, E. E., & Jeste, D. V. (2019). Neurobiology of wisdom. In R. J. Sternberg & J. Glück (Eds.), *The Cambridge handbook of wisdom* (pp. 69-93). New York: Cambridge University Press. Copyright © 2019 Cambridge University Press.

智慧的测量

测量智慧的方法包括自我报告法和绩效测评法。绩效测评法是由专家根据智慧的评价标准对个体在复杂社会情境下采取的行动方案进行评分。[101]自我报告法则是向个体呈现与智慧的思想、感受和行为相关的描述,由个体判断他们认为这些描述符合或不符合自己典型行为的程度。[102]绩效测评法来源于重视认知的智慧理论,即将智慧看作专业知识或认知发展的高级阶段。自我报告法的理论基础则将智慧看作一种成熟的人格类型。

绩效测评法包括保罗·巴尔特斯(Paul Baltes, 1939—2006)的柏林智慧范式[103],厄休拉·斯托丁格(Ursula Staudinger)的不来梅智慧范式[104],伊戈尔·格罗斯曼(Igor Grossman)的智慧推理范式和情境智慧推理量表[105],以及罗伯特·斯滕伯格的平衡智慧测量[106]。所有这些测评都要求个体对复杂的情况做出反应,或描述自己如何应对生活中的复杂情况,然后由专家根据预先定义的标准评估个体反应的智慧水平。比如,在柏林智慧范式中,要求个体出声思考一些假设的复杂问题,并对这些问题做出明智判断,比如"有人接到好朋友的电话。这位朋友说他活不下去了,决定自杀。在这种情况下,这个人可以考虑做些什么?"然后,专家们根据五个标准对出声思考记录中体现出来的智慧进行评级。智慧的回答会反映:(1)专家的事实知识(例如,关于自杀原因的知识);(2)专家程序知识(例如,关于如何与来电者进行有益交谈的知识);(3)人生情境主义(意识到人生阶段、境遇和文化因素可能影响来电者的行为);(4)价值相对主义(觉察并接纳来电者的价值观,虽然可能与自己的价值观不同);(5)识别和应对不确定性(能够意识到并有能力应对来电者的不可预测性,并考虑到来电者的生活状况)。

智慧的自我报告法包括三维智慧量表[107]、自我评估智慧量表[108]、成人自我超越量表[109]、基础价值量表[110]、智慧发展量表[111]、圣迭戈智慧量表[112]和简明智慧测查量表[113]。在这些量表中,个体对一系列自我描述项目进行评分,判断其可以在多大程度上描述自己。为了说明这一点,专栏6.1给出了简明智慧测查量表的内容。这一量表包含21个条目,与对三维智慧量表、自我评估智慧量表和成人自我超越量表进行因素分析发现的共同因素具有最高的相关性。因此,它是一个较好的智慧量表,能代表三个得到广泛应用的自我报告智慧量表。

专栏6.1 简明智慧测查量表

本量表可以测查你当前的智慧水平。选出每个项目后最适合你的选项。把每个项目的得分累加在一起得到你的总分。总分范围是0到84。分数越高则智慧程度越高。*

	从不	很少	有时	经常	总是
1. 我能够整合生活的不同方面。	0	1	2	3	4
2. 我似乎有理解他人情绪的天赋。	0	1	2	3	4
3. 我对待自己很有幽默感。	0	1	2	3	4
4. 我能自由地表达情绪而不会觉得失控。	0	1	2	3	4
5. 我能接受世事无常。	0	1	2	3	4
6. 有时我情绪激动,以致无法考虑周全。(反向计分)	0	1	2	3	4
7. 遭遇的挫折使我成长。	0	1	2	3	4
8. 我对其他哲学信仰体系非常好奇。	0	1	2	3	4
9. 我很容易因自己的错误发笑。	0	1	2	3	4
10. 我平静的内心不易被打乱。	0	1	2	3	4
11. 我的快乐不取决于其他人或事。	0	1	2	3	4
12. 我从他人那里学到宝贵的人生经验。	0	1	2	3	4
13. 我不担心别人对我的看法。	0	1	2	3	4
14. 如果事情进展不顺利,我就会生气或者抑郁。(反向计分)	0	1	2	3	4
15. 我喜欢读那些让我的思维有所不同的书。	0	1	2	3	4
16. 我感到自己的个人生活是宏大整体的一部分。	0	1	2	3	4
17. 我总是试着从各个角度看问题。	0	1	2	3	4
18. 我经常有一种与自然和谐的感觉。	0	1	2	3	4
19. 我了解自己的情绪。	0	1	2	3	4
20. 我知道有些人我永远都不喜欢。(反向计分)	0	1	2	3	4
21. 我一生中与许多不同类型的人打过交道。	0	1	2	3	4

注:Adapted from Table 6, p. 405, in Glück, J., König, S., Naschenweng, K., Redzanowski, U., Dorner, L., Straßer, I., & Wiedermann, W. (2013). How to measure wisdom: Content, reliability, and validity of five measures. *Frontiers in Psychology, 4*, 14. Copyright © 2013 Author. This is an open access publication.

---

* 第6、14、20题为反向计分。英文版标注"反向计分"的同时将赋值倒置,导致这三题仍为正向计分,所以在翻译时调整赋值方向,并作此说明。——译者注

自我报告法与绩效测评法测得的智慧之间的相关模式明显不同。[114]在智慧的绩效测评和自我报告法之间发现了中等程度的相关。相比之下，不同的智慧绩效测评方法之间存在着很强的相关性。不同的智慧自我报告法之间也发现了很强的相关性。这意味着自我报告和基于绩效的智慧测评体现的是不同的结构或同一结构的不同方面。

幸福感的指标，如生活满意度或积极情绪，与自我报告的智慧测量有中等程度的相关，与智慧的绩效测评指标的相关性很小或可以忽略不计。尤其是与绩效测评中需要为自身做出明智判断的项目，相关性最小。

智慧与人格

爱利克·埃里克森（Erik Erikson, 1902—1994）是一位在第二次世界大战前逃离德国的犹太精神分析学家，他将智慧看作一种优势，这种优势出现较晚，在人格发展的最后阶段。[115]根据这一模型，生命周期可以划分为一系列阶段，每个阶段都有需要面对的挑战或者需要解决的危机。如果发展顺利，就会发展出相应的优势或美德，反之则会产生个人的困难或弱点。每一阶段发展的难易程度部分取决于前面阶段的发展情况。专栏6.2呈现了埃里克森的模型，以下是对这一理论的主要假设的总结。

专栏6.2　埃里克森的心理社会发展阶段模型

阶段	冲突和主要过程	美德和积极自我描述	障碍和消极自我描述
0—1.5岁 婴儿	信任与不信任 与照看者的互动	希望 我能实现愿望	疏离 我不相信他人
1.5—3岁 幼儿	自主与羞愧怀疑 模仿	意志力 我能掌控事态	强迫 我将反复行动以消除造成的混乱，我怀疑自己是否能控制事态，我为此而羞愧
3—6岁 学前期	主动与内疚 认同	目标 我可以计划并达成目标	抑制 我不能计划或达成目标，所以我不行动
7—11岁 童年中期	勤奋与自卑 教育	胜任感 我能应用技能达成目标	缺乏活力 我没有技能，所以不去尝试

(续)

12—20岁 青少年	同一性与同一性混乱 角色尝试	忠诚 我忠于我的价值观	混乱 我不知道我的角色是什么、我的价值观是什么
21—34岁 成年早期	亲密与孤独 与同伴之间的关系	爱 我可以与他人亲密	排他 我无暇顾及他人，所以将他人拒之门外
34—60岁 中年	生产与停滞 人与环境的匹配与创造性	关心 我致力于让世界变得更美好	拒绝 我不关心别人的未来，只关心自己的未来
60岁以上 老年	整合与绝望 内观自省	智慧 我尽力生活，我接受自我、父母与人生，但我知道自己行之将死	绝望 我厌恶自己的失败和脆弱

信任与不信任

在生命的最初18个月中，需要解决的主要社会心理冲突是信任与不信任。如果父母回应婴儿需求的方式是可预测的和敏感的，婴儿就会产生信任感。从长远来看，这建构了人在逆境中具有希望的能力，会在成年后相信可以战胜困难和挑战。但如果孩子不能将父母视为探索世界的安全基地，孩子就学会了不信任他人，形成了世界具有威胁性的看法。这可能导致孩子以后采取一种疏离的立场，并且可能会在建立和维持同伴关系上出现困难。

自主与羞愧怀疑

学龄前早期（1.5—3岁）的主要社会心理冲突是自主性与羞耻感和怀疑。在此期间，孩子意识到自己是独立个体，努力建立一种个人能力感，并将他们的意志强加给世界。当然，这种努力有时能行得通，但有时父母会禁止孩子做某些事情。从"可怕的2岁"到许多孩子快上学时表现出的强烈的秩序感，是一个渐进的过程。如果父母耐心地为孩子提供掌握任务和规则的框架，自主性就会得到发展。成年后，这些孩子会对自己有耐心，对自己应对生活挑战的能力有信心。但如果父母不能耐心地对待孩子不断发展的意愿和掌控的需要，在孩子尝试失败时批评或羞辱，孩子就会产生自我怀疑和羞耻感。父母的批评和缺乏耐心将被内化，孩子长大后会过度自责并且对自己的能力缺乏信心。在某些情况下，这可能会导致重复解决问题的强迫性需求，以弥补他们造成的混乱，从而应对失败的耻辱。

主动与内疚

在学龄前的后期阶段（3—6岁），主要的心理社会冲突是主动与内疚。当儿童在学龄前早期发展出自主感后，会将注意力转向外在的物质世界和社会世界，并发挥主动性来探索其中的规律，以建立认知地图。孩子会发现什么是家庭和学校所允许的和禁止的，会问很多关于世界如何运作的问题。儿童会进行各种实验和探索，比如：点火柴，拆开玩具或扮演医生和护士。当儿童学会如何以社会允许的合适的方式满足其探索的需要时，主动性与内疚的冲突就解决了。当父母理解孩子的好奇心，并能明确而温暖地划出探索的界限时，就会发生这种情况。解决了主动性与内疚感冲突的儿童在成年后行事会具有目的感和远见。而如果父母难以理解孩子好奇的需求并过度限制探索时，儿童在成年后可能不愿意尝试未经验证的选择，因为这种好奇会引起内疚感。

勤奋与自卑

童年中期（6—12岁）的主要心理社会矛盾是勤奋与自卑。在建立了信任感、自主性和主动性之后，儿童需要发展其技能并投入有意义的事情。勤奋的动机可能是因为学习新技能会得到回报，为儿童设置的许多任务和工作都可能会给予回报。能够掌握技能的孩子会得到来自父母、教师、同龄人的奖励，并在这个阶段中脱颖而出，发展出新技能以及因此体验到的能力感和自我效能感。失败并受到嘲笑或羞辱的年轻人则会产生自卑感，并在成年后缺乏实现目标的动力。

同一性与同一性混乱

青少年期的主要任务是形成清晰的同一性（我是谁）。如果在探索了许多角色后达成了同一性，青少年就不会因为身份认同混乱而漫无目的。相反，他们会坚定地致力于职业、社会和政治价值——埃里克森称之为忠诚的美德，并且通常在成年后具有良好的心理社会适应性。

亲密与孤独

成年早期的主要社会心理矛盾是与他人建立亲密关系还是转向孤独。没有亲密关系的人会经历孤独。建立亲密关系的困难通常在于不信任、羞耻、怀疑、内疚、自卑和同一性混乱，这些与未能以积极方式解决早期的发展矛盾有关。

生产与停滞

中年的矛盾在于生产与停滞。有些人能够选择并塑造适合自己需求和才能的家庭和工作环境，他们更有可能通过提高生产力来解决这一矛盾。生产涉及繁衍生息、工作生产力或艺术创造力。有生产力的人将其精力集中于为子孙后代创造更美好的世界。那些未能选择和塑造自己的环境来满足自身需求和才能的人则有可能被压力淹没，变得精疲力竭、抑郁或愤世嫉俗，也有可能变得贪婪和自恋。

整合与绝望

成年晚期面临的矛盾是自我整合与绝望。通过接纳构成个体生活的事件——无论好事或者坏事，并将这些事件整合到有意义的人生叙述中，可以达成整合感，整合感使人能够无惧死亡。有些人不愿意进行这种内省过程，或进行内省但是无法接纳自己的生活事件，或无法将生活事件整合进有意义的人生叙述，他们在面对死亡时会产生绝望。这种绝望包含着一种自我否定感，是对自己过去的失败和现在的脆弱的自责。这种绝望是基于过去的失败和当下的脆弱产生一种自我拒绝感。

将失败、失望、冲突、日益无能和脆弱融入自己生命故事的过程非常具有挑战性。真诚而非绝望地积极解决这一冲突，会带来智慧。因此，如果个体能够在生命的早期阶段发展出希望、意志、目标、能力、忠诚、爱和关怀的美德来解决曾经面临的心理社会矛盾，那么此时就更有可能发展出智慧。埃里克森认为，智慧是接纳自我、父母和生活中的不完美。智慧是无论个人成败都毫无遗憾地自我接纳；接纳父母，他们尽力成为最好的父母，虽然并不完美但值得去爱；接纳自己的人生，就好像它就是人生最好的样子；接纳死亡的必然性。

对生命发展的研究表明，人们确实面临着埃里克森理论所描述的心理社会矛盾，通过成功或失败地解决这些矛盾形成相关的美德或弱点，并在一生中不断累积发展。[116]然而，经历各个阶段的旅程比理论更为复杂多样。各个阶段之间的界限是模糊的，人们可以在生命早期遇到某些后期阶段的矛盾，或者在生命后期又回到已经历过的阶段。

认知、反思和情感人格特征

美国佛罗里达大学的莫妮卡·阿德尔特（Monika Ardelt）延续了埃里克森的传统，将智慧看作人格发展的高级阶段，认为智慧整合了认知、反思和情感人格。[117] 在认知层面上，智慧涉及对真理的承诺、理解人生、了解人性的积极面和消极面，并意识到人生的模糊性和不确定性。在反思层面上，智者会采取多种观点，避免将自己的情况或感受强加于他人或环境。在情感维度上，能看清现实和自我，有助于增加对他人和自我缺点的宽容和同情。前文提到的三维智慧量表对智慧的这一概念进行了评估。[118] 她还对追踪了40年的120名58—82岁的成年人档案数据进行分析，评估与她所定义的智慧有关的相关因素。[119] 她发现，成年早期的社会支持可以预测40年后的智慧发展。此外，那些通过心理成长应对20世纪30年代大萧条期间经济困难的人后来都发展成为智慧的老年人，这表明智慧需要一种在逆境中茁壮成长的能力。智慧是比健康、财富或身体和社会环境更能预测老年人晚年生活满意度的指标。除了健康之外，智慧与这些生活质量指标无关，表明无论处境如何，智者都能够对自己的生活感到满意。

自我超越

美国俄勒冈州立大学的迈克尔·利文森（Michael Levenson）提出，自我超越是通往智慧之路的发展轨迹。[120] 自我超越是通过经历自我认识、解离和整合的阶段实现的。自我认识是指在角色、成就、关系和信仰中意识到自我意义的来源。当我们意识到形成和维持自我意义的关系、角色和成就转瞬即逝时，就会产生解离。整合涉及"内在自我"的解体，"内在自我"在自我价值受到威胁时进行心理防御，以保护自我意义。当我们脱离自我的外部定义并消除自我与他人之间僵化的界限时，就会产生自我超越。自我超越和智慧需要克服障碍，以达到根植于自我意义的共情、理解、同情和整合。前文提到的用成人自我超越量表测得的自我超越与年龄、冥想练习、精神性、情绪稳定性、经验开放性、外向性、责任心、亲和力、积极的心理健康及社会支持相关。

在埃里克森、阿德尔特和利文森看来，智慧是人格发展的成熟阶段，它与智商关系不大，尽管可能需要一点智力水平才能在一生中发展人格。另一种观点认为，智慧是认知和智力发展的终极阶段，其特点是能够解决复杂问题，下一节将对此进行讨论。

智慧与认知发展

加拿大滑铁卢大学的伊戈尔·格罗斯曼将智慧定义为认知发展的高级阶段,其特征是"明智的推理"。明智的推理是一系列有助于解决复杂的、界定不良的社会问题的认知能力。尽管抽象推理和逻辑在解决界定良好的问题时很有用,但解决复杂的、界定不良的问题还不够。[121]明智的推理包括四个关键能力:(1)智力上的谦逊,或知道自己知识的局限性;(2)认识到人们在复杂情况下的立场和对变化的开放程度是不确定的;(3)从多个视角看复杂问题,单一视角可能无法完全反映情况的所有方面;(4)整合不同观点,有时要协商和妥协。格罗斯曼提出的"明智的推理"是个体经历了认知发展的四个早期阶段后,在成年期形成的一系列能力。瑞士发展心理学家让·皮亚杰最早提出了认知发展的四个早期阶段。[122]

感知运动阶段

皮亚杰认为,儿童在达到成人思维能力的过程中要经历四个主要发展阶段。第一个阶段是感知运动阶段,从出生一直持续到2岁左右,儿童通过操纵物体和试错学习来解决问题并获取知识。这一阶段的主要成就在于发展因果感觉运动图式和客体永久性的概念。也就是说,认识到物体独立于我们对它的感知而存在。

前运算阶段

皮亚杰发展阶段理论中的第二个阶段是前运算阶段。在这一阶段,儿童从以感知运动图式为主要解决问题工具逐步转向形成对外部世界的内在表征。利用对世界的内在表征来解决问题的能力,是学龄前儿童取得许多重要成就的基础。包括越来越复杂的语言运用、进行假装或象征性的游戏、区分表象和现实的能力以及推断他人想法的能力。前运算阶段的推理在很大程度上是依据直觉的,儿童从一个特定实例联系到另一个实例,而不是从一般到特殊的推理。例如,一个学龄前儿童可能会说"我累了,所以一定是晚上了",而不是"天快黑了,所以一定是晚上了"。学龄前儿童在尝试解决问题时,很大程度上受到感知而不是记忆的影响。前运算阶段的主要限制是无法从他人视角出发、难以连贯地复述一个故事(以自我为中心的言语)、相信无生命的物体可以像人一样思考和感受(泛灵论)以及无法同时关注一个问题的多个维度。例如,如果把一个粗矮杯子里的液体倒进细高的杯子里,前运算阶段的孩子可能会说细高杯子里有更多的液体，因为液面的位置更高了，而不会考虑到杯子变细了。皮亚杰把同时考虑两个维度的能力称为数量守恒。

具体运算阶段

数量守恒是具体运算阶段的主要特征之一，具体运算阶段从5岁开始，一直持续到7岁甚至12岁。具体运算阶段是皮亚杰发展阶段理论中的第三个阶段。在此期间，儿童发展了物体分类、按顺序排列、参与制定游戏规则、采取他人视角、进行加减乘除数字运算的能力。这些能力涉及应用逻辑（而不是直觉）来解决具体问题。

形式运算阶段

大约12岁时，儿童开始运用逻辑解决抽象问题。也就是说，孩子可以对"什么可能是正确的"提出假设，然后制定方案来验证这些假设。这是形式运算阶段的主要特点。这是皮亚杰提出的第四个，也是最后一个发展阶段。这一阶段的孩子将达成许多发展成就。青少年在规划行程时能够考虑到两个或两个以上的逻辑类别，如速度和距离；能够预计与时间相关的变化，因此青少年可以预测到10年后与父母的关系将会有所不同；能够预计行为的逻辑结果，因此可以预期与某些课程学习相关的职业选择；能够察觉到逻辑上的不一致，比如父母言行的不一致。形式运算阶段的最后一个成就是相对性思维的能力。青少年可以看到自己和父母的行为受到情境因素的影响。

皮亚杰的理论启发了发展心理学领域的许多研究。从广义上说，现有研究表明，认知能力是按照皮亚杰提出的顺序发展的，尽管各阶段之间的界限比他所认为的更模糊，从一个阶段发展到另一个阶段的时间受到一系列情境和任务相关因素的影响。[123]

辩证运算阶段

虽然儿童已经在形式运算阶段取得了非凡的成就，但这一阶段的思维也有其局限性。就像以自我为中心的学龄前儿童因为意识不到他人所处的空间位置与自己不同，因此不能从别人的视角看事物；年纪较小的青少年还没有意识到他人所处的心理位置与自己不同（且缺乏逻辑），这种认知自我中心主义影响了青少年解决人际问题的能力，这些人际问题包含逻辑冲突和矛盾。美国普林斯顿大学的克劳斯·里格尔（Klaus Riegel）将认知发展的最后阶段称为辩证运算阶段，这一阶段可以克服形式运算阶段的上述限制。[124]也就是说，里格尔拓展了皮亚杰的认知发展理论，增加了以辩证思维为特点的最后发展阶段。辩证思维包括对不同时间或空间视角的推理。在对包含不同空间视角的问题进行辩证推理时，可以认识到不同的人可能因其视角、空间位置和社会背景不同而对是非对错持不同的信念。在对包含不同时间视角的问题进行辩证推理时，可以认识到人们的观念在正题-反题-综合的反复循环过程中随时间推移而演变。因此，在某一时刻似乎绝对正确的观点，可能在后来出现新证据和新观点后被发现是错误的，再后来，新旧观点可能融合为成一个似乎更正确或真实的全新观点。

伊戈尔·格罗斯曼提出，智慧是在辩证运算阶段发展起来的，是认知发展的高级阶段，其特征是明智的推理，包括保持智力上的谦逊、认识到不确定性和变化的可能性、对不同视角和观点持开放的态度，以及整合不同角度以找到明智解决方案。[125] 上文提到的格罗斯曼智慧推理范式和情境智慧推理量表可以用来测评智慧推理。[126] 实证研究表明，明智的推理与较高的积极/消极情绪比、人际幸福、自我调节、选举期间对政治观点的开放态度、成长导向以及像置身事外的观察者一样反思有关。[127]

智慧是专家知识

德国马克斯·普朗克人类发展研究所的保罗·巴尔特斯及同事将智慧定义为一种与生活的语用学有关的专家知识系统，这一系统将心智和美德联系起来，并对这种概念下的智慧进行了广泛的研究。[128] 这一系统包括关于生命意义的知识和判断，以及追求卓越并适当考虑到个人福祉和公共利益的生活方式。从这个角度来看，智慧与理解、计划和管理美好的生活有关。智慧包括关于人类发展的各种复杂的和不断变化的知识；关于与人类状况相关的多重生物、心理、社会、文化、身体和精神背景；以及对复杂生活事件做出判断时，个体知识和技能的局限性。前文中介绍的柏林智慧范式可以评估这种概念下的智慧，从专家知识和程序知识、生命语境主义、价值相对主义和不确定性管理几个方面评估个体对复杂社会情境的判断。巴尔特斯的研究小组发现，分析型智力和人格相关变量的组合，如社会智力和认知风格，可以解释15%的智慧变异，生活经历也是如此，如图6.3所示。相比之下，通过正式的智商测验测量所得的分析型智力和传统人格量表中的性格特征，各只占智慧变异的2%。比较个人和群体在上述智慧任务中表现的研究发现，在群体实验中表现出更高水平的智慧，群体实验中做判断前先咨询其他人。这支持了合作协商促进智慧的理念。通过在决策过程中适当给予提示，可以训练人们做出明智的判断。很少有与智慧相关的高水平知识。智慧最早出现在成年早期，很少有人会超过自己在这个阶段所达到的智慧水平，除非经历了促进智慧的生活事件或专业训练。

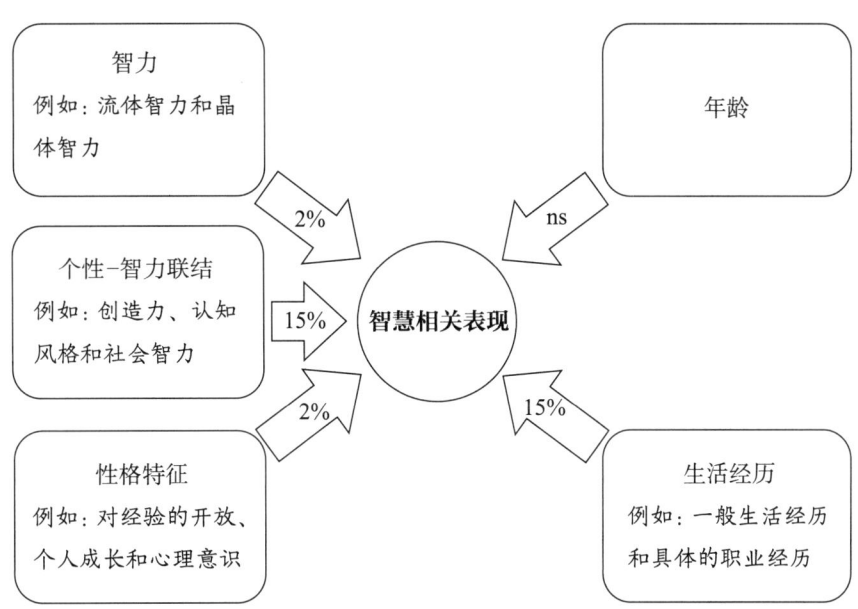

图6.3 巴尔特斯成年人智慧相关表现的预测因素

百分比是基于共同性分析的独特预测贡献；ns = 不显著。

注：Based on data from Baltes, P. B., Staudinger, U. M., Maercker, A., & Smith, J. (1995). People nominated as wise: A comparative study of wisdom-related knowledge. *Psychology and Aging, 10*(2), 155-166; Staudinger, U. M., Lopez, D. F., & Baltes, P. B. (1997). The psychometric location of wisdom-related performance: Intelligence, personality, and more? *Personality and Social Psychology Bulletin, 23*(11), 1200-1214; Staudinger, U. M., Maciel, A. G., Smith, J., & Baltes, P. B. (1998). What predicts wisdom-related performance? A first look at personality, intelligence, and facilitative experiential contexts. *European Journal of Personality, 12*(1), 1-17; 2-9, and in Figure 3, p. 130, in Baltes, P. B., & Staudinger, U. M. (2000). Wisdom. A metaheuristic (pragmatic) to orchestrate mind and virtue toward excellence. *The American Psychologist, 55*(1), 122-136.

智慧是平衡

在罗伯特·斯滕伯格的智慧平衡理论中（图6.4），智慧被定义为应用实践智力以及这种智力所包含的隐性知识，以实现共同利益的方式解决问题。[129]隐性知识是程序性的，而不是陈述性的。它是"知道怎么做"而不是"知道那些知识"。在智慧的平衡理论中，实现共同利益的目标是由道德行为背后的伦理价值观体现的。

智慧涉及将隐性知识运用于解决问题时，在以下多种利益之间取得平衡：(1) 个人利益（即个人愿望）；(2) 人际利益（即有利于与问题情境中的其他人之间的关系）；

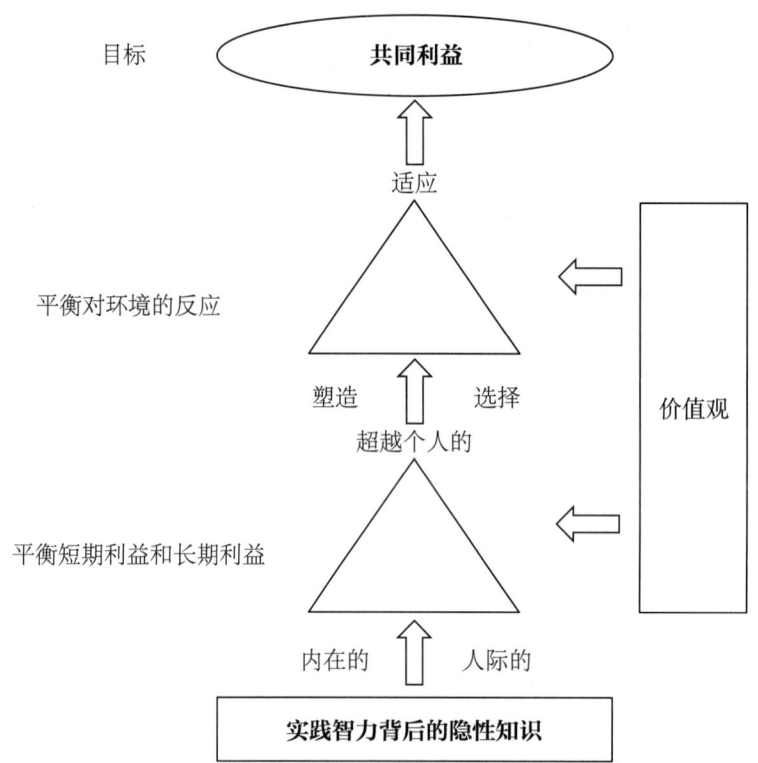

图6.4 斯滕伯格的智慧平衡理论

注：Reproduced with permission of Sage, Figure 1 on p. 354 of Sternberg, R. J. (1998). A balance theory of wisdom. *Review of General Psychology, 2*(4), 347-365. Copyright © 1998 Sage. Permission conveyed through Copyright Clearance Center, Inc.

（3）超越个人的利益（即有利于受到问题影响的每个人）。

智慧还涉及将隐性知识运用于解决问题时，在对环境的多种反应中达成平衡。这些反应包括：（1）适应当前的社会环境；（2）塑造当前的社会环境，以达成适应；（3）选择新的社会环境，在这个新环境中，分析能力与需要解决的问题可以匹配得更好，得以实现成功的适应。

因此，根据斯滕伯格的平衡理论，智慧是运用实践智力，通过平衡自己的利益、与问题有关的他人利益和更广泛的社会利益，以实现所有人的共同利益。通常，智慧达成的结果是解决涉及多方利益冲突的复杂问题的判断或建议。这通常涉及适应环境、塑造环境来让适应更容易发生，或选择更适合自己技能和相关者利益的新环境。

智慧与隐性知识的运用有关。隐性知识是通过个人经验和建模形成的，不是正式的指导。根据斯滕伯格的理论，虽然不能通过说教的方式来传授智慧，但向擅长解决复杂问题的人学习可以帮助人们更具智慧。的确，这是临床心理学家、内科医生和其他专业人士获取智慧的方式。他们进行有督导的临床实践，观察督导如何解决复杂的问题，然后尝试以同样的方式解决问题，并接受反馈指导。因为隐性知识和实践智力是基于特定情境的，因此人们是在特定的领域中发展智慧。一种文化中的聪明人到了另一种文化中可能并不聪明。因为智慧涉及解决没有唯一正确答案的复杂问题，智慧的发展可能需要经历皮亚杰智力发展的各个阶段，达到上文中提到的新阶段——辩证思维阶段。

根据平衡理论，个体之间的智慧差异可能是由许多因素造成的。人们对解决问题以实现共同利益这一目标的承诺可能有所不同；对于是非对错的价值观也可能不同；在平衡多方利益（内在的、人际的和超越个人的）和多种反应（适应、塑造和选择环境）的能力上也存在个体差异；每个人的隐性知识水平和隐性知识涉及的领域不同。所有这些因素的差异都可能作用于做出明智判断的平衡过程，而这些因素也受到一系列先决因素的影响，如年龄、经验、动机、性格以及实践智力、创造智力和分析智力。

斯滕伯格根据其智慧平衡理论，制定了一套在学校培养智慧的方案。[130]方案体现的总体原则是：做出明智判断的榜样示范。邀请学生阅读有关明智判断的真实案例。鼓励和奖励做出明智判断的学生。提出并论证只学习书本知识、在考试和职业生涯中取得成功并不足以实现满意的人生。让人们看到明智、平衡的决策如何让生活变得令人满意。解释相互依存的作用、水涨船高的道理。说明在任何行动过程中，"手段"和"目的"是同等重要的。帮助学生识别自己的利益、他人的利益和学校的利益，并在做出判断时平衡这些利益。帮助学生理解如何适应环境、塑造环境、选择环境以及如何平衡这三种选择。帮助学生明确表达自己的价值观和他们对公共利益的理解，并向他们展示如何在明智的决策中遵循这些价值观。帮助学生认识到重要的问题，并认识到答案会随着生活环境的变化而变化。帮助学生认识到从多个角度理解问题的重要性，以及只从一个角度看问题的缺点。

成长型思维与毅力

天赋、创造力和智慧可能会带来重要的成就。然而，个人关于努力影响智力、能力和天赋发展的信念、个性以及愿意为实现有价值目标付出持续努力的承诺，也影响着个人在学术和社会领域的成就。在积极心理学中，关于努力的影响的信念被称为思维[131]，而对持续努力的承诺被称为毅力[132]。

成长型思维

美国斯坦福大学的卡罗尔·德韦克（Carol Dweck）率先开展的研究表明，那些相信可以通过个人努力发展自己智力和个性的儿童会在学术和社会上更成功。[133]她将这种信念体系称为成长型思维。成长型思维模式与固定型思维模式有所不同：固定型思维模式认为智力和个性是由基因决定的，不可改变。成长型思维的孩子会非常认同这样的说法："不管多么聪明，总还是可以做出很大的改变"，或者"你总是可以决定自己是什么样的人"。[134]而固定型思维模式的儿童则认同："智力是你的基本特质，没什么改进的空间"，或者"你就是某种人，你做什么都无法真正改变"。

关于成长型思维的大量研究得出了许多重要结论。[135]对于面临逆境的学生，成长型思维能带来更强的适应力和学业成就。这是因为固定型思维的学生总是把失败归因于他们认为无法改变的个人特征（智力或人格）。这使他们感到无助，没有动力去努力学习以避免未来的失败。而成长型思维的学生会把失败归因于情境因素，这会激励他们更加努力学习去发展所需技能，并避免未来可能的失败。

促进成长型思维的干预方式有鲜明的特点。一个令人印象深刻的比喻有助于表达神经的可塑性："大脑像肌肉一样，越锻炼越强壮。"研究者给出了一些培养成长型思维的具体做法，比如"做一些能让你在学校里认真思考的事情来锻炼大脑"。或者运用一些成长型思维的名人逸事，比如科学家、名人或同龄人。还包括体验式练习，比如：在经历挣扎之后写一篇短文，讲述能力如何得到了提升，以及如何运用成长型思维来实现未来的目标；或者给固定思维的学生写信，帮助他们培养成长型思维。固定思维的学生可能认为"我很聪明，所以我不需要努力学习"或"我很笨，对此我无能为力"。研究者提出了一个可信的论点，即每个人都有发展其能力的潜力。这不只是说要更努力，也不是说每个人都有相同的的能力水平。最后，要求学生思考，如果他们完成有挑战性的任务、寻找新的学习策略或寻求建议，将怎样发展出更强的大脑。

毅力

美国宾夕法尼亚大学的安杰拉·达克沃斯（Angela Duckworth）率先开展了关于毅力的研究。[136] 毅力是一种朝着有价值的长期目标努力的倾向，并且这些目标往往带有高度的兴趣、努力、激情和承诺。持续的兴趣激励着有毅力的人多年保持高水平的努力，即使进展缓慢，也会追求同一个目标。有毅力的人会把他们的工作看成一场马拉松，而不是短跑，他们会调整自己的节奏，培养自己的耐力。有毅力的人把失望、疲劳或无聊看作坚持实现长期目标的信号，而不是接受失败。

兴趣、实践、目标和希望是有毅力的人的主要特征。有毅力的人对自己的工作充满热情，因此有内在的动力长期坚持。通过坚持不懈地追求目标，他们每天不断练习，从而提高工作技能。工作提供了生活的目标，因为他们认为由此可以改变世界。最后，他们满怀希望并且乐观地认为，尽管有许多挫折，但他们终将实现长期目标（第九章将讨论希望和乐观）。

安杰拉·达克沃斯的研究表明，在专栏6.3的毅力量表中得分高的人在学业和工作中都有较高的成就。[137] 在长达数年的追踪研究中，她发现毅力可以预测参与者是否能够顺利渡过美国陆军第一个夏天艰苦的军事训练、是否能留在美国特种部队、新教师是否继续任教并有较好的表现、是否能从芝加哥公立高中毕业、是否能进入美国全国拼写比赛的最后一轮。毅力对这些成就的预测，超过了通过智商、标准化成就测试和身心适应性等衡量天赋的测量的预测水平。达克沃斯发现，毅力与终生的教育成就相关，毅力分数高的人一生中很少改变职业，并且离婚的情况也更少。然而，也有一些证据表明，相对于不具备较好代表性的小样本研究，在有代表性的大样本研究中，毅力并不像智力和五因素人格模型中的尽责性因素那样能很好地预测教育和经济上的成功。[138]

专栏6.3　毅力-S量表

毅力是一种以高度的兴趣和努力向长期目标努力的倾向。可以通过这个问卷评估你的毅力水平。对于每一项，圈出你的回答。把8项的分数相加，然后除以8。

大约50%的人得分在3.8以上。分数越接近5越有毅力。

(续)

	非常像我	大部分像我	有点像我	不太像我	一点也不像我
1. 新想法和新项目有时会分散我对之前的项目和想法的注意力。	1	2	3	4	5
2. 挫折不会让我气馁。	5	4	3	2	1
3. 我曾在短时间内对某个想法或项目着迷，但不久就失去兴趣。	1	2	3	4	5
4. 我是努力工作的人。	5	4	3	2	1
5. 我经常设立目标，然后又转向一个不同的目标。	1	2	3	4	5
6. 我很难持续专注于需要几个月才能完成的项目。	1	2	3	4	5
7. 我做事总是有始有终。	5	4	3	2	1
8. 我很勤奋。	5	4	3	2	1

注：Adapted with permission of Taylor & Francis Group, LLC (Lawrence Erlbaum) from Table 1, p. 167, of Duckworth, A. L., & Quinn, P. D. (2009). Development and validation of the short grit scale (GRIT-S). *Journal of Personality Assessment, 91*(2), 166-174. Copyright © 2009 Taylor & Francis Group, LLC. Permission conveyed through Copyright Clearance Center, Inc.

启示

本章内容具有一系列的实践启示，专栏6.4中进行了部分总结，下面再对部分内容进行详细说明。

天赋

在儿童和青少年临床心理咨询领域，对天赋的研究发现可以用于指导天才儿童的父母如何对孩子进行心理教育。为了帮助孩子避免适应问题，天才儿童的家长们要求主流学校调整课程方案，并额外配备师资以满足天才儿童的独特需要。此外，天才儿童还需要接触同样有天赋的同龄人。在家庭中需要有空间、时间和支持来充分发挥其独特天赋。关于天赋研究的第二个启示与临床心理学实践有关。当我们邀请来访者在两次咨询之间完成家庭作业或家庭练习时，应该尝试布置需要来访者利用其优势和天赋的任务，因为这样更有可能使他们完成任务并从中受益。

专栏6.4 天赋、创造力、智慧、成长型思维和毅力研究的启示

帮助天才儿童	・在主流学校教育中为天才儿童提供适应性课程和助教，以满足他们的特殊能力需求
	・安排天才儿童接触有类似天赋的同龄人
	・在家里，支持天才儿童特殊天赋的发展
关注优势	・在临床实践中，为所有来访者设计可以利用优势和天赋的家庭作业任务，因为他们更有可能坚持并从中受益
培养个人创造力	・为自己提供有很多机会选择创意领域的环境
	・每天给自己设定一个感兴趣的问题来解决
	・每天都创造一个没有干扰的环境，并在其中探索问题的众多框架
	・不间断地尝试解决问题，然后写下你取得的进展
	・创建一个愿景——你想解决什么问题或你想创作什么样的艺术作品
	・如果不能精确地形成视觉表象，请使用隐喻、情感语言和模糊或诗意的语言
	・培养进入该领域的基本技能（语言、数学、音乐、艺术或运动）
	・掌握相关领域的所有特定知识，以便在脑海中构建该领域
	・扩大你对内在世界和外在世界的关注范围，不再将通常的假设、规则和做法视为理所当然
	・不拘一格地质疑正统观念，并对事物充满好奇
	・专注于完成任务并让自己满意，而不是为了外部奖励
	・努力做到自己的最高水平，而不是击败竞争对手
	・勇于尝试可能的想法或探索性的解决方案，无论这些想法或解决方案看起来多么奇怪
	・对自己可以提高创意产出保持乐观
	・停滞不前时，可以根据主要目标创建子目标，然后从当前位置逐步向目标前进
	・停滞不前时，可以列出问题或潜在解决方案的所有属性，然后以不同的方式重新组合它们：考虑极端情况（小和大）；使用消除、替换、组合、修改、重新排列一个或全部元素来重新思考解决方案
	・停滞不前时，可以思考类似的问题，或通过隐喻表征问题，或通过视觉、听觉和语言的方式表征并考虑问题
	・停滞不前时，可以先把问题放在一边，做其他事情，酝酿一段时间，然后重新回到问题
	・付出大量创造性的努力，你最有创造力的作品就会在你最有生产力的时候出现
做出明智的判断	・面对复杂问题时，请记得：每个人关于过去和现在的信息都是不完整的，未来是无法确定的，我们的信息处理能力也是有限的，因此决策总是不够完美的，会受到制

(续)

	约，并始终有改进的空间 • 尝试解决复杂问题时，要认识到不同的人可能会因其观点及地理和社会背景对是非对错持有不同信念，人们的想法也会随着时间推移而发展 • 对复杂问题，可以考虑一下生活中的许多主题和背景，比如自我、家庭、同龄人群体、学校、工作场所、社区、社会和文化，以及它们在整个生命过程中的变化和相互关系 • 在判断复杂问题时，平衡自己和其他相关者以及更广泛的社区的利益，以实现所有人的共同利益，并期望这种决策的结果通常会是：有些人适应环境；有些人采取措施塑造环境，以便他们更容易适应；有些人则选择更适合他们技能和兴趣的新环境 • 在晚年，当回顾过去时，考虑将失败、失望、冲突、日益增长的无能和脆弱整合到一个连贯的人生故事中，而不是只选择自己游刃有余的"传奇"部分
培养成长型思维	• 把大脑想象成肌肉，当你做一些具有挑战性的事情来锻炼它时，它会变得更强壮，让你集中注意力，"努力思考" • 每天做一些你觉得有趣的事情，挑战让自己集中注意力、记忆、推理和判断 • 寻找那些为实现重要目标而奋斗并克服障碍的个人故事，在这些故事中，目标最初是超出其能力和天赋的。从这些榜样中寻找动力，让你发展自己并增强自己的技能和能力 • 想象有人相信"我很聪明，所以我不必努力工作"或"我很愚蠢，我对此无能为力"。写信帮助他们相信可以发展自己的能力和才能——这些是可以改变的 • 想一想你可以做到的挑战性任务、可以使用的新策略或者你可以寻求建议的人，以帮助你提高能力和才能，实现你的潜力
培养毅力	• 谨慎选择一个具有较高价值的长期目标，这个目标与超越自身的利益有关 • 期待为这个目标付出多年努力 • 设定或选择有助于实现高价值长期目标的中、短期目标 • 对那些影响你专注追求长期目标的目标、项目和活动说"不" • 制订适合你的工作流程 • 在能力的极限水平工作，让你面临的挑战符合或刚刚超过你的技能水平 • 预计错误和挫折 • 将错误、挫折、进展缓慢、沮丧和困惑视为正在获得专业知识的信号，因此从长远来看可能会成功 • 分辨那些可以通过更加努力和做"更多相同的事情"来克服的挫折与那些可以通过改变路线和"做不同的事情"来克服的挫折

(续)

- 每天都注意到为你的高价值目标付出努力所获得的内在奖励
- 每天为所做的那些没有内在奖励的任务给予自己奖励
- 建立一个由家人、朋友、同事、导师和教练组成的网络,他们理解你对目标的热情追求,相信你的努力会成功,并在工作中为你提供支持
- 定期评估你为实现高价值长期目标所采取的所有步骤;反思你有多喜欢这项工作;检查你是否仍在路线上;并反思为了保持支持网络运转并实现总体目标所有必要采取的额外步骤

创造力

创造力的发展涉及一系列可以实践的过程。第一,为自己创设有机会进行多种选择的环境。也就是说,有机会选择体现创造力的领域。如果想找到创造性的方案来解决一个特定的问题,那么在没有干扰的环境下探索该问题的多种可能框架。可以设定一个想要实现的目标,并在一段时间里每天持续努力,然后写下你达成的成果。认真规划你的时间。找到让自己有创造性的空间。多做喜欢的事情,少做不喜欢的事情。

第二,对你想要行动的方向、想要达成的解决方案或者想要创作的艺术作品形成一个视觉表象。如果你想不清楚,可以通过隐喻、情感语言或诗意的语言来帮助自己表达这个愿景。在感受这种愿景时倾听自己内心的感受。

第三,培养进入该领域的基本技能。可能是语言、数学、音乐、艺术或运动。

第四,沉浸在这一领域中,掌握所有与该领域相关的特定知识,并在头脑中反复重现。也就是说,掌握该领域。从简单地表征一个领域开始。随着时间的推移,增加此表征的复杂性。

第五,创设一个鼓励好奇和探索的环境。通过练习使自己善于观察,扩大对外部世界及内在想法的关注范围,并允许自己对所观察到的事物感到好奇。这包括不再将常规的假设、规则和实践视为理所当然,并且勇于质疑传统观念。像个孩子一样,对事情为什么会这样、还可能会怎样充满好奇。试着每天注意三件让你感到惊讶的事情,并把它们写下来。此外,试着每天用你看待世界的方式给别人一些惊喜,也把它们写下来。

第六,激励自己对该领域充满热情。这包括真正对任务感兴趣、投入地完成任务,达到让自己满意的程度,而不被完成任务的回报分散注意力。接受以任务为中心的赞

美和奖励，如果你的注意力不断偏离到完成任务的奖励上，会影响对任务本身的热情并且减少创造力。为别人设定的目标而努力不利于培养创造力。但是，将他人的目标融入自己的愿景中会有利于创造力。

第七，努力做到自己的最佳水平，而不是击败竞争对手。如果你的目标是比上次做得更好，而不是比别人更好，你更有可能提出原创的想法。

第八，养成敢于冒险的习惯。当你提出可能的想法或试探性的解决方案时，无论这些想法或解决方案看起来多么奇怪，都不要过早地评判并拒绝它们。要重视新想法，特别是当它们带来了一定的风险时。如果不承担风险，就意味着遵守惯例，因此不会产生原创性和创造性。

第九，培养乐观的信念，相信自己可以提高创意的产出。认为基因决定创造力的想法会扼杀你的创造力。有充分的证据表明：动机、投入和毅力与遗传因素一样重要。

第十，发展打破僵局的策略。这可以应用一系列技术。打破僵局的一种方法是创建子目标。要确定子目标，就要考虑实现总体目标所需的步骤，可以从主要目标逆推，或者从当前位置逐步推进到主要目标。打破僵局的方法还有进行手段-目的分析；列出问题或潜在解决方案的所有属性，然后以不同的方式重新组合它们；思考一个类似的问题；应用问题的一些隐喻表征；通过视觉、听觉和语言表征问题；思考极端情况；通过消除、替换、组合、修改或重新排列一个或全部元素来重新思考解决方案。如果仍然处于僵局，还可以把问题放在一边，做点其他事情；睡觉、散步或其他分散注意力的事情，这可能会酝酿创意。然后，带着焕然一新的自己回到问题中。

最后，要有耐心。创新和创造力需要时间。先做创造性的努力并产出一点成果，慢慢你就会在生产力最强的时候做出最具有创造性的工作。

智慧

关于智慧的研究有许多实践意义。在一生中不断尝试将失败、失望、冲突、日益无能和脆弱融入我们的生活故事有其价值。对成就和失败持开放态度；接受父母虽然并不完美但已尽力而为，因此值得被爱；接受自己的生活就是我们能过的最好的生活；接受死亡的必然性，尤其是在步入中年时。这些努力都有其价值。

在解决涉及多人的复杂问题时，能够认识到不同的人可能因其不同的观点、地区和社会背景而对是非真假持有不同的信念，这是有价值的。能够认识到人们的想法会在正题-反题-综合过程中随时间的推移而演变，也是有价值的。因此，在某个时间点上,对一个人来说似乎绝对真实正确的想法,后来可能在新的证据和想法出现后,被发现是错误的。再后来,新想法和旧想法可能会合成一个看起来更正确和真实的全新想法。

品味生活有其价值,比如自我、家庭、同龄人、学校、工作场所、社区、社会和文化,以及这些主题在一生中的变化和相互关系。认识到不同人的生活重点可能并不完全相同,也有其价值。认识到每个人在解决任何问题时所掌握的关于过去和现在的信息都是不完整的、未来是不确定的以及人们的信息处理能力是有限的,这是有价值的。因此,我们的判断总是不完美并有所局限,应该始终可以修改。

在复杂局势中做出判断时,有意识地试着平衡自己和其他相关者以及更广泛的群体的利益,以实现所有人的共同利益,是有价值的。接受决策的结果可能是有些人适应环境;有些人采取措施塑造环境以便更容易适应环境;有些人则选择更适合他们技能和兴趣的新环境,这也是有价值的。

成长型思维

对成长型思维模式的研究表明,如果把大脑比作肌肉,它会在你做具有智力挑战性的事情时变得更强壮,并帮助你找到激励你发展技能和能力的榜样。你也可以给假设有固定思维模式的虚构人物写信。在信中,试着说服他们相信成长型思维有助于他们发展自己的能力。最后,经常想想你可以做的挑战性任务、可以采用的新策略,或者可以寻求建议的人,以此帮助你发展能力和天赋,发挥你的潜力。

毅力

有一系列的方法和步骤可以培养毅力。[139]仔细选择一个你认为有高价值的主要长期目标。这个目标应该超越你和你的自身利益,与一些更大的意义联系起来。例如:提供满足客户特定需求的服务或产品、减轻特定领域的痛苦、促进特定学生群体在特定领域的学习等。如果你有很多目标,而且它们相互冲突,那么列出此刻你认为重要的所有目标,并找到主要目标。将这些目标分为长期高价值目标和短期或中期目标。确定你最看重的一个主要长期目标以及你认为最有助于实现长期目标的三个短期或中期目标。下定决心不再追求清单上的任何其他目标,只把时间用于追求有助于长期目标的中短期目标,这些目标有助于长期目标取得进展。

准备好为这个长期目标付出多年努力。对体育、国际象棋和其他领域专家表现的研究表明，要在任何一个领域达到专家表现，可能需要10 000小时或持续10年的每日练习（尽管对具体的小时数存在争议）。[140]当你朝向目标努力时，为每天、每周、每月或每年的工作制订一个适合你的工作计划。当你朝向目标努力时，要在能力的极限上去努力。有关培养专业技能的研究表明，当个体在能力的极限上从事具有挑战性的任务时，才能有最大的收获。[141]要做好面对挫折的心理准备，把错误、挫折、进展缓慢、沮丧和困惑视为你正在获得专业知识的迹象，如此，长远来看，就很有可能取得成功。在拥有卓越成就的人生中，错误和挫折只是常见情况而非例外。[142]面对挫折时，要区分哪些挫折可以通过更加努力和"做更多相同的事情"来克服，哪些挫折需要改变方向和"做一些不同的事情"来克服。当挫折持续时间很长时，有毅力的人会审视所有的证据，问自己，坚持以前的策略还是尝试新策略可以取得更大的成就。

当你为长期目标努力时，注意你每天付出的努力有多大的内在奖励。对于工作中没有内在奖励的部分，可以每天给自己一个外在奖励来回报自己的努力。关注内在奖励，并对工作中缺乏内在奖励的部分给自己外在奖励的策略，是基于两方面的研究结果。对内在动机和外在动机的研究表明：对于具有内在奖励的任务，不使用外部奖励作为激励因素会更好；而对那些没有内在奖励的任务，使用外部奖励（如零食或休息）则更有效。[143]对成就的研究表明，奖励努力比奖励任务的完成或能力更有效。[144]

在实现长期目标的过程中，支持是必不可少的。建立由支持你的家人、朋友、同事、导师和教练组成的人际支持网络。最后，定期总结已经取得的成就以及你是如何朝向长期目标前进的。

争议

在天赋领域，关于先天禀赋和大量练习哪个更重要仍存在争论。一些研究者认为，天才儿童的天赋是大量刻意练习的结果，另一些研究者则认为天才儿童的天赋与生俱来。有证据表明，大多数天才儿童在开始练习之前就表现出了杰出的天赋，但随后也更有动力通过大量练习来掌握他们的天赋。[145]

在创造力领域，争论主要在于创造力是领域特异性的还是一般性的。[146]主张领域特异性的研究者认为，有创造力的人的独特天赋、能力、才能、个性和动机，以及他们的发展历史、大量特定训练和社会背景，促进其在某一特定领域的创造力，并且这种创造力不能迁移到其他领域。对达尔文和弗洛伊德等以创造力闻名的创意巨人的案例研究证据支持了这一观点。另一方面，认为创造力是适用于多个领域的一般特质的观点也得到了研究支持，这些研究表明在各个领域具有创造性的人具有相似的特征：他们在发散思维的心理测试中得分很高，并且在人格特质（如对经验的开放性）上得分很高。也许创造力需要一定程度的共同或一般特征，但也需要一些特定领域的天赋和练习。也许大创造力和专家创造力是领域特异的，而小创造力和迷你创造力是一般性的。

在智慧研究领域，主要的争论在于智慧是人格发展的最后阶段，还是一种专家知识体系。[147]

总结

在心理学研究中，童年的天赋、成年的创造力和晚年的智慧是与人生卓越成就相关的三个过程。在第二章介绍的性格优势 VIA 分类中包含创造力和智慧。

早期对天赋的研究将其等同于高智商。但有些高智商的孩子并不出类拔萃，有些高创造力的人并非高智商，这些发现激发了更复杂的天赋理论的发展。伦祖利提出，天赋需要出色的一般能力、特定领域的创造力，以及发展该领域技能的高度动力。加德纳认为，不止有一种形式的智力，智力有许多不同的形式，包括语言、逻辑数学、空间、音乐、身体运动、人际和内观。天赋通常涉及其中一个方面的卓越表现。斯滕伯格的观点是，智慧、智力和创造力的综合对于天赋的发展至关重要。对天赋的研究发现，遗传因素在天赋的发展中起着重要作用，大量练习也可以进一步提高表现。天才儿童通常在以儿童为中心的家庭中长大，父母努力工作并取得较高成就，为孩子做出榜样，提供有智力和艺术刺激的环境，给孩子高度的自主权，期望他们表现卓越。与非天才同龄人相比，有天赋的年轻人的焦虑水平较低，在抑郁或自杀意念方面与非天才同龄人没有区别。有天赋的人的大脑可能由于遗传因素或大量练习而发展得更好，这会促进专家表现，并且在这种表现期间比非天才对照群体的大脑运作更有效。有天赋的孩子长大后大多会在各自领域适应良好，成为成功的专家，但未必是有创造性的天才。

创造力是一个人在特定环境中制造既新颖又有用的产品的过程。奇克森特米哈伊认为，创造力是一个系统的过程，在这个过程中，沉浸在某个领域的创造性个体会发展出原创的想法，并呈现给该领域的从业者。某些领域和它们所处的文化、背景和社会以及某些个人属性可能有益于创造力。根据斯滕伯格和卢巴特的创造力投资理论，有创造力的人会"低买高卖"。也就是说，他们"买入"尚未流行或不常见但具有增长潜力的、发展不完善的想法，创造性地投资于这些想法，并开发它们，以便该领域的其他人"购买"它们，然后再转向"新"的具有增长潜力但尚未流行的想法。创造力研究的重点是创意产品、流程、人和环境。在对创造性产品的研究中，已经区分了非凡创造力和日常创造力，或大创造力和小创造力。此外，迷你创造力和专家创造力之间也有区别，其产品来自创造性学习和创造性专业活动。对具有创造力的人进行研究发现，他们的特点是具有内在动机、发散思维、智力中等但不是特别高、对经验持开放性，并且外向。有些人的创造力受到遗传因素影响，这些因素也与精神分裂症和双相障碍的心理特征相关。创造力的过程会受到积极因素的影响而被促进，并且大致遵循一系列阶段，包括准备、酝酿、顿悟和验证，尽管大的顿悟通常基于多个小的顿悟，但是大多数重大创造性贡献都发生在沉浸于某个领域大约10年之后。虽然在创造力的顿悟阶段，大脑右半球的激活更大，但大脑的许多区域都参与了创造力的各个认知阶段，因此这不仅仅是一种"右脑"现象。某些类型的家庭、工作团队和文化会促进创造力。

尽管有创造力的人的家庭通常支持他们的创造性努力，但在非常有创造力的人的家族史中通常会发现丧失和创伤。有创造力的工作团队有多元化的成员、支持创新，并致力于团队目标和追求卓越。他们也很有凝聚力、沟通良好且共同决策。个人主义文化促进创造力，而集体主义文化促进一致性。接触多种文化和获得信息技术有利于增强创造力。有效的创造力培训方案着重发展对创造力至关重要的认知技能，而不是发展动机、人格特质或人际交往能力。

普通人所持的智慧内隐理论表明，智慧涉及非凡的慈悲、认知能力、洞察力、直觉和仔细反思问题的意愿。在心理学领域已达成共识，智慧涉及专业的社会决策能力和实用的生活知识、亲社会的态度和行为、维持情绪稳定并偏向积极情绪的能力、反思和理解的能力、预见和应对不确定性的能力、包容不同价值观并理解价值观的相对性、有精神性、对新体验保持开放性、有幽默感。衡量智慧的绩效和自我报告的标准测评都已经发展起来。在神经生物水平上，智慧涉及最晚发育的前额皮质最原始的边缘系统的功能调节。外显理论将智慧视为人格或认知发展的高级阶段，或涉及人格和认知过程的技能发展的较高水平。巴尔特斯将智慧视为一种专业知识系统，涉及将思维和美德联系起来的生活语用学。斯滕伯格提出，智慧是在价值观的引导下运用智力和创造力以实现共同利益，涉及在短期和长期内平衡内部、外部和人际利益，在选择新环境之间取得平衡，以及适应或塑造现有环境。

学术和社会领域的成就不仅取决于能力和天赋，还取决于个人关于努力影响能力和天赋发展的信念（即成长型思维），以及为实现有价值的目标而持续努力的承诺（即毅力）。

关键术语

分析智力（Analytic intelligence）：引导智能行为的信息加工技能。

智慧平衡理论（Balance theory of wisdom）：斯滕伯格认为，智慧是实践智力的应用，以及这种智力包含的隐性知识，通过平衡内部、人际和外部利益并实现共同利益的方式解决问题，并在选择新环境以及适应或塑造现有环境之间实现平衡。

创造智力（Creative intelligence）：利用经验处理新奇或陌生信息的能力。

创造力（Creativity）：创作新颖实用作品的能力。

辩证运算（Dialectical operations）：里格尔认为，认知发展的最后阶段的特点是，接受人们的思想随着时间、空间和不同社会背景在无休止的正题-反题-综合的过程中不断演变。

智慧的外显理论（Explicit theories of wisdom）：研究人员所阐述的智慧理论。

天赋（Giftedness）：在一个或多个领域的杰出能力和表现。

毅力（Grit）：追求有价值的长期目标的坚持和激情。

成长型思维（Growth mindset）：相信可以通过努力、奉献和认真工作发展个人特征（如智力或人格）。

智慧的内隐理论（Implicit theories of wisdom）：大众的智慧概念。

智商（Intelligence quotient, IQ）：智力商数。通常平均值为100，标准差为15。早期的天赋研究认为智商大于140的人是天才。

创造力投资理论（Investment theory of creativity）：斯滕伯格和卢巴特认为，当个人"买入"尚未流行或不常见但具有增长潜力的、发展不完善的想法，创造性地投资于这些想法，并将其开发成"创意产品"，然后再转向"新"的具有增长潜力但尚未流行的想法时，就会对一个领域做出创造性的贡献。

多元智力（Multiple intelligences）：加德纳认为有八种不同的智力：语言、逻辑数学、空间、音乐、身体动觉、人际关系、内观和自然主义。

实践智力（Practical intelligence）：在自己的技能和外部环境之间建立最佳匹配的能力。

自我超越（Self-transcendence）：利文森将智慧视为一种人格类型或发展阶段的概念，其特征是自我认识、超脱和整合。

创造力系统模型（Systems model of creativity）：奇克森特米哈伊认为，创造力产生于三个不同系统动态相互作用的过程：(1) 人，及其天赋、个性特点和动机；(2) 问题域，由符号系统、规则、技术、实践和指导范式组成；(3) 领域，由在同一领域内工作的人员（艺术家、科学家、评论家、期刊编辑）组成，其活动受相同的领域特异性规则和实践的约束。

三元天赋模型（Three-ring model of giftedness）：伦祖利认为，天赋包括特定领域的杰出一般能力、高能力领域的创造力，以及在高能力领域发展技能的高水平动机。

三元智力理论（Triarchic theory of intelligence）：斯滕伯格认为，有效适应环境需要分析智力、实践智力和创造性智力三者结合。

天赋的WICS模型（WICS model of giftedness）：斯滕伯格认为天赋是智慧、智力和创造力的综合。

智慧（Wisdom）：以反思、亲社会和情感平衡的方式解决复杂社会问题的专家决策能力，其特点是容忍不确定性、具有价值相对性、开放性、精神性和幽默感。

明智的推理（Wise reasoning）：格罗斯曼将智慧定义为认知发展的高级阶段，其特征是明智地谦逊、认识到不确定性和变化的可能性、对多种观点持开放态度，并愿意整合不同的观点以找到明智的解决方案。

个人发展问题

1. 描述一例你在过去1个月中成功为难题找到创造性解决方案或做出明智判断的情况。
2. 你应用什么技能完成了这件事？
3. 描述一例你在过去1个月中没能成功为重要难题找到创造性解决方案或做出明智判断的情况。

4. 你希望拥有哪些技能来帮助自己找到创造性解决方案或做出明智判断？
5. 你现在可以采取哪些步骤来发展这些技能？
6. 采取这些步骤的成本和收益是什么？
7. 采取其中一些步骤，并用第一章中的幸福感量表评估自己之前和之后的幸福感，评估这对幸福感的影响。

思考题

1. 从定义、评估、理论和主要研究成果四个方面比较天赋、创造力和智慧。
2. 关于天赋、创造力、智慧、成长型思维和毅力，你认为最重要的研究结果是什么？

研究问题

应用PsycINFO检索本章涉及的相关术语，例如天赋、创造力、智慧、成长型思维和毅力，找到过去几年发表的相关文献。选择你感兴趣并且可以重复和扩展的研究。重复该研究。

拓展阅读

关于天赋的自助书籍

Webb, J. J., Gore, J. L., & Amend, E. R. (2007). *A parent's guide to gifted children*. Southdale, AZ: Great Potential Press.

关于创造力的自助书籍

Treffinger, D., Isaksen, S., & Stead-Dorval, B. (2006). *Creative problem solving: An introduction* (4th ed.). Waco, TX: Prufrock.

De Bono, E. (1993). *Serious creativity: Using the power of lateral thinking to create new ideas*. New York: Harper Collins.

关于智慧和理性思维的自助书籍

Stanovich, K. (2009). *What intelligence tests miss: The psychology of rational thought*. New Haven, CT: University Press.

关于专注和学习的自助书籍

Baddley, A. (2004). *Your memory: A user's guide*. London: Carlton Books.

Moran, A. (2018). *Managing your own learning at university: A practical guide* (3rd ed.). Dublin, Ireland: UCD Press.

关于成长型思维和毅力的自助书籍

Duckworth, A. (2016). *Grit: The power of passion and perseverance*. New York: Scribner.

Dweck, C. (2017). *Mindset: Changing the way you think to fulfil your potential* (updated ed.). London: Robinson.

参考著作

Pfeiffer, S. I., Shaunessy-Dedrick, E., & Foley-Nicpon, M. (Eds.) (2018). *APA handbook of giftedness and talent*. Washington, DC: American Psychological Association.

Kaufman, J., & Sternberg, R. (Eds.) (2019). *The Cambridge handbook of creativity* (2nd ed.). Cambridge, UK: Cambridge University Press.

Sternberg, R. J., & Glück, J. (Eds.) (2019). *The Cambridge handbook of wisdom*. New York: Cambridge University Press.

第七章

积极的自我

学习目标

- 能够区分主体我和客体我
- 能够描述自尊的测量、发展及其与防御性自尊关系的主要研究成果
- 理解自我效能感的前因和后果及测量评估
- 能够区分自我效能与心理控制源、一般自我效能感、对控制感的向往、心理一致感、坚韧人格的差异
- 能够描述适应性防御的发展、测量及相关研究
- 能够描述适应性应对策略
- 能够使用自尊、自我效能、适应性防御和功能性应对策略来提高个人幸福感

自我

虽然现在关于自我的概念已经得到了广泛的认识,但是在很早以前人们并不关注自我。[1]在中世纪,人们的身份与其社会地位、职业和家庭关系联系在一起,这些联系是不允许改变的,因为一个人的身份自出生之日起就被限定于具体的社会地位等级中。此外,当今社会许多人面临的关于个人发展的主要问题在当时并没有出现。人们不是自主选择职业,而是由出生后既定的环境决定了未来的职业。许多人的婚姻是由家人包办的。他们相信自己的君主,相信只要他们在社会中履行自己的职责,他们的君主就会保护他们,而不会惩罚他们。这些制约因素在一定程度上限制了人们对于个人发展或个人成长的个体差异的关注。

在近代早期（1500—1800），人们对人与人之间的差异和个体的独特性产生了兴趣，开始关注自传体写作和人们生活经历之间的具体差异。后来人们开始注重内心体验，并相信可以通过艺术、文化、冥想和诗歌对自我内心体验产生更深入的理解，来增强成就感。与此同时，人们对君主制和这些价值观的确定性提出了新的质疑。人们开始质疑对神、君主和价值观的信仰。民主制也开始取代君主制，认为领袖是可以由自己选择的，而不是由神任命。

20世纪初，西格蒙德·弗洛伊德无意识研究思想的普及扩展了人们对内在自我的关注，以及实现自我认识和个人发展是具有挑战性的想法。之后，生命周期理论家如爱利克·埃里克森提出了一个观点，认为在生命周期发展的每个阶段都存在新的冲突，当人们质疑自己的生活方式以及他们的生活方式经历重大改变时，可能会发生认同危机。[2]（埃里克森的生命周期理论模型在第六章中已有所讨论。）这种认同危机的观点导致人们认为自我与其所处的社会环境是分离的。这种思维方式因地理、社会和职业流动性的增加而得到了促进。生活水平的提高使人们有了选择不同生活方式的自由，科学技术的巨大进步又促进了财富以及地理、社会和职业的流动性。

现代自我概念的出现一方面带来了解放，另一方面也带来了代价。由于越来越难以相信超自然现象或社会秩序，人们被迫到其他地方寻找价值。许多人将自我或亲密关系作为价值的来源。（关系将在第八章中讨论。）本章的重点是自我。然而，在过去，对自我的关注被称为自私，是一个贬义词；在现代心理学中，有许多关于自我关注方面的积极术语，如自我认知、自尊、自我效能、自我评价和自我调节，这些正是积极心理学所关注的。

客体我和主体我

威廉·詹姆斯（William James, 1842—1910）在《心理学原理》（*Principles of Psychology*）一书中，开创性地使用主体（subject or agent）我和客体（object）我来区分自我的两个方面。[3] 专栏7.1呈现了自我的这两个方面的一些特征。客体我是指自我中被注意、被思考或被知觉的客体。客体我以社会、认知、行为和叙事心理学为基础，将自我看作自我概念、自我图式、一组习得技能、叙事、语言建构、社会建构和文化决定的现象。主体我是自我中积极地知觉和思考的部分。主体我以进化传统理论为核心，这些理论强调自我作为具有感知、学习、沟通和适应环境能力的有意识主体的生物学基础。除此之外，主体我还支持精神分析中自我作为一种可以实现冲突目标的动力倾向，比如攻击的自我保护、性的自我复制和社会合作等。相反，理想自我或可能自我作为要追求的目标的概念，是由自我作为客体而不是主体的概念所引起的。

对自我这两个方面的研究，特别是对自我评价和自我调节的研究，表明了积极心理学的重要性。关于客体我的观点认为高自尊和自我效能有助于个人优势和心理韧性[4]的形成。当我们积极地评价自己（高度的自尊）并相信我们将成功地完成尝试的任务（高度的自我效能）时，我们会更健康和幸福。主体我的观点是有效应对生活挑战和使用适应性防御机制来管理内心冲突。当我们使用特定类型的应对策略来应对生活挑战，使用特定类型的防御机制来管理由性冲突、攻击性或社会动机引起的焦虑时，我们会更健康和幸福。[5]本章将详细讨论这些问题。

专栏7.1　主体我和客体我

主体我	客体我
自我认知	自我表征
自我作为"我"的主体	自我作为"我"的客体
自我作为知觉	自我概念
自我是意识状态的集合	自我图式
自我是感知者	自我作为感知的对象
自我是适应环境的生物有机体	自我是一个在社区和文化中社会建构的概念
自我是具有学习能力的有机体	自我是一种学习技能的集合
自我是发言者	语言上的自我建构
主观经验	叙述性自我和自传式记忆
自我作为有机体，被激励去实现（相互冲突的）目标	理想自我和可能自我作为追求的目标
自我调节	自我评价信念
自我是应对策略和防御机制的使用者	自尊和自我效能

自尊

威廉·詹姆斯在1890年将自尊定义为自我价值感，它是成功与抱负的比值。[6]他认为抱负意味着我们对潜在成功概率的估计。这些都是由我们的价值观、目标和愿望所决定的。这种对自尊的定义意味着，我们将自我价值感建立在对自己现状和未来期望的比较之上。在现代心理学中，人们一致认为自尊不是单维结构的。它是分层组织的，总体自尊基于对自我价值的一般判断，在此基础上，自尊的亚型基于不同背景下对自我价值的评价，例如在家庭、学校、工作环境、休闲环境或同龄人群体中。[7]

自尊的测量

自尊的测量方法有很多种。[8]多维自我报告自尊问卷有助于评估多个领域的自尊特征。设计良好、信效度较高的多维量表有针对儿童和成人的库伯史密斯自尊量表（Coopersmith Self-esteem Inventory）[9]、针对成人的多维自尊量表（Multidimensional Self-esteem Inventory）[10]和针对儿童的无文化自尊量表（Culture Free Self-Esteem Inventory）[11]。库伯史密斯自尊量表评估一般自尊以及社会、家庭和学校或工作自尊。成人多维自尊量表可以获得整体自尊、能力、爱、喜欢、个人力量、自我控制、道德自我认同、身体外观、身体功能和防御性自尊增强的得分。儿童无文化自尊量表可以得出一般自尊、父母或家庭自尊、学业自尊和社会自尊的评分。它还包含一个衡量防御性反应的测谎量表。单维度自尊量表通常被用作筛选。目前应用最广泛的是罗森伯格（Rosenberg）自尊量表。[12]在实验室研究中，状态自尊量表常常被用来评估情境因素对自尊波动的影响。[13]这个由20条目组成的量表可以得到总分和表现、社会和外表状态自尊三方面的得分。

自尊的发展

双生子研究表明，自尊的40%受遗传影响。[14]由此可见，环境因素对其发展有重大影响。瑞士伯尔尼大学的乌尔里克·奥思（Ulrich Orth）及同事从自尊的纵向研究中得出了以下重要结论。[15]自尊在整个生命周期中遵循一个明确的轨迹。从图7.1可以看出，自尊从幼儿期开始升高，直至中年；在60岁左右达到高峰；70岁达到平台期；然后开始下降，90岁后迅速下降。这个研究结果是基于对300多项国际纵向研究数据的元分析得到的，包括男性和女性，来自许多国家的一系列种族，且不受出生年份的影响。儿童在以下家庭环境中更容易表现出高自尊：经济条件良好的家庭；家庭完整并且父母关系良好；母亲没有患抑郁症；可以感受到来自父母的温暖和情感支持、智力激发和自主支持。自尊的个体差异在整个生命周期中相对稳定。也就是说，与同龄人相比，在一个生命阶段自尊相对较高的个体在生命后期很可能自尊也会相对较高。然而，自尊的稳定性并不妨碍其对干预的敏感性。许多研究的元分析表明，儿童和成人的自尊改善项目都是有效的。[16]自尊在一些重要领域特别是人际关系、教育、工作以及身心健康方面可以预测人的成功和幸福感。[17]［这一结论与罗伊·鲍迈斯特（Roy Baumeister）在2003年得出的结论形成鲜明对比。由于可用的纵向研究数量有限，他得出的结论是，没有证据表明自尊会引起重要的结果，而且它可能是重要生活领域的成功或失败的附带现象。[18]］人的社会关系与其自尊水平之间的联系在生命的各个阶段都是相互的，即积极的关系增强自尊，高水平的自尊对关系也起到增强作用。应激性生活事件，如发生严重事故、感染慢性疾病或遭受刑事伤害，对自尊会产生消极影响。虽然工作成功和社会经济地位与自尊相关，但纵向研究表明，它们对自尊的因果影响有限。

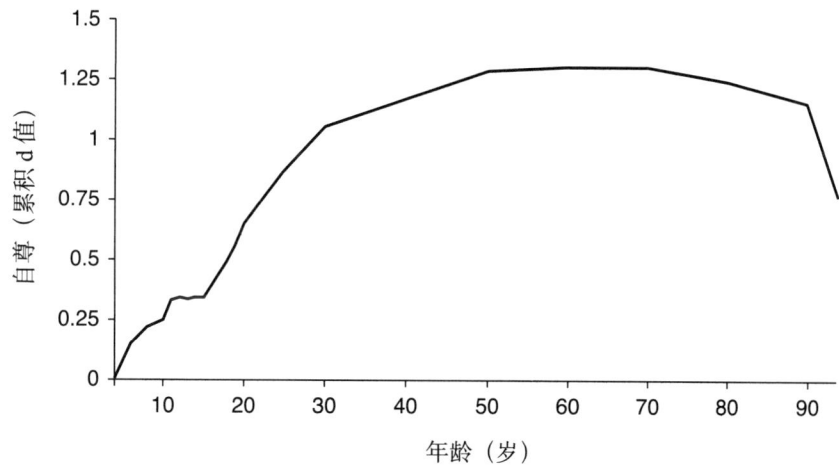

图7.1　寿命期内的自尊发展

注：Reproduced with permission of the American Psychological Association from Figure 3, p. 1066, in Orth, U., Erol, R. Y., & Luciano, E. C. (2018). Development of self-esteem from age 4 to 94 years: A meta-analysis of longitudinal studies. *Psychological Bulletin, 144*(10), 1045-1080. Copyright © 2018 American Psychological Association. The graph shows cumulative effect sizes (d) relative to self-esteem at 4 years.

防御性自尊

高自尊具有异质性,有些人认为高自尊是对消极社会评价的防御。成人多维自尊量表包括用于评估防御性自尊增强的子量表。[19]防御性高自尊的人所表现出来的特征是自夸、批评他人、对个人批评极度敏感、投入工作以及用不适当的攻击性回应批评。这些特征与那些抑郁、焦虑和孤僻的低自尊者截然不同,可能反映出一种潜在的、未被报告的低自我价值感。

在图7.2中,克里斯托弗·姆鲁克(Christopher Mruk)的自尊双因素模型是防御性自尊增强的概念框架。[20]模型中的两个轴是能力(指完成任务的技能)和价值(指对价值感的情感体验和对一个人的价值的认知判断)。在这个模型中,具有高水平能力和价值的人拥有真正的高自尊,具有中等水平能力和价值的人拥有中等自尊。低自尊和抑

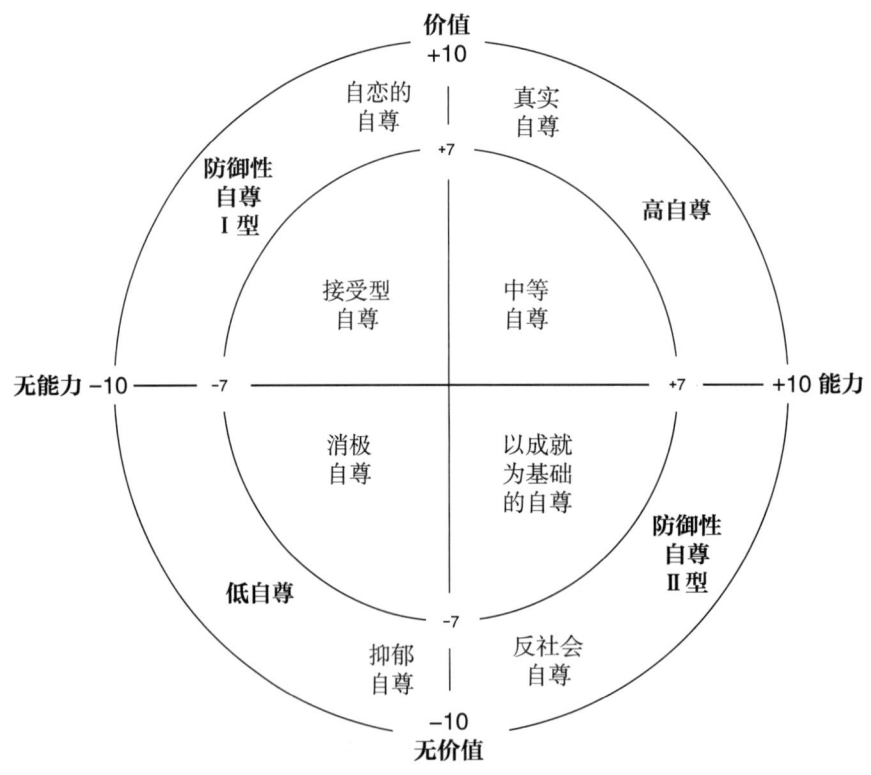

图7.2 自尊、价值和能力

注:Based on Figure 5.6, p. 150, in Mruk, C. (2013). *Self-esteem and positive psychology* (4th ed.). New York: Springer.

郁与低水平的能力和价值相关。那些能力和价值水平中等偏低的人具有消极自尊。拥有这种自尊的人可能会因为对自己的能力和价值的信心水平较低，而在工作或人际关系中不愿尽最大努力。也就是说，他们阻碍了自己，阻碍了自己的发展。

防御性自尊分为两类。拥有这类自尊的人在很多情况下的表现和中等或高度自尊的人一样。然而，当他们的弱点受到挑战时，他们的行为方式与中等或高度自尊的人表现出的行为并不一致。第一种防御性自尊与低能力但高价值感相关。这类人感到自己无能和不足，因此对批评极度敏感。当他们感到自己的能力受到挑战时，为了抵御与在该领域的不足感相关的焦虑，他们可能会自夸，这反映出他们使用了过度补偿的防御机制；或者他们可能会批评和指责他人，这反映了自我批评的防御性转移到他人身上。在极端情况下，这种类型的适应与自恋型人格障碍有关。在比较温和的形式中，这种自尊的人依靠他人的接受来维持良好的自我感觉，因此被称为接受型自尊。他们可能会使用各种顺从的策略来取悦他人，或者为避免批评而找借口或责怪他人。

第二种类型的防御性自尊与高能力但低价值感相关。由于潜在的无价值感，这类人对对于他们价值感的批评极度敏感。当感到自己的价值受到挑战时，为了抵御与低自我价值感相关的焦虑，这些人可能会沉浸在工作中，并取得非凡的成就，从而将升华作为一种防御。工作狂行为反映出他们试图通过过度成就来弥补自己的低价值感。中等水平的自尊被称为成就型自尊。然而，能力非常高而价值非常低的人可能会用欺凌和不适当的攻击来回应对他们价值的批评和威胁，从而使用反社会行为作为一种防御。这被称为反社会自尊。

提升自尊

许多提升自尊的策略都源自威廉·詹姆斯的定义，即将自尊定义为成就与抱负之比[21]以及克里斯托弗·姆鲁克的自尊能力和价值模型，如图7.2所示。这些策略包括技能训练、环境改变、认知疗法以及利用转换来提升自尊。技能训练可提高能力。自尊增强方法取决于能力较低的领域，包括解决问题技能、社交技能、自信技能、学术技能和与工作相关技能的培训。由贫穷或社会劣势、环境变化引起的低自尊，职业再培训、职业安置或者社会迁移到不那么贫困的地区可能是提升自尊的合适方法。如果低价值感是由不切实际的高抱负所引起的，即使已经取得了一些成就，也可以通过以下两种方式来提高自尊：一方面可以通过认知疗法来帮助人们挑战高标准，另一方面通过正念训练来帮助人们接受自我批评的想法只是短暂的心理现象，而不是对现实的准确反映。[22]

越来越多的证据表明，在年轻人和成年人中，自尊提升方案都是有效的。在一系列元分析中，芝加哥洛约拉大学的约瑟夫·杜尔拉克（Joseph Durlak）及同事发现，针对低自尊儿童的基于理论的自尊提升方案比预防方案和没有健全理论基础的方案更有效。[23] 研究者们还发现，课后个人和社会发展方案显著改善了低自尊儿童的自尊水平以及亲社会行为和学习成绩。有效的方案通常是利用积极的学习技巧，以相应的顺序向年轻人传授明确界定且侧重于具体目标的个人和社会技能。元分析发现，对低自尊的成年人来说，认知行为治疗和正念疗法都能显著提高自尊。[24]

自尊与自我价值的整体评估有关，而下一个要讨论的主题，自我效能，则与对特定能力的重点评估有关。

自我效能

斯坦福大学的阿尔伯特·班杜拉（Albert Bandura）教授是自我效能理论的提出者，自我效能理论是嵌套在他的人格社会认知理论中的一系列观点。[25] 该理论如图7.3所示。感知到的自我效能是指我们对我们在特定领域组织和执行任务、有效实现特定目标能力的信念。效能信念指导我们的大部分生活，因为我们通常追求的是我们认为会导致预期结果的行动路线，而没有动力去做那些我们认为会导致失败的事情。班杜拉认为，在任何领域，我们的效能信念（或对我们能力的判断）决定了我们对我们行动的效果或结果的期望。如果我们期望成功并取得预期结果，那么这就会成为行动的动力。如果我们期望不成功，就会起到抑制作用。这些效能信念和对某些结果的期望决定了我们的行为表现，进而导致某些结果。在图7.3中，该过程由从自我效能信念，到结果期望，再到表现的路径来表示。例如，判断自己有能力驾驶4.3米长的船在11米每秒的风速中绕过赛道，这就是一种自我效能信念。在努力上岸并赢得帆船比赛后，预期的上岸带来的身体愉悦、其他竞争对手对获胜的社会认可和自我满足分别是身体、社会和自我评价的积极结果预期。围绕赛道航行的行为是一种表现，与成功表现后的结果是不同的。自我效能感信念对表现的影响也受到目标（例如，旨在赢得一场帆船比赛）和可能促进或阻碍表现的社会结构因素（例如，我们的船与比赛中其他竞争者的竞争力相比）的影响。自我效能信念的总体强度受自我效能的四大类因素或来源的

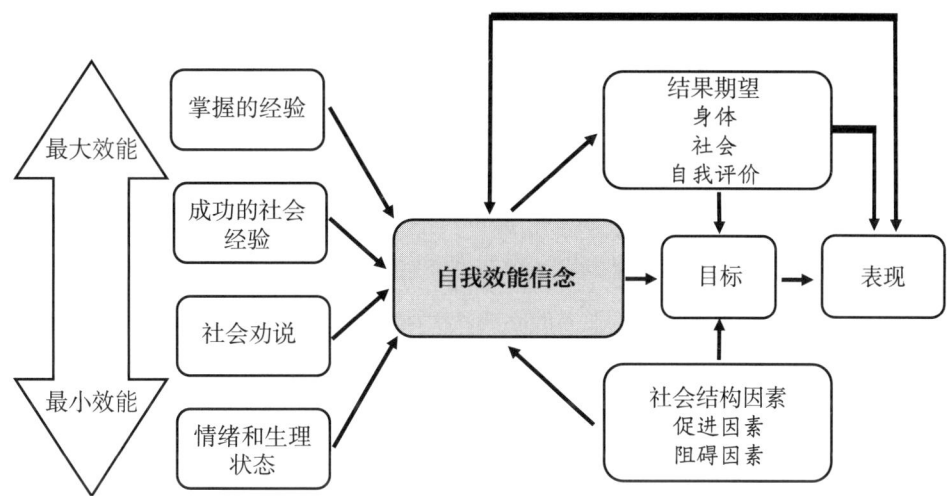

图7.3　班杜拉的自我效能理论

注：Based on Figure 2, p. 195, in Bandura, A. (1977). Self-efficacy: Toward a unifying theory of behavioural change. *Psychological Review, 84*(2), 191−215.; and Figure 2, p. 14, in Bandura, A. (2012). On the functional properties of perceived self-efficacy revisited. *Journal of Management, 38*(1), 9−44.

影响，在图7.3中标记为掌握的经验、成功的社会经验、社会劝说以及情绪和生理状态。掌握的经验是指过去成功完成任务的经验——例如，赢得以前的帆船比赛。成功的社会经验是指观看他人成功完成任务——例如，观看其他专业水手赢得类似的帆船比赛。这种通过观看他人的成功来发展自我效能信念的过程通常被称为替代学习。社会劝说是指通过辅导表现得更好的过程。积极的情绪和生理状态，如兴奋和愉悦等情绪对自我效能信念有积极影响，而消极情绪和相关的生理状态，如恐惧和极高水平的生理唤醒，对自我效能信念有不利影响。人们在感到高兴和兴奋的时候比在感到害怕和恐慌的时候更容易相信赢得帆船比赛。掌握的经验、成功的社会经验、社会劝说以及情绪和生理状态在它们对自我效能信念的影响方面形成一个连续谱。掌握的经验的影响最大，而情绪和生理状态的影响最小。

在任何领域，我们的效能信念在其水平、强度和普遍性方面都会有所不同。这些信念会导致我们对行为表现的效果或结果的期望。我们可能会对我们的行为表现的身体和社会影响或结果及结果对我们如何评价自己表现良好或较差的影响抱有期望。这些对我们表现的效果或结果的期望可能会随着一系列从积极到消极的连续谱变化。表现并不总是影响结果。例如，在许多工作中（例如，爱尔兰的公共服务工作），报酬水平与工作绩效并不挂钩。然而，当表现与结果相关联时，效能信念可预测一系列领域的预期和实际结果，包括学业和职业表现，以及饮食、物质使用、遵循医疗制度和焦虑管理等方面的习惯控制。班杜拉的自我效能理论所包含的大多数假设都得到了多个领域研究的支持——例如，身体和心理健康问题的恢复、疼痛管理、运动表现、创造力、养育子女以及教育和工作表现。[26]

自我效能和自尊的区别在于自尊涉及对个人价值的判断，自我效能感关注的是对个人能力的判断。它们是独立的结构。自尊影响我们的总体情绪，而我们对完成特定任务能力的自我效能感则会影响我们在这些任务中的表现。

自我效能的测量

依据班杜拉的模型，感知到的自我效能感、行为和外部环境之间存在交互作用。感知到的自我效能感的测量指标是我们在特定领域、在特定条件下，对如何有效地利用我们拥有的技能实现特定目标的信念指数。根据定义，自我效能的测量具有领域特异性。例如，研究者已经开发了自我效能量表，用于养育、管理癌症康复过程中面临的挑战、糖尿病的自我管理、创伤后应激障碍的康复、教育成就和包括排球在内的一系列运动中。[27]对这些不同领域需使用单独的测量方法，例如多项或单项量表、100分量表。以这种方式评估的自我效能信念比自我概念或自尊的一般测量方法更能有效预测行为。虽然已经开发了非特定领域的自我效能量表，例如一般自我效能量表（General Self-efficacy Scale）[28]，但班杜拉认为，这些量表不适用于检验他的理论，因为从定义上来讲，自我效能信念是针对特定领域的。[29]

自我效能的结果

自我效能信念通过认知、动机、情绪和选择过程来调节功能。[30]在认知水平上，自我效能感高的人在应对环境挑战时表现出更多的认知资源、更强的策略灵活性和有效性。他们用未来的视角构建自己的生活。他们侧重于关注那些潜在的有利机会，而不是风险。他们将成功的结果可视化，并利用这些结果来指导他们问题解决的努力程度。

在动机层面，有强烈自我效能感的人设定具有挑战性的目标，并期望自己的努力能产生良好的结果。他们将失败归因于可控因素，如不够努力、策略不充分或不利环境，而不是不可控因素，如缺乏能力。他们还认为障碍是可以克服的，因此有动力坚持努力实现他们的目标。

效能信念通过允许人们将潜在的威胁要求解释为可控制的挑战，并减少对潜在威胁的担忧和消极思考来调节情绪状态。效能信念还可通过以下方式调节情绪状态：促进以问题为中心的应对，从而改变潜在威胁的环境；使人们能够寻求社会支持，以缓冲压力；促进使用自我安抚的技巧，如幽默、放松和锻炼，以减少与潜在威胁情境相关的唤醒。

自我效能信念增强了免疫系统的功能，并使身体更健康、面对压力时更有韧性以及心理和社会适应更好。在特定领域内，如工作、运动、体重控制、戒烟、饮酒和心理健康等问题，自我效能信念的发展会带来积极的结果。[31]

提高自我效能的干预措施

自我效能理论提出，旨在提高自我效能的干预方案将有效地帮助人们实现特定领域的特定目标，这些方案应针对图7.3左侧列出的自我效能的四个来源。也就是说，它们应该帮助人们掌握与其特定目标相关的具体技能的经验，为他们提供机会观察技术熟练的榜样的机会，指导他们发展和使用技能，并促进情绪的自我调节。针对许多研究（涉及数千名个体）的元分析提供了大量证据，表明自我效能增强方案在一系列领域都是有效的，包括提高阅读能力（在校儿童）、增加体育锻炼、戒烟、使用避孕套（预防艾滋病感染）、健康饮食、在癌症康复期自我管理疲劳及疼痛和痛苦、自我管理高血压、自我管理糖尿病、照顾患有阿尔茨海默病的老年人（家庭成员）和照顾儿童（初为人父母）。[32]以个人和群体的形式以及通过远程或数字平台和面对面地进行都是可以的，但面对面的干预往往更有效。

心理控制源、一般自我效能、对控制感的向往、心理一致感和坚韧人格

有许多与自我效能相关的构念值得提及。20世纪60年代，康涅狄格州大学的朱利安·罗特（Julian Rotter, 1916—2014）引入了心理控制源的概念，他在某些方面是自我效能和第三章中提到的乐观解释风格思想的先驱。[33]根据罗特的观点，每个人对重要的强化来源的期望程度不同，也就是这些强化来源是在自我的控制范围内还是受到外部因素的影响，如机遇、命运或其他有权势的人的行为。大量文献表明，内部控制源对大多数人的心理调节和身体健康都起着有益作用。[34]学者已经开发了许多工具来测量心理控制源，包括罗特的原始内外控量表（Rotter's original I-E scale）和儿童心理控制源量表（Locus of Control Scale for children）。[35]因素分析显示，控制源是多维的，利

用不同的因素来挖掘关于事件的信念是由自我、机遇、命运还是强大的他人来控制的。这进一步促进了多维量表的发展，如多维心理控制源量表（Multidimensional Locus of Control Scale）[36]和多维健康控制源量表（Multidimensional Health Locus of Control Scale）[37]。这些发展反映了研究人员认识到对心理控制源的信念和期望可能具有领域特异性的趋势，这一原则在班杜拉的自我效能理论中得到了最极端的表达。[38]尽管班杜拉坚持认为效能信念具有高度领域特异性，但还是开发了一般自我效能量表，以评估有效控制环境方面的总体期望。[39]量表还用于评估与控制相关的其他信念系统的个体差异，例如对控制感的向往。[40]感知控制的有益作用部分取决于对控制感的向往。安东诺维斯基（Antonovsky）开发了心理一致感的测量方法，它是与面对重大创伤（如战争后移民）时的韧性相关的构念。[41]心理一致感量表（The Sense of Coherence Scale）评估生活情境被认为有意义、可理解和可管理的程度。该量表的可管理维度表明，它与其他控制相关构念具有共同的特征。科巴萨（Kobasa）开发了坚韧人格量表（Hardiness Scale），该量表可预测生活压力增加后的持续健康和幸福。[42]该量表评估一个人对生活状况的重要方面是可控的信念；期望生活将带来挑战；以及致力于寻找生活意义。总体而言，来自干预研究的证据评估了旨在增强个人对生理和心理困难控制感的方案的效果，表明这种干预是有益的。[43]

有许多方法可以控制心理上和环境上的生活挑战，这是防御机制和应对策略心理学的核心，将在接下来的两节中讨论。

防御机制

防御机制和应对策略都被用来解释我们如何保护自己不被焦虑、悲伤和愤怒等强烈消极情绪压倒。然而，这两种构念及参照的心理过程之间有重要的区别。[44]应对策略的观点是在认知行为传统中发展起来的，用来解释我们如何有意识地处理外部需求（比如考试）超过个人资源（比如我们对考试材料的记忆）的情况。防御机制是在精神分析传统中演化而来的，用以解释无意识过程（如压抑）如何调节与精神内因素（如创伤记忆或不可接受的性或攻击冲动）相关的消极影响。

防御机制的概念是由精神分析的创始人西格蒙德·弗洛伊德引入现代心理学的。[45]在弗洛伊德各种理论的发展过程中，其中心思想以不同的方式被阐明，即各种无意识的心理操作被用来抵御、扭曲或掩饰不可接受的冲动和想法，并将它们排除在意识之外。弗洛伊德的女儿安娜（Anna, 1895—1982）在1936年发表的有影响力的著作《自我与防御机制》（*The Ego and the Mechanisms of Defence*）中总结并扩展了她父亲的防御机制列表。[46] 在她的著作中描述的大多数防御以及20世纪下半叶由各种精神分析学家介绍的其他一些防御的定义见专栏7.2。

防御至少有三种概念化。[47] 在弗洛伊德最早的著作中，防御被概念化为一种从意识中排除对真实创伤性事件（如性虐待）的记忆的方式，以避免再次经历创伤性疼痛。在弗洛伊德后来的结构模型中，防御被认为是自我用来应对不可接受的冲动（来自本我的性或攻击冲动）和良知禁忌（或超我）之间冲突引起的焦虑的心理策略。因此，如果一个人体验到不可接受的性冲动或攻击冲动，他就会对执行这种冲动的后果感到焦虑，因为这种行为会违反超我的禁忌。违反这些禁忌将导致与内部过程（如内疚）和外部过程（如性或攻击冲动行为接受者的愤怒和报复）有关的痛苦。防御机制被用于调节或减轻伴随冲突的焦虑和其他负性情绪状态。

客体关系理论、自体心理学和人际精神分析传统对防御的看法略有不同。在这里，自我防御被视为一种应对焦虑的方式，这种焦虑源于两种愿望之间的冲突，一种是希望表达自我的某些方面，这是照顾者或个人家庭或社会网络中的重要成员所不能接受的；另一种是希望通过遵守这些重要的人的禁忌来维持他们的支持或内在表征。例如，一个生母亲气的年轻人可能希望直接表达他的愤怒，但害怕母亲的报复或个人的内疚。如果他使用被动攻击的原始防御机制，他可能会通过同意做某些家务来调节与这种冲突相关的消极情绪，但做得缓慢或效率不高。如果他使用一种神经质的防御机制，他可能会通过把愤怒转移到兄弟姐妹身上，和他们打架来处理冲突。如果他使用升华等成熟的防御机制，他可能会在做家务后踢足球，从身体上释放与消极情绪状态相关的紧张。

这个例子表明，一些防御机制比其他防御机制更具适应性。在DSM-Ⅳ修订版的附录B中，有一个防御功能量表，将防御机制分为七个级别。[48] 该量表的总结见专栏7.2。该量表由该领域的主要研究人员乔治·韦兰特（George Vaillant）及同事开发。[49] 该量表根据临床和实验研究，代表了我们对防御机制及其操作的大部分了解。这个量表包含了非常广泛的防御概念，它既包括有意识的应对机制，如自我主张，也包括无意识的防御机制，如传统定义的压抑。从这个量表中也可以清楚地看出，防御允许人们调节消极影响，如焦虑或抑郁，这些消极影响与不可接受的性冲动和攻击冲动与亲

专栏7.2 不同成熟度水平的防御机制

水平	防御	防御特征
高适应水平		促进不可接受的冲动和亲社会意愿之间的最佳平衡，使满足各种冲动和愿望最大化并允许意识到相互矛盾的冲动和愿望
	防御	个体通过以下方式调节与冲突的愿望、冲动或外部压力相关的情绪不适：
	预期	在冲突或压力发生之前考虑情绪反应和这些反应的后果，并探索解决这些问题情绪状态的各种方法的利弊
	归属	寻求他人的社会支持，与他人分享问题，而不让他们对自己负责或承受痛苦
	利他	专注于满足他人需求并从中得到满足（不过度牺牲自己）
	幽默	以讽刺或有趣的方式重新定义引起冲突或压力的情况
	自我主张	用一种直接而非强制性的方式表达与冲突有关的想法或感受
	自我观察	监测情况如何导致冲突或压力，并使用这种新的理解来改变消极影响
	升华	将冲突或压力引起的消极情绪转移到社会可接受的活动中，如工作或运动
	抑制	有意避免思考冲突或压力
	置换	把对一个人的消极情绪转移到另一个威胁较小的人身上
心理抑制妥协形成水平		将不可接受的冲动排除在意识之外
	解离	意识、记忆、知觉或运动行为的综合功能崩溃
	理智化	过度使用抽象思维或概括，以尽量减少冲突引起的令人不安的情绪
	情感隔离	与冲突、创伤或压力的描述性细节相关的感觉失去联系
	反向形成	替换为可接受的行为，这些感觉、想法或感觉，与冲突引起的不可接受的行为、想法或感觉相反

第七章 积极的自我 | 299

(续)

轻微意象扭曲水平		扭曲自我和他人的意象以调节自尊	
	压抑		消除意识到的不必要的想法、情绪或愿望
	振消		使用仪式或魔法般的词语或行为来象征性地否定或弥补不可接受的冲动
	贬低		将夸大的消极特征归于自己或他人
	理想化		将夸大的积极特征归于他人
	全能化		将夸大的积极特征或特殊能力和力量归因于自我，使自己优于他人
否认水平		将不可接受的冲动和想法排除在意识之外，无论是否将其错误地归因于外部原因	
	否认		拒绝承认他人明显的情况或经历的痛苦特征
	投射		把自己不可接受的想法、感情和愿望归咎于他人
	合理化		为掩饰不可接受的想法、行为或冲动而提供精心的自私或自我辩护的解释
	孤独性		
	幻想		过度做白日梦或产生一厢情愿的想法，而不是使用问题解决或社会支持来处理情绪困扰
严重意象扭曲水平		自我或他人的严重扭曲或错误归因	
	投射认同		把自己不可接受的攻击冲动归咎于他人，通过对它们做出积极的反应来诱导对方。然后用对方的改变反应为借口，表现出不可接受的攻击冲动
	自我意象或他人意象的分裂		没有把自己和他人的积极和消极品质融合在一起，把自己和他人看成要么全好，要么全坏
行动水平		采取或撤回措施	
	见诸行动		以不可接受的方式表达与冲突或压力有关的情感痛苦的体验
	情感撤退		不与他人接触

(续)

	帮助-排斥抱怨	反复请求帮助，然后拒绝帮助，以表达不可接受的攻击冲动
	被动攻击	含蓄地对当权者表达不可接受的攻击，公然遵从他们的意愿，又暗地里抵制
	妄想性投射	把自己不可接受的想法、感受和愿望极端地归咎于他人
防御失调水平 未能控制与冲突有关的感觉的防御，导致了现实测试的崩溃	精神病性否认	拒绝承认在别人看来极其明显的情况或经历的痛苦特征
	精神病性歪曲	以极度扭曲的方式看待现实

注：Based on American Psychiatric Association. (1995). Defensive Functioning Scale. *Diagnostic and statistical manual of mental disorders*(4th ed., DSM-Ⅳ, pp. 751–753). Washington, DC: American Psychiatric Association.

社会愿望之间的内部冲突有关，也与面对外部人际压力、威胁或创伤有关。不同层次的防御以不同的方式实现这种调节功能。

在适应水平，防御通过在不可接受的冲动和亲社会意愿之间或需求和应对资源之间实现平衡来调节消极影响。这种平衡最大限度地增加了满足的可能性。此外，在实现平衡的同时，相互矛盾的冲动和愿望、要求和个人资源以及相关的情绪都保持在意识中。预期、归属、利他、幽默、自我主张、自我观察、升华和抑制是适应性防御，在描述其他水平后，我们将在后面详细讨论这些防御。

在第二水平——心理抑制妥协形成水平，防御通过将不可接受的冲动从意识中排除来调节消极情绪。其中，压抑是典型的防御。这个水平上的其他防御包括置换、解离、理智化、情感隔离、反向形成和抵消。

轻微的自我或他人意象扭曲通过贬低、理想化或全能化，在下一个水平发生。这一水平的防御通过增强或夸大自我和盟友意象的积极方面，以及夸大他人的消极属性来调节自尊。传统上，这些防御被称为自恋，因为它们代表了自恋人格。这个水平的防御与防御性自尊（类型Ⅰ）有关，如图7.2左上象限所示，在本章前面关于自尊的章节中已讨论。

在下一个水平上，与不可接受的冲动和亲社会意愿之间的冲突相关的消极影响通过否认、投射或合理化来调节。

通过严重意象扭曲来调节与冲突相关的消极影响发生在下一个水平。分裂是这一水平的典型防御。在这里，消极情绪是通过将一些人视为"全坏"，并将所有不可接受的攻击冲动都指向他们来调节的。同时，有一部分人被视为"全好"，并因此受到尊重。传统上，这些防御被称为边缘性的，因为它们是边缘型人格障碍的典型表现。

在行动水平，与冲突有关的消极情绪是通过行为来表达的，比如攻击、滥交或社会退缩。

如果无法调节与冲突相关的消极情绪，那么这个人可能会通过与现实断开联系，进行精神病性否认、歪曲或妄想性投射来努力做到这一点。

图7.4显示了防御的运作方式，旨在减少与冲突相关的焦虑和痛苦。这个模型以图表的形式展示了下一节所介绍的内容。

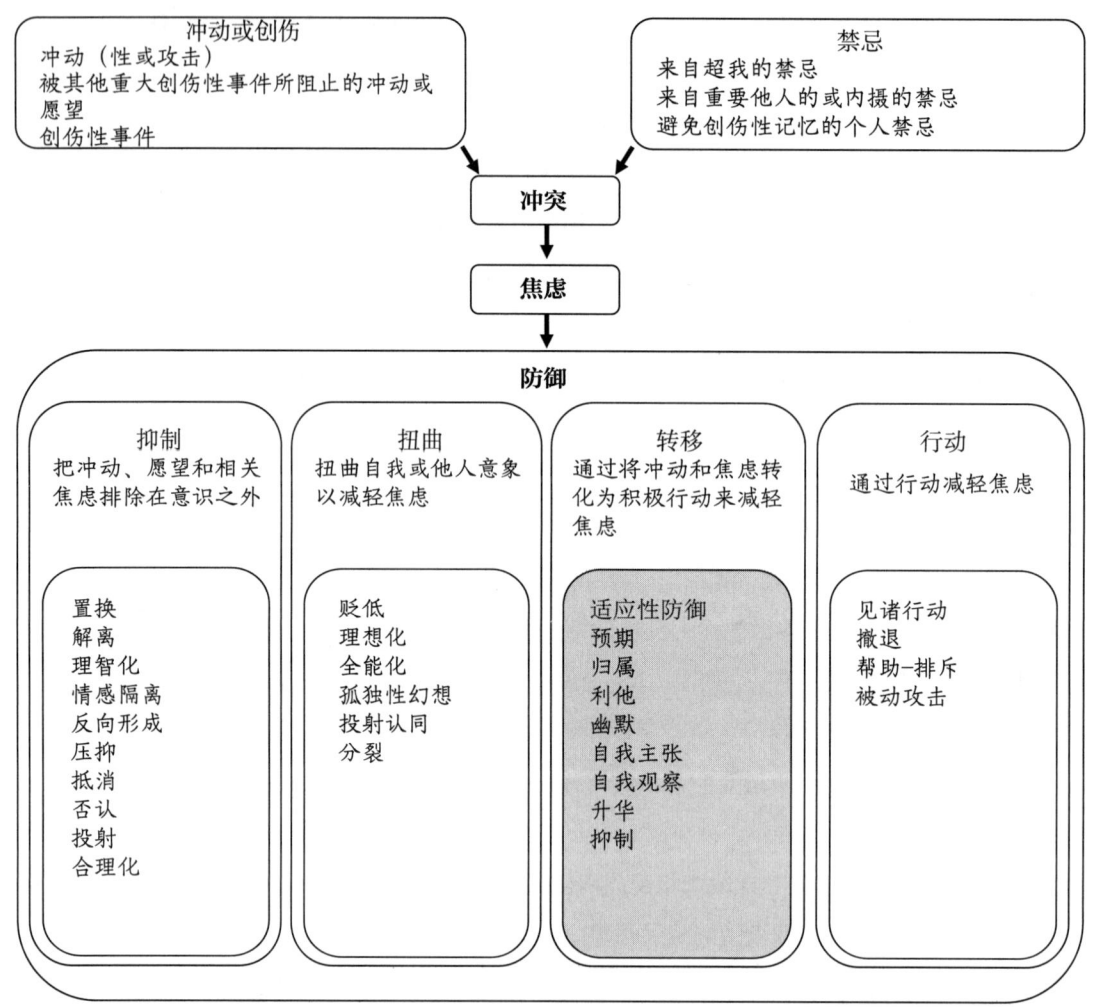

图7.4 适应性防御

适应性防御

预期、归属、利他、幽默、自我主张、自我观察、升华和抑制是适应性防御。为了说明这些,下文在定义了每一个积极防御后,将给出一个例子。对于所有防御,不可接受的性冲动或攻击冲动,与表达这些冲动的冲突相关的焦虑或抑郁,或与管理人际威胁或创伤相关的情绪困扰,都是通过将情感转化为积极行动来调节的。积极的适应性防御丰富了我们的生活。它们不仅仅让我们能够在糟糕的情况下获得最佳结果。韦兰特使用碱金属转变为黄金的比喻来描述适应性防御的方式,这种方式允许不可接受的冲动以一种丰富我们生活的方式得到表达。[50]

预期包括在冲突或压力发生之前考虑并部分体验情绪反应及其后果，并探索解决这些有问题的情绪状态的各种方案。预期包括认知计划，允许自己体验即将发生的情况下可能出现的一些影响，并练习调节。例如，当担任帆船教练时，教孩子们在风速适中的日子里，在一个相对避风的小溪里进行翻船练习，这样，如果他们后来在没有避风的水面上遭遇强风翻船，他们就能更好地调节自己的焦虑。这不仅是倾覆演练，还帮助他们将预期作为一种防御机制。

归属包括从他人那里寻求社会支持，与他们分享问题，并且不让他们对问题负责或承受痛苦。例如，一位辛苦工作一天的女士，可能会用归属作为防御，回家后给亲密的朋友打电话，谈论她对老板的攻击导致的冲突，以及她希望在工作中表现得专业所带来的冲突。这种防御机制——归属或寻求支持——倾向于加深友谊，从这个意义上说，是变革的。社会支持将在下面作为一种应对策略被提及，并将在第八章关于积极关系的内容中再次提及。

利他是致力于满足他人的需要，并从中获得满足，而不进行过度的自我牺牲。例如，一个在童年时遭受身体虐待的妇女，一方面可以应对她对自己和孩子的攻击感觉之间的冲突，另一方面又希望自己的行为符合道德，她可能会花一些时间帮助家庭暴力庇护所的孩子们，以此来应对冲突。

当幽默被用作防御手段时，我们会以一种讽刺或有趣的方式重新审视引起冲突或压力的情境。例如，歌曲《爱丽丝餐厅（Alice's Restaurant Massacree）》中唱道，警察在一个非法垃圾场发现了一封寄给阿罗·格思里（Arlo Guthrie）的信后，指控他乱扔垃圾。阿罗在向逮捕他的警官表达愤怒时说："欧比（Obie）警官，我不说谎，我把那封信放在垃圾下面了。"[51] 当焦虑和攻击转化为幽默时，对双方都有益。

自我主张以一种直接而非强制的方式表达与冲突有关的想法或感受。例如，如果你在考试前一天晚上因为邻居大声聚会到凌晨4点而大发雷霆，可以通过要求邻居把音乐关小来解决。

自我观察包括监测情境如何导致冲突或压力，并利用这种新的理解来改变消极情绪。例如，注意到保持善良、体贴、为圣诞节购物和做准备的压力会导致不可接受的攻击，这可能会让一个人在未来更好地调节这些要求。

升华是将冲突或压力引起的消极情绪引导到社会可接受的活动中，如工作、运动或艺术。例如，在儿童保护案中，将作为专家证人被报复性盘问相关的攻击转化为有氧运动或对成为专家证人过程的学术描述,这就是升华。升华也是一种防御机制,它允许未满足的性愿望转化为音乐或诗歌。

抑制是有意回避对冲突或压力的思考。例如,当下班后和朋友去喝酒时,有意识地抛开与工作会议冲突有关的想法和感受,这就涉及抑制。抑制是由坚忍主义和英国人的沉着冷静所带来的防御。

适应性防御机制的相关研究

在为期50年的、针对三个大群体的纵向研究中,哈佛大学的韦兰特及同事使用评定量表评估了被试生活事件的访谈记录和个人叙述中利他、升华、抑制、预期和幽默的积极防御。[52] 他们发现,积极防御的使用与性别、受教育年限、父母的社会经济地位和智商无关。然而,在成年早期使用积极的防御可以预测中年的心理社会功能、社会支持、主观幸福感、婚姻满意度和收入。适应性防御的使用也与中年残疾的减少和面对多重生活压力时更强的抗抑郁能力有关。

适应性防御与身体和心理健康问题的更好恢复有关。对癌症患者的研究一致表明,适应性防御机制的使用与康复过程中更好的身体和情绪功能相关。[53] 对参与心理治疗的个体进行的研究表明,适应性防御与积极的治疗联盟相关,这有助于从心理困难中恢复。[54] 此外,心理治疗导致适应性防御机制的使用增加。[55]

适应性防御的发展

从进化的角度来看,防御具有重要的自我保护功能,因为它们防止了可能来自冲动表达的伤害,这些冲动将导致他人的报复攻击行为。高度适应性的防御实现了这一功能,但也在普遍的社会限制范围内最大限度地满足了个人。在人的一生中,防御系统遵循着由低级到高级的发展轨迹。[56] 简单的防御,如否认,出现在最早的几年。孩子们无法逃离引发焦虑的环境,他们通过睡觉等方式来屏蔽有害的感官体验。在青少年前期,随着逻辑思维的发展,儿童发展出足够的技能来进行更复杂的防御,如投射(责怪他人)和合理化(给出虚假的解释来表达不可接受的冲动)。在青春期,随着抽象推理技能的出现,诸如理智化等复杂防御机制随之演变。童年时期的逆境、虐待和创伤会损害成熟防御的发展。

防御测量

适应性防御机制可以通过评定量表和自我报告清单来评估。防御机制评定量表（Defence Mechanism Rating Scales）是客观评定录像或文字记录中的防御最佳可用方法。[57]在上述韦兰特的纵向研究中使用了这些量表的早期版本，这些量表是专栏7.2中列出的DSM-Ⅳ防御机制量表的前身。严格来说，防御不能通过自我报告的方式来衡量，因为它们是无意识地运作的。然而，人们试图使用自我报告清单来衡量无意识防御机制的有意识衍生品。然而，其中许多只测量了适应性不良的防御机制。防御类型问卷（Defence Style Questionnaire, DSQ）[58]、反应评价指标（Response Evaluation Measure）[59]和防御机制特征（The Defence Mechanisms Profile）[60]是值得注意的例外，因为它们包含测量关于适应性防御的意识方面的自我报告，且具有相当好的心理测量特性。

防御机制评定量表

防御机制评定量表根据访谈录音或笔录，对27种防御机制进行评级，并将这些防御机制分为以下七个级别：(1) 成熟的防御：归属、利他、预期、幽默、自我主张、自我观察、升华和抑制；(2) 强迫性防御：隔离、理智化和抵消；(3) 其他神经症防御：压抑、解离、反向形成和置换；(4) 轻微意象扭曲自恋防御：全能化、理想化和贬低；(5) 否认防御：否认、投射、合理化和幻想；(6) 严重意象扭曲边缘防御：分裂和投射认同；(7) 行动防御：见诸行动、被动攻击和疑病。[61]评定量表包含明确标准，根据访谈记录或转录文本中的数据确定是否存在防御以及区分不同防御。可计算27个量表中每个量表的评分，还可计算个体防御性功能水平的总体分数。量表信度适中，效标效度较好。它们与适应功能和心理健康相关。研究者已经开发了防御机制评定量表的Q分类版本和简短的自我报告版本，可用于临床实践。[62]

防御类型问卷

防御类型问卷是一种自我报告的工具，不仅适用于研究常人的防御行为，也适用于各种精神障碍和躯体疾病患者的防御行为。原始DSQ包含88个条目。[63]还有包含较少条目的简版[64]，并且该工具已翻译为几种语言[65]。最初88条目版本的DSQ会得出四种防御性功能的评分：适应不良（33个条目）、意象扭曲（15个条目）、自我牺牲（8个条目）和适应性（7个条目）。每种防御方式都由特定的防御机制组成。适应不良的行动方式包括被动攻击、投射、压抑、压制、投射认同、见诸行动、躯体化、撤退、幻想、帮助-排斥、抱怨和抵消。意象扭曲类型包括全能化、全能与贬低、否认、分裂、原始理想化、投射和隔离。自我牺牲的类型包括假性利他、反向形成和否认。适应性类型包括抑制、升华、幽默、预期和归属。该清单还包含一个社会期望反应量表。对所有问题的回答采用利克特9分制，从1-非常不同意至9-非常同意。这四种防御类型是从不健康到健康的连续谱，顺序如下：适应不良、意象扭曲、自我牺牲和适应性。标准数据可用于各种样本，包括非患者、边缘型人格障碍患者和其他精神障碍患者群体。各子量表均具有可接受的内部一致性和重测信度。该工具具有良好的效度。子量表与临床医生在防御机制评定量表上的防御能力评级相关。患者群体在非适应性防御类型量表评分显著高于正常对照组。条目的因素分析证实了4个子量表的结构。

反应评价指标

71条目的反应评价指标（71-item Response Evaluation Measure, REM-71）得出两个因素的评分，评估适应性或成熟防御以及非适应性或不成熟的防御。[66] 适应性防御包括升华*、情感隔离、抑制、理智化、幽默、反向形成、利他和理想化。适应不良防御包括置换、解离、见诸行动、投射、分裂、幻想、被动攻击、抵消、压抑、躯体化、撤退、转换和全能化。REM-71是为了克服DSQ的一些问题而开发的，因此有许多优于DSQ的地方。REM-71条目比DSQ条目更简单；它们避免了一些DSQ条目的明显病态措辞；一些DSQ条目中包含的涉及结果的短语（我做X以达到Y）未被使用，以避免因变量和自变量的混淆；每个量表中的条目数量相似（即3或4）；整个问卷中的条目是随机的。REM-71具有连贯的双因素结构，具有信度，它们与适应性结果有预期的相关。REM-71的青年版已经得到开发。[67]

防御机制特征

防御机制特征是一个包含40条目的句子完成量表，在14个分量表上得出相应的评分，这些分量表分为四类：(1) 紧张缓解：身体吞并、间接吞并、身体驱逐和口头驱逐；(2) 早期防御：否认和撤退；(3) 中等防御：抵消、置换、转向自身、反向形成和

---

* 原书本节将"升华"列为"适应不良防御"，疑似有误。中文版改列入"适应性防御"。——译者注

补偿;(4)高级防御:替代、合理化和理智化。[68]该工具中的每个句子的词干描述了冲突或紧张的唤起情况。书面回答根据明确的标准分配到14个量表类别中的1个(或多个)。该测试具有良好的评定者间信度和重测信度,并有一定的同时效度。

应对策略

防御机制通常会在无意识的情况下处理内部冲突引起的焦虑,而应对策略会被有意识地用来管理环境中的应激需求与应对这些挑战的可用资源之间存在差异的情况。[69]鲁道夫·穆尔斯(Rudolf Moos)应对过程模型的改良版见图7.5。[70]根据该模型,我们会对重要的短暂生活事件做出回应,比如第一次上大学。我们做出的反应是通过认知评估该事件对我们的要求,然后使用功能性或非功能性的应对策略(其中一些在专栏7.3中列出)来应对这些要求。例如,我们可能会认为离开家去上大学的需求是用个人资源来应对的。我们可能会相对自信地认为,我们会找到住宿,结交新朋友,养成去上课、学习、做作业、参加学生社团和俱乐部的习惯。我们可以应对这些挑战,一次一个,寻找解决方案(以功能问题为重点的应对),以及通过定期给朋友或家人打电话获得支持(以功能情绪为重点的应对)。这种积极的评估和功能性应对策略的使用可能会增强我们的幸福感。或者,我们可能会认为过渡到大学的需求超出了我们的个人资源能力范围,我们通过孤立自己、拖延做作业、一厢情愿的想法来应对,这在短期内可能会减少痛苦,但从长远来看,可能会对幸福产生消极影响。这种应对短暂生活事件的过程,比如上大学,受到两类持续的、相对稳定的因素的影响,如图7.5的左边所示,即环境和个人系统。环境系统包括持续的压力,如长期的经济困难,和持久的支持,如良好的家庭关系。个人系统包括影响应对的稳定的个人特征,例如人格特征和自我效能。在图7.5模型的中间部分,我们认识到压力和应对过程是由神经生物学过程所辅助的,它涉及杏仁核、前额叶皮质、交感神经系统和下丘脑-垂体-肾上腺轴。[71]图7.5模型中的双向箭头表示在应力和应对过程的任何阶段都可能发生相互反馈。

在有关压力和应对的文献中,研究者已经开发了许多类型的应对过程。[72]有一个行之有效的方法区分了以问题为中心、以情绪为中心和回避的应对策略。[73]以情绪为中心的应对策略适用于管理与无法控制的压力相关的情感状态,如损伤、某些疾病和丧亲。对于可控的压力,如大学考试或工作面试,以问题为中心的应对策略更合适,这

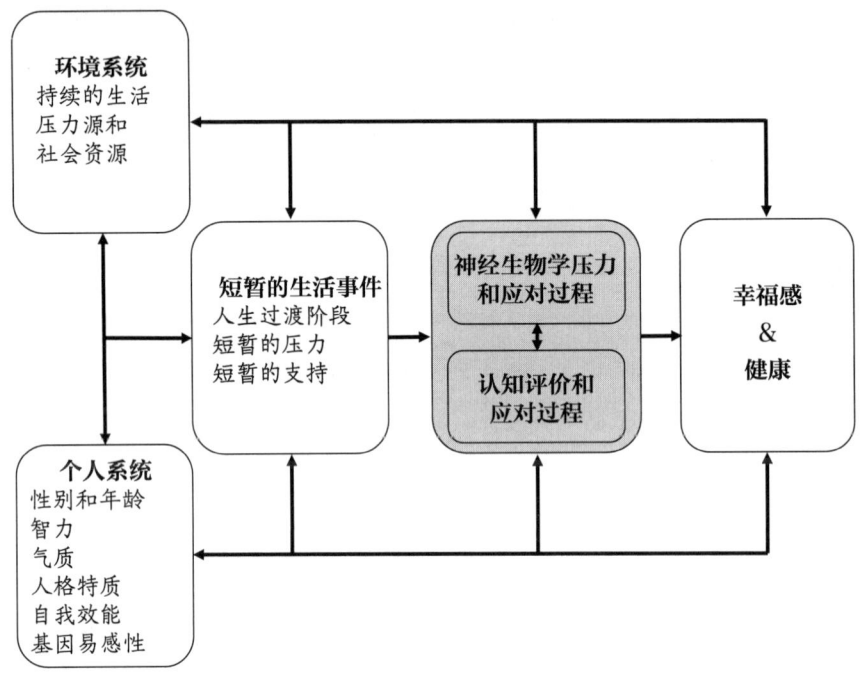

图7.5 应对过程

注：Based on Figure 1, p. 1393, in Moos, R. H., & Holahan, C. J. (2003). Dispositional and contextual perspectives on coping: Toward an integrative framework. *Journal of Clinical Psychology, 59*(12), 1387-1403.

些策略旨在直接改变压力的来源。在某些情况下，在恢复积极应对之前，需要暂停积极应对以整合个人资源，再回到积极应对。回避应对可能是最佳选择。对于所有三种应对方式，可以从功能性和功能障碍两方面解读。专栏7.3列出了一些通用的功能性和功能障碍应对策略。

以问题为中心的功能性应对策略包括接受解决问题的责任；寻求有关问题的准确信息；寻求可靠的建议和帮助；制订切实可行的行动计划；单独或在他人的帮助下执行计划；通过推迟参与竞争活动来保持专注；以及保持对自己解决问题能力的乐观态度。[74]乐观在第三章已经讨论过了。创造力和智慧的优势是以问题为中心的应对的重要个人属性，在第二章中已经进行了讨论，创造力作为一种能力在第六章中进行了讨论。

以问题为中心的功能失调的应对策略包括：很少承担解决问题的责任；寻求不准确或不相关的信息；向不适当的来源寻求支持和建议（如算命）；制订不切实际的计划，比如中彩票；不遵守解决问题的计划；拖延；对自己解决问题的能力持悲观态度。[75]

> **专栏7.3　功能性和功能失调性的问题、情绪和回避型应对策略**
>
> | 类型 | 目的 | 功能性 | 功能失调性 |
> |---|---|---|---|
> | 以问题为中心 | 问题解决 | ·接受解决问题的责任
·寻求准确的信息
·寻求可靠的建议和帮助
·制订切实可行的行动计划
·按照计划执行
·推迟竞争性活动
·保持对自己解决问题能力的乐观看法 | ·对解决问题几乎不负责任
·寻求不准确的信息
·寻求有疑问的建议
·制订不切实际的计划
·未按照计划执行
·拖延
·对自己解决问题的能力持悲观看法 |
> | 以情绪为中心 | 情绪调节 | ·建立和维持社会支持和共情的友谊
·寻求有意义的精神支持
·宣泄和情绪处理
·通过积极的发现、重新定义、认知重组、寻找生活的意义、创伤后成长或自我宽恕进行积极的重新解释
·以幽默的方式看待压力
·自我抚慰、放松、冥想、体验式接受
·充满活力的身体活动：锻炼、瑜伽、运动
·以平衡的方式致力于有意义的工作 | ·建立和维持破坏性关系
·寻求无意义的精神支持
·否认或无成效的一厢情愿想法
·自责或责备他人和苦恼
·把压力看得太严重
·物质和酒精滥用
·攻击性
·报复性工作 |
> | 以回避为中心 | 避免压力源 | ·暂时从心理上脱离问题
·临时从事分散注意力的活动
·暂时投入分散注意力的关系中 | ·从心理上长期脱离问题
·长期参与到分散注意力的活动中
·长期投入分散注意力的关系中 |

在压力无法控制的情况下，以情绪为中心的应对策略是较为适合的，例如建立和维持社会支持的友谊，特别是那些可以倾诉深刻感受和信念的友谊。[76]制订这种应对策略的关键要求是基于安全依恋的内部关系工作模型，以及与他人共情的能力。[77]在

第五章中讨论了与情商发展相关的依恋，并且在第八章中也会讨论情感关系。与寻求社会支持相关的以情绪为中心的应对策略是宣泄。[78]宣泄是指在一段信任的关系中或通过写作来处理充满情感的想法和记忆。寻求有意义的精神支持是另一种以情绪为中心的应对策略。[79]

积极的重新解释、寻找益处、重新定义、认知重组、寻找生活的意义、创伤后成长或自我宽恕以及从幽默的角度看待压力，这些都是以情绪为中心的应对策略，其目的是以积极或威胁较小的方式思考情境来减少痛苦。[80]这些策略可能作为宣泄过程的一部分，也可以完全与之分开。

自我安慰的方式，如渐进式肌肉放松、正念冥想和体验接纳痛苦情绪是以情绪为中心的应对策略，可立即减少与压力相关的生理唤起。[81]相比之下，参加积极的运动、体育锻炼或瑜伽都是有助于调节消极情绪的充满活力的例子。[82]

以平衡的方式致力于有意义的工作（无论是有偿的还是自愿的）是最后一种以情绪为中心的应对策略。[83]支持、宣泄、积极的重新解释、幽默、自我安慰的常规方法、充满活力的身体活动以及参与有意义的工作，这些应对策略对改变压力来源几乎没有作用。相反，它们调节暴露于压力中产生的消极情绪状态。

功能失调的以情绪为中心的应对策略包括形成破坏性而不是支持性的关系；寻求没有个人意义的精神支持；进行长期否认或一厢情愿的思考，而不是宣泄；以一种痛苦的方式自责或责备他人，而不是积极的重新解释。其他以情绪为中心的功能失调性应对策略包括过于认真地对待自己，而不是以幽默的方式看待压力；滥用物质和酒精，而不是使用自我安慰的常规方法；从事攻击性的活动而不是体育锻炼；报复性工作而不是以平衡的方式工作。功能失调的应对策略可能带来短期缓解，但从长期来看，它们倾向于维持而不是解决压力相关问题。[84]

从心理上脱离压力情境、明智地短期参与分散注意力的活动和人际关系是功能性的回避应对策略。离开办公室时不要去想与工作有关的压力；在等待接受痛苦的医疗程序时听音乐；在面对拜访银行经理的压力之前，在超市排队时与人轻松交谈，这些都是这种应对策略的例子。当回避型应对策略被用作压力管理的长期解决方案时，会出现功能失调。[85]

应对评估

目前已经开发了许多针对成年人和青少年应对措施的评估量表。[86]使用最广泛的是应对方式问卷（Ways of Coping Questionnaire, WCQ）和简版问题应对倾向量表（Coping Orientation to Problems Experienced scale, COPE）。[87] WCQ是由美国加利福尼亚大学伯克利分校的苏珊·福克曼（Susan Folkman）和理查德·拉扎勒斯（Richard Lazarus, 1922—2002）编制的。福克曼和拉扎勒斯是应对心理学的先驱，也是首先区分以问题为中心和以情绪为中心的应对的研究者。简版COPE是迈阿密大学的查尔斯·卡弗开发的。WCQ和简版COPE都衡量了一些问题中心型、情绪中心型和回避型应对策略。简版COPE见专栏7.4。

专栏7.4　简版问题应对倾向量表（COPE）

回想你目前面临的最具挑战性的问题。选择你对每一项内容所做的回应的次数或频率。不要根据它是否有效来回答——只考虑你是否正在这样做。对于问卷中的每个条目，圈出适用于你的数字：1 = 我根本没有这样做；2 = 我做了一些；3 = 我已经做了中等数量；4 = 我已经做了很多。

试着在你的脑海里对每一个条目分别打分。你的答案要尽可能真实。要获得每个策略的分数，请将条目得分相加。对于每种策略，评分范围为2—8。分数越高表明更多地使用这种应对策略。查看你的总体情况，并注意你使用最多和最少的策略。

以功能问题为中心的应对

计划	1. 我一直在想该怎么做的策略。	1	2	3	4
	2. 我一直在想该采取什么措施。	1	2	3	4
积极应对	3. 我一直努力改变我现在的处境。	1	2	3	4
	4. 我一直在努力试图让情况好转。	1	2	3	4
工具性支持	5. 我得到了别人的帮助和建议。	1	2	3	4
	6. 我一直试图从其他人那里获得建议或帮助。	1	2	3	4

以情绪为中心的功能性应对

情绪支持	7. 我从其他人那里得到了情绪上的支持。	1	2	3	4
	8. 我得到了别人的安慰和理解。	1	2	3	4

(续)

精神支持	9. 我一直试图从我的精神信仰中找到安慰。	1	2	3	4
	10. 我一直在祈祷或冥想。	1	2	3	4
积极重构	11. 我一直试图从不同的角度来看待它，使它看起来更积极。	1	2	3	4
	12. 我一直在寻找正在发生的好事。	1	2	3	4
幽默	13. 我一直在拿它开玩笑。	1	2	3	4
	14. 我一直在揶揄这种情况。	1	2	3	4
接纳	15. 我已经接受了这个事实。	1	2	3	4
	16. 我一直在学着接纳它。	1	2	3	4

从情绪为中心的功能失调性应对

宣泄	17. 我一直在说一些话来逃避不愉快的感觉。	1	2	3	4
	18. 我一直在表达我的消极情绪。	1	2	3	4
自责	19. 我一直在批评自己。	1	2	3	4
	20. 我一直在为发生的事情责备自己。	1	2	3	4
物质滥用	21. 我一直在用酒精或其他物质来让自己感觉好些。	1	2	3	4
	22. 我一直在用酒精或其他物质来帮助我渡过难关。	1	2	3	4

回避应对

否认	23. 我一直对自己说"这不是真的"。	1	2	3	4
	24. 我一直拒绝相信这是真的。	1	2	3	4
分心	25. 我一直努力工作或用其他活动来转移我的注意力。	1	2	3	4
	26. 我一直在做一些事情来让自己不太想它，比如看电影、看电视、读书、做白日梦、睡觉或购物。	1	2	3	4
行为脱离	27. 我已经放弃去处理它了。	1	2	3	4
	28. 我已经放弃了应对的尝试。	1	2	3	4

注：Adapted with permission of Lawrence Erlbaum/Springer from Table 1, p. 96, in Carver, C. S. (1997). You want to measure coping but your protocol's too long: Consider the brief COPE. *International Journal of Behavioural Medicine, 4*(1), 92-100. Copyright © 1997 Lawrence Erlbaum/Springer. Permission conveyed through Copyright Clearance Center, Inc.

具体应对策略

本章的剩余部分将阐述具体的应对策略及其相关研究，包括以问题为中心的应对策略和以情绪为中心的应对策略。问题解决是主要的以问题为中心的应对策略，以情绪为中心的积极应对策略包括社会支持和精神方面的应对措施、宣泄和哭泣。此外，本章还将介绍其他一些以情绪为中心的应对策略，如：积极的重新解读、幽默、自我安慰程序和体育锻炼。

问题解决

当挑战和压力相对可控时，问题解决的应对方法可以改善人们的身心健康并提高幸福感。[88] 此外，一些元分析研究显示，参加问题解决技能培训或问题解决治疗可以提高一些人群的心理适应能力，例如有情绪和行为问题的儿童和有抑郁的成年人。[89]

问题解决能力和风格可以通过保罗·赫普纳（Paul Heppner）的问题解决量表（Problem-Solving Inventory）来评估，此量表是该领域使用最广泛的评估工具之一。[90] 大量基于该量表评估的研究证明，较高的问题解决水平与更好的身体健康状况、更好的心理和社会适应能力、更低水平的抑郁和无望感、高危人群更低的自杀水平、更低的物质滥用水平以及更少的惩罚性育儿风格有关。[91]

问题解决技能是以问题为中心的应对策略，它包含五个明确的步骤。第一步是将大的、模糊的问题分解成许多小的、具体的问题，并用可解决的而非不可解决的术语来定义这些问题。第二步是尽可能多地产生可行的解决方案，不要去评判这些解决方案的优劣，重点是产生大量可能的解决方案。第三步是评估每个方案的利弊与效益，并确定最佳行动方案。第四步是实施计划。第五步是根据预先设定的目标对计划的有效性进行评估。如果问题仍未得到解决，在了解本次解决方案无效的原因后，再次重复这一过程。

德雷塞尔大学的阿瑟·内祖（Arthur Nezu）认为，以情绪为中心的问题解决心理治疗可以用来帮助来访者解决可控和不可控的问题。[92] 对于引起来访者强烈情绪的不可控问题，可以设定以情绪为中心的目标——如管理消极的情绪；然后通过头脑风暴来收集达成这一目标的具体方法——如自我安慰程序、接纳和积极的认知重评；考虑这些方法的优点和缺点；最后实施并评估所选择的最佳方案。在以情绪为中心的问题解决治疗中，对于可控的问题，来访者不仅要学习问题解决五步法，还要学习防止认知过载、无望感和冲动的技巧，因为这些都会干扰计划的实施。例如，为了解决认知过载的问题，来访者可以通过写下他们的目标、实现目标的可行方法、每种方法的利弊以及实现目标的计划，将整个过程外部化。为了解决无望感的问题，可以通过让来访者明确"按计划行动好于无所作为"，以此鼓舞来访者实现目标。还可以帮助来访者想象成功解决问题的好处，体验成功实现目标的感觉。在解决冲动问题方面，可以帮助来访者发展"停止和放慢"技能，以免来访者受情绪影响冲动行事，而不是有计划地解决问题。

社会支持

感知社会支持是指人们认为在他们的社会关系中有一些人与他们有着密切的、可信赖的关系，并且他们可以依靠这些人获得情感支持。对感知社会支持的心理测量包括长短两种形式的社会支持问卷（Social Support Questionnaire）[93]和感知社会支持的多维量表（Multidimensional Scale of Perceived Social Support）[94]。大量的研究证实，将感知社会支持作为一种应对策略是有益的。拥有高水平感知社会支持的人身心更健康，睡眠质量更好，疾病和抑郁更少，从身心疾病中恢复得更快，生活质量更高，经历更少的慢性疼痛并有着更低的死亡风险。[95]具有高水平感知社会支持的人具有独特的人格画像[96]，他们在大五人格特质上均处于高水平，包括情绪稳定性、外向性、宜人性、尽责性和对经验的开放性。他们高度组织自己的生活，不太可能产生压力，并发展出更有效的应对技能，在需要时能更有效地从关系成员中寻求帮助。

宣泄

当我们面对压力巨大、难以应对的创伤性事件或挑战时，如果试图将这些事件排除在我们脑海之外，或者对其他人保密，我们的健康将会受到影响。儿时受虐待、成年后受伤害或失去亲人的人，如果不去处理这些创伤的记忆，健康可能会变差，看医生的次数会增加，罹患更多的疾病。[97]对创伤后应激障碍和其他与压力有关的病症的治疗研究表明，宣泄是治疗能否成功以及压力生活事件自我管理的一个关键因素。[98]宣泄是指反复地、有意地回忆起压力事件，表达与此有关的痛苦，并将这些有压力的记忆以连贯的方式整合到我们的生活故事中。通过讲述或书写压力创伤事件的故事，以生动详细的方式使事件在想象中被重新体验。宣泄对情绪的要求很高，因为它需要我们勇敢地忍受因持续暴露在压力下或创伤记忆中所遭受的痛苦。美国加利福尼亚大学洛杉矶分校的阿妮特·斯坦顿（Anette Stanton）将这一过程称为"情绪应对"，并开发了评估此结构的量表[99]，该量表包括评估情绪处理和情绪表达的分量表。使用该量表的研究发现，使用情绪应对增强了对包括不孕、性侵、乳腺癌在内的压力源的适应。

美国得克萨斯大学奥斯汀分校的詹姆斯·彭尼贝克（James Pennebaker）多年以来一直致力于研究书写创伤性记忆的影响。[100]在这些研究中，他通常邀请不同群体（学生、灾难幸存者、不同类型的创伤经历者或刚被辞退的人）参与创伤性记忆写作实验。这些实验包括连续4天在完全保密的前提下在实验室写作15分钟。通常情况下，一半的参与者被随机分配到创伤写作组，另一半被分配到对照组。在对照组中，被试被要求写一些与他们的创伤无关的事情，通常是他们在过去24小时内所做事情的琐碎细节。创伤写作组的被试被要求持续地、以详细且不受限制的方式描述创伤，并毫无保留地写出有关创伤的最深刻的想法与情绪。然后每隔6个月对这些研究的参与者随访一次，并比较创伤写作组和对照组参与者的健康状况。这些研究结果共同表明，与那些书写琐碎话题的人相比，书写创伤经历的人有着更好的免疫系统功能和更好的健康状况，而且去看医生的次数更少。

这些研究结果对维持健康有着显而易见的启示。我们应该定期写下我们当前面临的困难。写作时，我们应该不顾语病、笔画或文风而持续写作。我们应该写客观事实，也应该写下我们对这些事实最深刻的想法和感受。我们应该在没有干扰的情况下，进行私人写作。写作应该是为自己而写，而不是为知己或朋友而写，因为当我们是自己写作的读者时，我们可以完全诚实。写完棘手的困难后，我们在当时可能会感到悲伤或忧郁，但是从长远来看，这种练习有益于我们的健康。

哭泣

研究表明，在某些（但不是所有）情况下，哭泣能立即缓解情绪，并在短期内缓解紧张情绪。[101]当哭泣发生在自然环境（而非实验室）中，当有社会支持，当令人痛苦的事件是可以解决的，当哭泣的人可以自如地表达他们的情绪并且不感到尴尬，以及当他们没有抑郁和焦虑时，哭泣更有可能是有益的。在其他情况下，哭泣可能是令人痛苦的。在述情障碍测试中得分高且难以理解情绪的人往往无法从哭泣中获益。哭泣对大多数人来说在短期内是有益的，但约有1/3的人无法从哭泣中获益，约有1/10的人在哭泣后感觉更糟。创伤后哭泣有益于长期的身心健康是普遍的大众观念，但尚没有研究结果支持。这并不意味着哭泣对我们有害，或没有长期的益处，只是目前在这一重要课题上几乎还没有高质量的研究。诸如成人哭泣量表（Adult Crying Inventory）这样的测量工具发现人们在哭泣的倾向上存在着巨大的个体差异[102]，这些差异与文化、性别、年龄、社会化和人格有关。儿童、女性以及认为哭泣被社会接纳的人会更容易哭泣。在神经质、外向性和共情特质上得分高的人更容易哭泣。哭泣的倾向也随着身心健康的变化而变化，例如，人们在疲劳、怀孕、月经前、抑郁或沮丧时更容易哭泣。情境因素以及哭泣倾向的整体水平会影响哭泣，他人的存在可能抑制或刺激哭泣，这取决于当下文化规范对哭泣等情绪行为的评价。哭泣对他人有着强烈的影响，可能会引起他人的同情或责备，这反过来又会影响哭泣行为。

积极的重新解读

积极的重新解读包括重新评估压力情况，以便从积极的角度而不是消极的角度看待它们。当人们以这种方式重新定义压力事件的意义时，体验到的消极情绪会减少，积极情绪会增加。例如，被要求做额外的工作任务，这件事最初可能会被看作有压力的，但通过积极的重新解读，它可以被看作一个展现自身才能的机会，以增加获得年终奖或晋升的可能性。积极的重新解读的益处已在诸多研究中被证实。例如，对33项研究的系统综述发现，积极的重新解读可以显著提升艾滋病患者的幸福感，而对36项研究的元分析发现，积极的重新解读与自我报告压力的减少有关。[103]

积极的重新解读是许多非常有效的心理治疗方法的核心，尽管它可能有其他的名称。例如，在认知行为治疗中，它被称为认知重构[104]，而在家庭治疗中，它被称为积极重构[105]。在本书第三章中关于归因训练的部分介绍了一种积极的重新解读的方法，该方法在宾夕法尼亚心理韧性项目中被用于帮助个体将对压力情境的悲观解读转变为乐观的解读。[106]

积极的重新解读是意义发现、发展生命意义和创伤后成长这些过程的核心。[107]上述过程是当代积极心理学三个极具活力的研究领域，它们都聚焦于积极的生活改变，这些改变是由应对具有挑战性的生活事件带来的，比如创伤、丧亲、疾病、受伤、交通事故、自然灾害、战争、难民身份、有一个残疾的孩子以及离婚。

意义发现

在对87项研究的元分析中，美国卡内基梅隆大学的维基·赫尔格森（Vicki Helgeson）及同事发现，那些在战争、自然灾害、疾病和其他逆境中受到创伤的人的意义发现与更高水平的幸福感有关。[108]那些通过意义发现来应对逆境的人重构了具有挑战性的情境，以强调应对逆境为他们带来的益处。

生命意义

一系列元分析研究表明，那些在生活中找到更高水平的意义和目的的人会体验更多的幸福，保持更高水平的健康，以及在遭受创伤后有更好的适应。[109]

创伤后成长

在积极心理学领域内，美国北卡罗来纳大学的劳伦斯·卡尔霍恩（Lawrence Calhoun）和理查德·泰代斯基（Richard Tedeschi）首先对创伤后成长进行研究。[110]他们发现，创伤后的积极变化可分为五个不同的类别：认识到个人力量、改善与他人的关系、更珍惜生命、精神和存在的转变，以及对新的可能性更加开放。他们的创伤后成长量表（Posttraumatic Growth Inventory，见专栏7.5）是该领域使用最广泛的测量工具，评估了创伤后成长的上述五个方面。[111]然而，它是通过询问人们现在的情况与他们经历创伤之前的情况是否不同来追溯的。这种回顾性研究方法的一个缺点是，个体可能会对其创伤前的情况有一个错误的记忆，因此高估了他们在创伤后的成长。为了解决这个问题，德国柏林自由大学的研究者对100多个纵向研究进行了大规模的元分析，评估了与创伤后成长概念相关的变量。[112]他们发现，消极的生活事件在社会关系、自尊和环境掌控方面带来了非常积极的变化，但在生命意义或精神性上没有变化。

自我宽恕

自我宽恕也是一种应对策略，包括了积极的重新解读。[113]做错事的后果可能是非常有压力的。人们可能会因为错误行为而自我惩罚，或者为自己的错误防御性地指责他人。这两种面对错误的方法都有消极的后果。自我惩罚会带来负罪感和羞耻感，并降低自尊。指责他人保护了自尊，但也带来了愤怒、痛苦和害怕报复的感受。与自我惩罚或指责他人相反，自我宽恕包括以两种主要方式重新解读做错事的情境：第一，通

专栏7.5　修订版创伤后成长量表

如果你在生活中经历过危机或创伤，并希望了解你经历创伤后成长的程度，你可以试着填写这个问卷。对于每一个问题，在0—5之间圈出一个数字来表示你在危机中感受到的变化程度。如果你认为完全没有经历变化，就圈0，如果你认为经历了很大程度的变化，就圈5。创伤后成长可能发生在五个方面：个人力量，与他人相处，珍惜生命，精神和存在的转变，以及新的可能性。将同区域的题目得分相加，然后除以该区域的题目总数，得到该区域的平均得分，得分越高说明该方面的创伤后成长越多。在某美国样本中，创伤后的个人力量平均得分为1.5分，与他人相处得分为2.2分，珍惜生命得分为2.6分，精神和存在的转变得分为1.6分，新的可能性得分为1.7分。

个人力量

1. 我发现我比自己以为的要坚强。　　　　　　　　0　1　2　3　4　5
2. 我变得能够更好地接受事情发展的方式。　　　　0　1　2　3　4　5
3. 我发现我能处理好困难。　　　　　　　　　　　0　1　2　3　4　5
4. 我感到我更加独立自立。　　　　　　　　　　　0　1　2　3　4　5

与他人相处

5. 我能更好地接受我需要别人的事实。　　　　　　0　1　2　3　4　5
6. 我学到了人性是如此美好。　　　　　　　　　　0　1　2　3　4　5
7. 我把更多的精力放在我的人际关系上。　　　　　0　1　2　3　4　5
8. 我变得更加共情。　　　　　　　　　　　　　　0　1　2　3　4　5
9. 我更乐于表达我的情感。　　　　　　　　　　　0　1　2　3　4　5
10. 我感到和他人的联系更紧密了。　　　　　　　　0　1　2　3　4　5
11. 我感受到面临困难时我可以依靠他人。　　　　　0　1　2　3　4　5

珍惜生命

12. 我更加珍惜每一天。　　　　　　　　　　　　　0　1　2　3　4　5
13. 我对自己生命的价值有了更高的评价。　　　　　0　1　2　3　4　5
14. 我意识到生命中有些事更重要。　　　　　　　　0　1　2　3　4　5

精神和存在的转变

15. 我与这个世界更加和谐。　　　　　　　　　　　0　1　2　3　4　5
16. 我感到与所有的存在更加紧密地联系在一起。　　0　1　2　3　4　5
17. 我能够更好地面对关于生与死的问题。　　　　　0　1　2　3　4　5

(续)

18. 我对生命的意义有了更清晰的认识。	0	1	2	3	4	5
19. 我有更坚定的信仰。	0	1	2	3	4	5
20. 我对精神存在有了更好的理解。	0	1	2	3	4	5
新的可能性						
21. 我更愿意尝试去改变那些需要改变的事情。	0	1	2	3	4	5
22. 我有了本不该有的新机会。	0	1	2	3	4	5
23. 我能够用我的生命做更好的事情。	0	1	2	3	4	5
24. 我为自己的生活开辟了一条新的道路。	0	1	2	3	4	5
25. 我培养了新的兴趣。	0	1	2	3	4	5

注：Adapted with permission of Wiley from Table 4, p. 15, in Tedeschi, R. G., Cann, A., Taku, K., Senol-Durak, E., & Calhoun, L. G. (2017). The Posttraumatic Growth Inventory: A revision integrating existential and spiritual change. *Journal of Traumatic Stress, 30*(1), 11-18.

过承诺遵守道德价值观并承认自己违反了道德价值观来承担过错责任；第二，慈悲地接受自己是一个做了错事，但在未来仍将坚持良好道德价值观的人。美国弗吉尼亚联邦大学的研究者开发了自我宽恕双过程量表（Self-Forgiveness Dual-Process Scale），以评估以上述过程形成的自我宽恕。[114] 他们认为，积极价值观的重新定位和个人自尊的恢复解释了自我宽恕如何有助于人们感到幸福和参与更负责任的行为。对超过20 000名参与者、共80多个样本的元分析表明，自我宽恕与更高水平的身心健康相关。[115]

幽默

加拿大滑铁卢大学的赫伯特·勒夫科特（Herbert Lefcourt）和加拿大西安大略大学的罗德·马丁（Rod Martin）开创了幽默心理学的研究，并通过一系列广泛的研究证明，幽默是一种特别有效的应对策略。[116] 看到事情有趣的一面（而不是恼人的一面）的倾向和用幽默改善困难处境的能力可以分别用情境幽默反应问卷（Situational Humour Response Questionnaire）和应对幽默量表（Coping Humour Scale）进行评估。[117] 在这些指标上得分高的人在面对压力生活事件时表现出较少的压力相关症状，如抑郁。他们的综述以及一系列最近的综述和元分析结果支持以下结论[118]：幽默干预可以显著降低临床人群的抑郁和焦虑，并提高其睡眠质量；幽默可以减轻痛苦，并有助于人们从疾病和手术中恢复；当人们用幽默来应对压力时，免疫系统功能会得到改善。然而，大众媒体所声称的幽默对健康和长寿有显著影响的说法并没有得到现有证据的支持。幽默通过大笑提高我们的幸福感，也可以通过带来的社会支持来帮助我们应对压力。然而，并不是所有的幽默风格都是有效的应对策略。如果幽默能以一种对自己和他人的心理需求灵敏且体贴的方式使用，那么它就能提高幸福感和人际关系的质量。当人们用攻击性的幽默来"贬低"他人，或者用自嘲的幽默来安抚他人时，可能会有短期的好处，但从长远来看，会对健康和人际关系产生消极影响。

自我安慰程序

渐进式肌肉放松、冥想和体验式接纳是自我安慰程序的常规方法，在广泛的研究项目中已被证明可以减少生理唤醒和消极情绪状态，并增加幸福感。[119]这些不同的程序可以用来应对压力反应，特别是由不可控的压力源引起的反应。正念、冥想和体验式接纳已经在第四章讨论过了。本章将重点介绍渐进式肌肉放松。

渐进式肌肉放松最早由美国哈佛大学的埃德蒙·雅各布森（Edmund Jacobson）在1929年提出。[120]在他的临床实践中，他发现一系列的情况如头痛、溃疡和高血压，都是由于应对当下生活挑战而产生的慢性肌肉紧张所引起的生理反应。雅各布森提出了渐进式肌肉放松，作为对抗上述一系列破坏性的生理反应的方法。诸多科学研究已经表明，渐进式肌肉放松可以减轻一系列由压力引起的病痛，包括高血压、溃疡、肠易激综合征、慢性疼痛、分娩疼痛、头痛、关节炎、失眠、焦虑和抑郁。[121]渐进式肌肉放松也与引导式想象相结合，引导式想象是一种有效管理疼痛和消极情绪状态的干预方法。[122]专栏7.6包含了渐进式肌肉放松、呼吸与想象练习的例子。如果经常练习，有助于放松技能的发展。在挑战性的情况下可以通过练习简化版本来管理压力，简化版本也被称为应用放松。[123]如果你发现自己正遭受痛苦，可以使用应用放松。深吸气3秒，慢慢呼气6秒，默念"放松"这个词，重复这个呼吸练习3次。接着进行身体检查练习，把你的注意力依次地集中在下面列出的五组身体部位上：

- 面部
- 肩颈
- 胳膊与手
- 胸部、腹部与后背
- 臀部、腿与脚

注意力集中在每组身体部位时，尝试让该部位的肌肉放松，并深呼吸3秒，慢慢呼气6秒，再默念"放松"这个词。

专栏7.6　渐进式肌肉放松

- 每天留出20—30分钟做这些放松练习
- 每天在同一时间同一地点做这些事情
- 不要在大餐后或醉酒后做这些运动
- 开始之前，排除一切干扰（关掉明亮的灯、电话、电脑、电视、收音机等）
- 脱下任何可能导致不适的紧身衣服或首饰（如眼镜、皮带、领带、鞋子、表带等）
- 躺在床上、沙发上或垫子上，或斜躺在舒适的椅子上
- 当你准备好了，让你的眼睛缓缓闭上
- 每次练习前后，深吸气3秒，慢慢呼气6秒，共3次
- 依次将每个肌肉群绷紧约5秒，然后放松约10秒
- 不需要让肌肉太紧张，能察觉到从紧张到放松的变化即可
- 每次肌肉练习前，深呼吸3次
- 在做这些练习前后，在你的日记中用1到10的等级记录你的放松程度，其中1表示非常紧张，10表示非常放松
- 每周回顾你在日记中记录的放松评分
- 经过几周的日常练习后，你会发现自己可以熟练运用这些练习来达到平静、温和、放松的状态

部位	练习
呼吸	舒适地躺下来。 当你准备好了，将你的眼睛轻轻地闭上。 将注意力集中在你的呼吸上。 深呼吸3次。 吸气1——2——3，呼气1——2——3——4——5——6。 吸气1——2——3，呼气1——2——3——4——5——6。 吸气1——2——3，呼气1——2——3——4——5——6。
右手与右前臂	注意力放在你的右手。 右手握成拳头。然后再让它慢慢打开。 注意你右手和右前臂肌肉从紧张到放松的变化。

(续)

	继续感受这样的变化，感到你右手和前臂的肌肉变得越来越放松。 深呼吸3次。 吸气1——2——3，呼气1——2——3——4——5——6。 吸气1——2——3，呼气1——2——3——4——5——6。 吸气1——2——3，呼气1——2——3——4——5——6。
左手与左前臂	注意力放在你的左手。 左手握成拳头。然后再让它慢慢打开。 注意你左手和左前臂肌肉从紧张到放松的变化。 继续感受这样的变化，感到你左手和左前臂的肌肉变得越来越放松。 深呼吸3次。 吸气1——2——3，呼气1——2——3——4——5——6。 吸气1——2——3，呼气1——2——3——4——5——6。 吸气1——2——3，呼气1——2——3——4——5——6。
右上臂	注意力放在你的右上臂。 以肘为轴弯曲你的右臂，用右手触摸你的右肩，这样你就使你的上臂肌肉凸出一点。 然后慢慢将手放回静止位置。 当你的手回到静止位置时，注意上臂肌肉从紧张到放松的变化。 继续感受这样的变化，感到你右上臂的肌肉变得越来越放松。 深呼吸3次。 吸气1——2——3，呼气1——2——3——4——5——6。 吸气1——2——3，呼气1——2——3——4——5——6。 吸气1——2——3，呼气1——2——3——4——5——6。
左上臂	注意力放在你的左上臂。 以肘为轴弯曲你的左臂，用左手触摸你的左肩，这样你就使你的上臂肌肉凸出一点。 然后慢慢将手放回静止位置。 当你的手回到静止位置时，注意上臂肌肉从紧张到放松的变化。 继续感受这样的变化，感到你左上臂的肌肉变得越来越放松。 深呼吸3次。 吸气1——2——3，呼气1——2——3——4——5——6。 吸气1——2——3，呼气1——2——3——4——5——6。 吸气1——2——3，呼气1——2——3——4——5——6。

(续)

肩膀	注意力放在你的肩膀。 耸起你的肩膀贴近耳朵。 然后让它们回到静止位置。 注意肩部肌肉从紧张到放松的变化。 继续感受这样的变化,感到你肩部肌肉变得越来越放松。 深呼吸3次。 吸气1——2——3,呼气1——2——3——4——5——6。 吸气1——2——3,呼气1——2——3——4——5——6。 吸气1——2——3,呼气1——2——3——4——5——6。 再次将注意力放在你的肩膀。 将肩胛骨向后压,试着让它们几乎碰到一起,这样胸部就被向前推。 然后让肩胛骨回到静止位置。 注意肩部肌肉从紧张到放松的变化。 继续感受这样的变化,感到你肩部肌肉变得越来越放松。 深呼吸3次。 吸气1——2——3,呼气1——2——3——4——5——6。 吸气1——2——3,呼气1——2——3——4——5——6。 吸气1——2——3,呼气1——2——3——4——5——6。
后背	注意力放在你的后背。 拱起你的背。 然后回到静止位置。 注意背部肌肉从紧张到放松的变化。 继续感受这样的变化,感到你背部肌肉变得越来越放松。 深呼吸3次。 吸气1——2——3,呼气1——2——3——4——5——6。 吸气1——2——3,呼气1——2——3——4——5——6。 吸气1——2——3,呼气1——2——3——4——5——6。
右脚与右小腿	注意力放在你的右脚。 右脚脚趾向下勾,足弓隆起。 然后让你的脚回到静止位置。 注意右脚和小腿前部肌肉从紧张到放松的变化。

(续)

	继续感受这样的变化，感到你右脚与右小腿变得越来越放松。 深呼吸3次。 吸气1——2——3，呼气1——2——3——4——5——6。 吸气1——2——3，呼气1——2——3——4——5——6。 吸气1——2——3，呼气1——2——3——4——5——6。 再次将注意力放在你的右脚。 右脚脚尖朝上挑，使小腿后侧肌肉变得紧张。 然后让你的脚回到静止位置。 注意小腿后侧肌肉从紧张到放松的变化。 继续感受这样的变化，感到你右小腿后侧变得越来越放松。 深呼吸3次。 吸气1——2——3，呼气1——2——3——4——5——6。 吸气1——2——3，呼气1——2——3——4——5——6。 吸气1——2——3，呼气1——2——3——4——5——6。
右大腿	注意力放在你的右大腿。 收紧你的右大腿肌肉。 然后让你的大腿放松。 注意你右大腿肌肉从紧张到放松的变化。 继续感受这样的变化，感到你右大腿变得越来越放松。 深呼吸3次。 吸气1——2——3，呼气1——2——3——4——5——6。 吸气1——2——3，呼气1——2——3——4——5——6。 吸气1——2——3，呼气1——2——3——4——5——6。
左脚与左小腿	注意力放在你的左脚。 左脚脚趾向下勾，足弓隆起。 然后让你的脚回到静止位置。 注意左脚和左小腿前部肌肉从紧张到放松的变化。 继续感受这样的变化，感到你左脚与左小腿变得越来越放松。 深呼吸3次。 吸气1——2——3，呼气1——2——3——4——5——6。 吸气1——2——3，呼气1——2——3——4——5——6。

（续）

	吸气1——2——3，呼气1——2——3——4——5——6。 再次将注意力放在你的左脚。 左脚脚尖朝上挑，使小腿后侧肌肉变得紧张。 然后让你的脚回到静止位置。 注意左小腿后侧肌肉从紧张到放松的变化。 继续感受这样的变化，感到你左小腿后侧变得越来越放松。 深呼吸3次。 吸气1——2——3，呼气1——2——3——4——5——6。 吸气1——2——3，呼气1——2——3——4——5——6。 吸气1——2——3，呼气1——2——3——4——5——6。
左大腿	注意力放在你的左大腿。 收紧你的左大腿肌肉。 然后让你的左大腿放松。 注意你左大腿肌肉从紧张到放松的变化。 继续感受这样的变化，感到你左大腿变得越来越放松。 深呼吸3次。 吸气1——2——3，呼气1——2——3——4——5——6。 吸气1——2——3，呼气1——2——3——4——5——6。 吸气1——2——3，呼气1——2——3——4——5——6。
臀部与髋部	注意力放在你的臀部。 挤压臀部肌肉。 然后让它们放松。 注意臀部肌肉从紧张到放松的变化。 继续感受这样的变化，感到你臀部变得越来越放松。 深呼吸3次。 吸气1——2——3，呼气1——2——3——4——5——6。 吸气1——2——3，呼气1——2——3——4——5——6。 吸气1——2——3，呼气1——2——3——4——5——6。
胸部与腹部	注意力放在你的胸部与腹部。 深吸一口气，保持3秒钟，同时绷紧胸部与腹部。 然后慢慢呼气，释放胸部和腹部肌肉的紧张。

（续）

	注意胸部与腹部肌肉从紧张到放松的变化。 继续感受这样的变化，感到你胸部与腹部变得越来越放松。 深呼吸3次。 吸气1——2——3，呼气1——2——3——4——5——6。 吸气1——2——3，呼气1——2——3——4——5——6。 吸气1——2——3，呼气1——2——3——4——5——6。
颈部	注意力放在你的颈部。 在没有感到负担的前提下，尽量向后仰头。 然后将头恢复到静止位置。 注意颈部前侧肌肉从紧张到放松的变化。 继续感受这样的变化，感到你颈部变得越来越放松。 深呼吸3次。 吸气1——2——3，呼气1——2——3——4——5——6。 吸气1——2——3，呼气1——2——3——4——5——6。 吸气1——2——3，呼气1——2——3——4——5——6。 再次将注意力放在你的颈部。 在没有感到负担的前提下，尽量向前低头。 然后将头恢复到静止位置。 注意颈部后侧肌肉从紧张到放松的变化。 继续感受这样的变化，感到你颈部变得越来越放松。 深呼吸3次。 吸气1——2——3，呼气1——2——3——4——5——6。 吸气1——2——3，呼气1——2——3——4——5——6。 吸气1——2——3，呼气1——2——3——4——5——6。 再次将注意力放在你的颈部。 在没有感到负担的前提下，尽量将头部向右倒，使右耳贴近右侧肩膀。 然后将头恢复到静止位置。 注意颈部左侧肌肉从紧张到放松的变化。 继续感受这样的变化，感到你颈部变得越来越放松。 深呼吸3次。 吸气1——2——3，呼气1——2——3——4——5——6。 吸气1——2——3，呼气1——2——3——4——5——6。

(续)

	吸气1——2——3，呼气1——2——3——4——5——6。 再次将注意力放在你的颈部。 在没有感到负担的前提下，尽量将头部向左倒，使左耳贴近左侧肩膀。 然后将头恢复到静止位置。 注意颈部右侧肌肉从紧张到放松的变化。 继续感受这样的变化，感到你颈部变得越来越放松。 深呼吸3次。 吸气1——2——3，呼气1——2——3——4——5——6。 吸气1——2——3，呼气1——2——3——4——5——6。 吸气1——2——3，呼气1——2——3——4——5——6。
面部	将注意力放在你的面部。 咬紧牙齿。 然后放松。 注意咬肌从紧张到放松的变化。 继续感受这样的变化，感到你咬肌变得越来越放松。 深呼吸3次。 吸气1——2——3，呼气1——2——3——4——5——6。 吸气1——2——3，呼气1——2——3——4——5——6。 吸气1——2——3，呼气1——2——3——4——5——6。 将注意力放在你的眼睛周围的肌肉。 紧闭双眼。 然后放松。 注意眼睛周围肌肉从紧张到放松的变化。 继续感受这样的变化，感到你眼睛周围肌肉变得越来越放松。 深呼吸3次。 吸气1——2——3，呼气1——2——3——4——5——6。 吸气1——2——3，呼气1——2——3——4——5——6。 吸气1——2——3，呼气1——2——3——4——5——6。 将注意力放在你的前额。 皱起你的眉头。 然后放松。

（续）

	注意前额肌肉从紧张到放松的变化。 继续感受这样的变化，感到你前额肌肉变得越来越放松。 深呼吸3次。 吸气1——2——3，呼气1——2——3——4——5——6。 吸气1——2——3，呼气1——2——3——4——5——6。 吸气1——2——3，呼气1——2——3——4——5——6。 再次将注意力放在你的前额。 向上挑起你的眉头。 然后放松。 注意前额肌肉从紧张到放松的变化。 继续感受这样的变化，感到你前额肌肉变得越来越放松。 深呼吸3次。 吸气1——2——3，呼气1——2——3——4——5——6。 吸气1——2——3，呼气1——2——3——4——5——6。 吸气1——2——3，呼气1——2——3——4——5——6。
身体检查	你已经完成了所有的肌肉锻炼，现在检查你身体的所有区域是否都已经尽可能地放松。把注意力集中在从头到脚的放松。 注意你面部的肌肉，让它们再放松些。 深呼吸。 吸气1——2——3，呼气1——2——3——4——5——6。 对自己说"放松"这个词。 注意你颈部和肩膀的肌肉，让它们再放松些。 深呼吸。 吸气1——2——3，呼气1——2——3——4——5——6。 对自己说"放松"这个词。 注意你手臂和双手的肌肉，让它们再放松些。 深呼吸。 吸气1——2——3，呼气1——2——3——4——5——6。 对自己说"放松"这个词。 注意你胸部、腹部和背部的肌肉，让它们再放松些。

(续)

	深呼吸。 吸气1——2——3，呼气1——2——3——4——5——6。 对自己说"放松"这个词。 注意你臀部、双腿的肌肉，让它们再放松些。 深呼吸。 吸气1——2——3，呼气1——2——3——4——5——6。 对自己说"放松"这个词。
呼吸	深呼吸3次。 吸气1——2——3，呼气1——2——3——4——5——6。 吸气1——2——3，呼气1——2——3——4——5——6。 吸气1——2——3，呼气1——2——3——4——5——6。
想象	想象你躺在美丽的沙滩上，阳光正温暖着你的身体。 在你的脑海中描绘出银色的沙滩、平静蔚蓝的大海、清澈的天空、轻轻拍打的海浪声，以及温暖的阳光照在你皮肤上的感觉。 阳光温暖着你的身体，你感到越来越放松。 阳光温暖着你的身体，你感到越来越放松。 阳光温暖着你的身体，你感到越来越放松。 天空是一片晴朗的蓝色。举目望去，一小朵白云正飘向远方。 白云飘得越来越远，变得越来越小，你感到越来越放松。 白云飘得越来越远，变得越来越小，你感到越来越放松。 白云飘得越来越远，变得越来越小，你感到越来越放松。 阳光温暖着你的身体，你感到越来越放松。 白云飘得越来越远，变得越来越小，你感到越来越放松。 当你准备好了，你可以睁开眼睛。 现在你可以怀着轻松和平静的心情去享受剩余的一天。

体育锻炼

与减少生理唤醒的自我安慰程序（如渐进式肌肉放松）相反，令人精力充沛的身体活动通过增加唤醒来促进以情绪为中心的应对。体育锻炼、特定运动和一些形式的瑜伽都是令人精力充沛的身体活动，本节将重点讨论体育锻炼。运动和运动心理学、神经科学和医学方面的研究表明，有规律的日常锻炼同时具有短期和长期的益处。[124]

在短期内，运动可能会导致内源性兴奋物的释放。这些苯丙胺类、阿片类和大麻素类的化学物质在大脑中产生，释放时会产生一种幸福感，有时被称为"运动高潮"。定期锻炼对身体健康也有长期益处，它能促进健康，改善心血管功能，延缓衰老导致的体重增加。成年后定期锻炼可降低罹患心脏病、癌症、中风和糖尿病的风险，并延长寿命。一系列元分析研究表明，体育锻炼改善了具有精神和身体健康问题（如抑郁症和癌症）的患者的健康状况，并增强了人们应对慢性疾病的能力。[125]

根据世界卫生组织的建议[126]，对于18—64岁的人来说，每周应至少进行150分钟的中等强度运动或75分钟的剧烈运动。适度的体育活动包括快走、跳舞或做家务。剧烈运动包括跑步、快速骑自行车、快速游泳或移动重物。对于65岁以上的人来说，中等强度运动量应是每周300分钟。对于18岁以下的人来说，每天应保持至少60分钟中等到高强度的体育活动。健康的体育锻炼，每个阶段都应该以热身开始，拉伸主要肌肉群的肌肉，并进行一些力量和耐力练习，比如俯卧撑或引体向上。每次锻炼的中间阶段应该包括有氧运动——也就是需要有氧代谢的运动方式。冷静阶段应该包括散步等不太剧烈的运动。如果我们制定明确的目标，为锻炼提供方便的时间和地点，记录我们的进步，为自己和家人和同辈中坚持锻炼和实现目标的人提供奖励，我们就更有可能坚持规律的锻炼。

启示

在专栏7.7中，我们总结了可以提升力量和幸福感的自助策略。这些策略是基于对自尊、自我效能、功能性应对策略和适应性防御的研究提出的，可以用于自我提升或作为临床实践的一环。

专栏7.7 基于自尊、自我效能、适应性防御和功能性应对策略研究的促进幸福感的策略

目的	策略
培养孩子的自尊	・接受孩子的缺点与不足 ・在孩子擅长的领域，为孩子设定明确的、高但可达到的目标 ・为孩子达到这些目标提供支持 ・采用一致的权威育儿方式，以温暖和尊重的态度对待孩子，并允许孩子参与家庭规则和良好行为准则的制定与执行 ・通过积极解决问题的应对方式应对生活挑战，为孩子树立良好的榜样
提高自尊	・确定使你低自尊的领域 ・获得低自尊领域的技能培训（例如，解决问题的技能、社交技能、学术技能或与工作相关的技能）
提高自我效能	・在某个领域，设定总体目标，以及一系列小的但可实现的中间目标，以确保经常出现掌控的体验 ・当实现目标时，思考下次尝试实现类似目标的你希望自己的能力是什么水平 ・观察其他持续努力并成功实现与你一样的目标的人 ・让你亲密的人或擅长该领域的教练来说服你，你可以成功地实现这个目标 ・在你身心健康、情绪积极的时候去追寻目标
防御	・发展和使用适应性防御，如预期、归属、利他、幽默、自我主张、自我观察、升华和抑制
应对	・发展和使用功能性应对策略，如问题解决、社会支持、精神支持、宣泄、积极的重新解读、幽默、自我抚慰程序、体育锻炼、有意义的工作，以及短暂的分散注意力或从挑战中脱离

争议

在本章涉及的领域内存在诸多争议。第一个是关于自我概念的效度。如果我们把自我作为人格的一个核心部分，将面对与勒内·笛卡尔（René Descartes, 1596—1650）所提出的二元论同样面对的逻辑冲突。二元论所面对的逻辑冲突是其将物质的肉体和非物质的灵魂分离开，并使后者成为前者的驱动力，但根据其定义，非物质并不能影响物质。现代心理学家重新唤起并忽视了这个冲突，他们定义了自我的各个方面，研究了它们的纵向发展和横断面的生物-社会-心理的关系，但并没有解决二元论的问题。

关于自尊和自我效能，于自我效能测量的预测要更准确，因此有很好的理由认为自尊和自我效能有不同的构造。然而，也有一种观点认为，自我评价信念可能是层级组织，关于自我价值的整体信念位于层级结构的顶端，具体的效能信念位于其下方。

有一种观点认为，防御机制和应对方式是截然不同的，应对策略是有意识的、谨慎使用的、针对具体情况的，而防御机制是无意识的、自动使用的，并在各种情况下使用。然而，应对策略和防御机制之间有很多重叠，并且没有明确的概念基础。因此有一种观点认为，也许所有的自我调节程序都有许多连续性，包括我们意识到它们的程度、有意使用它们的程度，以及它们在一系列情境中具有的稳定程度。[127]

总结

自20世纪以来，人们越来越难以相信超自然现象或社会秩序，因此越来越多的人被迫从别处寻找价值，例如将自我作为价值的来源。因此，自我已经成为现代西方心理学及积极心理学关注的一个重要焦点。与积极心理学特别相关的自我关注包括自我评价（它是自尊和自我效能的基础）和通过使用应对策略和防御机制进行的自我调节。自我评价的理论和实证研究优先考虑自我作为客体的概念，而自我调节的研究更强调自我作为主体的概念。自我评价的研究表明，高水平的自尊和自我效能信念有助于个人优势和心理韧性。自我效能和自尊的区别在于，自尊感关注的是对整体个人价值的判断，而自我效能感关注的是对特定领域的个人能力的判断。在家庭环境中，父母接受孩子的优势和不足，制定明确的、可达到的高标准，并支持孩子实现该标准，自尊就会得到发展。自我效能感信念的培养也需要上述的家庭环境，但是它比自我价值信念更具体，它是由在特定领域的掌握经验、特定的替代经验、关于执行特定任务的社会说服，以及任务执行时的积极身心状态所促成的。

自我调节的相关研究表明，当使用某些类型的应对策略来应对生活挑战，并采用某些类型的防御机制来管理由冲突的性动机、攻击动机和社会动机引起的焦虑时，会有更高水平的健康与幸福。以情绪为中心的应对策略，如社会支持，适用于无法控制的压力，如丧亲。对于可控的压力，更为合适的是以问题为中心的应对策略，如问题解决。如果需要暂停积极应对以便减少个人资源的消耗，合适的方法是使用回避型应对，如分散注意力。所有三种应对方式，都可以区分为功能性策略和功能失调性策略。

应对策略的概念是在认知行为学派中发展起来的，用来解释外部需求（如考试）消耗个人资源（如我们对考试知识点的记忆）的情况下的有意识管理。另一方面，防御机制的概念在精神分析学派中演变，以解释无意识过程（如压抑）如何调节焦虑，这种焦虑由不被接受的冲动（如来自本我的性或攻击冲动）和良知（或超我）的冲突所引起。DSM-Ⅳ修订版的附录B将防御机制分为七个等级，不同等级的防御以不同的方式调节焦虑。在适应层面，防御通过在不可接受的冲动和亲社会愿望之间实现平衡来调节焦虑。这种平衡使心理繁荣可能性最大化。预期、归属、利他、幽默、自我主张、自我观察、升华和抑制是适应性防御。在整个生命周期中，防御遵循着从不复杂到复杂的发展轨迹。

关键术语

适应性防御（Adaptive defences）：包括预期、归属、利他、幽默、自我主张、自我观察、升华和抑制。

应对策略（Coping strategies）：当可用资源无法应对压力需求时，有意识地选择策略来管理该情况。

防御机制（Defence mechanisms）：是一种调节内部因素导致的消极情绪的无意识过程，该过程将实际创伤事件的记忆从意识中排除，或减轻因冲突导致的焦虑，冲突可以是不被接受的冲动和良知禁忌之间的冲突引起，也可以是一种表达不被重要他人接受的部分自我的渴望与一种继续获得重要他人的支持与服从的渴望间的冲突引起的。

坚韧人格（Hardiness）：由科巴萨提出。具有坚韧人格的人们坚信生活的重要方面是可控的，渴望生活中充满挑战，并致力于寻找生命的意义。

心理控制源（Locus of control）：由罗特提出，指人们期望行为或事件结局在自身的控制范围内（如能力、努力等）或受外部因素（如机遇、命运或他人）影响的程度。

创伤后成长（Post-traumatic growth）：创伤后的积极变化包括认识到个人力量、改善与他人的关系、更珍惜生命、精神和存在的转变，以及对新的可能性更加开放。

渐进式肌肉放松（Progressive muscle relaxation）：一系列缓解肌肉紧张的练习。这些练习包括依次紧张和放松身体所有部位的肌肉群，包括手、手臂、肩膀、背部、脚、腿、臀部、髋部、腹部、胸部、颈部和面部。

自我效能（Self-efficacy）：由班杜拉提出，指人们对自己在某特定领域组织和执行并实现目标的能力的主观评估。

自尊（Self-esteem）：由詹姆斯提出，指人们的自我价值感，源于人们实际成功与自负的比值。

心理一致感（Sense of coherence）：由安东诺维斯基提出，指人们认为生活状况有意义、可理解、可管理的程度。

个人发展问题

1. 你在过去的1个月里是否有过成功地处理了外部压力或内部冲突的情况？请描述具体的情况。
2. 你使用了哪种应对策略或防御？
3. 你在过去1个月里是否存在没有成功应对必要的外部压力或内部冲突的情况？请描述具体的情况。
4. 你希望用哪种应对策略或防御，以便能更好地应对？
5. 你现在可以采取什么行动来发展这些应对策略和防御？
6. 采取这些行动的成本和收益是什么？
7. 采取其中的一些行动，并使用第一章中的幸福感量表对行动前后的幸福感水平进行测评，来评估行动对你的幸福的影响。

思考题

1. 写一篇关于自我评价和自我调节的论文。
2. 比较自尊和自我效能。
3. 比较防御机制和应对策略。

研究问题

1. 设计并进行一项研究，以检验幸福与一种或多种功能性应对策略或适应性防御机制之间是否存在显著的相关关系。
2. 使用"自尊""自我效能""应对策略""防御机制"以及"幸福"作为关键词，在 PsycInfo 中搜索过去几年内出版的文献。确定一项你感兴趣的、可复制和扩展的研究，并复制该研究。

拓展阅读

自助书籍

Davis, M., Eshelman, E., & McKay, M. (2019). *The relaxation and stress workbook* (7th ed.). Oakland, CA: New Harbinger.

Fennell, M., & Brosan, L. (2020). *An introduction to improving your self-esteem* (2nd ed.). London: Robinson.

Nezu, A. M., Nezu, C. M., & D'Zurilla, T. J. (2006). *Solving life's problems: A 5-step guide to enhanced wellbeing*. New York: Springer.

Pennebaker, J. W., & Smyth, J. (2016). *Opening up by writing it down: The healing power of expressive writing* (3rd ed.). New York: Guilford.

参考著作

Bandura, A. (1997). *Self-efficacy*. New York: Freeman.

Conte, H., & Plutchik, R. (1995). *Ego defences: Theory and measurement*. New York: Wiley.

Mruk, C. (2013). *Self-esteem and positive psychology* (4th ed.). New York: Springer.

Zeidner, M., & Endler, N. (1996). *Handbook of coping. Theory, research, applications*. New York: Wiley.

第八章

积极关系

学习目标

- 能够解释积极社会关系与幸福感（社会支持、爱2.0、合作、依恋、共情、利他、善良、生命的意义、资本化和宽恕）之间联系的过程
- 了解如何使用自我报告量表来评估成人依恋风格、共情、利他、关系满意度和教养方式
- 通过培养慈心冥想、积极的建设性回应的基本技能和宽恕，提高个人幸福感
- 介绍当代爱情理论，包括行为系统理论、神经生物学理论、斯滕伯格的爱的二重理论和戈特曼（Gottman）的和谐关系房子理论
- 总结婚姻关系满意度的主要研究结果
- 描述伴侣关系教育和积极心理干预方法
- 了解增进亲密关系的关键技能，包括表达喜爱、包容、欣赏和处理冲突
- 解释为人父母未必总是一种积极体验的原因
- 解释权威型教养方式和积极心理学养育
- 了解增进亲子关系的关键技能，包括亲子优质时间、适应儿童的气质、培养亲社会行为、阻止问题行为、使用问题解决和协商技巧、促进积极情绪、培养标志性优势和父母的榜样示范

人际关系

在这一章中,你将读到关于人际关系的积极心理学。[1]首先介绍的是一般性的人际关系,其次重点介绍了伴侣关系和亲子关系。关系是幸福感的核心。每个人只有在一生中与家人、朋友、同事和邻居保持良好的关系,才能提高幸福感、增强身心健康,甚至更加长寿。[2]反之,社会孤立和孤独则会给身心健康带来严重的损伤,并且加剧死亡的风险。例如,在2002年的针对222名大学生的积极心理学研究中,迪纳和塞利格曼发现,有一项特征能够把研究中占比10%的最快乐的人与其他人区别开,那就是他们社会关系的质量。[3]加拿大麦吉尔大学的埃兰·肖尔(Eran Shor)和其同事在2013年完成的元分析中,纳入50项涉及17个国家超过100 000名被试的研究,发现社会支持相对较差的人死亡风险更高,比社会支持好的人过早死亡的风险高出11%。[4]来自家人的社会支持比来自朋友的社会支持更有益处。

从进化的视角来看,早在史前时代,建立和维持关系的能力就是人类适应环境的产物。[5]人们只有通过建立人际联系,才能与他人合作完成一些事关生死存亡的活动,如获取食物、建造安全的居所、交配、养育子女以及保护同伴免受侵害。善于建立人际关系的人才能生存下来。

积极的社会关系和幸福感之间的关系可以从三个层面来理解。首先,人际关系以社会支持为媒介来缓解压力。其次,人际关系能够让人们实现那些只有与人合作才能达成的目标。最后,人际关系还为如爱/依恋、共情、利他、善良、生命的意义、资本化和宽恕等积极体验创造了环境。

社会支持

在一个被理解、重视和爱的人际关系中,人们可以感受到社会支持。社会支持可以缓冲与消极生活事件有关的压力。面对困境时,它能增强人们的心理韧性。拥有支持性关系的个体在患癌症、心脏病和中风等重大疾病后表现出更好的康复效果和生活质量;应对慢性压力时表现出更少的抑郁症状;面对重大应激事件,创伤后应激障碍的症状也会更少。[6]

社会支持通过影响思维、感觉和神经内分泌系统的活动来缓解压力的消极作用。[7]当我们与亲近的人交谈时,被理解和支持使我们能够正确地看待困难,感到我们不是孤立无援的。这种认知有舒缓作用，使痛苦的情绪体验减少，也会对生理应激反应产生影响，如使心率、血压和皮质醇水平都逐渐恢复正常，进而对免疫系统产生积极的影响，增加个体对疾病的抵抗力。因此，社会支持水平高的人处于压力下时经历的痛苦和健康问题会更少。

社会支持对幸福感的影响也可以用第一章中提及的拓展建构理论来解释。[8]该理论提出，积极情绪会拓展思维-行为序列的范围，使人们以更灵活的方式来处理复杂的情况，并产生全新的和创造性的解决方案，进而建立持久的资源。这个过程和社会支持是分不开的。当我们冷静下来体验被理解和支持的感觉时，我们的思维会变得不那么死板，而是更加灵活，会让我们以一种新的眼光来看待复杂的压力情况。在这种灵活和乐观的视角下，我们可能会找到创造性地处理压力的方法，或接纳压力带来的影响。

爱2.0

芭芭拉·弗雷德里克森发现，积极的建构体验不仅发生在长期的亲密关系中，也发生在与熟人的短暂互动中，短暂的互动所产生的积极情绪对幸福有着更深远的影响。据此，她扩展了拓展建构理论。她将这些转瞬即逝的情感联结称为"爱2.0"。[9]例如，早上刚收到一封要求所有员工工作期间不要在走廊里聊天的邮件后，你和你的一个同事在单位走廊里相遇了，你们可能笑着拿这件事开个简短的玩笑。在这样的联结中，彼此分享了积极的情绪，表达了关心，同时也会伴随一些行为和神经生理反应。此时，便引起了积极的共鸣过程，即增强彼此的积极情感体验和表达关怀的冲动，也会根据对方的手势和神经生理反应等产生相应的镜像反应。

积极共鸣时刻的发生需要一些必不可少的条件。如，两个人都必须感到安全，而且最好是在同一时刻出现在同一个实际地点（而不是虚拟互动）。眼神交流是最有力的触发因素，但触摸、声音和镜像手势（特别是微笑或大笑）也可能有助于建立这种类型的联结。

在积极共鸣期间，两个人"意识到"对方时，就会发生神经耦合。[10]此时，两个人的大脑区域有非常显著的重叠，变得特别活跃。他们的催产素也会同步波动。[11]催产素作为一种激素，对镇静和情感联结反应具有调节作用，它可以平复我们接触陌生人时的恐惧，并提高与他人联结的技能。

延伸的拓展建构理论提出，在社会联结（或爱2.0）时刻，思维-行为序列的范围会扩大。双方都以一种更宽广的、非狭隘的方式看待世界,下一步该怎么做的可能性也扩展了。彼此都被这些经验所充实,未来可以在此基础上继续发展。弗雷德里克森提出,通过积极组织我们的生活,创造更多爱2.0的微时刻,可以提高幸福感。定期进行慈悲和慈心冥想练习是获得爱2.0的有效方式。[12]

慈悲和慈心冥想是我们对自己和那些正在经历不幸的人产生一种深刻的、真诚的同情,同时真诚地希望减轻这种痛苦。慈心冥想的目的是培养对自己和他人无条件的爱。被广泛研究的正念心理干预项目——正念减压疗法[13]和正念认知疗法[14]——也结合了这两种冥想(见第四章)。

在慈悲和慈心冥想中,先从自我开始,然后是所爱的人、陌生人、与我们有冲突或难以相处的人,最后是所有人。这个从自我到所有人的连续谱代表了任务从易到难的过程。专栏8.1展示了慈心冥想。

专栏8.1　慈心冥想

慈心(或友善)冥想为我们提供了一个体验同情自我和他人的机会。

安定

坐在椅子上,双脚平放在地板上,挺直脊背,不要靠在椅背上,轻轻地闭上眼睛。保持身体直立、端庄、舒适。

当呼吸进出时,注意下腹的感觉。然后把注意扩展到全身。

走神不可避免。一旦走神了,无须回避,把注意力转回到呼吸或者自己的身体上。

关爱自己

准备好,让这些句子涌入你的脑海。它们会为你打开善待自己的深层感受之门。

- 愿我远离苦难
- 愿我健康快乐
- 愿我轻松自在

慢慢来,想象每一句话都是丢进深井的鹅卵石。依次丢进去一颗;在每句话之间停顿;呼吸;仔细倾听任何可能来自思想、情绪、冲动或感觉的反应。不需要判断发生了什么。

如果你发现很难产生关爱自己的感觉,请想想一个无条件爱过你的人(或宠物)。当你清晰地回忆起他们对你的爱时,看看你是否能把这份爱献给自己。

- 愿我远离苦难
- 愿我健康快乐
- 愿我轻松自在

(续)

在进行下一步之前,如果你还想要继续关爱自己,可以停留在这一步。

关爱你爱的人

想想你爱的人。想象他们正坐在你面前或他们正在处理日常事务。以同样的方式祝福他们。

- 愿他们远离苦难
- 愿他们健康快乐
- 愿他们轻松自在

每说一句话,就去感受对他们的温暖和同情。再来一次,想象一下每句话都是丢进深井的鹅卵石,你依次把它们扔进深井;在每句话之间停顿;呼吸;仔细倾听可能出现的任何反应。

关爱陌生人

接下来,想象一个陌生人。他们可能是你在购物或上班时经常见到的人,你认识他们,但可能不知道他们的名字,你对他们的态度中立、不带任何评判。虽然你不了解他们,但他们的生活也同样充满希望和恐惧,他们也像你一样渴望幸福。所以,想着他们,以同样的方式祝福他们。

- 愿他们远离苦难
- 愿他们健康快乐
- 愿他们轻松自在

每说一句话,就去感受对他们的温暖和同情。再来一次,想象一下每句话都是丢进深井的鹅卵石,你依次把它们扔进深井;在每句话之间停顿;呼吸;仔细倾听可能出现的任何反应。

关爱那些你觉得难以相处的人

接下来,想象那些你觉得难以相处的人。他们也像你一样渴望幸福、渴望远离苦难。所以,想着他们,以同样的方式祝福他们。

- 愿他们远离苦难
- 愿他们健康快乐
- 愿他们轻松自在

每说一句话,就去感受对他们的温暖和同情。再来一次,想象一下每句话都是丢进深井的鹅卵石,你依次把它们扔进深井;在每句话之间停顿;呼吸;仔细倾听可能出现的任何反应。

感到难以承受

任何时候,如果你感到被强烈的感觉或想法所淹没,请将你的注意力集中在呼吸上,牢牢地把握住当下的自己,用善意和同情来对待自己。

关爱所有人

最后,对所有的人,包括自己、你爱的人、陌生人、还有那些你觉得难以相处的人。

- 愿他们远离苦难
- 愿他们健康快乐

(续)

> ◆ 愿他们轻松自在
>
> 每说一句话，就去感受对他们的温暖和同情。再来一次，想象一下每句话都是丢进深井的鹅卵石，你依次把它们扔进深井；在每句话之间停顿；呼吸；仔细倾听可能出现的任何反应。
>
> **结尾**
>
> 在冥想结束时，在当下意识清晰的状态下，将你的注意力集中在呼吸上，休息。
>
> 请为自己完成了此次自我改善的活动而自豪。
>
> 注：Adapted from Williams, M., & Penman, D. D. (2011). *Mindfulness. A practical guide to finding peace in a frantic world*. London: Piatkus.

合作

实现有些目标需要借助他人的一臂之力，合作关系能够促成这类目标的达成。父母一起养育子女、工作团队以及运动团队都能因合作而提升效率。[15]对家庭而言，如果父母配合默契，孩子的幸福感会更高、更加快乐、学业成就也更高。对工作伙伴而言，相互合作使工作效率更高、获利更大。当工作团队中成员互相合作时，彼此的信任成就了高质量的沟通。对运动团队而言，合作有利于比赛获胜。

依恋

在重要关系的背景下，人们有与他人互动的习惯方式。目前，依恋理论对此的解释是影响最大的。20世纪60年代，英国的约翰·鲍尔比（John Bowlby）提出了依恋理论，来解释不同养育经历是如何影响儿童与父母和重要他人互动的独特风格的。[16]如果父母满足儿童需求的方式可预测，儿童就会发展出安全型依恋。他们相信，一旦自己有需要，父母就会让自己安全并给予自己安全感。如果父母不能给予孩子安全感，儿童就会产生不安全依恋。他们怀疑父母是否能在需要时为他们服务，并且不认为父母是他们从婴儿期发展到儿童期探索世界的避风港和安全基地。

鲍尔比认为，基因决定依恋行为。依恋对物种的生存至关重要。在面临危险时，6个月到3岁儿童的依恋行为会被激发，他们会想要接近父母。一旦从父母那里得到了安慰，儿童就重新开始探索父母周围的环境。如此往复。父母多次反复地用同样的方式处理问题，儿童就建立起依恋关系的内部工作模式，来处理自己对安全和安全感的需要。内部工作模式是建立在早期依恋经历基础上的认知关系地图，用以预测自我和重要他人是如何互动的。随后，研究发现存在多种不安全的依恋类型，并且童年期的依恋类型会影响孩子和家长关系的行为表现，甚至会在未来影响到与其他重要他人的相处模式，尤其是与恋人的关系。[17]下面我们来介绍一下依恋的类型。

安全依恋

安全依恋的婴儿和成人对待父母和恋人的方式能够反映出如下的心理模式：他们相信只要自己有需要，父母和恋人就会支持他们。他们的父母理解婴儿的需求并提供回应。安全依恋的成年人在恋爱中是自主的，喜欢适度的相互依赖。安全依恋的内部工作模型是积极看待自我、父母或伴侣。所以，一旦感受到威胁或者压力，这类人会向父母或者伴侣寻求安慰，而且不会担心自己被他们拒绝。

不安全依恋

不安全依恋的婴儿和成人对待父母和恋人的方式，反映出他们认为在需要的时候不能依靠他们来获得支持。当婴儿有需要时，如果父母偶尔或者经常不理睬也不回应，那么婴儿就会产生不安全依恋。为了回应父母的不作为，多数婴儿会发展出两类不安全依恋：回避型依恋和焦虑型依恋。回避表现为依恋系统失活，而焦虑型则反映出依恋系统的过度激活。[18]还有少数婴儿会发展出适应不良的、混乱的依恋类型。不安全依恋影响着亲子关系，未来还会影响与朋友和恋人的关系。

回避型依恋

回避型依恋的婴儿在需要父母安慰的时候，会拒绝与父母接触。他们的行为表现是"生闷气"、退缩，这是依恋系统失活的表现。回避型依恋的内部工作模型是积极看待自我，但消极看待父母或伴侣。在成年人的恋爱关系中，回避型依恋（在成年人中也被称为回避-忽视型）的人认为，在他们有需要的时候，伴侣不会出现他们身边，就像他们的父母不会在他们身边一样。因为担心自己会因伴侣的离去而受伤，所以他们很难信任伴侣。故而，他们通过避免心理亲密和强迫自己依靠自己以应对焦虑。但他们感觉舒适的亲密程度无法满足伴侣的需求。他们试图拉远与伴侣的距离，伴侣却希望与他们更加亲密。这种矛盾可能会引发冲突。

焦虑型依恋

焦虑型依恋（也被称为儿童焦虑-矛盾型依恋）的婴儿在需要父母安慰的时候，会努力亲近父母，变得很"黏人"，这正是依恋系统高度激活的表现。虽然婴儿确实会因为不能时时得到所需的安全感和支持而持续焦虑，但焦虑型依恋的内部工作模型是消极看待自我，而积极看待父母或伴侣。在成年人的恋爱关系中，焦虑型依恋被视为痴迷型依恋风格。这类成年人认为不能从伴侣那里得到支持，就像他们的父母满足不了他们的需求一样。他们担心会被抛弃，所以要求伴侣常伴左右、时时联络。但他们的做法可能令伴侣想要远离他们。这种矛盾可能引发冲突。

混乱或回避-恐惧型依恋

尽管大多数不安全依恋的人要么是焦虑型（黏人型），要么是回避型（生闷气型），但有一部分人，尤其是那些早年被忽视或虐待的人，他们交替表现为焦虑型（黏人型）或回避型（生闷气型）。这类儿童的依恋类型被称为混乱型依恋。这类成年人的依恋类型被称为回避-恐惧型依恋，与趋近-回避冲突有关。他们一面因为强烈需要亲密感而非常黏人、求索无度，一面因为害怕被抛弃而回避亲密。

上述四种依恋类型最初是由玛丽·安斯沃思（Mary Ainsworth）、玛丽·梅因（Mary Main）及同事们通过观察婴儿在"陌生情境"中与父母短暂分离后的反应而确定的。[19]后来，研究者使用自我报告问卷对成人的依恋类型进行研究，发现可以根据看待自我和他人是消极还是积极的内部工作模型区分四种依恋类型。[20]也可根据依恋回避和依恋焦虑这两个维度来划分。[21]图8.1呈现的是儿童和成人的四种依恋类型与个体看待自我和他人的内部工作模型，以及依恋回避和焦虑之间的关系。

评估依恋

目前已经开发了一系列用于测量儿童和成年人与父母、恋人、同伴的依恋的评估工具。[22]包括行为观察评定系统、访谈和自我报告问卷。专栏8.2是精简版的亲密关系经历量表，包括依恋回避和依恋焦虑两个维度[23]，该量表被广泛用于评估成年人的依恋类型。

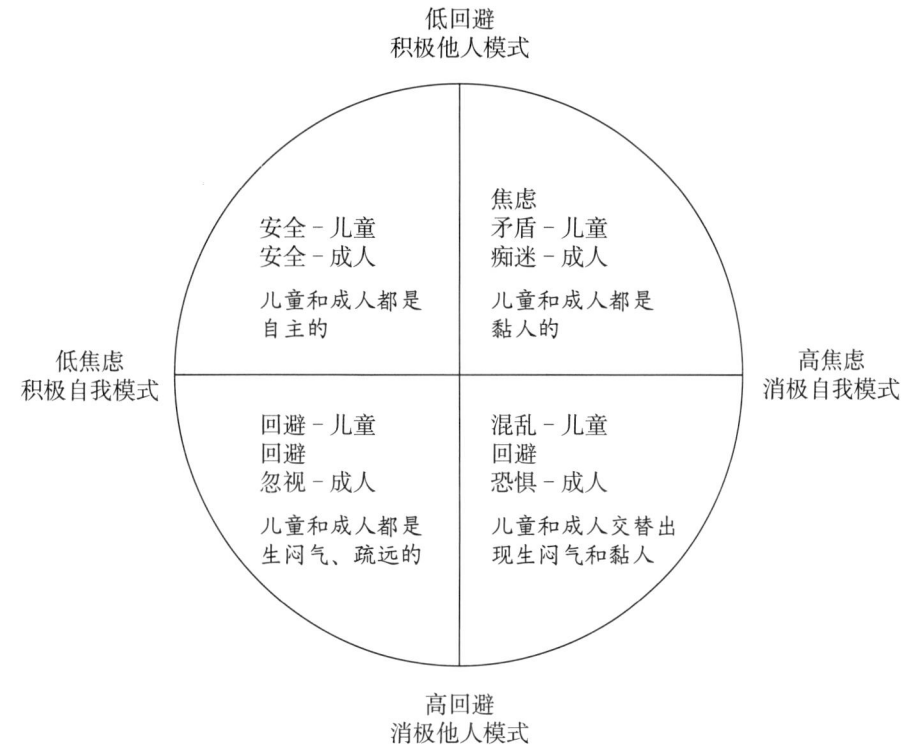

图8.1 依恋类型

注：Based on Ainsworth, M. D. S., Blehar, M. M., Waters, E., & Wall, S. (1978). *Patterns of attachment: A psychological study of the strange situation.* Hillsdale, NJ: Erlbaum; Main, M., & Solomon, J. (1990). *Procedures for identifying infants as disorganized/disoriented during the Ainsworth Strange Situation.* In M. T. Greenberg, D. Cicchetti, & E. M. Cummings (Eds.), *The John D. and Catherine T. MacArthur Foundation series on mental health and development. Attachment in the preschool years: Theory, research, and intervention* (pp. 121-160). Chicago, IL: University of Chicago Press; Bartholomew, K. (1990). Avoidance of intimacy: An attachment perspective. *Journal of Social and Personal Relationships, 7*(2), 147 178; and Brennan, K. A., Clark, C. L., & Shaver, P. R. (1998). *Selfreport measurement of adult attachment: An integrative overview.* In J. A. Simpson & W. S. Rholes (Eds.), *Attachment theory and close relationships* (pp. 46-76). New York: Guilford.

安全型依恋的相关因素

元分析表明，安全型依恋与人生中许多积极属性有关，包括情绪理解、自我调节、正念、希望、心理韧性和宽恕；父母、伴侣、朋友的积极关系；工作中更好的合作以及更好的心理治疗结果。[24] 相反，不安全的依恋关系与一系列心理健康问题有关，包括童年内化和外化行为问题、抑郁、焦虑、创伤后应激障碍、饮食和物质使用障碍、边缘型和反社会型人格障碍、亲密伴侣暴力、偏执和精神障碍。[25]

专栏8.2 亲密关系经历量表-12

请阅读下面关于亲密关系的句子，思考你在多大程度上同意这种描述，圈出相对应的答案。考虑你过去和现在所有的亲密关系，并根据你对这些关系的总体感受作答。分别将依恋回避量表和依恋焦虑量表的得分相加。每个量表的得分范围为6—42分，得分越低表明依恋安全性越高。

	强烈不同意	不同意	有点不同意	不确定	有点同意	同意	强烈同意
依恋回避							
1. 依靠伴侣让我感觉很舒服。	7	6	5	4	3	2	1
2. 经常和伴侣讨论我的问题和担忧。	7	6	5	4	3	2	1
3. 几乎把自己的一切都告诉了伴侣。	7	6	5	4	3	2	1
4. 不介意向伴侣寻求安慰、建议或帮助。	7	6	5	4	3	2	1
5. 觉得向伴侣敞开心扉很不舒服。	1	2	3	4	5	6	7
6. 很乐意和伴侣分享我的想法和感受。	7	6	5	4	3	2	1
依恋焦虑							
7. 担心伴侣不会像我关心他一样关心我。	1	2	3	4	5	6	7
8. 非常担心会失去伴侣。	1	2	3	4	5	6	7
9. 担心会被抛弃。	1	2	3	4	5	6	7
10. 害怕独处。	1	2	3	4	5	6	7
11. 需要伴侣一再保证他是爱我的。	1	2	3	4	5	6	7
12. 如果不能让伴侣对我产生兴趣，我会感到沮丧或生气。	1	2	3	4	5	6	7

注：Reproduced with permission of Guilford from Items 2, 6, 8, 9, 14, 15, 18, 24, 25, 27, 29, and 31 in Appendix 3.1, pp. 69-70, in Brennan, K. A. Clark, C. L., & Shaver, P. R. (1998). Self-report measurement of adult attachment: An integrative overview. In J. A. Simpson & W.W. Rholes (Eds.), *Attachment theory and close relationships* (pp. 46-76). New York: Guilford Press. Copyright ? 2015 Guilford; and Hogrefe, from Table 2 on p. 144 and Table 4 on p. 147 in Lafontaine, M.-F., Brassard, A., Lussier, Y., Valois, P., Shaver, P. R., & Johnson, S. M. (2016). Selecting the best items for a short-form of the Experiences in Close Relationships questionnaire. *European Journal of Psychological Assessment, 32*(2), 140-154. Copyright © 2015 Hogrefe.

安全型依恋的决定因素

有研究关注遗传因素和养育在依恋安全发展中的作用，结果发现养育质量，特别是对儿童的需求敏感的养育，对依恋安全发展的影响远远大于遗传或气质。[26] 尽管父母的环境压力和支持会影响养育质量，但安全依恋的父母的养育方式可能更加敏感。[27]

依恋的神经生物学基础

依恋类型是一种复杂的个人特征，涉及对个人有意义的关系中的典型行为模式、对亲密他人的反应作何期待以及相关的情绪。因此，依恋的神经生物学研究还没有找到依恋对应的神经环路。目前依恋的神经生物学模型大多来自人类和动物研究。模型都比较复杂，一般涉及多个脑区和神经环路。[28] 这些模型都指出，催产素（镇静和情感联结激素）、抗利尿激素以及多巴胺神经传递系统（有时被称为奖励系统）对安全依恋至关重要。

对不安全依恋的干预

已有研究表明，心理治疗可以矫正儿童和成人的不安全依恋，从而减少依恋焦虑或依恋逃避，增加安全依恋。[29] 专栏8.3中的练习关注在心理治疗中增加亲密关系中安全依恋的部分。如果你在专栏8.2中的依恋焦虑或依恋回避量表中获得了高分，专栏8.3中的练习可能会对你很有帮助，或者你也可以考虑聚焦于关系问题的伴侣治疗或个人心理治疗。如果你目前没有处于一段稳定的长期关系中，记住，你可以通过选择一个安全依恋的恋人来增加依恋安全感。如果你的恋人认为你会在他有需要时提供支持，这也会加强你对他的信心，相信他同样会在你有需要时给予支持。

专栏8.3 向安全依恋成长

如果你在专栏8.2的依恋焦虑或依恋回避量表上得分很高，不妨做以下练习来增加依恋的安全性。

记叙一段你从过去到现在的生活

写下你从早年到现在亲密关系的依恋经历。这是为了搞清楚你的父母究竟做了什么，才使得你认为有需要也不能从他人那求得安慰。

- 描述你童年时父母对待你的方式，这使你认为不能依赖他们的支持，并使你成年后同样不相信

(续)

  恋人能带给你慰藉
- 描述并举例说明由于恋人没能及时给你安慰，而令你养成的一些与恋人相处的习惯
- 这些习惯可能包含因为不能从伴侣那里得到安慰，而表现出害怕或避免亲密的特定方式
- 想象改变以上这些习惯，写下你想到的可能发生的消极事件。尝试想象能够从伴侣那里获得安慰，写下你会怎么做
- 想象可以从伴侣那里获得安慰，写下你想到的可能发生的积极事件
- 描述生活中一个特殊的情节。这件事出乎你的意料，父母不但支持你还及时给予你安慰

  通过以上对自己生活的解读，反思这一过程如何影响你对改变恋爱习惯的利弊的看法。这就类似于你相信自己可以依赖伴侣，得到安慰。

探索替代依恋焦虑的方法

  如果你在专栏8.2的量表中依恋焦虑得分高，请回答以下问题：
- 我是如何向伴侣施压，让对方多联系我、多花时间陪我的？
- 我是如何向伴侣施压，限制对方与别人接触，或者要对方解释没跟我在一起时都在做什么的？如果伴侣不这样做，我会生气吗？
- 这对我和伴侣的关系有什么影响？
- 如果我与伴侣保持更远的距离，会担心发生什么呢？
- 如果我想跟伴侣建立这样一种关系，即我们可以共同决定我们在一起的时间，不跟我在一起时对方也不一定要解释。我会做些什么呢？
- 这样做的付出和收获分别是什么呢？

  如果你的依恋焦虑很严重，想要降低焦虑程度，那么你必须接受的现实是，通过与伴侣保持更远的距离，你能够获益，但也必须忍受对方可能离开你而带来的伤害。

  一旦给对方更多空间，你必须学会容忍由此带来的不适，这有助于提升你和伴侣之间的关系质量。你也要相信，只要你需要，伴侣就会在身边支持你。最终，这种不适会消失，你也能感受到你们的关系更亲密了。开始变化可能需要几个月甚至几年的时间，但你会发现伴侣因距离给你的压力减弱了。

探索替代依恋回避的方法

  如果你在专栏8.2的量表中依恋回避得分高，请回答以下问题：
- 我是如何在恋爱关系中避免亲密和承诺的？
- 我会选择住得离我很远的伴侣吗？我会经常不联系对方，让对方觉得在一起的时间很少吗？我会因为伴侣想要更亲密一些而发怒争吵吗？
- 这么做对我们的关系有什么影响？
- 如果我们的关系更加亲密，我会担心发生什么事情？
- 如果想让我们的关系更亲密，我会做些什么？

(续)

> ◆ 我这样做的付出和收获分别是什么?
>
> 如果你的依恋回避很严重,想要降低回避程度。那么你必须要接受的现实是,通过与伴侣拉近距离,你能够获益但也必须忍受他可能离开你而带来的伤害。最终,这种不适会消失,你也能感受到你们的关系更亲密了。开始变化可能需要几个月甚至几年的时间,但你会发现伴侣因距离给你的压力减弱了。

共情、利他主义、善良和志愿服务

人际关系为共情、利他主义、善良和志愿服务提供了环境,所有这些都对幸福产生影响。

共情

共情是一种在各种积极和消极的情况下对他人的经历发展出认知理解和情感察觉的能力。因此,它是一个具有认知和情感成分的多维结构。[30]情感共情是一种对他人感受的情感共鸣或关注。例如,我们可能会有一种冲动去安慰一个摔倒并受伤的孩子。相反,认知共情是理解和预测他人想法和感受的能力——例如,预测摔倒并受伤的孩子很痛苦,会哭着喊妈妈。共情也有身体上的成分——例如,当看到另一个人被打时退缩,或者当别人微笑时微笑。[31]

在对涉及1000多名参与者的43项脑成像研究进行的元分析中,德国图宾根大学的莉迪娅·科格勒(Lydia Kogler)及同事发现,认知和情感共情由不同的神经回路支持。[32]共情的神经生物学基础经过了数百万年的进化。共情的进化可能是因为它对人类的生存有很大的好处,特别是将个人与个人,尤其是母亲与孩子联结在一起。[33]

针对儿童和成人,研究者分别制订了状态和特质共情测量。[34]这些测量评估特定情况下的共情或共情的一般倾向。状态共情测量包含的题目如"我被这个人讨论的问题所感动"。特质共情的测量包含在专栏8.4中。对专栏8.4中条目的回答表明一个人通常的反应。例如,第四项是"当别人描述快乐时,我可以设身处地地为他们着想"。

双生子研究表明,遗传和环境因素都有助于共情的发展,并且遗传因素在决定情感共情方面比认知共情方面起着更大的作用。[35]在对168项研究的综述中,爱尔兰国立大学戈尔韦分校的夏洛特·西尔克(Charlotte Silke)及同事发现,各种各样的个人和环境因素都有助于青少年共情的发展。[36]有安全的联结,在亲密的家庭中长大,父母采

专栏8.4　认知、情感和躯体共情量表（CASES）

请阅读以下每一项陈述，并圈出与之相对的答案，以显示其在多大程度上描述了你的典型反应。将每个分量表的分数相加。分量表分数范围从0到10。高分表明更强的共情。

	很少	有时	经常
积极情绪的认知共情			
1. 即使我的朋友们不说原因，我也知道他们为什么开心。	0	1	2
2. 我能理解一个激动人心的故事里的人物是什么感觉。	0	1	2
3. 我可以通过一个人的外表和行为来判断他们开不开心。	0	1	2
4. 我通过家人说话的方式知道他们什么时候高兴。	0	1	2
5. 当别人描述幸福时，我可以设身处地地为他们想。	0	1	2
消极情绪的认知共情			
6. 当有人感到内疚时，我能看出来。	0	1	2
7. 我知道什么时候有人不开心，甚至在他们说原因之前。	0	1	2
8. 当朋友被取笑时，我理解他们为什么会难过。	0	1	2
9. 当有人失望时，我可以从他们的表情看出来。	0	1	2
10. 当有人感到羞愧时，我可以从他们的脸上看出他们会怎么做。	0	1	2
积极情绪的情感共情			
11. 看着小狗玩耍让我觉得幸福。	0	1	2
12. 看到孩子们跑来跑去玩得开心，我感到很愉快。	0	1	2
13. 听到体育观众的欢呼令我激动。	0	1	2
14. 当我看到电影中的人在冒险时，我会很兴奋。	0	1	2
15. 当有人告诉我他们刚刚得到的好消息时，我感到很高兴。	0	1	2
消极情绪的情感共情			
16. 如果我看到我的朋友被愚弄，我会感到不舒服。	0	1	2
17. 如果我看到一个人打一个手无寸铁的女人，我会感到愤怒。	0	1	2
18. 在葬礼上看到人们悲伤，我也觉得难过。	0	1	2
19. 看到一个人用枪指着一个手无寸铁的人会让我感到害怕。	0	1	2
20. 我会为一个被大狗追赶的小孩感到担心。	0	1	2

(续)

积极情绪的躯体共情			
21. 看到别人笑，我也会笑。	0	1	2
22. 看动作冒险电影，我心跳加速。	0	1	2
23. 看到某人享受美味的甜点，我会流口水。	0	1	2
24. 看到人们兴高采烈的样子，我忍俊不禁。	0	1	2
25. 看到孩子们微笑，我也会微笑。	0	1	2
消极情绪的躯体共情			
26. 如果我看到有人拔牙，我会冒汗。	0	1	2
27. 当我看到有人被击中时，我会躲闪。	0	1	2
28. 如果我看到朋友哭，我会流泪。	0	1	2
29. 当我看到有人被割伤或流血时，我会畏缩。	0	1	2
30. 当我看恐怖电视节目时，我的心跳会加快。	0	1	2

注：Adapted with permission of Routledge from Table 1, p. 29, of Raine, A., & Chen, F. R. (2018). The cognitive, affective, and somatic empathy scales (CASES) for children. *Journal of Clinical Child and Adolescent Psychology, 47*(1), 24–37. Copyright © 2018 Routledge. Permission conveyed through Copyright Clearance Center, Inc.

用热情、回应、支持和开放交流的权威教养方式的青少年更有可能共情。共情的发展也与女性、更高级的道德发展和积极的同伴关系有关。

在心理治疗领域，共情一直被视为来访者和治疗师之间关系的一个重要方面。在20世纪50年代，来访者中心疗法的先驱卡尔·罗杰斯（Carl Rogers，1902—1987）提出，与来访者建立共情关系是帮助来访者从心理健康问题中恢复的核心。[37]这一观点得到了后续研究的支持。例如，在2018年，在对涉及6000多名来访者的82项研究进行的元分析中，英国斯特拉斯克莱德大学的罗伯特·埃利奥特（Robert Elliott）及同事发现，无论治疗师的理论取向或来访者的问题类型如何，共情都是心理治疗中积极结果的中等预测因素。[38]普通医学领域的类似研究表明，医疗从业者的共情对一系列身体健康疾病的结果有积极影响，特别是疼痛。[39]技能培训提高了共情沟通。[40]有效的共情培训有助于人们发展创造技能以积极倾听他人；检测非语言的情感线索；认识并回应共情的机会；以准确、支持和共情的方式总结对他人经历和情绪状态的理解；并进行适当的眼神交流。这启发了专业人员将共情训练纳入普通医学训练。还有证据表明，正念和冥想训练（在第四章中讨论）也提高了儿童和成人的共情能力。[41]

从消极的一面来看，共情不足是护理行业职业倦怠的结果。[42]职业倦怠是由于需求过多但支持和监督缺乏而产生的。护理专业人员与需要共情的痛苦患者持续的高水平接触，故他们会产生共情缺陷。共情缺陷还与一系列心理障碍有关，包括狐独症谱系障碍、阿尔茨海默病和精神分裂症，它是冷酷无情、缺乏情感的主要特征，也是品行障碍或参与欺凌的儿童的一个亚群体的特征。[43]

利他

理解他人的感受，尤其是当他们感到痛苦时，可以激励我们去帮助他们。也就是说，共情可能激发利他的亲社会行为。利他动机是为了改善另一个人处境的意图，仅仅是为了这个原因，以自己为代价，不期望回报。亲社会行为包括对他人有益的行为，例如，帮助、关心、安慰、分享、保护、善意行为和志愿服务。虽然亲社会行为可能是由共情诱导的利他主义所激发的，但它也可能是被利己主义动机所激发。[44]利己主义动机包括：（1）帮助他人，以减少因看到他人处于可怕的危机或情绪痛苦中有关的厌恶性唤起；（2）在公众注视下帮助其他有需要的人，以避免因不这样做而感到内疚、羞耻或受到社会惩罚；（3）帮助他人以获得赞扬、荣誉或自豪感。专栏8.5包含亲社会倾向测量，它评估利他主义和其他类型的亲社会行为。[45]这是已经开发的用于评估亲社会行为和利他主义的一系列工具之一。[46]

对脑成像研究的元分析表明，利他行为受不同的神经回路支配，这些神经回路与直接获得切实的利益相关。[47]这表明，在神经生物学水平上，将他人福祉置于自身利益之前的利他行为的个人利益，从根本上不同于那些源于追求和实现利己的、有益的目标。来自双生子和收养研究的证据表明，遗传和环境因素都有助于亲社会行为的发展，包括利他行为。[48]由于研究方法、亲社会行为类型和研究人群的差异，遗传和环境因素对亲社会行为的相对贡献的估计存在很大的差异。来自神经生物学和遗传学研究的证据支持利他主义在人类物种中进化的观点，因为它提高了人类群体的存活率。[49]西尔克及同事在对168项研究的综述中（在上文共情一节中提到），发现广泛的个人和背景因素促进了亲社会行为的发展，包括青少年的利他主义。[50]与共情一样，如果年轻人发展了安全的依恋，并在父母采用权威教养方式的有凝聚力的家庭中长大，他们就更有可能参与亲社会行为。父母对孩子行为的监控和监督以及充当利他角色的榜样有助于亲社会行为的发展。亲社会行为在父母受教育程度和收入水平较高的年轻人中更为普

专栏8.5　亲社会倾向测量

请阅读以下陈述，并圈出最符合你的答案。答案范围从1-一点也不符合到5-极大符合。对于每个分量表，将条目分数相加，然后除以条目数。在每个分量表上，分数从1到5不等。高分表明此种亲社会行为的水平更高。

	一点也不	一点	稍微	很好	极大
利他的亲社会行为					
1. 当人们要求我帮助他们时，我不会犹豫。	1	2	3	4	5
2. 当别人需要帮助时，我从不犹豫。	1	2	3	4	5
3. 我相信捐赠物品或金钱免税时，效果最好。	5	4	3	2	1
4. 我相信我在慈善工作上投入的时间和精力应该得到更多的认可。	5	4	3	2	1
5. 我感觉如果我帮助别人，他们在未来也会帮助我。	5	4	3	2	1
匿名的亲社会行为					
1. 我更喜欢匿名捐款。	1	2	3	4	5
2. 大多数时候，我帮助别人，他们不知道是谁帮助了他们。	1	2	3	4	5
3. 我倾向于帮助需要帮助的人，但他们不知道是谁帮助了他们。	1	2	3	4	5
4. 我认为在别人不知道的情况下去帮助别人是最好的情况。	1	2	3	4	5
5. 我经常匿名捐款，因为这样让我感觉很好。	1	2	3	4	5
极端的亲社会行为					
1. 我倾向于帮助那些真正处于危机或需要帮助的人。	1	2	3	4	5
2. 我倾向于帮助那些严重伤害自己的人。	1	2	3	4	5
3. 当别人处于困境时我更容易帮助他们。	1	2	3	4	5
情感上的亲社会行为					
1. 当我能安慰一个感到非常痛苦的人时，我最有成就感。	1	2	3	4	5
2. 我倾向于帮助别人，尤其是他们情绪低落的时候。	1	2	3	4	5
3. 在高度情绪化的情境下，我最能帮助别人。	1	2	3	4	5
4. 情绪状况让我想要帮助需要帮助的人。	1	2	3	4	5

(续)

公开的亲社会行为					
1. 当别人看着我的时候,我可以很好地帮助别人。	1	2	3	4	5
2. 当周围有其他人的时候,我更容易帮助有需要的人。	1	2	3	4	5
3. 在别人面前帮助别人时,我有最大的收获。	1	2	3	4	5
4. 在聚光灯下帮助别人是我做得最好的时候。	1	2	3	4	5
顺从的亲社会行为					
1. 做慈善工作最棒的事情之一就是它让我的简历看起来很好。	1	2	3	4	5
2. 我认为帮助别人最好的事情之一是它让我看起来很好。	1	2	3	4	5

注:Adapted with permission of Plenum/Springer from the Appendix, pp. 42-43, in Carlo, G., & Randall, B. A. (2002). The development of a measure of prosocial behaviours for late adolescents. *Journal of Youth and Adolescence, 31*(1), 31-44. Copyright © 2002 Plenum Publishing Corporation/Springer Verlag BV. Permission conveyed through Copyright Clearance Center, Inc.

遍。接触同龄人群体、体育俱乐部、学校、邻居和媒体中的亲社会角色榜样与亲社会行为的发展有关。在本文中,媒体指的是电视、社交媒体、计算机和视频游戏。亲社会行为的发展也与广泛的个人特征有关。这些因素包括女性、在同龄人中的受欢迎程度更高、更高级的道德发展、共情、韧性、自我效能、诚实、谦逊、随和、外向、低冲动、高自我调节、对经验的开放性和智力。

与亲社会行为由积极的个人特征和经历决定的主张相反,有研究者发现,有相当多的证据表明,痛苦——特别是由基于群体的暴力引起的痛苦——可能会增强帮助其他弱势群体,特别是外部群体成员的动机,因为他们对其他正在遭受痛苦的人产生了强烈的共情。[51]这种"因痛苦而产生的利他主义"理论与第七章中讨论的创伤后成长概念有相似之处。[52]

在对49项研究的元分析中,马丽奥拉·拉古纳(Mariola Laguna)及同事发现,各种各样的干预计划可以刺激儿童和成人参与亲社会行为。[53]例如,提高亲子关系质量的父母培训计划和父母对儿童行为问题的管理可以增加儿童的亲社会行为。[54]正念训练(在第四章中讨论)也可以增加亲社会行为。[55]

虽然亲社会行为和利他主义有好处,但病态利他主义在极端情况下可能会导致重大问题。[56]在健康和社会护理职业中,病态利他主义表现为"强迫性帮助"和倦怠,这可能会对患者安全产生消极影响。[57]在家庭关系中,共同依赖,包括促进和支持其他家庭成员的成瘾，可能是由病态利他主义激发的。无效的慈善社会干预方案可能会使其旨在援助的那些人的处境恶化。在更广泛的政治领域，诸如种族灭绝和自杀爆炸等重大问题在某些情况下反映了犯罪者的信念，即他们是在利他地对待那些与他们有相同意识形态的人。然而，幸运的是，许多利他行为对捐赠者和接受者都有好处。

随机的善举

实施随机的善举已经被反复证明对捐赠者有好处。例如，在对涉及4000多名参与者的27项研究进行的元分析中，牛津大学的奥利弗·斯科特·柯里（Oliver Scott Curry）发现，实施随机的慈善行为对捐赠者的幸福感有显著的小到中等程度的影响。[58]善意的行为通过激励他人实施善意来创造更好的社区。这有时被称为"把爱传出去"效应。如果一个人帮了你一个大忙，你会感受到鼓舞，以"把爱传出去"来回应，为别人做好事。例如，美国堪萨斯大学的萨拉·普雷斯曼（Sara Pressman）及同事让83个人在90分钟内为社区中的其他人做随机的善举。在接受这种善举后，39%的接受者表示，他们自发地通过为他人做随机的善举来"把爱传出去"。[59]在美国的另一项研究中，当人们看到消防员在应对纽约"9·11"灾难时的善良和英雄主义时，他们以正常速度的2—5倍献血。[60]美国加利福尼亚大学的索尼娅·柳博米尔斯基在她的研究中表明，要让善举对幸福产生影响，必须考虑善举的数量、规模、种类和时间范围。[61]善举的数量必须足够多，才能在短时间内影响我们对自己的善意认知。例如，柳博米尔斯基发现，一天内做五件相对较小的善事比一周内做五件善事对幸福有更大的影响。这可能是因为在人们的心目中，这一天是他们明显比其他日子更友善的一天。她还发现，开展更多不同类型的善举比一次又一次重复同样的行为会带来更大的幸福感。这可能是因为，如果重复同样的行为，我们可能会觉得自己陷入了困境。在某种程度上，较大的善举（例如，定期帮助弱势儿童学习阅读）可能比较小的善举（例如，借给别人自行车）更能提高幸福感。专栏8.6包含一个你可能希望进行的善举积极心理干预，并注意它对你幸福感的影响。

志愿服务

志愿服务包括承诺在一段时间内参与持续的善意行为。研究一致表明，志愿服务改善健康和幸福感。[62]例如，在对实证研究的广泛回顾中，研究者发现，对于青少年来说，志愿服务与较低水平的抑郁、酗酒和吸毒、犯罪、意外怀孕和学校问题有关。[63]

专栏8.6　善举

这个练习是一个让你计划为他人做好事的邀请。以下是一些例子：

- 帮朋友把买的东西搬到车上
- 拜访一位可能会感到孤独的老人
- 在工作中帮助一位任务超负荷、面临最后期限的同事
- 帮助某人做作业
- 给慈善机构捐钱
- 借给朋友一些钱
- 在紧急情况下照看邻居的孩子
- 给同事买咖啡
- 帮助他人解决信息技术问题

在这一周，选择一天。在那一天，做五件小事，或者一两件大事。重要的是你意识到你**在这一天比平时更友善**。也就是说，这一天必须在你的脑海中留下深刻印象，成为非常友善的一天。同样重要的是，你要做**各种不同的善举**，这样你就不会觉得自己在机械地一遍又一遍重复同样的行为。如果你决定定期重复这个练习，这一点尤为重要。

不要贪多，不要做太多让你感到不知所措的事。如果你决定定期重复这个练习，这一点尤为重要。你不必为同一个人做所有的善事。你帮助的人不需要知道你帮助了他们。你可能会发现，当匿名做一件好事时，你的幸福感会得到额外的提升。在做这项任务之前和之后，写下你的幸福感等级，等级为1—10，其中1是非常低的幸福感水平，10是非常高的幸福感水平。注意这一善举对你幸福水平的影响。也写下你所做的善举，并思考你的这些善举对自己的影响。

注：Based on Lyubomirsky, S. (2008). *The how of happiness: A scientific approach to getting the life you want*. New York: Penguin.

随着青少年成长为成年人，它还与较高水平的社会责任感和社区参与有关。在老年人中，志愿服务与更高水平的积极情绪、心理幸福感、身体活动和健康相关，包括更低的发病率和死亡率。在对涉及40 000多名参与者的14项研究的元分析中，美国亚利桑那州立大学的研究者发现，对于55岁以上的成年人来说，志愿服务将死亡风险降低了47%。[64]志愿服务可以改善幸福感的原因有很多。这可能会让我们更积极地看待他人，认为他们值得帮助。这可能会让我们感激自己的好运，以及我们有机会、技能和资源去帮助他人的事实。它可以减轻我们对他人不幸的负罪感。这可能会增强我们对

自己富有同情心和利他主义的看法。当我们帮助别人时,他们表达的感激会让我们感觉良好。志愿服务可以为学习新技能和建立新的支持关系创造机会。志愿在帮助他人的组织中工作涉及一种特殊类型的关系。在志愿服务中,工作是无偿的,其他人也在志愿服务,而且是为了一个好的事业。志愿组织成员的这些特征创造了一种非常特殊的精神气质。这种精神包含了这样一种信念,即我们在一起为了他人的利益朝着一个共同的目标努力。这种精神是志愿服务的核心,赋予生活意义和方向,并有助于志愿服务对幸福感产生积极影响。

生命的意义

关系,尤其是家庭关系、浪漫关系和亲密友谊的一个主要好处是,它们赋予生命意义、目的和方向。[65]例如,研究生命意义的权威心理学专家迈克尔·斯蒂格邀请参与者拍摄使他们的生命有意义的事物,随后要求他们解释为什么照片中的物品有助于他们的生命意义。[66]他发现,关系是90%的参与者生命意义的主要来源。参与者对为什么关系赋予他们生命意义的解释被分成了几类,包括提供爱、关怀、支持、理解、指导、鼓励、灵感、价值观、生活的理由、自我发展的环境和一起玩乐的环境。

研究者已经开发了各种各样的工具来评估生命的意义。[67]其中,生命意义问卷是使用最广泛和最有效的问卷之一。[68]该量表有3条目的简短形式,包含以下条目:我的生命有明确的意义或目的;我找到了满意的人生意义;我清楚地知道是什么赋予了我生命的意义。项目从1-完全不真实到4-完全真实。[69]元分析表明,生命意义与幸福、健康以及面对创伤和严重疾病时的韧性相关。[70]因此,生命意义可能是亲密关系和幸福感之间的一个重要中介变量。

资本化

资本化是告诉别人好消息的过程。通过告诉别人我们的好运,我们就是在最大限度地利用我们的积极经历。当别人对我们的好消息充满热情时,这会增加我们的幸福感。在一系列的研究中,美国加利福尼亚大学圣巴巴拉分校的盖布尔(Gable)发现,与他人分享好消息会使人们感受到更多的积极情绪,增强他们的自尊,减少他们的孤独感。[71]她还发现,当他人热情回应他们的好消息时,这些积极情绪的好处最大。她将对资本化的反应分为积极或消极、建设性或破坏性。这个系统中的四种应答方式可以用一个例子来说明。如果你的伴侣、最好的朋友或家人说,"今天工作中发生了一件好事。我完成了过去几周一直在做的那个项目。老板对我的做法很满意",使用她的系统,可能的反应可以分为四类。

积极和建设性的回应包括积极、热情的反应,例如:

> 太棒了。我为你感到骄傲。你是如何完成这个项目的?完成这个项目最棘手的是什么?你什么时候和老板谈论它?他说了什么?你感觉如何?让我们庆祝一下!

消极而有建设性的回应包括表达一些支持,但没有多少热情。比如"那就好",很少带情感表达。

消极和破坏性的回应包括对好消息不太注意,例如"我今天工作很糟糕,晚饭吃什么",同时很少进行眼神交流。

通过积极和破坏性的回应,与好事相关的消极影响或问题会被指出来——例如"不要太自大了。如果下周他批评你下一个项目做得没有上一个好,不要感到惊讶。"

盖布尔的研究和随后的工作表明,积极和建设性的回应不仅对幸福感有显著的积极影响,而且对说话者(或出资者)和听者(或回应者)的亲密关系质量也有显著的积极影响。相反,消极或破坏性的反应会对我们的关系质量产生消极影响。这启发美国俄亥俄大学的彼得斯(Peters)与盖布尔及同事合作开发了资本化的人际模型。[72]该模型提出,以积极和建设性的方式资本化和回应资本化的过程对每个人的幸福感具有积极的影响,并且增加了这一过程重复发生的可能性,以及出资者和回应者在未来交换中扮演两种角色的可能性。资本化通过这种迭代过程加强关系。专栏8.7包含了一个评估你如何回应亲密他人好运气的量表。如果结果表明,你没有以积极和建设性的方式回应他人好运气的习惯,而你想培养这种习惯,不妨试试专栏8.8中的练习。

宽恕

为了应对受到威胁或伤害的情况,人类同时进化出了复仇和宽恕。[73]复仇是对进一步违规的一种威慑。相反,宽恕能维持受害者和违规者之间的关系。对于我们的史前祖先来说,通过伤害违规者来报复起到了威慑作用。它阻止了违规者或目睹报复行为的其他人再次伤害受害者。在这种情况下,伤害是指对人的直接身体伤害或间接伤害。这包括对受害者关心的人、他们的财产或名誉的伤害。然而,复仇是有代价的。在某些情况下,它导致了不断升级的针锋相对的攻击和报复。有时,受害者和违规者会

专栏8.7　个人对资本化的反应

你可以用这个量表来评估你如何回应一个与你有重要关系的人——当他们告诉你发生在他们身上的好事时，例如，在工作中获得晋升，与一个家庭成员愉快的交谈，加薪，获奖，或者在学校考试或工作项目中表现出色。对于每一项，请圈出你对所听到的好消息的反应。1 = 完全不正确，7 = 非常正确。对于4个分量表中的每一个，将这3个项目的分数相加。看看你的4个分数，注意哪一个是最高的。如果你在积极的建设性回应上得分很低，为了增加你的幸福感，当身边的人告诉你一个好消息时，你可以通过遵循专栏8.8中的指导方针来参与积极的建设性回应。

	完全不正确		不确定		非常正确		

积极的建设性回应
1. 我通常对他们的好消息反应热烈。　　　　　1　2　3　4　5　6　7
2. 我有时觉得我甚至比他们更快乐、更激动。　1　2　3　4　5　6　7
3. 我经常问很多问题，并对这件好事表现出真诚的关心。　1　2　3　4　5　6　7

消极的建设性回应
1. 我尽量不小题大做，但是我为他们感到高兴。　1　2　3　4　5　6　7
2. 我通常会默默支持发生在他们身上的好事。　　1　2　3　4　5　6　7
3. 我说得很少，但我知道他们很清楚我为他们高兴。　1　2　3　4　5　6　7

积极的破坏性回应
1. 我经常指出好事情的问题。　　　　　　　　　1　2　3　4　5　6　7
2. 我经常提醒他们好的事情也有坏的一面。　　　1　2　3　4　5　6　7
3. 我指出好事情的潜在消极影响。　　　　　　　1　2　3　4　5　6　7

消极的破坏性回应
1. 有时候我给人的印象是我不太在乎。　　　　　1　2　3　4　5　6　7
2. 我不太注意他们。　　　　　　　　　　　　　1　2　3　4　5　6　7
3. 我经常显得不感兴趣。　　　　　　　　　　　1　2　3　4　5　6　7

注：Based on Table 2, p. 233, in Gable, S. L., Reis, H. T., Impett, E. A., & Asher, E.R. (2004). What do you do when things go right? The intrapersonal and interpersonal benefits of sharing positive events. *Journal of Personality and Social Psychology, 87*(2), 228–245.

> **专栏8.8　积极的建设性的回应**
>
> - 想象与你期望积极而有建设性的回应的人会面。
> - 想象一下当你们见面时，他们可能会向你提及的那些好事或成功，并把它们写在你的日记里。
> - 对于每一个可能的成功，写下当他们向你提及这些好事或成功时，你希望给予的积极和建设性的回应。
>   - 计划让他们详细描述他们的成功，这样他们的叙述会更长
>   - 计划让他们更详细地阐述
>   - 计划庆祝他们的成功
> - 寻找机会将这个积极和建设性的回应排练付诸行动。
> - 给予积极和建设性的回应时，允许自己体验积极的情绪，如对他人的成功或好运的热情、喜悦或自豪。不要假装。

遭受严重损失。在大多数情况下，它导致受害者失去违规者及其同伴的支持。这很成问题。因为人类是一个相对脆弱的物种，我们的史前祖先依赖于其他群体成员的支持。他们需要合作来保护自己免受捕食者的攻击，并管理对生存至关重要的任务。这些任务包括获取食物、建造住所、组建家庭和抚养孩子。因此，人类进化到在某些情况下可以原谅伤害过我们的人。这样做可以防止失去他们的支持。我们也防止了由复仇引发的世仇给群体生存带来的风险。在许多情况下，宽恕是适应性的。

在现代生活中，背叛、背信弃义以及身体或心理上的敌对行为会发生在友谊、浪漫关系、家庭和工作中。例如，一个朋友违背了诺言，一个伴侣在婚外情上撒谎，一个兄弟姐妹让你失望，或者一个同事散布了一个关于你的消极谣言。对于我们的史前祖先和现代生活来说，宽恕都是一种重要的方式，可以遏制不断升级的报复行为。[74] 这是一种将冲突转化为合作的方式。当我们原谅伤害过我们的人时，我们就放弃了寻求报复的愿望。我们给予冒犯我们的人宽恕和仁慈的礼物，即使他们不应该得到这些礼物。我们赠送这些礼物不是出于怜悯或责任感。我们主动选择仁慈和宽容。我们的动机可能是利他的。我们可能希望对他人慷慨一些。我们的动机也可能是自私的。我们可能会通过宽恕去体验更大的幸福。

宽恕与对违规行为的其他非攻击性反应的区别

宽恕不同于其他对违规行为的非攻击性反应。[75]它不同于法律赦免，因为它是对关系中违规行为的个人反应，而不是法律程序的结果。宽恕不同于原谅违规行为或为违规行为辩护，将违规行为合理化或视为情有可原，否认违规行为的严重性，或忘记违规行为的发生，因为所有这些都不涉及另一方显然负有责任的公认违规行为。宽恕也不同于和解。和解意味着愿意缔结契约，在持续的基础上，一起在信任的氛围中生活或工作。我们有可能宽恕另一个人，而不会走向和解。我们也有可能在没有宽恕另一个人的情况下同意和解。和解可以创造一种环境，在这种环境中我们有可能去宽恕。

宽恕的评估和相关因素

目前已经开发了许多自我报告的人际宽恕特质和状态测量。[76]特质测量评估宽恕他人的一般倾向，而状态测量评估在特定情况下宽恕发生的程度。"我通常不记仇"是特质宽恕自我报告测量项目的一个例子。"我不会对伤害我的人怀恨在心"是状态宽恕自我报告的一个例子。在每种情况下，受访者都被要求用1—5的分类来评价该项目对他们的真实程度，其中1 = 非常不同意，5 = 非常同意。

除了评估个人违规者人际宽恕的量表外，还有群体间宽恕和自我宽恕的量表。[77]但是，这里不考虑这些类型的宽恕，重点是人际宽恕。

涉及数千人、使用人际宽恕的测量方法的元分析揭示了宽恕的相关因素。[78]宽恕的人具有独特的人格特质，其特点是更强的共情能力、换位思考能力、情绪稳定性、宜人性、安全的成人依恋风格和信仰。具有这些品质的人可能倾向于对为什么违规者伤害了他们产生宽容、同情的理解，并以一种情绪平衡的方式做出反应。宽恕的人也较少思考他们所遭受的违规，因此较少经历愤怒和抑郁情绪。某些情况更有利于宽恕。人们更容易原谅那些不是故意的、不太严重的、不太危险的、带来较少消极后果的违规行为，而且违规者会为此道歉。所有这些条件都减少了受害者对违规者的消极情感，从而使受害者更容易同情违规者。这反过来让宽恕变得更容易。在亲密关系中，尤其是在浪漫关系中，如果人们对关系有很高的满意度，对关系有很高的承诺，对违规者有很高的心理亲和力，他们会更容易原谅违规者。这可能是因为，在这种情况下，保持怨恨会带来巨大的成本或损失，而宽恕会带来实质性的好处。

宽恕的神经生物学

南非斯泰伦博斯大学的研究者提出，宽恕是受相关的神经回路支持的，这些神经回路包括：(1) 认知控制，尤其是对情境的积极重新评价；(2) 观点采择或心理理论；(3) 社会价值或评估特定社会行动过程的成本和收益。[79] 对参与宽恕任务的个人的15项功能性磁共振脑成像研究的元分析表明，服务于认知控制、观点采择、社会评估这三个过程的神经回路涉及三个不同的大脑区域：分别是外侧前额叶皮质、颞顶联合区和腹内侧前额叶皮质。激活所有三个区域的宽恕任务的一个例子是阅读一系列关于朋友违规的小短文，接着是打算宽恕或记恨违规者的暗示。[80] 关于宽恕的神经生物学研究仍处于早期发展阶段。

宽恕的好处和阻碍

宽恕既有好处，也有阻碍。[81] 如果积怨很长时间，这些可以被视为一种持续的心理负担。当我们原谅他人时，会有一种卸下重担的感觉。宽恕可能会引起违规者的悔悟，并加深与他们的关系。宽恕可以改善心理和生理健康。例如，加拿大卡尔加里皇家山大学的凯勒·拉斯马森（Kyler Rasmussen）及同事对来自17个国家包含26 000多名被试的100多项研究进行了元分析，发现宽恕与身心健康之间有着显著的关系。[82] 宽恕与心理健康的关系大于与身体健康的关系。

除了这些好处，表达宽恕也有阻碍。我们可能会觉得，我们的宽恕和对违规者的同情会被理解为软弱或脆弱的表现，这将导致违规者的重复行为。此外，当我们原谅他人时，我们放弃了作为愤愤不平的受害者的地位，失去了诱导内疚的力量以及体验和表达正当愤怒的奢侈。

决策宽恕和情感宽恕

弗吉尼亚联邦大学的研究者提出，可以区分决策宽恕和情感宽恕。[83] 通过决策宽恕，个人做出个人决定、选择或承诺来宽恕违规者。他们决定不寻求报复或回避或排斥他们。相反，他们试图使与违规者的关系恢复到违规前的良好状态。情感宽恕包括对违规者产生情感共鸣，从而对他们产生更少的消极、更多的正面感受。决策型和情感型宽恕有不同的好处。决策宽恕通常是情感宽恕的垫脚石。它改善了与违规者的关系。受害者可能会觉得自己的行为更宽容，而不是充满怨恨。相比之下，情感宽恕的主要好处是它能改善身心健康，因为较少引发愤怒、敌意和痛苦。

宽恕干预

英国华威大学和美国艾奥瓦州立大学的研究者们对宽恕干预进行了元分析。[84] 这些元分析包括50多项研究，涉及2000多名参与者。参与者遭受了一系列违规经历，包括非友好离婚或与浪漫伴侣分居、不忠、背叛、种族冲突、攻击、虐待和乱伦。元分析显示，宽恕干预导致特质宽恕和状态宽恕显著增加。它们还导致愤怒、敌意、压力和痛苦以及抑郁的显著减少。以个人形式提供的时间较长的课程比以小组形式提供的课程效果更好。遭受较轻违规的人比遭受较重违规的人受益更多。研究最广泛的两种宽恕干预措施是个体宽恕治疗项目和REACH团体治疗项目。[85] REACH是五个短语的英文首字母缩写，代表回忆伤害、共情违规者、给予宽恕的利他礼物、承诺宽恕并在怀疑发生时坚持宽恕。这两个项目都涉及回忆违规行为，同情违规者，决定宽恕，并克服不可宽恕的感觉，以实现情感上的宽恕。专栏8.9包含了基于REACH项目的宽恕练习。

专栏8.9　走向更大宽恕的十二步

- 第一步：列出你想成为一个更宽容的人的主要原因。
- 第二步：写下你生活中经历过的五种最大的伤害。这些可能是：
  - 父母的失望
  - 教师的批评
  - 朋友或恋人的背叛
  - 在工作中被人批评或失望
- 第三步：选择第二步中列出的一个伤害，并为REACH过程中的每个元素写一个简短的描述。
  R：通过简单描述你是如何受伤的以及它对你的影响，来回忆受伤的情况
  E：通过简单描述是什么外部压力导致他们伤害了你，来同情违规者
  A：写下你想要无私地给予宽恕的理由，这是一份无私的宽恕礼物
  C：承诺原谅，写下你现在或将来某个时候原谅违规者的意图
  H：写下当你因怀疑而难以坚持这种宽恕时，你将使用的策略
- 第四步：写下你当前生活或历史中的两个宽恕榜样中最令你钦佩的地方[如曼德拉（Mandela）、甘地、马丁·路德·金（Martin Luther King）等]。
- 第五步：给自己写一封信，表达你想成为一个更宽容的人的愿望。

(续)

- 第六步：写下你可以做的具体事情，开始成为一个更宽容的人。
- 第七步：写下你在未来将如何以不同的方式思考和说话，面对你在第二步中列出的五种伤害，表明你更加宽容。
- 第八步：写下你打算改变的事情，让自己变得更宽容。
- 第九步：想象你会如何与你在第二步中列出的人交谈，这样他们就会知道你正在宽恕他们。
- 第十步：列出你对其最有消极感觉的人的优点（从第二步列出的五种伤害中）。
- 第十一步：写下一个你信任的人的名字，你曾经对他说过你想变得更加宽容。试着把那个人给你的东西给另一个人，让你有可能说你想要更宽容。
- 第十二步：写一个清单，列出你可以做的具体事情，向伤害过你的人表达温暖，如第二步所列。把这作为开始让你的"敌人"感到温暖的第一步。

注：Based on exercise H-8 in Worthington, E. L., Jr. (2016). *The path to REACH forgiveness: Less than two hours to becoming a more forgiving person self-directed learning workbook*. Virginia Commonwealth University, USA.

伴侣关系

大量的文献表明，伴侣关系，尤其是婚姻关系，对个体、伴侣以及孩子的幸福有着深远的影响。[86]婚姻幸福的人更健康，更幸福，也更加长寿。美国科罗拉多大学博尔德分校的马克·惠斯曼（Mark Whisman）及同事在对19000多名90岁以下美国人进行的具有全国代表性的抽样调查中发现，认为自己婚姻不太幸福的人的死亡率为25%，而认为自己的婚姻非常幸福的人的死亡率为21%。[87]长期的爱的关系进化成了人的一种需求，能让人获得满足感。[88]在现代社会，婚姻给人们带来了很多好处，比如伴侣之爱，家庭温暖和支持，天伦之乐等，使人们更加幸福。

关系满意度的评估

研究者们已经开发了一系列工具来评估伴侣关系满意度及伴侣关系的其他方面，以用于伴侣治疗的研究和临床实践。[89]专栏8.10介绍了伴侣满意度指数（Couples Satisfaction Index），它可以用来对关系满意度进行简单测量。

> **专栏8.10　伴侣满意度指数**
>
> 请阅读下列内容，圈出每一条中最符合你和伴侣的关系的答案。将4个条目的分数相加。总分范围为0—21分，得分越高表示对关系的满意度越高。
>
> | | 非常不快乐 | 相当不快乐 | 有点不快乐 | 快乐 | 很快乐 | 非常快乐 | 完美 |
> |---|---|---|---|---|---|---|---|
> | 1.请综合考虑，指出你们关系的快乐程度。 | 0 | 1 | 2 | 3 | 4 | 5 | 6 |
>
> | | 完全不符合 | 有点不符合 | 有些符合 | 大部分符合 | 几乎符合 | 完全符合 |
> |---|---|---|---|---|---|---|
> | 2.你和伴侣之间的关系是温暖并且舒适的。 | 0 | 1 | 2 | 3 | 4 | 5 |
> | 3.你和伴侣的关系是有价值的。 | 0 | 1 | 2 | 3 | 4 | 5 |
> | 4.总的来说，你对你们的关系是满意的。 | 0 | 1 | 2 | 3 | 4 | 5 |
>
> 注：Reproduced with permission of the American Psychological Association from Appendix, pp. 582-583, Funk, J. L., & Rogge, R. D. (2007). Testing the ruler with item response theory: Increasing precision of measurement for relationship satisfaction with the Couples Satisfaction Index. *Journal of Family Psychology, 21*(4), 572-583. Copyright © 2007 American Psychological Association. Permission conveyed through Copyright Clearance Center, Inc.

关系满意度的毕生发展

纵向研究表明，关系满意度的毕生发展变化相当大，但大多数已婚伴侣的关系满意度是相对稳定的。[90]例如，美国堪萨斯州立大学的贾里德·安德森（Jared Anderson）及同事在对706对美国夫妻进行了40年的纵向研究中发现了五种不同的轨迹。[91]从图8.2中可以看出，在他们的研究中，近2/3的夫妻报告在50年的时间里婚姻幸福水平较高且稳定（组4和组5）。剩下1/3的夫妻的婚姻幸福水平表现出高幸福感、下降又恢复的曲线模式（组3），持续稳定的低幸福感模式（组2）或不断下降的低幸福感模式（组1）。

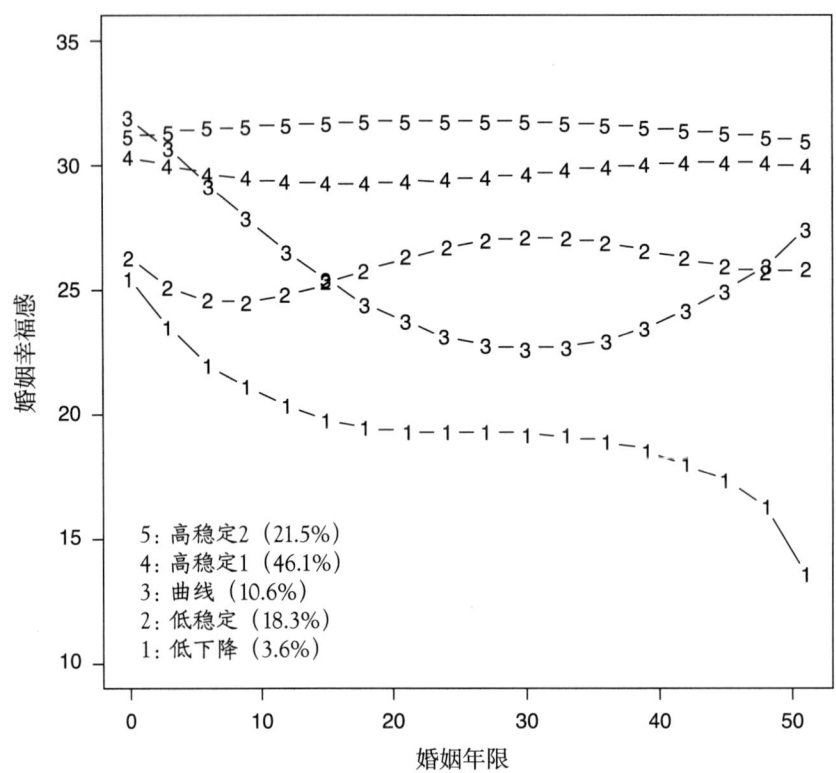

图8.2 婚姻幸福感毕生发展的五种不同轨迹

注:Adapted with permission of the American Psychological Association from Figure 1, p.591, in Anderson, J.R., Van Ryzin, M. J., & Doherty, W. J. (2010). Developmental trajectories of marital happiness in continuously married individuals: A group-based modelling approach. *Journal of Family Psychology, 24*(5),587−596.Copyright © 2010 American Psychological Association. Permission conveyed through Copyright Clearance Center, Inc.

关系满意度的影响因素

元分析表明,关系满意度与个人特质有关。[92]这些个人特质包括安全的成人依恋风格和共情(详见本章);情绪智力(详见第五章);正念(详见第四章);情绪稳定性(或低神经质)、外向性、宜人性和尽责性(详见第二章)。这些特质对发展优质的浪漫关系有积极的促进作用。有这些特质的人能够理解伴侣的观点;能够理解伴侣的情绪并且调节自己的情绪;可以以一种接纳的态度,专注地与伴侣在当下进行互动;可以在与伴侣的互动中保持情绪稳定;对自己的人际关系保持积极、友善的态度,能够遵守自己的承诺。

伴侣互动方式的某些特征与维持伴侣关系满意度有关。其中包括在面对压力时伴侣如何以互相理解和支持的方式来应对，以及如何通过互动来加强关系。玛丽安娜·福尔克纳（Mariana Falconer）及同事在对17 000多名被试参与的57项研究进行元分析后发现，合作应对和支持应对是与关系满意度最为相关的两种应对策略。[93]使用这些策略的伴侣作为一个团队一起应对面临的压力，并且相互提供情感支持。美国伊利诺伊大学厄巴纳-香槟分校的研究者在对1000多篇有关关系维持的论文进行综述分析后发现，慷慨、感恩、沟通、反应迅速、幽默以及一起参与休闲活动等伴侣互动有助于增进伴侣关系。[94]他们既能对伴侣慷慨大方，同时又能感激对方的仁厚关爱。

他们常聊天，尤其会聊感情方面的事。当他们意识到伴侣需要他们时，一定会积极响应伴侣的需求，以此表示支持。

人口统计学因素是否会影响关系满意度，目前的研究结果尚不一致。例如，美国密苏里大学的克里斯蒂娜·普罗克斯（Christine Proulx）及同事在对14项纵向研究的综述中得出的结论是，人口统计学因素如教育、收入、种族、性别、年龄和婚姻持续时间，与稳定的关系满意度之间的关系并不总是相关。[95]

性满意度

性满意度与关系满意度、幸福、健康和长寿等正相关。[96]例如，英国布里斯托尔大学的乔治·戴维·史密斯（George Davy Smith）在对近3000名45—59岁威尔士男性的研究中发现，那些在研究时报告性高潮频率较高的人，10年后的死亡率更低。[97]目前，研究者已经开发出了许多评估性满意度的单项目或多项目的自我报告工具。[98]例如，可以通过以下条目有效评估性满意度：在过去的2个月内，你对伴侣的性满意度如何？在1—5的范围内打分，1 = 非常不满意，5 = 非常满意。[99]西班牙格拉纳达大学的研究者对使用这种量表的研究进行了大范围的综述分析后，将性满意度的相关因素分为三个主要类别。[100]第一个类别涉及个人的特征，性满意度与积极的性态度、高度自尊、积极的身体形象、较高的教育水平和较少的性伴侣有关。第二个类别包括亲密关系的特征，亲密关系中的伴侣如果人格特征相似，那么性满意度更高。在性方面表现得自信，经历性欲、性唤起和性高潮，以及频繁地进行多样的性行为，都与更高的性满意度有关。第三个类别是家庭关系，高性满意度与支持性的家庭和社区关系、积极的亲子关系和较高的社会经济地位有关。

爱情的理论

给人以极大满足感的关系可能会带来爱情。有许多关于浪漫爱情的理论。[101]下面我们将列举一些当代爱情理论的例证。这些理论包括行为系统理论、神经生物学理论、斯滕伯格的爱的二重理论和戈特曼的和谐关系家庭理论。

爱情的行为系统理论

根据本章前面提到的依恋理论，美国加利福尼亚大学的马里奥·米库林瑟（Mario Mikulincer）和菲利普·谢弗（Philip Shaver）提出，成年人的恋爱关系包含三个行为系统：依恋系统、照顾系统和性系统。[102]当人们的安全和保障受到威胁时，依恋系统就会被激活；而当人们察觉到他人需要照顾时，照顾系统就会被激活；性系统则会让伴侣聚集在一起孕育下一代。这三种动机系统是天生的，因为它们有利于物种的生存，通过进化保存了下来。

爱情的神经生物学理论

美国罗格斯大学的海伦·费舍尔（Helen Fisher）提出了浪漫爱情的神经生物学理论。[103]她假设，存在三种神经生物学系统，它们对发展和维持爱情关系意义重大，包括性冲动、吸引的过程、依恋的过程。睾丸激素水平与男性和女性的性冲动有关，下丘脑和杏仁核是与这种冲动有关的两个大脑结构。伴侣对我们的吸引力，以及我们对伴侣的眷恋，与大脑奖励通路中的多巴胺活性升高有关。依恋和相互关心以及陪伴的过程与伏隔核中的催产素活性和腹侧苍白球中的抗利尿激素活性有关。根据费希尔的观点，每一个大脑系统结构都是为了完成不同的功能而进化的。性冲动的进化促使人们与一些潜在的伴侣发生性关系。大脑中吸引系统的进化是为了促使人们多关注自己喜欢的伴侣。这些伴侣可能会生育出健康的后代，或者拥有助力后代成长的资源。男人会被那些看起来可以生育出健康后代的女人所吸引，而女人则会被那些看起来有能力养活她们以及她们后代的男人所吸引。依恋系统的进化是为了激励人们维持他们的关系，这样可以更好地抚养后代。

斯滕伯格的爱的二重理论

罗伯特·斯滕伯格提出了爱的二重理论来解释浪漫关系中不同类型的爱。[104]

二重理论结合了他早期的爱情三角理论和"爱情故事"理论。在三角理论中，斯滕伯格提出，每种类型的爱都具有不同程度的亲密、激情和承诺的特征：完美的爱情包括高度的亲密、激情和承诺，迷恋的爱情只包含高度的激情；友谊的爱情只有高水平的亲密；而空洞的爱情只有高水平的承诺。浪漫的爱情包含高度的亲密和激情，但没有承诺；愚蠢的爱情只有高度的激情和承诺；伴侣式的爱情只有高度的亲密和承诺。在他的"爱情故事"理论中，斯滕伯格将26个爱情故事分类，这些故事构成了他的三角理论中描述的各种类型的爱情。在他的分类中，一些最受欢迎的故事是：爱情是一段旅程；爱情就像一座需要经常照料和关心的花园；爱情就像双方权利平等的民主制度；以及爱情就像情侣们记录了一系列重要事件的历史。斯滕伯格的三角理论爱情量表（Triangular Love Scale）评估亲密、激情和承诺，他的爱情故事量表（Love Stories Scale）评估个人对自己爱情的叙述。[105]斯滕伯格在一系列研究中发现，评估亲密度、激情和承诺的量表得分与关系满意度相关。他还发现，在这三个变量上得分相近、爱情故事主题相似的伴侣对他们的关系更满意。[106]最近，斯滕伯格提出，要想长期的关系令人满意，伴侣之间不仅必须有相似的亲密程度、激情和承诺以及类似的爱情故事主题，还必须有兼容的思维方式，共同运用智慧、智力和创造力来应对他们在生活中遇到的挑战。[107]（第六章讨论了斯滕伯格的WICS模型。）

戈特曼的和谐关系家庭理论

美国华盛顿大学的约翰·戈特曼（John Gottman）对伴侣关系的稳定性进行了一系列开创性的研究，进而发展了他的和谐关系房子理论。[108]在这项研究中，他采访了处于不同关系阶段的伴侣，还观察了他们日常活动和讨论分歧时的情况。比如在第一个研究中，他追踪研究了几对新婚夫妻，6年和9年后，他们中的一些仍是夫妻，而另一些已经离婚。然后他得出结论，彼此互动的方式以及生理唤醒的模式（例如，心率和血压）可以预测哪些夫妻会离婚，哪些夫妻能继续在一起。

他发现，所有夫妻之间都存在分歧和持续未解决的关系冲突。然而，一些特定因素能将那些离婚和没有离婚的夫妻区分开，其中最重要的就是积极性和冲突修复。那些仍在一起的夫妻在讨论分歧时进行的积极交流是消极交流的5倍。当关系冲突发生时，他们也会积极努力地去修复。

关系稳定的伴侣会阻止冲突升级，并避免二人感情变得冷淡和疏远。与常人相反，他们在讨论分歧时会通过"温和启动"来开始，即表达低水平的消极情绪。在一些涉及消极情绪的分歧中，他们也表达出积极情绪、幽默感和对伴侣的喜爱。他们使用自我调节策略来防止自己经历和表露高水平的痛苦或愤怒。当他们的伴侣说了或做了对他们有消极影响的事情时，他们会提醒自己，双方都十分重视这段关系。他们试图理解、尊重并接受伴侣的观点，并会在达成一致或做出决定时考虑到这一点。他们承认一些冲突或分歧是无法解决的，而这些冲突或分歧是由伴侣对潜在高价值目标的承诺所导致的。当人们处于一段稳定的关系中，一旦二人发生冲突，就会积极回应伴侣增进感情的努力。他们也会分享权力，并允许他们的伴侣影响自己的决定。

如果不主动讨论冲突，关系稳定的伴侣之间积极与消极交流的比例是5∶1。他们表达对彼此的钦佩和喜爱之情，对彼此情感联系的"请求"做出回应的频率要远远高于那些分居的伴侣。他们常常从积极的角度看待对方，即使他们的伴侣让他们失望（例如，没有做到他们答应过的事情），他们也会假定不是对方的错。他们会花时间去理解伴侣看待世界的方式，以及他们的人生目标、希望和梦想。他们还会谈论双方都重视的东西，并给他们的关系赋予意义。这些持续的积极交流建立了一种信任感和承诺感，加强了伴侣关系。

相比之下，最终离婚的夫妻很难冷静地讨论冲突。他们通常将冲突升级，直到双方在愤怒、不尊重、无益的交流中陷入僵局。在冲突发生的间隙，不稳定的婚姻中的夫妻也会互相批评。他们仍是防御性的，将感情问题归咎于伴侣，而不为自己造成的问题负责。他们通过占据道德制高点或贬低伴侣来表达对对方的蔑视，通过情感上或身体上的退缩来回避冲突。戈特曼将这些过程——批评、防御、蔑视和回避——称为"世界末日的四骑士"，因为正是这四个过程导致了离婚。在这四个过程中，蔑视是预测离婚的最有力因素。

根据这项研究，戈特曼提出了他的和谐关系房子理论，如图8.3所示。[109]在这个理论中，他提出了一个由七种积极策略组成的层次结构，伴侣可以用这些策略来加强他们关系中的信任与承诺。

- 构建爱情地图：通过定期交流彼此生活中的重要关系、人物、项目和事件来建立爱情地图。
- 分享爱意及赞美：让伴侣知道自己有多关心和尊重他们。专栏8.11是一个可以促进这一过程的练习。
- 转向而不是远离伴侣：注意并回应他们对情感交流的请求。
- 采取积极的观点：假设你的伴侣会以你的最佳利益为重，当冲突发生时，

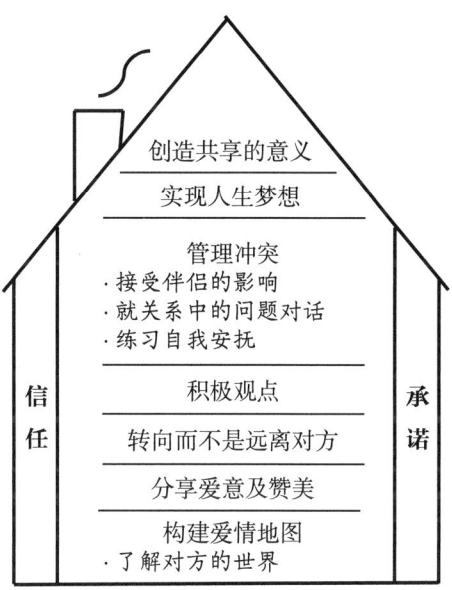

图8.3 和谐关系房子模型

注：Based on Navarra R. J., & Gottman J. M. (2018) Sound relationship house in Gottman method couples therapy. In J. Lebow, A. Chambers, & D. Breunlin (Eds.), *Encyclopedia of Couple and Family Therapy*. Springer, Cham.

先假定他们是无辜的。

- 管理冲突：使用专栏8.12中的练习来解决那些可解决的问题，并接受这样一个事实，在任何长期关系中，都存在一些不相容且无法解决的冲突。
- 实现人生梦想：支持对方去达成高价值的目标，进而实现人生梦想。
- 创造共享的意义：通过谈论或参与表达共同价值观的活动或仪式来创造属于彼此共同的意义。

专栏8.11　分享爱意及赞美

　　这个练习的目的是保持关系中积极和消极交流的比例高于5∶1。每天，甚至每时每刻，注意你的伴侣什么时候在"做正确的事情"或成为你欣赏的那种人。告诉你的伴侣，你钦佩、欣赏或感激他们所做的积极的事情，以及他们积极的个人特征与个人特点。如果你可以经常让伴侣知道你赞赏和欣赏他们的积极品质和他们所做的事情，这将使积极和消极交流的比例高于5∶1，并提高你们的关系的质量。

(续)

以下是一些你可能会注意到的事情：
- 善良/温柔/有趣/坚强/性感/勇敢/体贴/忠诚/慷慨/美丽/可靠/冷静/努力/公平/精力充沛/宽容/灵活/诚实/宽容/明智的感受
- 表达爱意、亲吻、发生性关系
- 播放你喜欢的音乐或电影，倾听你的一天是如何度过的，可以更好地了解自己
- 计划和房屋有关的事情，计划假期，支付账单，报税，处理房屋的财务和管理问题
- 支持你参与休闲/体育/艺术活动
- 在遇到重大转变和生活挑战时为你提供（给予）支持：出生、死亡、搬家、换工作、生病、受伤
- 提醒你可能会忘记的事情，和你一起做早餐，为孩子们做好准备工作，组织清洗衣物或干洗，计划去学校或工作的交通方案
- 在白天联系你，组织或进行房子/花园的维护，买一些食品，接孩子，带孩子参加活动/约会/玩耍，照顾祖父母
- 做晚饭，饭后打扫卫生，辅导孩子完成家庭作业
- 对惹你生气的孩子/公婆/前伴侣/朋友/邻居保持耐心

专栏8.12　管理冲突并解决可以解决的关系问题

这个练习的目的是让你和你的伴侣学会管理冲突并解决一个可解决的问题。
- 邀请伴侣花30分钟和你一起做这个练习
- 选择一个适合你们的私人场所和时间，这样你们就不会被打扰或分心
- 关掉手机、电脑、平板电脑、电视、收音机和其他潜在的可能让人分心的物品
- 轮流做演讲者和听众

启动

从柔和地"启动"开始，形式如下：
- 出现一件困难的事
- 我们都卷入其中
- 这是我对它的感受
- 这是我所需要或是更愿意的

解决问题
- 把大问题分解成若干个小问题，然后逐个解决
- 针对每个小问题，头脑风景，提出解决方案

(续)

- 看看每个解决方案的付出和回报
- 确定最适合你们的解决方案
- 同意并开始尝试这种解决方案,然后评估它的效果
- 协商并妥协
- 接受这样一个事实:找到一个适合双方的解决方案需要一定程度的妥协
- 让对方知道你可以妥协的需求,以及你不能妥协的核心需求
- 在达成妥协时,允许你的伴侣影响你

自我安抚
- 如果在谈判妥协时感觉到紧张,你可以花费几分钟时间来安抚自己,例如,吸气数到3,呼气数到6,重复3次

修复联结
- 如果你陷入了消极的情绪交流,请修复你们之间的关系
- 提醒自己,你和伴侣是多么在乎彼此,多么珍惜和重视彼此的关系
- 提醒自己保持积极交流和消极交流的比例高于5∶1很重要
- 表达积极的情绪,表达爱意,或者对当时的情况发表一个幽默的评论
- 要宽容伴侣的特质、不完美和差异,并提醒自己这些并不是为了让你们的生活变得困难,它们是所有长期关系中都会出现的不相容现象

戈特曼的一系列研究表明,在群体环境中根据这些策略做训练,能够令伴侣关系更加稳固。[110]

关系教育

戈尔曼认为加深伴侣关系是一种特殊的关系教育方法。这类方案有很多,比如预防和关系教育计划、伴侣关怀和伴侣应对能力增强培训,而且大多数的方案都有共同特点。[111]沟通、表达爱意、冲突管理或问题解决的技能培训是大多数项目的核心,这些技能也是处理意见分歧、发展现实共同关系期望的关键。

在掌握沟通技巧训练中,伴侣双方都要学会充当倾诉者和倾听者的角色。当处于倾诉者角色时,他们要学会计划所说的内容,礼貌表达自己的想法时,并确认伴侣是否已经理解了自己的意思。他们在谈论希望彼此改变的事情时,会采用表达"我信息"的方式,来表述他们的偏好。例如说"当我看到你做Y时,我感觉到X,我更希望你以

后做Z"。当处于倾听者角色时，他们要耐心地倾听，不打断对方并总结对方表达的内容，在回答之前确认其是否准确。有时，某些沟通的方式可能会引起对方的不愉快，这时，需要他们学会停下来，使用呼吸练习来减少生理唤醒，调节这些消极情绪。这一系列沟通技巧训练非常有效，伴侣们能够做到彼此尊重地交谈和倾听，他们可以轻松地谈论生活中有趣的或有压力的事情，包括可能引起愤怒、焦虑或悲伤的"热点"话题。沟通技巧培训还可以包括表达和接受情感，表达和倾听伤心的感受，道歉和表达悔恨，倾听道歉和表达宽恕。

在学会问题解决的训练中，伴侣们要以团队的形式来解决冲突和问题，他们要学会把大的、模糊的、明显无法解决的问题分解成若干小的、更清晰的、可以解决的问题。他们要学会集思广益，列出针对每一个问题的解决方案并分析利弊，进而选择最优的解决方案，付诸行动并评估效果。面对持续的分歧和冲突，伴侣需要使用共情的方法，一起讨论解决方案，或者选择彼此接受，通过这些合理的方式从消极情绪中解脱。问题解决训练也可能涉及对一系列问题进行协商和妥协的学习，包括如何解决特定的问题。

关系教育课程通常以团体形式进行，包括多对伴侣，课程共1—6次，时长为2—14小时，有些课程时间可能更长，该课程也可以在线上进行。在大多数课程中，伴侣通过观看范本、练习技巧、接受反馈和进一步的家庭练习来学习技能。尽管作为避免离婚的婚姻准备之一，关系教育课最初是面向夫妻的，但现在这一课程已经向其他对象开放：年轻的单身人士、想要改善关系或者想要处理家庭变化事件（孩子出生或退休等）的已婚夫妻、同性伴侣们、重组家庭以及那些经历着一系列挑战的伴侣（包括贫困、工作压力、监禁和服兵役的特殊需求等）。近300项有关关系教育的研究及其结果的元分析表明，关系教育可以促进沟通。[112]在参与者还没有达到关系满意度上限时，关系教育能改善关系满意度。对于受过中等教育、正在经历轻度关系困扰的伴侣来说，关系教育对关系满意度的影响最大。而对于那些社会经济地位较低的伴侣而言，关系教育的作用微乎其微，这可能是因为无论其关系技能如何，他们都要面临严峻的经济挑战，因而阻碍了关系的发展。

伴侣的积极心理干预

与关系教育有关的研究始于20世纪80年代，早于积极心理学运动的出现。受积极心理学运动兴起的启发，专门针对伴侣的积极心理干预研究也处于发展的早期阶段。

前文提到的盖布尔的研究表明，在亲密关系中，积极的建设性回应对幸福感有积极的影响。在第三章中，研究表明，向伴侣表达感激之情可以提高个人和人际关系的幸福感。[113]类似的，以色列阿里尔大学的研究者评估了第三章中提到的三件好事感恩干预的伴侣版本。[114]给予随机对照试验干预组中的伴侣的指示如下：

> 选取一周中的某一天，抽出晚饭后和睡觉前这段时间内的15分钟和你的伴侣一起度过。在这段时间里，请和你的伴侣一起写下这周发生在你们身上的三件好事。连续6周，每周做一次。你列出的三件好事可以是相对重要的，也可以是没那么重要的。在你列出的每一件好事之后，用自己的话回答这个问题："为什么会发生这件好事？"

对安慰剂组伴侣的指示也是如此，但是省略了"好"这个字。与安慰剂对照组相比，完成了"三件好事"伴侣任务的干预组被试在研究结束时报告亲密度增加。研究结束后，实验要求被试写下干预对他们关系的影响。研究者对他们的回答进行了定性分析后得出了三结论：(1) 干预使其注意到伴侣和关系中积极的方面，增强了个体的积极情感；(2) 建立了每周定期讨论他们之间关系的高质量时间；(3) 鼓励了他们计划共同的活动。

还有一些研究旨在通过创造共同的、强烈的积极情绪体验来提高关系满意度。例如，在随机对照试验中，英国新英格兰大学的金伯利·库尔特（Kimberley Coulter）和约翰·马卢夫（John Malouff）评估了增加恋情兴奋度的在线干预研究效果。[115]研究人员要求伴侣们一起列出十项令人兴奋的活动清单，并约定一个时间和地点，每周进行一项活动，每次90分钟，为期1个月。与对照组相比，被分配到干预组的伴侣报告了更大的浪漫关系兴奋度、积极的情感和关系满意度，且这些增长在后续长达4个月的随访中一直保持不变。伴侣兴奋程度的变化中介了他们积极情感和关系满意度的变化。

法国里尔大学的帕斯卡尔·安托万（Pascal Antoine）及同事发现，多成分的积极心理干预方案对个人幸福感的影响大于单成分干预方案的影响，受到这一发现的启发，他们为伴侣设计了"伴侣+多成分积极心理干预方案"（总结见专栏8.13）。[116]伴侣+方案是一种指导自我发展的干预课程，被试在连续1个月内每天参与20分钟的伴侣+方案活动，并在活动日志中记录他们参与该方案的情况。在关于无烦恼伴侣的随机对照试验中，安托万及同事发现，与没有干预的对照组相比，伴侣+方案显著提高了积极情绪、沟通和关系质量，并且干预结束时取得的成果在之后1个月的随访中保持不变。

专栏8.13　伴侣+多成分积极心理干预方案

第一周
- 了解并与伴侣分享积极的情绪
- 列出想和伴侣分享的积极时刻
- 在不久的将来安排一个特定的积极时刻
- 学习如何以主动和建设性的方式回应伴侣的好消息或坏消息
- 给伴侣写一封感谢信
- 一起讨论所写的感谢信
- 参加10分钟的呼吸冥想

第二周
- 通过确定和做喜欢的、有意愿的活动来培养幸福
- 和伴侣一起,通过确定、规划和做有趣的活动来培养幸福
- 通过写积极的故事来培养人际关系
- 分享和伴侣的关系中积极的故事
- 澄清在人际关系中经历的不满,并以适应性的、建设性的方式与伴侣分享
- 记下一天中积极的时刻并细细品味
- 参加10分钟的呼吸冥想

第三周
- 在人际关系中培养温柔
- 识别伴侣的品格优点
- 识别并运用品格优势
- 在日常活动中练习正念呼吸觉察
- 画出目前的关系幸福饼图。在饼图中,每个部分代表一个领域,有助于关系的整体幸福感。每部分的大小代表分配给该部分的时间和精力
- 画出想要的关系幸福饼图。在饼图中,每个部分代表一个领域,即想为关系的整体幸福做出贡献的领域。每部分的大小代表希望分配给该部分的时间和精力
- 实施最小的改变,离理想的关系幸福饼图更近一步

第四周
- 注意自己和伴侣有哪些互补的优势
- 认识和培养作为伴侣的优势
- 和伴侣玩一个幽默的游戏,用一个比喻描述关系

(续)
- 选择并向伴侣展示五件重要的物品，反映出对未来关系的可能性的想法
- 培养关系的优势
- 参加10分钟的呼吸冥想

注：Adapted with permission of Wiley from Table 2, p. 183, in Antoine, P., Andreotti, E., & Congard, A. (2020). *Positive psychology intervention for couples: A pilot study. Stress and Health, 36*(2), 179-190.

亲子关系

积极的亲子关系会给孩子带来很多好处。与父母关系良好的人更快乐、身心更健康、朋友关系和恋爱关系更亲密、受教育情况更好、对工作更适应。[117] 然而，对于父母来说，抚养孩子并不总是带来积极的体验。父母的幸福感取决于抚养孩子的需求和他们可用的应对资源之间的平衡。[118] 当父母有时间、有精力，掌握足够的技能、社会支持和经济资源来满足养育子女的需求，而子女也满足了父母生育和联系大家庭与社会的需要，并给予父母生活的意义和方向时，养育子女就能增强父母的幸福感。然而，当孩子对父母的要求超过了他们的应对能力时，父母的幸福感就会下降。因为孩子对父母的要求往往在婴儿期、儿童期和青春期是最大的，所以这段时间父母的压力最大、幸福水平较低也就不足为奇了。随着孩子长大成人，父母的幸福感也会增加。[119]

权威型教养方式

美国加利福尼亚大学伯克利分校的戴安娜·鲍姆林德（Diana Baumrind）在她开创性的研究中确定了三种截然不同的教养方式。[120] 专制型父母要求很高，但对孩子的情感需求反应迟钝。放任型父母不会要求孩子，但会对孩子的情感需求做出回应。与这两种并非最佳的养育方式相反，权威型父母兼顾了反应性和要求。他们既会对孩子的情感需求保持高水平的回应，表现出温暖，也会要求孩子遵从他们的期望。采用专栏8.14中的简版教养方式和维度问卷（Parenting Styles and Dimensions Questionnaire）可以评估以上三种养育方式。鲍姆林德在1967年最初的研究和随后几十年的研究表明，权威型教养方式是最佳的养育方式，尤其是在西方工业文化中。[121] 权威型父母养育的孩子有高水平幸福感，表现出较多的亲社会行为，能够自力更生，擅长自我控制，

专栏8.14　教养方式和维度问卷（简版）

下面是关于你通常如何与孩子互动的问题。对于每个题目，圈出适合你的答案。共有3个子问卷，每个子问卷的得分等于题目得分相加后除以子问卷中题目的数量，分数范围是1到5。得分最高的子问卷类型代表你主要的教养方式类型。如果你在权威型教养方式问卷得分较低，又想提高分数，请参照专栏8.15—8.17里的指导意见。

	从不	偶尔	一半	经常	总是
权威型教养方式					
1. 让孩子做事情前，我会考虑孩子的想法。	1	2	3	4	5
2. 我鼓励孩子即使跟父母不同，也要自由表达自己。	1	2	3	4	5
3. 我在制订家庭计划时会考虑孩子的喜好。	1	2	3	4	5
4. 我允许孩子参与制定家庭规则。	1	2	3	4	5
5. 我会通过鼓励孩子表达自己的意见来表示尊重。	1	2	3	4	5
6. 我向孩子解释，对于他的好与坏行为，我们是如何感受的。	1	2	3	4	5
7. 我会强调规则的原因。	1	2	3	4	5
8. 我会告诉孩子为什么要遵守规则。	1	2	3	4	5
9. 我会通过跟孩子讨论他的行为后果，来帮助孩子理解行为的影响。	1	2	3	4	5
10. 我会解释孩子的行为后果。	1	2	3	4	5
11. 我会对孩子的感受或需要及时反应。	1	2	3	4	5
12. 我鼓励孩子讨论他们的麻烦。	1	2	3	4	5
13. 当孩子不高兴时，我会给予安慰和理解。	1	2	3	4	5
14. 当孩子表现好时，我会表扬他。	1	2	3	4	5
15. 我会跟孩子一起享受温暖和亲密的时光。	1	2	3	4	5

	从不	偶尔	一半	经常	总是
专制型教养方式					
1. 我会用体罚来管教孩子。	1	2	3	4	5
2. 当孩子不听话时，我会打孩子。	1	2	3	4	5
3. 当孩子不听话时，我会抓住孩子。	1	2	3	4	5
4. 当孩子不守规矩时，我会打孩子。	1	2	3	4	5
5. 我会通过责骂和批评孩子让孩子变得更好。	1	2	3	4	5

(续)

	从不	偶尔	一半	经常	总是
6. 当孩子的行为不符合我的期望时，我会责骂或批评孩子。	1	2	3	4	5
7. 当孩子问为什么非得这么做，我会说：因为我说了，或者我是家长，我希望你这么做。	1	2	3	4	5
8. 我通过剥夺特权来惩罚孩子时，不给解释。	1	2	3	4	5
9. 我用威胁作为惩罚，不给解释。	1	2	3	4	5
10. 我会把孩子推到某个地方自己站着，不给解释。	1	2	3	4	5
11. 当孩子犯错时，我会大喊大叫。	1	2	3	4	5
12. 我会对孩子暴跳如雷。	1	2	3	4	5

	从不	偶尔	一半	经常	总是
溺爱型教养方式					
1. 当孩子因为某物引起麻烦，我会屈服于孩子。	1	2	3	4	5
2. 我威胁要惩罚孩子，但实际都不做。	1	2	3	4	5
3. 我说要惩罚孩子，但并不会真的去做。	1	2	3	4	5
4. 我惯坏了孩子。	1	2	3	4	5
5. 我发现很难管教孩子。	1	2	3	4	5

注：Based on Robinson, C. C., Mandleco, B., Olsen, S. F., & Hart, C. (2001). The parenting styles and dimensions questionnaire (PSDQ). In B. F. Perlmutter, J. Touliatos, & G. W. Holden (Eds.), *Handbook of family measurement techniques: Vol. 3. Instruments & index* (pp. 319-321). Thousand Oaks, CA: Sage Publications; and Table 1, pp. 823-825, in Robinson, C. C., Mandleco, B., Olsen, S. F., & Hart, C. (1995). Authoritative, authoritarian, and permissive parenting practices: Development of a new measure. Psychological Reports, 77, 819-830.

具有自信和高水平成就动机。

大量研究表明，权威型教养方式中的下列养育技巧有利于形成更好的亲子关系，让孩子更幸福[122]：

- 和孩子一起享受"优质时间"；
- 适应儿童的气质；
- 培养孩子的亲社会行为并加以奖励，同时阻止问题行为并减少问题行为出现的机会；
- 使用问题解决和协商技巧。

亲子优质时间

在孩子的任何年龄段，父母都可以通过一起参与双方享受的谈话、活动、艺术、体育、娱乐和锻炼活动来加深他们与孩子的关系，提高幸福感。心理学研究指出，在孩子的特定年龄段，父母以特殊方式参与儿童活动的优质时间，能提高儿童的幸福感，加强亲子关系。敏感察觉孩子的需求并及时回应，可以加强父母与婴幼儿的亲子关系，从而建立安全依恋关系。帮助父母提高对婴儿需求的敏感性和反应能力的训练项目（例如，安全圈父母培训方案），能够增加儿童的安全依恋。[123] 多参加儿童主导而不是父母主导的游戏活动能加强父母与学龄儿童的关系。一些父母培训项目以提高父母在游戏时遵循孩子步调的能力为目标，明显提高亲子关系质量，减少儿童的行为问题。这类项目包括家长加（Parent Plus）、神奇年代（Incredible Years）、3P 积极养育项目（Positive Parenting Programme）、俄勒冈州父母管理培训模式（Oregon Model of Parent Management Training）、卡兹丁父母管理培训（Kazdin Parent Management Training）和亲子互动疗法（Parent Child Interaction Therapy）。[124] 在青春期，父母积极倾听孩子的想法，在一对一对话中设身处地理解孩子的感受能够加强亲子关系。在所有技能中，促进父母和青少年之间积极倾听的家庭治疗项目可以减少青少年的行为问题和物质使用。这类项目包括功能性家庭治疗（Functional Family Therapy）、多系统治疗（Multisystemic Therapy）、多维家庭治疗（Multidimensional Family Therapy）和简单策略家庭治疗（Brief Strategic Family Therapy）。[125] 促进积极倾听的家庭治疗项目之所以有效，部分是由于项目修补了父母和青少年之间的沟通问题。通过与孩子共享优质时间来加强亲子关系的养育指导方针见专栏 8.15。

专栏 8.15　优质时间指南

对于婴儿和学步儿——敏感的、反应式的养育

练习的目的是帮助孩子在与你的关系中感受到稳定安全。
- 当你和孩子在一起时，调整到他们的状态
- 当孩子发声、做手势或哭时，听听他们传递的信号
- 猜测他们想要什么：他们需要拥抱、喂食、换衣服、保暖、降温、哄睡、治疗疾病或受伤，还是玩耍？

(续)

- 及时满足他们所需
- 如果孩子的回应告诉你他们还需要别的东西，猜猜是什么，然后及时给他们
- 如果孩子的回应告诉你他们的需求已经得到满足，你就增强了他们的幸福感，帮助他们感到安全和有保障

对于年幼的孩子——孩子主导的游戏

练习的目的是加强你和孩子的关系，让他们知道你对他们感兴趣的事情和他们理解世界的方式感兴趣。

- 在平时，邀请孩子花20—30分钟和你一起做这个练习
- 选择一个适合你们的私人地点和时间，在这个时间你们不会被打扰或分心
- 关掉手机、电脑、平板电脑、电视、收音机和其他可能让人分心的东西
- 让孩子选择玩的东西
- 如果玩的是假装游戏，而不是数码游戏，练习效果可能更好。但是，如果数码/电子游戏是孩子的兴趣所在，那么就同意这个选择
- 在特殊的游戏时间里让孩子做主导
- 全身心地参与活动
- 对你的孩子正在做的或所说的做一段评论，让他们知道你理解他们正在做的事情的细节
- 用"我喜欢你做……时"的描述，让孩子知道你感觉很好
- 反复表扬孩子
- 大笑，通过拥抱或扭打进行身体接触
- 避免使用命令、指示、教学或其他"家长主导"的活动。你的目标是参加"儿童主导"的活动。
- 试着预见违规行为，防止它发生，或者忽略它
- 关注你和孩子在一起有多开心
- 总结一下你们一起做了什么以及你们有多开心来结束本节练习

对于青少年——积极倾听

练习的目的是加强你和孩子的关系，让他们知道你对他们对世界的看法很感兴趣。

- 选择适合你们的私人地点和时间，保证做练习时不被打扰或分心
- 关掉手机、电脑、平板电脑、电视、收音机和其他可能让人分心的东西
- 使用适合孩子的策略开场，让孩子可以自由地和你说话：
  - 问一些开放式的问题，比如：最近怎么样？你觉得……怎么样？你对…怎么理解？
  - 说一些能引起对方回答的话，比如：你最近真的很忙吗？我觉得这或许对你有影响？每个人对这件事都有自己的看法吗？

(续)

- 当你的孩子自发地说话时，跟随他们
- 一旦孩子开始说话，不要打断他或表达你的意见
- 仔细听，这样你就能在孩子说完的时候，记住他说过的所有内容
- 如果孩子表达积极情绪，用积极、热情的方式回应
- 如果孩子表达消极情绪，如悲伤、受伤、恐惧或对别人（而不是自己）的愤怒，认真倾听，目的是理解他们的反应，而不是解决问题
- 如果孩子向你表达愤怒，你发现自己变得焦躁不安时，做3次深呼吸来安慰自己，吸气，数到3，然后呼气，数到6
- 如果孩子停顿了一下，给他们留点空间，让他们整理一下思路，然后继续请孩子重复他们最后表达的想法，例如，"你说对于……觉得很难理解"或者问一些开放式的问题，比如：
  - 最让人困惑的是什么？
  - 你能多说一点吗？
  - 从你的角度看怎么样？
- 避免问一些听起来像批评的问题——例如，"你为什么这么做？"或者"那是什么意思？"
- 不要主动给你的孩子提供建议
- 如果你的孩子很难过，不要试图让他们高兴起来；认可他们是悲伤的
- 如果你的孩子生气了，不要告诉他们冷静下来；认可他们很生气
- 如果你的孩子害怕或担心，不要告诉他们不必担心；认可他们会害怕
- 当你的孩子讲完，总结他们所说的
- 跟孩子确认你是否准确地理解了他们的意思

适应儿童的气质

在20世纪50年代开始的纽约纵向研究中，亚历山大·托马斯（Alexander Thomas）和斯特拉·切斯（Stella Chess）发现，孩子们生来就有不同的气质。[126]当孩子的气质和父母的养育方法之间处于"良好匹配度"时，就会提高亲子关系的质量和孩子在整个生命周期中的幸福感。[127]当父母采用适应孩子独特气质的养育方式时，他们与孩子的关系就会更好，孩子也会体验到更高的幸福感。如果孩子属于困难型气质，或者很难调节消极情绪（例如，愤怒或沮丧），或者很难建立饮食规律和睡眠习惯，养育会面临巨大挑战。养育困难型气质的孩子时，父母需要很敏感、有耐心、态度温和并坚持不懈，以帮助孩子建立自我安抚技巧和规律的日常生活。

亲社会行为和问题行为

关于验证父母培训和家庭治疗项目有效性的研究表明，某些养育策略可以增加亲社会行为，减少问题行为，并提高亲子关系的质量。[128]当父母主动关注孩子的亲社会行为并为此表扬他们，而不是关注孩子的不当行为并加以惩罚时，亲子关系会得到加强。特殊的亲社会行为的例子包括说"请"或"谢谢"，与兄弟姐妹或朋友分享玩具，或做家务。这一策略的核心是父母"抓住孩子表现好的瞬间"。

当父母主动阻止孩子的问题行为，并减少问题行为出现的机会时，亲子间就能发展出更好的关系。应该让孩子明确，父母对他们的期望是什么。对于年幼的孩子，做法包括给出明确的直接的指示——例如，"现在把你的玩具放进盒子里，然后我们吃饭"。对于年龄稍大的儿童和青少年，具体做法包括清楚地传达一些关于良好行为的规则，合理化原因，以及违反规则的后果。父母应鼓励孩子进入可能出现亲社会行为的情境，而远离可能产生问题行为的情境；定期检查孩子是否遵守规则并为此表扬他们。

如果孩子有不太严重的问题行为，父母可以忽略它，重新引导孩子加入亲社会活动。然而，当孩子以一种有害或危险的方式违反规则时，父母明确表示反对是非常重要的。在这种情况下，重要的养育技巧是把孩子与问题分离。也就是说，让孩子知道他们是做了坏事的好孩子，而不是坏孩子；如果反复违反规则，也是一个有坏习惯的好孩子。父母要传达的重要信息是，他们不认可孩子的行为，而不是不认可孩子。例如，"不要打妹妹。打人是不对的，容易伤到人"，表达的是父母反对这种行为。相反，"你打妹妹，是个坏孩子"传达的意思是这个孩子很坏。

父母对孩子的问题行为表达反对最有效的方式是将幼儿从强化问题行为的事件或情境中分离出来，以及与青少年提前商定违反规则的处理和惩罚。暂停行为强化后，父母将孩子暂时从奖励不良行为的情境带出来，直到孩子能控制自己的消极情绪、冲动和行为。然后，父母要为孩子提供积极的体验（例如，拥抱或游戏）来奖励孩子成功控制自己的消极情绪、冲动和问题行为。"暂停（Time Out）"是孩子学习自我调节技能的机会。父母对青少年问题行为表达反对最有效的处理方式是达成协议。协议中明确规定孩子违反规则的后果，违反的规则内容越严重，惩罚后果越严重。例如，孩子宵禁晚回家1小时，禁足1天比1个月更恰当。为了与青少年保持积极的关系，当孩子因违反规则而被取消特权时，父母可以提供相应的帮助，以便孩子未来能有机会表现亲社会行为。例如，顺便接孩子回家，这样孩子下次就不会因为错过公交车而违反宵禁规定。

当父母对不良行为的界定和违反规则后的处理方式一致时，孩子更容易表现亲社会行为，并提高亲子关系质量。每个父母提出的规则界定都应该长期保持一致，这样孩子就知道每天的规则都是一样的。父母双方应该保持一致，尤其是在分居或离婚的时候，这样孩子们就会知道，不管爸爸还是妈妈对他们的要求都是一样的。[129] 通过促进亲社会行为和阻止问题行为的策略来提高亲子关系质量的养育指导方针具体见专栏8.16。

专栏8.16　促进亲社会行为和阻止问题行为的指导方针

抓住孩子的良好表现

- 专注于抓住孩子的良好表现，并因此奖励他们，而不仅仅是抓住他们的不良行为并惩罚他们
- 发现他们以下良好表现时，表扬或奖励他们：
  - 简单的亲社会行为，比如说"请"和"谢谢"
  - 复杂的亲社会行为，比如控制自己的脾气
  - 为实现目标付出很多努力
  - 把给予你的关注、赞扬和认可作为亲社会行为的主要奖励
- 如果你想帮助孩子克服行为问题，使用符号系统（星图、贴纸图、代币系统或积分系统）来奖励亲社会行为。有了符号系统，星星、贴纸、代币或积分就可以积累并兑换有形的奖励，或孩子所珍视的特权

清楚地沟通规则

- 明确直接地告诉孩子你对他们的期望
- 给幼儿非常明确、直接的命令
- 对于年龄较大的儿童和青少年，要清楚地说明规则、原因，以及违反规则的结果
- 结果应该是公平的，基于"关心"而不是"控制"
- 结果应该反映出你有多关心孩子：你希望帮助孩子学习如何安全、稳定和谨慎
- 结果不应该反映你对孩子的愤怒，不能因为生气或个人想法而对孩子施加不公平的控制作为惩罚

(续)

监督孩子
- 知道你的孩子在哪里。让幼儿在视线之内。对于大一点的孩子或青少年，询问他们要去哪里，和谁在一起，什么时候回来
- 鼓励孩子把握亲社会行为的机会并避免出现问题行为的机会

把人和问题分开
- 如果你的孩子有问题行为，把他们看作有坏习惯的好人，而不是坏人

强化的暂停时间
- 如果你的孩子表现不好，给出三次警告，并提出问题行为的替代方案
- 如果他们继续不守规矩，让他们离开有强化的环境一段时间，直到他们能控制自己的消极情绪和问题行为
- 一旦他们这么做了，就表扬他们，拥抱他们，因为他们锻炼了自我控制能力

为违规行为订立契约
- 对年龄较大的孩子和青少年，让他们清楚违反规则的后果与违反规则的程度成正比——这是一种非正式的契约
- 如果青少年参与了问题行为，并因此而失去特权，帮助他们确定表现亲社会行为的机会，以及未来问题行为可能发生的情况

保持一致
- 保持规则和结果始终一致
- 父母双方都应该每天保持一致，彼此保持一致

问题解决和协商技巧

亲子关系中，冲突是不可避免的。父母可以邀请孩子合作解决问题，共同协商寻找可行的解决方案来解决这些冲突，以加强与青少年的关系。基于问题解决和协商技巧的家庭治疗方案能够有效解决亲子冲突的一系列现实问题。[130]

通过问题解决，父母和青少年把大问题分解成许多小问题。对于每一个小问题，父母与孩子可以"头脑风暴"各种情境。先确定每个情境的优缺点，选定一个对双方都最合适的解决方案，就方案达成共识，然后评估方案的效果如何。例如，17岁的凯西对她的母亲萨拉说，由于父母对她的种种限制，她觉得自己和父母越来越疏远了。萨拉请凯西把这个大问题分解成几个小问题。经过一番讨论，他们把家庭作业规范、职业选择和周末活动确定为三个独立的问题。他们决定把重点放在周末的活动上，尤其

是凯西在周六晚上听完摇滚音乐会如何安全回家。主要的选择是乘坐公共汽车或出租车。他们一致认为，公共汽车更便宜，但到时候车可能满员，且车站离家还有一段距离。凯西就要一个人走很长一段路回家，可能会存在危险。反之，出租车会把凯西载到家门口，而且外面也很容易打车，但的确比坐公共汽车贵。平衡了一下后，莎拉和凯西都认为坐出租车是最好的解决办法。由萨拉给凯西打车费，凯西同意做一些家务来表达感谢。在这段简短的问题解决的插曲之后，莎拉和凯西都感受到了积极的情绪。这增加了他们的幸福感，加强了他们的关系。

通常，找到父母和青少年都同意的解决方案需要妥协。这在一定程度上是因为青少年和父母对"重要事项"的理解存在不一致。青少年更想要获得独立、自由、保有隐私的权力。相反，父母更想要保证孩子的安全，支持他们发挥潜力。区分彼此不能妥协的核心问题和可以协商的其他问题对于父母和青少年来说都有益。核心问题包括，例如，安全和免受严重伤害的保护，一定程度的自主和独立。可以协商的其他问题包括保持整洁，守时，参加某些家庭活动，学习特定课程，职业选择，体育活动，着装规范，仪容整洁，饮食，等等。在达成妥协之前，父母最好保持开放态度，接受孩子们在协商过程中影响自己。如果谈话开始升级为激烈的争论，体验到强烈的消极情绪，请练习吸气3秒，呼气6秒，以减少生理唤醒。父母和青少年会觉得，不断升级的消极交流有时会使他们有必要修复彼此之间的情感联系。在试图修复关系的过程中，双方可能会提醒自己多么在乎对方，多么珍惜这段关系，进而表达积极的情绪，对当下情况一笑了之，并容忍对方的特征。他们可能会提醒自己，父母和青少年之间经常发生冲突，因为父母对青少年的安全有强烈的需求，然而青少年却对自主和独立有强烈的需求。专栏8.17包含问题解决和协商的指导方针。

专栏8.17　问题解决和协商的指导方针

设置环境

- 选择适合双方的私人地点和时间，保证不被打扰或分心
- 关掉手机、电脑、平板电脑、电视、收音机和其他可能让人分心的东西
- 轮流做演讲者和听众

问题解决

- 把大问题分解成许多小问题，然后逐一解决它们

(续)

- 针对每个小问题，进行头脑风暴
- 看看每个解决方案中双方的付出和回报
- 确定最适合双方的解决方案
- 达成共识尝试解决方案，然后评估它的效果

协商达成妥协
- 接受这样一个事实：找到一个适合双方的解决方案需要一定程度的妥协
- 让对方知道你们可以妥协的问题和不能妥协的核心问题
- 相互协商时，允许孩子来影响你

自我安慰
- 如果你在协商妥协时变得紧张，花几分钟时间冷静下来。深呼吸3次，吸气数到3，呼气数到6

修复关系
- 如果陷入了消极的情绪交流，你需要修复人际关系
- 提醒自己有多在乎对方，有多珍惜你们的关系
- 表达积极的情绪，表达喜爱，或对当下情况做一个幽默的评论
- 包容彼此的个性。提醒自己这些不是故意让你的生活变得艰难。它们是不可避免的冲突
- 因为父母希望青少年的安全有保障，而青少年渴望自主和独立

从权威型教养方式到积极心理学养育

与权威型教养方式有关的养育策略，如上所述，包括规划亲子优质时间，适应儿童的气质，培养和奖励亲社会行为，减少问题行为发生的机会并加以阻止，以及使用问题解决和协商技巧。基于这些策略的家长培训和家庭治疗项目受到了许多心理学理论的启发，包括行为主义、社会学习理论、依恋理论、阿德勒积极养育理论、家庭系统理论以及发展心理学研究。这些项目的主要目的要么是治疗有问题的儿童或青少年的家庭，要么是防止问题的发展。研究表明，这些项目能有效地实现这些目标。[131]然而，由于这些课程先于当代积极心理学的发展，它们的主要目的并不是促进繁荣的亲子关系。塞利格曼在他的第一本积极心理学著作《真实的幸福》中提出，积极心理学养育包括两个关键过程：促进儿童的积极情绪体验和支持儿童识别并运用他们的标志性优势。[132]积极的情绪能扩展思维—行动的范围，帮助孩子们建构技能和知识，从而促进其螺旋上升获得进一步的积极情绪。（这是芭芭拉·弗雷德里克森的拓展建构理论，见

第一章。）识别和运用标志性优势可以提高PERMA五因素幸福感的所有方面：积极的情绪，参与技能活动时的心流体验，关系质量，寻找生活的意义和方向，以及成就感。（塞利格曼的PERMA理论，见第一章；奇克森特米哈伊的心流理论，见第四章；彼得森和塞利格曼的优势理论，见第二章。）塞利格曼提出，尽管与权威型教养方式相关的养育实践（如上所述）可能会促进积极情绪，但积极心理学指出了一些可能会增强亲子关系的独特养育策略。这些策略的目的是促进普通儿童的成长繁荣，而不是促进有明显临床问题儿童的康复。[133]

下面的例子说明了塞利格曼的方法。

与父母睡在一起

为了促进安全依恋感受积极情绪，父母可能会让婴儿睡在他们的床上。当孩子醒来时，他们会在父母身边而感到安全。

掌控游戏

为了促进掌控感和自我效能感，父母可能会玩一些游戏，向孩子展示他们的行为对外界的影响，他们可以控制对自己重要的事情。例如，如果婴儿鼓掌两次，父母也相应鼓掌两次（并大笑）；然后，如果婴儿鼓掌三次，父母也相应鼓掌三次（大笑）。如果家长让孩子参与挑战他们技能极限的游戏，那么他们可能会体验到心流（见第四章）。这将激励他们进一步发展自己的技能，在未来参与类似的游戏，体验更多的心流感受。

通过说"不"，限制行为

另一种促进掌控感和自我效能感的方法是，在孩子的行为对自己或他人有危险，或损害财物的情况下，父母对孩子说"不"来限制孩子行为。当孩子的行为令人讨厌或会打扰别人，父母必须说"不"时，他们可以要求孩子用一些更好的选择来取代他们的烦人行为——例如，当孩子在购物时，不断地说"我就要它，我就要它，我就要它……"时，父母会建议孩子把他们在玩具店看到的玩具列入他们的生日愿望清单里。

防止手足之争

为了防止兄弟姐妹之间的竞争，父母可以在保证安全的条件下，营造一种哥哥姐姐在拥抱和照顾弟弟妹妹这件事上帮了父母大忙的氛围。

积极的睡前心态

为了创造积极的睡前心态,父母可以跟孩子一起回忆当天发生的所有令人高兴或感激的好事;乐观地期待明天会发生的好事;然后想象睡觉的时候会梦到一个非常幸福的场景。

积极的目标设定

为了帮助孩子致力于实现高价值的目标和新年决心,父母可以帮助孩子积极具体地制定目标,而不是消极模糊地制定目标——比如,"今年我要学习弹钢琴",而不是"我不会懒惰"。

标志性优势

为了帮助孩子发展出标志性优势,父母可以在孩子出现相应表现时强调对其识别和命名,为孩子创造机会运用优势,并对孩子运用优势的方式表示赞赏。(优势见第二章专栏2.5)。当孩子年龄足够时,父母可以邀请孩子填写VIA-IS,正式识别孩子的标志性优势,运用优势朝着高价值的目标前进,并按照第二章专栏2.6—专栏2.8中的练习解决问题。

父母的榜样示范

在数百万年的进化过程中,孩子们天生就会模仿父母。[134]积极心理学的研究表明,父母可以通过技能和实践方面成为良好的榜样来提高孩子的幸福感时,自己也会有较高的幸福感。父母可以通过做以下事情来成为好的榜样:

- 理解幸福感、原因和作用(见第一章)
- 设定和追求有价值的人生目标(见第二章)
- 识别和使用标志性优势(见第二章)
- 培养积极的心态,对过去和现在的美好事物心存感激,对未来的美好事物保持乐观(见第三章)
- 将品味、心流和正念融入日常生活(见第四章)
- 培养情商、创造力和智慧(见第五章和第六章)
- 培养自尊和自我效能感(见第七章)

- 使用适应性防御机制和应对策略（见第七章）
- 练习善良、同情和宽恕（见第八章）
- 加强父母之间的关系（见第八章）

争议

下面选取了三个主题来阐述在关系积极心理学领域中存在争议的问题：(1) 定义积极养育的方法，(2) 伴侣关系满意度应该以一维还是二维评估，以及 (3) 是否有必要进行技能培训来提高伴侣关系满意度。

积极养育

使用"积极"一词来定义养育的心理学方法是一个可能引发争议的领域。希腊雅典潘泰恩大学的西奥多罗斯·基里亚佐斯（Theodoros Kyriazos）和阿纳斯塔西奥斯·斯塔利卡斯（Anastassios Stalikas）发现了"积极"一词在描述心理学育儿方法时的三种用法。它们是积极管教、积极养育和积极心理学养育。积极管教是指用坚定、公平、关怀和尊重的方法而不是体罚来促进儿童的积极行为，并阻止有行为问题或有这种发展困难的儿童出现问题行为。积极的管教是由西格蒙德·弗洛伊德的学生阿尔弗雷德·阿德勒（Alfred Adler）在奥地利引入心理学的，它植根于精神分析传统。它是由鲁道夫·德雷屈尔（Rudolf Dreikurs）和简·尼尔森（Jane Nelsen）在美国推广的。他们主张在家庭和学校中使用积极的管教，以建立一种非惩罚性的风气，特别是在应对有挑战性的孩子时。[135]

3P积极养育项目由澳大利亚昆士兰大学的马特·桑德斯（Matt Sanders）开发。该项目帮助父母建立一个自信、温暖、一致的养育方法和低冲突的家庭生活方法。3P方案旨在预防或治疗儿童和青少年的行为问题。家庭学习的积极养育方法融合了社会学习理论和家庭系统理论的观点。这是一项已在国际上传播的全面预防性干预方案，其有效性得到广泛的元分析的支持。[136]

积极心理学养育是塞利格曼提出的一项初步创新。[137]这种方法的目标是帮助孩子在一个非常积极的家庭环境中茁壮成长，而不是防止或改善行为问题。这是通过促进儿童体验积极情绪和使用标志性优势来实现的。到目前为止，对这种方法进行的研究有限，尽管这种方法有希望且值得阐述和评价。

关系满意度是两个维度而不是一个维度吗？

几乎所有关于伴侣关系质量的研究都认为关系满意度是一个单一的构面。然而，美国罗彻斯特大学的罗纳德·罗格（Ronald Rogge）和同事们开发了二维积极-消极关系质量量表（two-dimensional Positive-Negative Relationship Quality, PN-RQ）。[138]他们表明，关系质量可以更有效地概念化为反映关系积极和消极方面的两个维度变化，同样，心境可以更好地概念化为反映积极和消极情绪的两个不同但相关的维度的变化（见第一章）。在PN-RQ的八个形容词版本中，参与者被问及以下两个问题：

- 只考虑你们关系中积极的部分，忽略消极的，通过以下四个形容词的7点评分来评估你们的关系，从0 = 完全没有到6 = 极其：享受的、愉快的、强大的和有活力的。
- 只考虑你们关系中消极的部分，忽略积极的，通过以下四个形容词的7点评分来评估你们的关系，从0 = 完全没有到6 = 极其：糟糕的、痛苦的、空虚的和毫无生气的。

与单维量表相比，二维PN-QR数据分析显示，冷漠（低积极且低消极质量）和矛盾（高积极且高消极质量）伴侣之间存在实质性差异；而人际关系教育后的改善，很大程度上是由于消极品质的减少而不是积极品质的增加。这些结果表明，采用二维结构进行概念化和衡量关系质量会很有用。

技能培训对改善伴侣关系有必要吗？

大多数帮助伴侣改善关系的研究都涉及沟通和问题解决的技能训练。两项研究表明，技能培训可能并不总是必要的，其中一项关注关系意识，另一项关注关系检查。罗纳德·罗格和同事们发现，4小时的简短关系意识干预与18小时的技能培训项目在防止3年后关系破裂方面一样有效。[139]接受任一干预的夫妇中只有11%结束了关系，而未接受干预的对照组中这一比例为24%。在简短的关系意识项目中，情侣们被告知关系意识的重要性，并被告知商业电影中发生的事件可以作为对话的提示，从而丰富他们的关系。他们观看了电影《丽人行》（*Two for the Road*）。[140]在这部电影中，一对夫妇重温了他们婚姻中早些时候的场景，讲述了他们经历的喜悦和挑战。然后，伴侣们花了大约1小时进行半结构化讨论，讨论这部电影的关键主题，包括冲突、支持、压力和宽恕。教练们为这些讨论提供了便利，并邀请伴侣反思自己关系中的相关内容。讨论结束后，伴侣会收到一张以亲密关系为核心情节的电影清单，并要求在接下来的1个月里每周看一部电影，并在每部电影之后讨论同样的开放式问题。

包括评估和反馈的关系检查是另一种对关系满意度有积极影响的干预措施，它不涉及关系技巧的培训。通过关系检查，伴侣完成关于关系运行的问卷，并收到书面反馈，指出关系的优点和缺点，以及可以丰富关系的领域。在某些情况下，这种书面反馈与治疗师或其他专业人士的联系是相互补充的，他们会指导反思反馈的过程，并设定关系目标。在涉及500多对夫妇的12项研究的元分析中，研究者发现，在长达6个月的随访中，关系检查对关系满意度有积极的、微小的、显著的影响。[141] 这些关于关系意识和关系检查的研究表明，技能培训——人际关系教育——对于提高恋爱关系的质量可能并不总是必要的。

总结

在人的一生中，良好的人际关系会增强幸福感、身心健康和寿命。人类进化到能够建立良好的关系，因为这对生存至关重要。人际关系通过提供社会支持，促进需要他人合作的目标的实现，并为一系列积极的体验创造环境，来缓冲人们的压力。这些包括依恋、共情、利他、善良、生命的意义、资本化和宽恕。

"爱2.0"是芭芭拉·弗雷德里克森的术语，指的是积极社会联系的短暂时刻，这种联系通过拓宽思维-行为范围、创造建立持久资源的机会来提高幸福感。这是她的拓展建构理论的延伸。经常参与慈心冥想可以让人们充分利用爱2.0的机会。

依恋理论是鲍尔比对为什么人们会习惯性地与生活中重要的人联系的解释。该理论提出，这些依恋类型是在早期的亲子关系中习得的。安全依恋和三种不安全依恋有区别：回避型、焦虑型和混乱型（或焦虑-恐惧型）。安全依恋与许多更好的适应指标有关，而不安全依恋与一系列问题有关。心理治疗可以增加儿童和成人的依恋安全感。

共情是对他人经历发展出一种认知理解和情感察觉的能力。它促进了人际关系中的心理亲密感，是有效心理治疗的重要组成部分。共情可以激发利他的亲社会行为。积极的家庭关系和安全依恋有助于共情和利他主义的发展。然而，基于群体的暴力经历也可能促进对外群体成员的利他行为发展。志愿服务和无私的善举会增强表达善意的人以及接受善意的人的幸福感。更大、更频繁、更多样的善举对幸福感有更强的影响。

资本化——告诉别人好消息的过程——并以积极建设性的回应来回应资本化，会增加双方的幸福感。

人类已经进化到可以同时进行报复和宽恕。报复是对进一步的侵犯的一种威慑，它促进了个人的生存。相反，宽恕维持了受害者和侵犯者之间的关系，促进了他们所在社会群体的生存。宽恕包括决策性宽恕和情绪性宽恕。有了决策性宽恕，就有了将和背叛者的关系恢复到之前状态的决心。情绪性宽恕包括对侵犯者少一些消极的感受，多一些积极的感受。这通常比决策性宽恕发生得更慢，却对幸福感有更大的影响。宽恕与更好的身心健康有关。两种被广泛研究的宽恕干预是个体宽恕治疗和REACH团体治疗项目。这两种项目都涉及回忆侵犯过程，对犯过的人共情，做出宽恕的决定，以及克服不愿宽恕的感觉，从而达到情绪性宽恕。

令人满意的伴侣关系能促进幸福、健康和长寿。人类已经进化到对长期伴侣关系感到满意，因为这种关系确保了物种的生存和繁衍。纵向研究表明，对大多数已婚夫妇来说，在家庭生活周期中，关系满意度相对稳定。关系满意度与安全的成人依恋方式、正念、大五人格特征、协作和支持性应对方式、慷慨、感恩、沟通、回应、幽默、参与共同休闲活动和性满意度有关。

当代有很多浪漫爱情的理论。在爱的行为系统理论中，成年人的恋爱关系被概念化为依恋系统、照顾系统和性系统。在神经生物学理论中，费舍尔提出性冲动、吸引的过程和依恋的过程是由不同的神经生物学系统辅助的。在修改后的爱的二重理论中，斯滕伯格提出，在令人满意的关系中，伴侣有类似的关于爱和高水平的亲密、激情和承诺的比喻或个人"故事"。他们还具有兼容的思维方式，共同运用智慧、智力和创造力来应对生活中共同遇到的挑战。戈特曼的和谐关系家庭理论是基于对处于长期稳定关系中的夫妇和离婚夫妇的研究。在稳定的长期关系中，积极交流是消极交流的5倍，并能修复关系冲突。他们以温和的方式开始分歧；在冲突中表达积极的情绪、幽默和好感；试着理解伴侣的观点；接纳一些冲突无法解决的事实，而这些冲突是由伴侣坚持自己的高价值目标所推动的；积极回应伴侣寻求情感联系的请求；在相互协商时接受伴侣的影响。和谐关系家庭理论包括七种积极的策略，伴侣可以使用这些策略来加强他们关系中的信任和承诺。包括构建爱情地图来了解彼此，分享爱意及赞美，转向你的伴侣，采取积极的观点，管理冲突，实现人生梦想，创造共享的意义。训练使用这些策略可以提高关系满意度。

沟通、情感表达、冲突管理或问题解决的技能培训是大多数伴侣关系教育项目的核心。人际关系教育课程通常以包括多对夫妇的小组形式存在，持续2—14小时，包括1—6个环节，有效地提高了轻度痛苦的中产阶级受过教育的夫妻的关系满意度，但对社会经济地位低的夫妻影响有限。针对伴侣关系的积极心理干预包括主动进行有建设性的回应资本化，表达感激，分享令人兴奋的积极情感体验，以及包括这些和其他干预措施的多成分项目，比如正念，品味，写作和分享关系中的积极故事，识别和培养彼此的标志性优势，设定并努力实现关系目标。

积极的亲子关系会给孩子带来诸多好处。父母的幸福感取决于照顾孩子的需求和他们可用的应对资源的平衡。在西方工业化国家，夫妻在孩子处于婴儿期、儿童期和青春期时幸福感较低，而在孩子出生前和孩子成年后幸福感较高。这种模式反映了这样一个事实：对于许多家庭来说，养育孩子的需求超过了父母的资源。

鲍姆林德发现，温暖、指引性的、权威型教养方式比专制或溺爱型教养方式给孩子带来更多好处。采用这种教养方式的父母养育的孩子表现出高水平的幸福感、亲社会行为、成就动机、自力更生、自我控制和自信。权威型教养方式的技巧包括和孩子在一起享受优质时间，适应儿童的气质，培养并奖励亲社会行为，减少问题行为发生的机会并阻止它，使用问题解决和协商技巧。包括这些策略在内的基于证据的家长培训和家庭治疗方案已被证明可以预防和改善一系列儿童和青少年心理问题。塞利格曼提出，积极心理学养育旨在创造一个环境，让孩子在其中茁壮成长。有两个关键的过程：促进儿童体验积极情绪，以及支持儿童识别和运用标志性优势。积极心理学的研究表明，父母可以通过在技能和实践方面成为良好的榜样来提高孩子的幸福感。

在有关人际关系的积极心理学领域有很多有争议的问题。这些问题包括对积极养育的不同定义，伴侣关系满意度是最好概念化为一维还是二维结构，技能培训对提高伴侣关系满意度是否至关重要。

关键术语

利他主义（Altruism）：为了他人而不是为了自己去帮助别人。

依恋风格（Attachment style）：在重要人际关系中，与他人互动的习惯性方式。安全依恋和不安全依恋之间存在明显区别，不安全依恋包括焦虑型、回避型和混乱型（或回避-恐惧型）。

权威型教养方式（Authoritative parenting）：一种既温暖又具有指导性的教养方式。

决策宽恕（Decisional forgiveness）：决定与犯过者重建犯错之前的关系。

爱的二重理论（Duplex theory）：斯滕伯格结合三角理论提出，爱的每一种类型都是由不同程度的亲密、激情和承诺构成的，且"爱情就像一个故事"理论提出，爱情的发展取决于伴侣的浪漫爱情故事。

情感宽恕（Emotional forgiveness）：对犯过者少一些消极的感受，多一些积极的感受。

共情（Empathy）：共情是对他人在各种积极和消极情况下的经历发展出一种认知理解和情绪觉察的能力。

爱2.0（Love 2.0）：芭芭拉·弗雷德里克森用来描绘积极社会联结的短暂时刻的术语，通过拓宽思维-行动范围和创造机会来提高幸福感建立持久的资源。这就是拓展建构理论的延伸，见第一章。

慈心冥想（Loving kindness meditation）：在冥想时，积极的感觉被有意识地导向自我，然后是所爱的人，然后是陌生人，然后是和自己有冲突或交往困难的人，最后对所有人。

积极心理学养育（Positive psychology parenting）：一种通过促进孩子体验积极情绪，并支持他们识别和运用标志性优势，从而帮助他们茁壮成长的养育方式。

和谐关系房子理论（Sound relationship house theory）：戈特曼伴侣关系满意度理论的基础研究对象是长期稳定关系的夫妇和离婚的夫妇。这个理论包括七个积极的策略，伴侣可以用来加强信任和关系承诺。包括建立爱情地图来了解彼此，分享喜爱和赞赏，转向你的伴侣，持积极的态度，处理年龄冲突，实现人生梦想，创造共同的意义。

个人发展问题

1. 描述一个发生在过去1个月里,你对别人很好的情况,主动地热烈回应别人告诉你的好消息,或原谅那个错怪你的人。
2. 这如何影响你与他人的关系、你的幸福感和你对自己的看法?
3. 你现在可以采取什么措施来做更多的善举、主动积极和建设性地回应别人的好消息,并表现出宽恕?
4. 采取这些步骤的投入和收益是什么?
5. 采取其中的一些步骤,采用第一章的幸福感量表来评估做这些步骤前后你的幸福感变化,评估其作用。

思考题

1. 写一篇关于加强友谊的心理学文献。
2. 对比研究中所说的加强伴侣关系和加强亲子关系的策略。
3. 写一篇关于爱情心理学的文献。

研究问题

1. 设计并进行一项研究,以检验幸福感与以下构念二者之间存在显著相关的假设:依恋风格,共情,利他主义,主动建设性的回应,生命的意义或者宽恕。
2. 使用"友谊""婚姻"和"养育"这些术语加上"幸福""优势",搜索覆盖过去几年发表的文献。确定一项你感兴趣的、可复制且能扩展的研究,并进行复制性研究。

拓展阅读

关于人际关系的自助书籍

Carr, A. (2020). *Positive psychology and you*. London: Routledge.

Fredrickson, B. (2014). *Love 2.0. Creating happiness and health in moments of connection.* New York：Penguin.

Gilbert, P., & Choden (2014). *Mindful compassion*. London：Robinson.

Worthington, E. L., Jr., (2001). *Five steps to forgiveness: The art and science of forgiving.* New York：Crown.

关于伴侣关系的自助书籍

Gottman, J. M., & Silver, N. (2015). *The seven principles for making marriage work* (2nd ed.). New York：Harmony Books.

Johnson, S. M. (2008). *Hold me tight: Seven conversations for a lifetime of love.* New York：Little Brown.

Pawelski, S. P., & Pawelski, J. O. (2018). *Happy together. Using the science of positive psychology to build love that lasts*. New York: Tarcher Perigee

关于亲子关系的自助书籍

Sharry, J. (2010). *Positive parenting：Bringing up responsible, well-behaved and happy children.* Dublin, Ireland：Veritas.

Sharry, J. (2013). *Parenting teenagers: A guide to solving problems, building relationships, and creating harmony in the family.* Dublin, Ireland：Veritas.

Sharry, J., Hampson, G., & Fanning, M. (2005) *Parenting preschoolers and young children.* Dublin, Ireland：Veritas.

参考著作

Hojjat, M., & Cramer, D. (Eds). (2013). *Positive psychology of love*. New York. Oxford University Press.

Warren, M. A., & Donaldson, S. I. (2018). *Toward a positive psychology of relationships: New directions in theory and research*. Santa Barbara, CA: Praeger/ABC-CLIO.

第九章

积极心理干预

> **学习目标**
> - 描述积极心理治疗和其他临床积极心理干预（PPI）项目
> - 介绍应用于学校和组织的积极心理干预项目
> - 总结支持积极心理干预有效性的证据、使用问题解决和协商技巧、促进积极情绪、培养标志性优势和父母的榜样示范

积极心理学的核心使命之一是识别、开发和评估提升幸福感的干预措施——积极心理干预（Positive Psychology Intervention, PPI）。[1]其中一些内容在前面的章节中已经介绍过——例如，设定有价值的目标和使用标志性优势（第二章）；培养乐观和感恩（第三章）；品味愉悦、寻找心流、培养正念（第四章）；运用情绪智力（第五章）；发展创造力和智慧（第六章）；发展自尊、自我效能感、功能性应对策略和防御机制，并实现创伤后成长（第七章）；参与志愿服务、践行仁慈和宽恕、主动地做出有建设性的回应、表达感恩、高质量地使用时间（第八章）。积极心理干预已经在教育[2]、工作[3]、体育[4]领域中得以开发和/或实施，旨在提升非临床及临床环境中人们的幸福感。[5]

积极心理干预的定义和效果

自1998年积极心理学创立以来，积极心理干预最初的概念是针对活动方案的开发与评估[6]——例如，使用标志性优势或记录感恩日记。然而，这种狭隘的定义正在被更广泛的概念所取代。在更广泛的定义中，积极心理干预被视为一种循证干预，其目标是通过与积极心理学的理论一致的途径来提升幸福感，并且这些途径在积极心理学成

立之前或之后在任何心理学领域中都得以发展。[7]基于塞利格曼的PERMA理论，干预途径包括增加愉悦的体验、投入技术性的活动、增进人际关系、提升意义感和目的感以及获得成就。[8]与彼得森和塞利格曼的美德与优势理论相关的干预途径是发展品格优势。[9]在积极心理干预的评估和验证其有效性的研究中，对幸福感的评估和对实现幸福感途径（例如品格优势）的评估至关重要，因为此类研究能够证明，积极心理干预不仅可以缓解抑郁症状和其他心理病理学指标，还能增强幸福感。[10]

本书作者这支来自爱尔兰都柏林大学的研究团队对评估积极心理干预的研究进行了大规模的元分析，在这项研究中，积极心理干预采用了上述广义的定义。研究小组综合分析了347项研究结果，评估了在6周内平均完成十个不同形式和内容小节的积极心理干预的效果，这些研究涉及41个国家，72 000余名临床和非临床儿童和成人被试。[11]图9.1呈现了元分析的主要结果。后测结果显示，积极心理干预对幸福感、优势、生活质量、抑郁、焦虑和压力都产生了小到中等的显著影响。被试在完成积极心理干预后所报告的即时收益可持续3个月，而在7个月后，这些效果开始消失。此项元分析

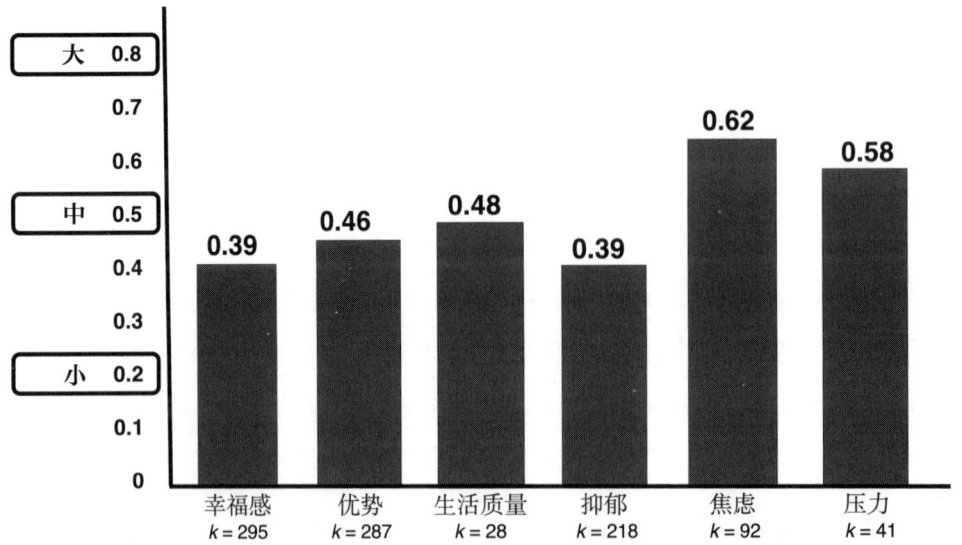

图9.1　治疗后积极心理干预组与等待组或替代干预对照组的效果比较：
包含347项研究，涉及72 356名参与者的元分析

注：该图中的效应量的值为Hedges'g，即积极心理干预组和对照组的均值之差除以两组的标准差的和，调整后，使样本量越大的研究权重越大。k = 元分析中积极心理干预组与对照组的比较次数。该图表基于Carr, A., Cullen, K., Keeney, C., Canning, C., Mooney, O., Chinseallaigh, E., & O'Dowd, A. (2021). Effectiveness of positive psychology interventions: A systematic review and meta-analysis. *Journal of Positive Psychology, 16*(6), 749–769.

表明，有大量证据支持积极心理干预具有短期的有效性。我们通过该元分析还发现，如果包含多个积极心理干预，且干预持续时间更长，包含更多的环节，采用个人或团体的面对面干预，而不是自助或通过计算机、书籍进行干预，那么这样的积极心理干预方案更有效。积极心理治疗是一种符合以上所有条件的积极心理干预方案。

积极心理治疗

积极心理治疗由塔伊布·拉希德和塞利格曼开发，在他们的临床医生和来访者工作手册中有所介绍。[12]专栏9.1包含了积极心理治疗十五个小节的概要。积极心理治疗有三个阶段，在第一阶段，治疗师帮助来访者形成一个自述，助其将焦点放在自身的优势而不是问题上，从而使来访者体验一种掌控感。来访者识别出自己的突出优势，并培养日常使用这些优势的技能来应对生活中的挑战。在第二阶段，治疗师帮助来访者培养出重新评估消极或创伤经历记忆的技能，这有助于来访者获得更中立的视角，改变消极的世界观。在第三阶段，治疗师帮助来访者运用他们的突出优势并加深重要的人际关系，进而有助于来访者追求他们的人生意义和目的。

在积极心理治疗中，所有十五个小节都有相似的结构，每次治疗的开始和结尾都是一个5分钟的放松练习，中间包括对来访者感恩日记中一些内容的回顾，来访者在整个项目中每天都要记录感恩日记（感恩日记和计数幸福的练习在第三章中讨论过）。所有小节都包括复习上节学到的核心概念，以及来访者运用上节学到的技能进行家庭作业练习后的体验。每节的主要内容包括：对基于证据的核心概念进行心理教育、与该概念相关技能的课内练习、对课内练习的反思和讨论、商定使用新技能的家庭作业练习。专栏9.1中列出了每节涉及的概念和技能。《积极心理治疗——临床医生手册》（*Positive Psychotherapy: Clinician manual*）中的积极心理治疗清单可以评估积极心理治疗对幸福感的影响，它会产生一个总分以及五个PERMA幸福维度（在第一章中介绍过）的得分——积极情绪、投入、人际关系、意义和成就。

积极心理治疗的有效性基于多种机制。第一，在治疗过程中，来访者将注意力、记忆和期望重新调整为关注生活中的积极面而非消极面。这是一个非常重要的过程，因为从进化的角度来看，基因使我们更关注自己和环境的消极面，这样我们就可以"修复"所有"破损"的部分，增加生存的可能性。[13]因此，关注积极面是一种根本性的改

专栏9.1 积极心理治疗

主题	内容	练习和家庭作业
	阶段一：掌控感的获得——使用优势重新描述自我	
1. 积极介绍和感恩日记	· 治疗师介绍积极心理治疗的框架、治疗师和来访者的角色和责任，解释所有环节 　· 开始和结尾进行5分钟的冥想或放松练习[b] 　· 回顾来访者感恩日记中的某些条目 　· 回顾之前小节中所学的核心概念和相关家庭作业 　· 解释基于证据的核心概念，在课堂和家庭作业中练习与该核心概念相关的技能 　· 反思并讨论课内的练习 · 治疗师请来访者在课上写一篇积极的介绍，并在整个治疗过程中持续记录感恩日记。治疗师解释感恩与幸福之间的关系	**积极介绍** 来访者写出一页积极自传故事，展示出自己最好的一面，并举例说明自己的优势 **感恩日记** 来访者每天晚上记录三件他们感激的好事，并写下这些事情发生的原因
2. 品格优势和标志性优势[c]	· 治疗师给予有关品格优势的心理教育 · 这是涉及优势的三个小节中的第一节 · 来访者观看人们表演的二十四项品格优势视频，从中辨识出自己的五个标志性优势，并判断其中哪些与"头脑"和"心灵"有关 · 来访者识别出他们未充分利用或过度使用的优势，还有他们最希望拥有的优势	**标志性优势** 来访者通过自我报告表、VIA-IS的反馈以及家人和朋友的反馈来完成标志性优势清单
3. 实践智慧[d]	· 治疗师指导来访者以恰当的方式运用标志性优势，采用以下五个策略解决	**了解如何使用优势** 来访者使用四种实践智慧

	相应的问题 • 列举出你为了使用优势将会做的具体事情 • 使用与当前情境相关的优势 • 当优势出现冲突（例如，勇气和谨慎，热情和自我控制），选择与你的核心价值观最接近的优势 • 从他人的角度反思你的优势对他人的影响 • 调整和校准你对优势的使用，以适应形势的需要	策略来应对他们生活中的三种具体挑战。这些策略包括具体性、相关性、解决关于使用哪些优势的冲突以及反思和调整
4. 更好的我[e]	• 治疗师帮助来访者制订积极、务实、持久的自我发展的书面计划，以利用优势实现目标 • 目标应该是具体的、可测量的、可实现的、有价值的、能得到社会网络支持，并与当前生活相结合的 • 目标可能包括变得更专注/放松，拥有更健康的生活方式，加强人际关系，更投入地工作 • 治疗师帮助来访者明确计划的益处，计划的时间表，以及一位能够支持他完成计划的朋友	更好的我 来访者撰写一份自我发展计划，在该计划中，他们将利用自身的优势，适应性地朝着具体、可衡量、可实现的目标努力
	阶段二：再评估消极记忆	
5. 开放记忆与闭合记忆	• 治疗师帮助来访者回忆、书写和处理开放的负性记忆（未成功处理的记忆），如怨恨或痛苦的记忆 • 治疗师指导来访者采用四种积极的重新评估策略： • **与记忆保持距离**：用第三人称描述记忆，就像制作纪录片一样，将你与记忆之间拉开距离，让你能够改	积极评价[f] 来访者写下痛苦的记忆，并探索用四种方法（创造距离、重新巩固、专注观察和转移注意力）适应性地处理它们

(续)

	变记忆对你的意义和你对它的感觉 • **重新巩固记忆**：在平静放松的状态下，详细回忆记忆，关注那些你可能忽略的积极方面，以及这些方面如何与你最重要的价值观相契合 • **专注地观察记忆**：无论何时，只要某一记忆于脑海浮现，那么请专注地观察它，就好像看电影一样，而不是深陷其中，而后你会注意到，最终记忆会从意识中消失 • **将注意力从记忆中移开**：当记忆出现在脑海中，尽快注意、触发记忆的线索，然后投入你感兴趣的任务中	

6. 宽恕[g]	• 治疗师使用 REACH 模型对来访者进行宽恕的心理教育：
	  • 详细回忆事件
	  • 编造一个合理的故事来解释为什么他们伤害了你，从而和冒犯者产生共鸣
	  • 回忆你因犯错被宽恕的时刻，给别人一份利他的礼物——宽恕
	  • 告诉你信任的人或者写一封宽恕信，公开表达你对宽恕的承诺
	  • 坚持宽恕，提醒自己你已经原谅了冒犯者，并列出那些帮助你坚持宽恕或削弱你宽恕决心的事情
		REACH
		来访者学习宽恕的 REACH 模型
		
		宽恕信
		来访者写一封宽恕信，描述伤害性的事件和相关的情绪，并承诺原谅冒犯者（如果是合适的）。由来访者来决定是否寄出这封信

7. 满足而不穷极[h]	• 治疗师通过心理教育，展现出满足（考虑几种可能性，并从中选出相对较好的选项）相较于穷极（在考虑了所有可能性后，从中选出最优的选项）的好处。	**朝向"满足"** 来访者探索他们感到"满意"或"最大化的"生活领域，并拟定一个提高满意度的计划

(续)

8. 感恩[a]	• 治疗师就感恩的益处进行心理教育（消除消极情绪，建立积极的人际关系），请来访者写一封感谢信并进行感恩拜访		**感恩信** 来访者给曾经帮助过自己，却未曾好好感谢过的人写一封信 **感恩拜访** 来访者拜访帮助过他们的人，并朗读感恩信
	阶段三：发展生命意义		
9. 希望与乐观[i]	• 治疗师帮助来访者认识到挑战是暂时的，并通过识别最佳的现实结局，帮助来访者建构起希望		**一扇门关闭，就会有另一扇门打开** 来访者写下关闭的三扇门，和又打开的三扇门
10. 创伤后成长[j]	• 治疗师提供关于创伤后成长的心理教育，其中包括识别个人优势，改善与他人的人际关系，更深刻地领会生命的、精神的、外部世界的种种变化，对新的可能性更加开放，以及对他人苦难的同情 • 对于那些仍然困扰着来访者的痛苦经历，治疗师将引导他们去探索由此经历引发的想法与感受		**表达性写作** 来访者连续4天每天用20分钟详细写下过去经历的创伤事件，接下来写下这段经历对他们的帮助：（1）理解经历对他们的意义，（2）了解处理类似情况的能力，（3）从不同的角度看待自己的人际关系
11. 品味生活[k]	• 治疗师提供相应的心理教育，教导如何从容地体验令人愉悦的活动，以及如何通过正念注意去品味它们 • 慢生活的策略包括以下几点： 　• 逐渐减速，而非突然减速 　• 从少数生活领域着手减速 　• 有意地专注于缓慢、平和的体验 　• 与亲人谈论速度的危害（例如，事故和压力） 　• 对额外的任务说"不"，避免过度安排 　• 设置"无电子设备"的时区		**慢生活与品味生活** 来访者选用适合他们的一种慢生活技术和一种品味生活技术

(续)

		· 品味策略包括以下几点： 　· 与他人分享积极体验 　· 通过心理照片来强化积极记忆 　· 通过专注于特定的积极刺激来加强感官知觉 　· 专注于积极体验 　· 意识到积极体验是稍纵即逝的	
12.	积极的关系	· 治疗师将给予心理教育，使来访者认识到人际关系在促进幸福感方面的价值，并认识到家人或所爱之人的标志性优势是巩固人际关系的方式之一	**积极关系树** [c] 来访者邀请家庭成员或所爱之人在线完成 VIA-IS 来访者和他们共同绘制一幅家庭树，其中包括所有家庭成员的标志性优势，并讨论如何通过赞美彼此的标志性优势来巩固关系
13.	积极沟通	· 治疗师提供资本化交往（与他人分享好消息）的心理教育和治疗师向患者提供有关分享好消息（将好消息与他人分享）的心理教育，以及通过将积极或消极与建设性或破坏性的回应方式结合起来，对他人的好消息做出回应的四种方式 · 治疗师指导来访者积极地作有建设性的回应	**主动地做出有建设性的回应** [l] 来访者对同伴分享的好事做出积极有建设性的回应 来访者和同伴识别彼此的优势，分享并欣赏它们
14.	利他 [m]	· 治疗师向来访者提供关于利他主义是如何帮助自己和他人的心理教育 · 治疗师邀请来访者观看一段短片（《礼物》，新加坡励志短片），并反思短片中展现的利他主义 · 治疗师帮助来访者探索如何使用标志性优势，以"时间"作为礼物，服务于超越自我的事物	**时间礼物** 来访者做一些需要很多时间，并使用自己标志性优势的事情，如辅导孩子或社会服务

		(续)
15. 意义与目标	• 治疗师根据来访者在课程期间发展的个人优势和自我认识，帮助他们探索有意义的活动，这些活动有助于他们在未来10年内实现更大的目标	**积极遗产**[n] 来访者写下他们希望被记住的方式，强调他们对世界的积极贡献

注：Based on Rashid, T., & Seligman M. E. P. (2018). *Positive psychotherapy: Clinician manual.* New York: Oxford University Press; and Rashid, T., & Seligman M. E. P. (2019). *Positive psychotherapy: Workbook.* New York: Oxford University Press.

(a) 感恩见第三章，另见 Emmons, R. A. (2013). *Gratitude works! A 21-day program for creating emotional prosperity.* San Francisco, CA: Jossey-Bass. (b) 正念见第四章。渐进式肌肉放松在第七章的自我安抚的日常活动部分有所介绍。(c) 优势见第二章，另见 Niemiec, R. M. (2018). *Character strengths interventions: A field guide for practitioners.* Boston, MA: Hogrefe. (d) 智慧见第六章，另见 Schwartz, B., & Sharpe K. F. (2010). *Practical wisdom.: The right way to do the right thing.* New York: Riverhead Books. (e) 设定有价值的目标和"最佳自我"练习见第二章。(f) 积极的重新解释、积极的发现和积极的重新评价见第七章，另见 Folkman, S., & Moskowitz, J. T. (2000). Positive affect and the other side of coping. *American Psychologist, 55*(6), 647-654. (g) 宽恕见第八章。REACH宽恕模型的描述见 Worthington, E. L., Jr., (2001). *Five steps to forgiveness: The art and science of forgiving.* New York: Crown. (h) 满足的益处见 Schwartz, B., Ward, A., Monterosso, J., Lyubomirsky, S., White, K., & Lehman, D. R. (2002) 和 Maximizing versus satisficing: Happiness is a matter of choice. *Journal of Personality and Social Psychology, 83*(5), 1178-1197. and Schwartz, B. (2004). *The paradox of choice. Why more is less.* New York: Ecco. (i) 希望和乐观见第三章。(j) 创伤后成长和表达性写作（或宣泄）见第七章，另见 Pennebaker, J. W., & Smyth, J. (2016). *Opening up by writing it down: The healing power of expressive writing* (3rd ed.). New York: Guilford. (k) 品味见第四章，另见 Bryant, F. B., & Veroff, J. (2007). *Savouring: A new model of positive experience.* Mahwah, NJ: Lawrence Erlbaum. (l) 主动地作有建设性的回应见第八章。(m) 利他主义和志愿服务见第八章。(n) 遗产信函练习见第二章。

变。第二，通过关注生活中的积极面，来访者可以体验到更积极的情绪。根据第一章讨论过的拓展建构假说，积极情绪能够拓宽思维-行为的范围，帮助来访者建立个人资源，以解决他们的问题并改善生活。[14] 第三，识别和使用标志性优势能为来访者创造一个更有可能体验幸福的环境[15]，这在第二章有所讨论。第四，许多积极心理治疗的练习，例如积极、有建设性地回应他人的好消息写一封宽恕信、构建家庭优势树、赠送时间礼物，能够提升来访者人际关系的质量，而这些人际关系反过来又赋予了生活意义和目的，提升了幸福感[16]，这在第八章有所讨论。第五，在积极心理治疗中，以温暖、共情和真诚为特征的治疗关系的质量是一个重要的治疗因素。心理治疗研究文献中最有力的发现之一，是治疗关系的质量对心理治疗效果有显著影响。[17]

积极心理治疗最初用于个体抑郁症的治疗，在该领域的有效性得到了10多项试验的支持。[18]然而，它也可以作为团体治疗的形式，也可以作为包括使用精神药物在内的多模式方案的一部分。例如，英国诺丁汉大学的迈克·斯莱德（Mike Slade）及同事将积极心理疗法作为多模式干预方案的一部分，成功地应用于团体治疗中，该方案还包括对患有精神疾病的来访者使用抗精神疾病的药物。[19]

福代斯幸福感项目

在塞利格曼发起现代积极心理学运动的20多年前，佛罗里达州的迈克尔·福代斯（Michael Fordyce）基于十四项基本原则制订并科学评估了一项幸福感项目（专栏9.2）。[20]项目的课程设置基于以下原则：(1) 加强身体活动；(2) 增加社交活动，与喜欢的人共度高质量时光；(3) 更高效地进行有意义的工作和娱乐活动；(4) 更好地计划并安排生活，每天完成一两个重要任务；(5) 不要过度担忧，那让人难受又无用；(6) 降低期望，设定可实现的目标，这样就会从成功中获得正反馈，减少失望；(7) 积极乐观地思考；(8) 关注当下，不去担忧过去的伤痛和未来的灾难；(9) 通过了解自己、接纳自己、喜欢自己、帮助自己来培养健康的人格；(10) 通过和喜欢的人相处并结识新朋友，培养外向、合群的个性；(11) 做自己，不要伪装，这样会吸引真正喜欢你的人；(12) 放下消极情绪，不要反刍；(13) 强化最亲密的人际关系；(14) 珍惜幸福并追求幸福。

在两篇文献所报告的一系列7项研究中，福代斯发现，在社区大学的大型集体课

专栏9.2　福代斯幸福感项目的十四项原则

1. 更有活力，并保持忙碌
2. 增加社交，与他人共度高质量时光
3. 在有意义的工作和娱乐活动中效率更高
4. 更好地计划并安排生活，每天完成一两个重要任务
5. 停止忧虑，因为忧虑既令人不悦又无任何实际作用
6. 降低期望，设定可实现的目标，这样就会从成功中获得正反馈，减少失望
7. 培养积极乐观的思维方式

(续)

> 8. 关注当下，活在当下；不去担忧过去的伤痛和未来的灾难
> 9. 了解自己，接纳自己，喜欢自己，帮助自己
> 10. 通过和喜欢的人共处并结识新朋友，来培养外向、合群的人格
> 11. 做自己，不要伪装，这样会吸引真正喜欢你的人
> 12. 放下消极的情绪和问题，不要反刍
> 13. 发展一段亲密的恋爱关系
> 14. 珍惜幸福，并全力追求它
>
> 注：Based on Based on Fordyce, M. W. (1983). A program to increase happiness: Further studies. *Journal of Counselling Psychology, 30*(4), 483-498.

堂中，完整的十四个模块的课程比部分课程、其他替代性课程和对照条件更加有效。[21] 十四项基础课程在 2—10 周内以讲授的方式教授，参与者需要在日常生活中践行课程内容。在为期 1 年的随访中，该课程的积极效果仍然存在。

法瓦幸福疗法

意大利博洛尼亚大学的乔瓦尼·法瓦（Giovanni Fava）开发了幸福疗法，在治疗手册中该疗法适用于曾接受过其他心理或药物干预以治疗焦虑或抑郁的来访者，是一种预防复发的干预措施。[22] 幸福疗法的目标是：提升对环境的掌控，增强人生意义，促进个人成长，提升自主性，增强自我接纳，发展积极的人际关系。通过里夫的心理幸福感量表可以评估这六个领域的治疗结果（该量表在第一章中提到过）。[23] 幸福疗法共八个环节，分三个阶段进行，每个阶段持续两三个环节。在第一阶段，来访者每天完成一个结构化日记，在日记中记录下与幸福相关的情况，并以 100 分为标准对这些事件中的情绪进行评分。在第二阶段，治疗的重点是帮助来访者培养技能，以识别和记录消极自动想法，这些想法会打断来访者的幸福感。来访者也会被邀请参与一些重现以往幸福瞬间的活动。虽然幸福疗法的重点是增强幸福，而不是终止痛苦，但是它的两种技巧（捕获想法和布置分级任务）皆源于认知行为理论。[24] 在幸福疗法的最后阶段，来访者将看到他们的消极自动思维如何影响他们的心理幸福感，这可以由他们最初在里

夫心理幸福感量表上所得的低分或中等分证明。该疗法的重点是帮助来访者在里夫心理幸福感的六个维度上实现最佳功能，所用方法包括：挑战破坏幸福的消极自动思维，寻找替代性的证据，用更有效的方式思考问题，投入有助于幸福的活动。下面是里夫心理幸福感的六个维度指导治疗的例子。

在掌控环境方面，那些觉得自己无能为力或被生活环境困扰的来访者将获得帮助，从而找到并利用机会改变所处环境来满足他们的需求。在人生意义方面，那些无目标感的来访者将获得帮助，从而明确他们的核心价值观和生活目标。在个人成长方面，那些感到陷入"僵局"的来访者获得帮助，从而认识到他们拥有实现目标的技能，并看到实现个人目标路上的进步，而不只关注他们与目标的差距和技能的不足。在自主性方面，对于那些受社会压力影响过大，过分追求迎合他人需要和避免冲突的人，我们会请他们在社交场合说出自己的需要和偏好，并以自己的标准为指导，而不是寻求他人的认可。在自我接纳方面，完美主义和自我批评的来访者会被邀请重新评估他们过分严格的判断标准，然后采用实际中可实现的标准。在积极的人际关系方面，帮助人际关系匮乏或有人际关系问题的来访者探索发展人际关系和解决人际关系问题的方法。根据法瓦的团队和其他的研究者进行的一系列随机对照研究，幸福疗法与常规认知行为治疗或药物相结合，可提高从抑郁、广泛性焦虑障碍、创伤后应激障碍和环性心境障碍中恢复的来访者的幸福感。[25]在学校中的研究也证明了幸福疗法可以提升无症状青少年的幸福感，减少困扰。[26]

弗里施生活质量疗法

美国贝勒大学的迈克尔·弗里施（Michael Frisch）开发了生活质量疗法，治疗手册中有对该疗法的介绍。[27]生活质量疗法融合了认知疗法的实践练习和积极心理学的理念。在该疗法中，幸福被认为是在十六个重要的生活领域中所珍视的愿望能够实现，这些领域包括健康、自尊、目标和价值观、金钱、工作、娱乐、学习、创造力、助人、爱、朋友、孩子、亲人、家庭、邻里和社会。在治疗开始时，来访者先完成生活质量清单（Quality of Life Inventory），得出所有领域的标准分数，治疗师据此建议哪些可能成为重点干预的领域。[28]来访者还需接受心理障碍和特定生活问题的筛查。治疗过程采用基于证据的认知行为治疗来治疗疾病和解决问题，同时结合积极心理干预来提高生活满意度较低领域的生活质量。治疗计划根据来访者的目标次序和实际情况量身定制，实际情况包括具体的关键问题和需要改进的领域，以及相关的病因、维持和保护因素。在生活质量疗法中，有一个重要的缩略词CASIO，它代表了提高所有领域生活质量的五条核心途径，分别是环境（circumstances）、态度（attitudes）、标准（standards）、重要性（importance）和其他因素（other factors）。对来访者希望提高其生活满意度的领域，请他们集体讨论可能采取的行动：积极改变相关环境，改变他们对这些环境的态度，改变他们的目标和个人标准，改变事情的优先顺序，或提高他们在其他相关生活领域的满意度。生活质量疗法手册中既有提高生活满意度的一般干预措施，也有在生活质量清单评估的十六个领域中提高生活满意度的具体干预措施。治疗通常持续约15周，来访者每隔3周完成一次生活质量清单。这种治疗方法的三个核心干预措施是：（1）通过定期自我关怀来提升幸福感进而实现内心的富足；（2）每天留出时间练习放松和冥想或听舒缓的音乐；（3）明确并遵从现实层面或精神层面的生活目标和价值观，并计划每天做些事情来实现这些目标和价值观，从而发现生命意义。"生活质量疗法"采用基本的认知疗法干预措施来处理抑郁、焦虑和愤怒问题，具体包括设置不同等级的任务、挑战消极的自动想法和训练自信心。在生活质量疗法手册中列出了几十条积极心理学信条，这些信条融入治疗中，帮助来访者实现目标。每一条信条都有一个简洁的标题和一段解释——例如，接受并欣赏你的身体，接受你无法改变的事情，从他人身上看到优点，做你热爱的事，丰富你的乐趣，停止猜测。以下几个研究支持了生活质量疗法的有效性：针对抑郁成人的阅读疗法单组结果研究[29]、针对等待肺移植来访者的随机对照试验[30]、等待肾移植来访者的随机对照试验[31]。

来访者中心疗法

在现代积极心理学出现之前，人本主义心理学运动就已开始强调人的积极面而非消极面。在这一思想传统中，卡尔·罗杰斯开发了一种来访者中心的心理治疗方法。[32]他提出，如果治疗师与来访者形成积极的治疗联盟关系，同时让来访者参与到非指导性的治疗对话中，这将创造一个环境，在这个环境中，来访者对自我实现的内在动机将得以表达，他们目前的问题也将得到解决。因此，在积极心理学领域内，一些人，例如英国的斯蒂芬·约瑟夫（Stephen Joseph）[33]和美国的肯·谢尔顿（Ken Sheldon）[34]，采用罗杰斯的来访者中心的方法作为心理疗法的框架,也就不足为奇了。

斯蒂芬·约瑟夫在他的积极疗法中提出,有效治疗的核心是治疗联盟,而不是特定的治疗技术。尽管治疗师和来访者是通过特定的治疗活动才建立起治疗联盟,但还是有很多证据支持约瑟夫的观点。[35] 基于罗杰斯的工作,约瑟夫认为,一个人价值评估的过程使他们知道对于过上充实的生活来说什么是重要的,并朝着与最佳功能一致的目标迈进。当实现目标时,他们会体验到更强的自主性、胜任感和关联性,从而增强了他们的幸福感。为了实现这种类型的个人成长,儿童和成人需要生活中重要人物(包括父母、伴侣和治疗师)的无条件积极关注。如果孩子们感受到他们的父母对他们的价值设定条件(例如,如果你在学校表现得好,我才会爱你),孩子的个人成长就会受阻。而如果孩子们进一步去内化那些附加在价值上的条件,也就是将自己的成长定向于那些被他们内化的条件,而非定向于内在生成的价值,孩子就可能发生适应性问题。在积极疗法中,治疗师是中立的,并不受内化的价值条件驱使,在共情的治疗联盟的背景下给予来访者无条件的积极关注。这使来访者摆脱了受内化价值条件的指导,自由地在内在价值评价过程的驱动下,追求有价值的目标。约瑟夫表示,对于他们创造的这套积极疗法,正是上述这一步,即转化后的思想方式,也即新的价值定位,才是真正的核心。

第二章中讨论的自我决定理论源于卡尔·罗杰斯的来访者中心心理学,该理论提出这样一种观点,即人们本质上是朝着最佳功能发展的。在自我决定理论中,当我们对胜任感、关联性和自主性的需求得到满足时,内在动机就可能出现,但是当这些需求无法被满足时,基本不会有主动性。[36] 密苏里大学的肯·谢尔登已经证明,自我决定理论可以用于临床实践中行为的改变。[37] 要做到这一点,治疗师必须了解来访者想要解决的问题,并掌握关于解决这类问题的准确科学信息,特别是为克服问题而做出的具体行为改变。然后,他们必须通过满足来访者自主性、胜任感和关联性的需要,来激发改变行为的内部动机。这是通过尊重、不评判地探询来访者对问题行为在其生活中作用的看法、他们行为改变的目标以及对这些目标的投入程度或者自身的矛盾程度、这些目标与来访者的价值观的契合方式、维持现状或改变行为的利与弊,以及他们对解决了问题的人的了解来实现的。治疗师也会根据他们对来访者所关心的一类问题的专业知识(例如,戒烟者在彻底戒烟之前通常会戒烟并复吸多次),为来访者提供改变行为的选择菜单和改变行为的理由。目前,尚未有研究结果评估本节所述的来访者中心的具体治疗方法的效果。然而,有大量的经验证据支持来访者中心的体验式心理治疗的有效性。[38]

创伤后成长治疗

在经历过重大逆境的人中，约有一半的人有积极的变化或创伤后的成长，这是因为他们尝试应对自己所经历的苦难。[39]创伤后的成长包括识别个人优势、改善人际关系、更好地欣赏生活、精神和存在的转变，以及对新的可能性更加开放（正如第七章关于积极重新解释应对的讨论中所提到的）。在一篇涉及103篇研究7000名被试的元分析中，意大利博洛尼亚大学的加布里埃尔·普拉特（Gabriele Prati）和卢卡·彼得兰托尼（Luca Pietrantoni）发现了一系列与创伤后成长有关的变量。[40]按重要性排序分别是：重新评估应对、社会支持、乐观、精神性、接纳的应对方式。

美国北卡罗来纳大学的劳伦斯·卡尔霍恩和理查德·泰代斯基开发了一种促进创伤后成长的治疗方法，他们的手册《促进创伤后成长——临床医生指南》(*Facilitating Posttraumatic Growth: A clinician's guide*)中有对该疗法的描述。[41]这种方法基于的假设是：创伤后成长源于人们假定的世界被创伤经历打破后必须进行的积极认知和情感处理。这个过程包括回忆并理解创伤，反思创伤对整个生活的影响，展望未来，并且对我们所生活的世界建立一套新的、更具心理韧性的假设。因为创伤产生的变化是深度体验性的（不仅仅是知识层面的），所以创伤后成长是一个深度体验性的转变过程。在该疗法中，治疗师的职责在于创造一个安全、支持、协助的环境，在这个环境中，来访者可以在认知上回忆、在情感上重温、反思创伤，并逐渐修正他们对自己和世界的看法。治疗师需要建立一个良好的治疗联盟，尊重和耐心地倾听来访者对他们的创伤和世界的重叙，接受来访者的整体存在和精神参照体系（而不是挑战它），尊重和支持来访者积极的认知偏见和幻想（而不是质疑它们），倾听并标记出创伤后成长的主题，并将这种成长定义为努力应对创伤的后果。

目前还没有评估这类创伤后成长治疗效果的研究。然而，对评估创伤干预的研究进行的元分析表明，心理干预对创伤后成长具有小到中等的影响，这些干预大多数都包含了卡尔霍恩和泰代斯基方法的某些元素。例如，在对涉及1100多名参与者的12项研究所进行的元分析中，研究者发现，这些以创伤为核心的干预方法能够促进创伤后成长，具体干预方法包括：说出或写下创伤事件，提升处理与创伤相关焦虑的技能。[42]

这些干预涵盖了以创伤为核心的认知行为理论和针对癌症来访者的认知行为压力管理。在对11项研究（包括1100多名参与者）进行的另一项元分析中，美国波士顿东北大学的研究者发现，正念减压疗法（在第四章中讨论）能够促进创伤后成长，尤其改善了人际关系和对生活的享受。[43]

焦点解决短期治疗

焦点解决短期治疗由史蒂夫·德·沙泽尔（Steve de Shazer，1940—2005）、茵素·金·伯格（Insoo Kim Berg）和他们在密尔沃基简明家庭疗法中心的同事开发，该疗法从家庭疗法发展而来。[44]该疗法与问题解决中积极、充满希望的观点有关，该疗法的基础是：尊重来访者构建解决方案的资源，关注来访者提出的解决方案而不是问题。焦点解决短期治疗旨在发现来访者的问题在意料之外得以解决的情况，并提升这些例外出现的频率。例如，如果来访主诉睡眠困难，治疗师让来访者留意他们睡得好的情况，然后采取特定步骤试图重现这种情况。通过奇迹提问设定治疗的总体目标和方向："假设有一天晚上在你睡着的时候奇迹发生了，问题解决了，你如何知晓它的发生？会有什么不同？在你不说的情况下，X会怎么知道？"这种愿景越具体、越直观越好。越朝向这个愿景，就会有更多的例外和更少的问题。对于无法具体定义的问题和例外，治疗师请来访者用1—10的量表来表达变化。例如，"如果用从1到10这十个连续数字描述自身的状态，而其中10代表着问题被彻底解决时你的感觉，你现在的感觉是几？"当来访者用数字描述出前后两种状态时，治疗师可关于例外继续发问，比如问来访者，"你如何解释当时和现在之间出现的改善，究竟有什么不同？"在焦点解决短期治疗中，常常使用赞美（肯定、鼓励）、观察和行为任务的干预手段。赞美是对来访者的积极状态表示共情，通常用于所有的来访者，以加强治疗合作关系，这是对表现出有限改变意愿的来访者进行的唯一干预手段。通过观察任务，来访者观察问题成功解决的经历，问题的例外情况，阻止问题恶化的因素以及他们对例外情况的预测是否成真。对于行为任务，来访通过"做更多有效的事情"来重新创造例外情况。

焦点解决短期治疗是从家庭疗法发展而来的，与积极心理学和积极心理治疗截然不同。然而，它与积极心理学和积极心理治疗共同关注来访者的个人资源和心理韧性。比尔·奥汉隆（Bill O'Hanlon）和鲍勃·伯托利诺（Bob Bertolino）在《治疗师的积极心理学笔记》(*The Therapist's Notebook on Positive Psychology*)中展示了如何将积极心理干预和练习融入焦点解决短期治疗的实践中。[45]他们描述的干预措施或练习是为了提升以下方面：(1)人生目的和生命意义，(2)乐观，(3)人际关系，(4)感恩和欣赏，(5)积极性，(6)志愿服务和锻炼。(许多练习已在第一至第八章中介绍过)。

尽管奥汉隆和伯托利诺将积极心理学和焦点解决短期治疗整合的方法尚未在临床试验中得到效果评估，但一系列元分析支持了以解决为中心的治疗对许多临床问题是有效的。[46]然而，关于焦点解决短期治疗对可测量的幸福感与优势有何影响，目前所知甚少。

积极家庭和伴侣治疗

我们建议将积极心理干预纳入家庭疗法的日常练习中。[47]这种干预措施可以促进家庭成员之间分享高度重视的目标，发现和欣赏家庭其他成员的优势，培养乐观和感恩的家庭生活观，享受伴侣和家庭关系中的快乐，对家庭成员取得的成功主动地做出有建设性的回应，在家庭内部保持正面与消极互动的比例为5∶1，制定修复家庭关系的日常事项和仪式。同样，美国加利福尼亚大学圣巴巴拉分校的科利（Collie）和简·康诺利（Jane Conoley）也开发了积极家庭疗法，这种方法结合了家庭疗法和积极心理学的理念和实践。[48]借鉴家庭疗法的传统，积极家庭疗法的主要治疗对象是家庭而不是个人，在这个框架下，个人心理问题被理解为是在家庭背景下逐渐形成的，家庭关系会促使问题的发展和持续，同时家庭关系也受这些问题的影响。然而，家庭关系和家庭成员的个人优势是解决个人心理问题的重要资源，这也正是积极家庭疗法的核心。在这种治疗方法中，治疗师邀请整个家庭参与治疗。与其他家庭疗法一样，治疗师邀请每位家庭成员分享自己的观点，依次和每个家庭成员产生共鸣，尊重他们不同的观点。治疗师以平衡的方式与每个家庭成员结盟，让家庭成员感受到治疗师采取中立、公正的立场。在治疗期间，治疗师定期总结，指出家庭成员观点的相似和不同之处。

在每次治疗快结束时，治疗师都会休息一下，准备一份关键问题的总结。治疗师还会根据治疗中的材料，提出与当前问题解决有关的假设，邀请家庭成员完成相关的作业。这些总结和邀请将在每次治疗的最后环节交给来访家庭。积极家庭疗法与其他家庭疗法的区别在于，从一开始就关注家庭成员的目标（而不是问题）、他们对未来的看法（而不是过去）、他们的个人优势（而不是缺陷）、他们的智慧（而不是缺点）和他们的心理韧性（而不是脆弱性），还有总结内容，以及邀请他们在两次治疗期间完成任务。积极的家庭疗法旨在帮助家庭明确他们想要什么，以及如何在促进家庭幸福的方式下实现这一目标。治疗师与成员着重讨论如何让他们改善未来，而不是他们怎样导致问题的形成。只有当过去提供了有关家庭优势的信息，问题的例外以及如何实现未来目标的信息时，过去才使人感兴趣。在治疗期间，治疗师邀请家庭成员参与制定并促进家庭成员之间进行积极、支持和合作的互动，中断消极、无效竞争和指责性的互动。治疗师经常对家庭成员的特征和家庭互动进行积极的重构和积极的重新标记，在可能的情况下，尽可能地将良好和高尚的意图归于家庭成员的中性或消极行为。治疗师还采用焦点解决短期治疗（在上一节中提到），包括使用奇迹提问设定目标，识别例外情况，提升例外出现的频率。在积极家庭疗法中，邀请家庭在两次治疗之间完成任务。任务能够满足特定家庭的特定需求。积极家庭疗法中的任务内容借鉴了积极心理学和家庭疗法的文献。任务包括：参与积极的家庭仪式，如睡前故事或共同进餐，在家庭环境中表达感激，通过以主动建设性的方式回应好消息来增加家庭内部的亲密关系，通过倾听和积极的沟通技巧来调节家庭冲突，通过与家庭以外的人沟通来建立社会支持网络。还有一些任务包括邀请父母"发现孩子的优点"，成为应对挑战和做出决策积极榜样，通过向孩子展示如何识别和标记情绪来帮助他们培养情绪智力，通过从消极的想法转变为积极的想法或发现益处来管理消极情绪，以及通过转换角色来培养共情。

美国哈佛医学院的卡罗尔·考夫曼（Carol Kauffman）和乔丹·西尔贝曼（Jordan Silberman）提出将伴侣治疗和积极心理学整合。[49]在这种方法中，通常对伴侣所存问题的关注，和对积极情绪和人际关系优势的关注得到平衡。这种伴侣治疗方法中使用的积极心理干预方法包括：请伴侣互写感谢信；通过回忆此前某一越轨行为被原谅的经历，促成对当前越轨行为的原谅；通过认识到如果互相欣赏，就不会有怨恨，让彼此间的怨恨消退；练习主动地对伴侣的好消息做出有建设性的回应；每晚记录下发生在关系中的三件好事，以及双方在其中的作用；向对方描述如果进展顺利，这段关系在未来将会如何；每周抽出时间共同享受快乐；找出伴侣的三大标志性优势，并告诉对方，这些优势如何丰富了这段关系。

大量证据表明，传统的伴侣和家庭疗法对一系列以成人和儿童为中心的问题是有效的。[50]然而，迄今为止，针对临床重大问题的积极伴侣和家庭疗法尚未得到评估。与积极伴侣和家庭疗法实践相关的伴侣和家庭关系的积极心理学已经在第八章中进行了讨论。

针对严重心理问题的优势干预措施

对心理问题康复者的幸福之旅计划、帮助人们从慢性严重精神疾病中恢复的优势模型以及治疗性犯罪者的美好生活模型都是基于优势的治疗方法，它们与积极心理学的总体目标一致，并与当代积极心理学并行发展。每种方法的简要概述如下。

幸福之旅

美国华盛顿大学医学院的罗伯特·克洛宁格（Robert Cloninger）开发了一个幸福心理教育计划，名为"快乐生活：幸福之旅"。[51] 克洛宁格注意到，许多已经成功治疗心理问题并且不再表现症状的人仍然没有体验到高水平的幸福感。"幸福之旅"项目旨在帮助心理问题康复者通过提高自我管理、合作性和自我超越来提高他们的幸福感，这些都可以通过克洛宁格的气质和性格量表（Cloninger's Temperament and Character Inventory）进行可靠的测量。[52] 项目概要见专栏9.3。该项目中的练习借鉴了认知行为理论、正念冥想和神经科学。虽然该计划的整体评估研究尚未发表，但其中一些元素，如挑战消极自动思维和冥想，都来自基于证据的心理治疗方法。

专栏9.3　克洛宁格的"幸福之旅"项目

练习1　　1. 什么让你快乐？认识为你带来快乐的事物

　　　　　2. 什么让你不快乐？理解思维陷阱

　　　　　3. 体验幸福——平息内心的混乱

　　　　　4. 融入自然——唤醒你的感官

　　　　　5. 寻找意义——唤醒你的精神体验

练习2　　6. 超越正念——培养灵敏的感受性

　　　　　7. 观察并提升你的思维

　　　　　8. 观察并提升你的人际关系

练习3	9. 记录你的成熟度和整合度
	10. 对存在的思考
	11. 你能学会减压吗？
	12. 安抚你的恐惧
	13. 观察你生活中的权力追求者
	14. 对未解之谜的沉思
	15. 保持有意识状态

优势模型

美国堪萨斯大学的查尔斯·拉普（Charles Rapp）开发了一种基于优势的方法，可以帮助人们从慢性和严重的心理健康问题中康复，例如精神病。[53] 该模型代表了以康复模式对精神疾病施以疗愈的实用方法，该方法是对治疗严重心理问题来访者的传统医学模型的回应。在传统的医疗模式中，患有慢性严重心理健康问题的人主要被他们的心理健康问题所定义，预后不佳，在精神卫生机构中接受治疗，生活质量差。相比之下，在康复模型中，有心理健康问题的人尽管存在问题，但仍被认为具有优势，可以通过参与康复过程来改善生活质量，在社区中得到妥善的安置和治疗，过上充实的生活。在拉普的优势模型中，专业人员通过发展与来访者的合作关系帮助他们康复。模型有五个阶段，在治疗手册中有详细描述：接触阶段，优势评估，创建个人计划，资源获取和分离。在接触阶段，治疗师与来访者形成一个强大且相互尊重的协作治疗联盟。该阶段的评估主要侧重于评估来访者的个人优势以及他们在其环境中可以获得的优势。优势评估为治疗师和来访者设定目标和规划希望实现的目标奠定了基础。为了实现目标，帮助来访者获得必要的社会资源和支持，以完成康复计划，从而增加他们重新融入社会生活的机会。随着来访者自主性的增加和保持，以及能够更加独立地在社会上生活，就要逐渐商讨脱离治疗过程。一系列实证研究表明，如果实施程度足够高，这种优势模型会在促进重大精神障碍的康复方面比常规的精神病学服务更有效。[54]

美好生活模型

新西兰惠灵顿维多利亚大学的托尼·沃德（Tony Ward）为治疗性犯罪者开发了"美好生活"模型。[55] 该模型源于一种基于优势的心理干预方法，并在对时下颇为盛行的、为性犯罪者打造的认知行为复发预防计划改善后，逐步发展成形。复发预防计划的目标是帮助犯罪者了解他们的犯罪过程，并应对使他们有再次犯罪风险的情境和心理因素，而美好生活模型则建议，治疗不仅应包括风险管理，还应包括促进更好的生活。更好的生活满足了犯罪者对"美好生活"的需要，这些需要例如知识、在娱乐和工作中表现出众、出色的能动性、内心平静、友谊、归属感、精神性、幸福和创造力。基于美好生活模型的治疗的主要目标是通过为犯罪者提供必要的技能、价值观、机会和社会支持，以更具适应性的方式满足他们对美好生活的需要，从而降低复发的风险。在美好生活模型中，治疗基于综合评估，其不仅关注与性犯罪相关的问题领域（情绪问题，社交困难，助长犯罪的信念，缺乏共情和异常性唤起），而且关注导致犯罪者犯罪的生活方式、犯罪者获得生活主要物质的方式、他们目前的优势、能力和偏好，以及关注他们出狱后若要实现美好生活所需做到的事情。美好生活模型的效果仍有待评估。

学校里的积极心理学

积极心理学以多种方式被引入学校。这些方式包括提供培养积极心理技能的具体课程，如正念、感恩和仁慈，以及将积极心理学理念引入教职员工和学生学校生活的各个方面。涉及个别群体的"特定课程"与涉及全体师生的"全校方法"或"积极教育"方法代表了一个连续谱的两端，积极心理学融入学校的方式多种多样，而这些方式正介于这两极之间。[56]

第三章中描述的宾夕法尼亚心理韧性项目是"特定课程"方法的一个例子。[57]这个为期12周的项目包括有关乐观思维、协商、冲突管理、自信、问题解决、决策和放松等主题的技能培训模块。该计划由塞利格曼的团队设计，旨在教授习得性乐观并预防抑郁。目前已有大量研究中对其有效性进行了评估，而结果好坏参半。[58]

相比之下，基隆文法学校项目开创了积极教育的先河，它的目标是提升全校学生和教职工的福祉。[59]塞利格曼的团队于2008年将积极教育引入基隆文法学校，积极教育旨在通过培养积极的健康和塞利格曼的PERMA理论的五个要素，使学校蓬勃发展。（在第一章讨论过），这五个要素是：积极情绪、投入、人际关系、人生意义或目的、成就。所有基隆员工都接受了塞利格曼团队的积极心理干预培训（如本书中介绍的），并学习如何在独立课程中向学生教授这些技能。他们也学习如何将积极心理学理念嵌入他们教授的所有学科、课外活动和体育中，例如，识别英国文学中人物的标志性优势。学校的积极风气是通过四个策略来维持的：学习，践行，讲授，融合。这一全校性项目对教职工和学生的精神面貌产生了积极影响，它还促进了基隆文法学校积极教育研究所的发展。该研究所通过培训和咨询，帮助世界各地的其他学校实施全校积极教育计划。

为了验证积极教育干预的有效性，澳大利亚墨尔本大学的利亚·沃特斯（Lea Waters）和丹·洛唐（Dan Lotan）对验证性的研究进行了系统回顾。[60]在2019年，他们锁定了75项研究，涉及来自北美、欧洲，英国、亚洲、澳大利亚和新西兰的35 000多名学生。他们发现积极教育干预对学生幸福感和学业成绩有较大影响。他们还发现，有效的积极教育干预措施分为六类，即SEARCH：优势（Strengths）、情绪管理（Emotional management）、注意力和觉察力（Attention and awareness）、人际关系（Relationships）、应对（Coping）、习惯和目标（Habits and goals）。优势干预帮助学生明确自己和同伴的优势，并设定需要使用个人优势的目标。通过情绪管理干预，学生学会如何感知、理解和调节情绪。在注意力和觉察力发展干预中，学生发展了正念和冥想技能。辅导（师生或同伴指导）是加强人际关系的主要干预措施。应对干预包括学生学习如何改变自己的想法和行为以应对压力，并从具有挑战性的生活事件的消极影响中恢复或"反弹"。通过积极习惯和目标的干预措施，学生们学会通过执行计划来设定并追求有价值的目标。他们还会学到监督进展、评估结果，并在适当时采取替代性策略。

组织中的积极心理学

积极心理学以多种方式被引入工作组织中[61]，从为员工提供特定的积极心理学技能培训，到针对团队、部门或整个组织的更广泛的干预措施。在研究综述中，美国纽约霍夫斯特拉大学的莫拉·米尔斯（Maura Mills）和同事得出了许多关于积极心理学在职场中应用的结论，其中一些结论如下。[62]

通过增加赋权和工作投入，可以提升组织绩效。[63]通过给员工提供"有所作为"的工作来实现，这些工作包括各种技能、自主权、反馈、工作技能和积极心理技能的培训，以及社会支持。

通过为个人或团队提供培训和支持，可以增加心理资本，从而提升组织绩效。心理资本是一个多维度的概念，由美国内布拉斯加林肯大学的弗雷德·卢桑斯（Fred Luthans）提出，由四个积极心理学要素构成：自我效能、乐观、希望和心理韧性。[64]自我效能（在第七章中讨论过）指的是我们对自己在特定领域内完成任务以实现特定目标的信念。乐观（第三章中讨论过）指对未来事件的积极预期。希望（在第三章中讨论过）是对于计划和实现预期目标有决心和方法。心理韧性是从逆境、压力事件和失败中"反弹"的能力。

通过培训管理人员采用积极的领导风格，例如，变革型或真实型领导力，可以提升组织绩效。[65]变革型领导力是由美国纽约宾汉姆顿大学的伯纳德·巴斯（Bernard Bass, 1925—2007）提出的一个概念。[66]变革型领导者会考虑每个员工的需求，而不是采用"一刀切"的方法。他们理智地挑战员工并鼓励员工独立思考，向员工传达团队使命的强烈愿景，激发员工的工作动力。他们还以道德行为的模范身份，培养了员工的自豪感、尊重和信任感。真实型领导力作为另一种积极的领导风格，弗雷德·卢桑斯提出。[67]真实型领导力是有自知之明的，知道自己的优势和局限。真实型领导者对员工是真诚和开放的，也始终按照自己的价值观行事。

通过参与持续的以优势为重点的组织发展，比如欣赏型探询等过程，可以提高组织的绩效。欣赏型探询是美国凯斯西储大学戴维·库珀里德（David Cooperrider）开发的一种基于优势的组织发展方法。[68]欣赏型探询的目的是识别并增强积极的组织特征，而不是"评估需要解决的问题"。在欣赏型探询中，4D循环在识别、放大和培养组织的这些积极方面。4D循环是指发现、梦想、设计和实现四个阶段。在发现阶段，成员需要确定，如果这种积极过程在整个组织中经常发生，组织将会是什么样子。发现和梦想阶段为组织成员提供了一个愿景或目标。在设计阶段，成员明确组织需要采取何种方式来实现其积极的愿景或目标。在实现阶段，成员制订并执行具体计划以实现目标，并使他们对积极组织的愿景成为现实。这种4D循环可以在团队、关键组织成员（例如，部门成员）或整个组织中实施。此外，可以根据需要重复这个循环，以促进组织的持续发展。

组织内的个人可以通过积极心理学训练来提高自己的绩效。通常，员工个人参加训练是为了在工作环境中实现与职业相关的目标和幸福感。反过来，这可能会促进组织的发展。[69]积极心理干预已被纳入辅导技术中（通常指积极心理辅导）。[70]在综述中，卢埃林·范·齐尔（Llewellyn van Zyl）和国际团队的同事发现，积极心理辅导包括五个阶段和三个持续过程[71]，如图9.2所示。这五个阶段是：建立积极的工作关系；帮助来访者识别自己的优势并提供反馈；促进他们对理想职业和生活轨迹的展望；设定切实可行的目标，制订和执行策略、以优势为核心促进实现目标；总结或重新达成协议。积极心理辅导的五个阶段涉及三个过程：促进从一种情况到另一种情况的学习迁移；跟踪目标实现的进展并进行持续评估；通过积极重塑（尤其是挫折管理）和积极强化建设性的、以目标为导向的活动来赋予来访者权利。

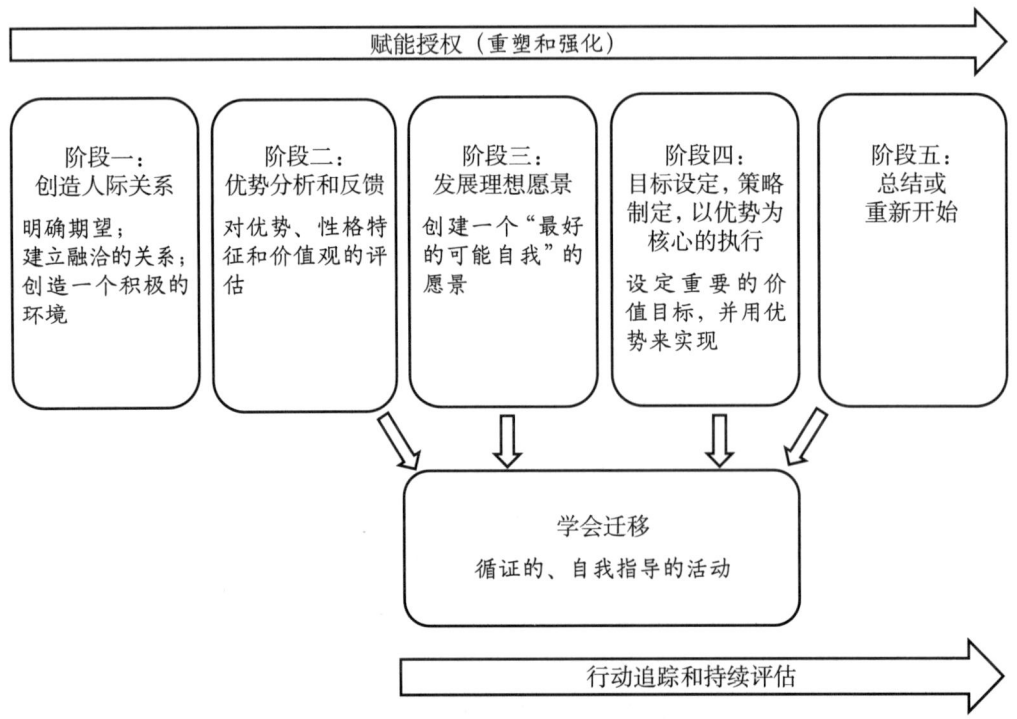

图9.2　积极心理辅导模型

注：Adapted from Figure 2 in van Zyl, L. E., Roll, L. C., Stander, M. W., & Richter, S. (2020). Positive psychological coaching definitions and models: A systematic literature review. *Frontiers in Psychology, 11*, 793. Copyright © 2020 van Zyl, Roll, Stander, and Richter. This is an open access publication.

最后的思考

在对积极心理学的介绍接近尾声的时候，有必要再次强调，当代积极心理学，和所有纯粹的应用科学一样，都是一项不断发展的工作。在这个领域，科学家和从业者之间进行激烈争论是司空见惯的。[72] 心理科学促使我们去理解如何寻找幸福以及何谓美好生活，与此同时，它自身也处于萌芽阶段。与此相对的是，对于如何将这些知识转化为对不同的人发挥出最有效的可践行干预措施，我们还所知尚浅。[73] 不过，我们有理由保持乐观。该领域正在不断拓展，每年产生的知识的数量和质量都在以惊人的速度增长。[74]《积极心理学——有关幸福和人类优势的科学》第三版与近20年前出版的第一版有很大不同。[75]

总结

自1998年积极心理学创立以来，积极心理干预最初的概念是开发并评估活动方案。这种狭隘的定义正在被更广泛的概念所取代。在更广泛的概念中，积极心理干预是一种循证的干预，因此其可持续发展，不断用与积极心理学理论一致的途径实现提升幸福感的目标。涉及超过300项研究的元分析表明，以上述方式定义的积极心理干预对幸福感、优势、生活质量、抑郁、焦虑和压力有小到中等的显著影响。如果项目包含多个积极心理干预，且持续时间更长，并且是以面对面的方式干预，那么效果会更好。

积极心理干预已在临床环境以及学校、体育环境和组织中实施。积极心理干预临床方案包括积极心理治疗、基于十四个基本原则的幸福感项目、幸福疗法、生活质量疗法、来访者中心疗法、创伤后成长疗法、焦点解决短期治疗、积极家庭疗法以及针对严重心理问题的基于优势的治疗方法。拉希德和塞利格曼开发和评估的积极心理治疗分为三个阶段，在第一阶段，治疗师通过发展来访者的自述，帮助他们体验一种掌控感，自述关注的焦点是他们的优势而不是问题。在第二阶段，促进来访者对消极或创伤性经历的记忆进行重新评估。在第三阶段，治疗师通过利用来访者的突出优势并加深重要的关系，帮助来访者追求人生的意义和目标。

为了提升健康的人的幸福感，福代斯发展并评估了基于十四个基本原则的幸福感项目，其中包括一系列实用的自助练习。法瓦在意大利开发了一种幸福疗法，作为一种预防复发的干预手段，用于治疗曾因焦虑或抑郁而接受治疗的来访者。幸福疗法的目标是提升里夫提出的心理幸福感。生活质量疗法由弗里施提出，整合了认知疗法的实践和积极心理学的理念，在这种方法中，治疗计划是根据来访者目标的优先级量身定制的，这些目标来自生活质量清单评估的十六个领域。英国的约瑟夫和美国的谢尔顿基于卡尔·罗杰斯的开创性工作，开发了来访者中心的积极心理治疗方法。约瑟夫的积极疗法非常重视治疗关系的质量。在谢尔顿的自我决定理论方法中，针对问题的临床干预是为了满足来访者对能力、关联性和自主性的需求而设计的。卡尔霍恩和泰代斯基开发了一种促进创伤后成长的治疗方法，该方法基于研究发现，一些创伤幸存者报告在他们试图应对创伤带来的痛苦和折磨的过程中，出现了积极的变化。史蒂夫·德·沙泽尔和茵素·金·伯格在传统家庭疗法的基础上，开发了焦点解决短期治疗，目的是识别预计会发生，却没有发生的例外事件，并提升这些例外出现的频率。由康诺利开发的积极家庭疗法，结合了家庭疗法和积极心理学的理念和实践。

克洛宁格为心理问题康复者制订的幸福之旅计划，拉普帮助人们从慢性严重精神疾病中恢复而开发的优势模型，以及沃德为治疗性犯罪者的美好生活模型，都是基于优势的治疗方法，三者皆旨在改善那些患有严重心理问题的人的生活。

积极心理学以各种方式被引入学校，从提供培养积极心理学技能的特定课程到将积极心理学理念引入学校生活各个方面——例如，基隆文法学校项目。大量研究支持积极教育干预对学生的幸福感和学业成绩产生了积极影响。

积极心理学已经以各种方式被引入组织中，从为员工个人提供积极心理干预培训到针对工作团队、部门乃至整个组织的更广泛干预措施。现有证据表明，通过采用提高赋权、工作参与度和心理资本的干预措施；积极的领导风格，如变革型或真实型的领导；通过欣赏型探询等过程，促进以优势为中心的组织发展，以及心理辅导，可以提升组织绩效。

关键术语

欣赏型探询（Appreciative inquiry）：一种基于优势的旨在促进团队发展的方法，其中4D循环（发现、梦想、设计和实现）用于识别、放大和培养组织的积极方面。

美好生活模型（Good lives model）：一种针对性犯罪者的康复方法，该模型包括预防复发和发展美好的生活，美好生活可以满足他们对知识、在娱乐和工作中表现出众、出色的能动性、内心平静、友谊、归属感、精神性、幸福和创造力的需求。

积极心理治疗（Positive psychotherapy）：拉希德和塞利格曼针对有心理健康问题的人设计的多元素积极心理干预计划。

心理资本（Psychological capital）：由自我效能感、乐观、希望和心理韧性组成，这四点皆为提高员工和组织绩效的因素。

生活质量疗法（Quality of Life Therapy）：认知疗法实践与积极心理学理念的结合，旨在提高生活质量清单所确定的领域的生活质量。

满足（Satisficing）：考虑几种可能性，并从中选出相对较好的选项。它与穷极不同，穷极是在考虑了所有可能性后，才从中选出最优的选项。

焦点解决短期治疗（Solution-focused therapy）：从传统家庭疗法中发展而来的一种方法，旨在发现来访者的问题在意料之外得以解决的情况，并提升这些例外出现的频率。

优势模型（Strengths model）：一种从传统康复中发展出的方法，帮助患有严重慢性心理健康问题的来访者利用他们的优势和社会资源发展正常的生活方式。

幸福疗法（Wellbeing therapy）：一种预防焦虑或抑郁患者症状复发的干预措施，旨在提升对环境的掌控感，增强人生意义，个人成长，提升自主性，自我接纳，发展积极的关系。

个人发展问题

1. 如果你正在设计一个积极心理学课程，你会选用第一章至第八章的专栏中列出的哪些积极心理干预？你会按照什么顺序列出这些干预？你希望在多少周的时间内参与自己设计的积极心理课程？
2. 参与你设计的积极心理课程有什么优缺点，该课程是一个自助方案，还是在个人或团体辅导课程中定期与心理工作者见面的面对面方案？
3. 假设你按自助方案设计这门积极心理干预课程，并自己参与其中。那么，在此课程前后，请用第一章中的幸福感量表评估你的幸福感，留意该课程对你幸福感的影响。

思考题

1. 积极心理治疗的优势和局限性是什么？
2. 撰写一篇关于积极心理干预临床实践的文献。
3. 比较和对照在学校、组织和临床环境中积极心理干预的优势和劣势。

研究问题

1. 使用"积极心理学"和"干预"这两个专业术语在 PsycINFO 上搜索过去几年发表的文献。确定一项你感兴趣的、可重复和扩展的研究（可能是线上积极心理干预研究）。开展研究。
2. 选择第一至第八章任意专栏中描述的任意积极心理干预。设计并开展一项研究，验证以下假设：当干预至少持续1个月时，你选择的干预措施在提高健康人幸福感方面比不干预更有效。

拓展阅读

自助书籍

Carr, A. (2020). *Positive psychology and you*. London: Routledge.

临床实践

Rashid, T., & Seligman M. E. P. (2018). *Positive psychotherapy: Clinician manual*. New York: Oxford University Press.

Rashid, T., & Seligman M. E. P. (2019). *Positive psychotherapy: Workbook*. New York: Oxford University Press.

学校

Boniwell, I., & Ryan, L. (2012). *Personal wellbeing lessons for secondary schools: Positive psychology in action for 11 to 14 year olds*. Maidenhead, UK: Open University Press.

MacConville, R., & Rae, T. (2012). *Building happiness, resilience and motivation in adolescents: A positive psychology curriculum for wellbeing*. London: Jessica Kingsley.

组织

Biswas-Diener, R., and Dean, B. (2007). *Positive psychology coaching: Putting the science of happiness to work for your clients*. Hoboken, NJ: Wiley.

Lewis, S. (2011). *Positive psychology at work: How positive leadership and appreciative inquiry create inspiring organizations*. Chichester, UK: Wiley-Blackwell.

Lewis, S. (2016). *Positive psychology and change: How leadership, collaboration, and appreciative inquiry create transformational results*. Chichester, UK: Wiley-Blackwell.

参考著作

Furlong, M. J., Gilman, R., & Huebner, E. S. (Eds.) (2014). *Handbook of positive psychology in schools* (2nd ed.). New York: Routledge.

Jeste, D. V., & Palmer, B. W. (2015). *Positive psychiatry: A clinical handbook*. Arlington, VA: American Psychiatric Publishing.

Linley, P., Harrington, S., & Garcea, N. (2013). *Oxford handbook of positive psychology and work*. Oxford, UK: Oxford University Press.

Parks, A. C., & Schueller, S. (2014). *The Wiley Blackwell handbook of positive psychological interventions*. Chichester, UK: Wiley.

Wehmeyer, M. (Ed.) (2013). *The Oxford handbook of positive psychology and disability*. New York: Oxford University Press.

Wood, A. M., & Johnson, J. (Eds.) (2016). *The Wiley handbook of positive clinical psychology*. Chichester, UK: Wiley-Blackwell

后 记

如果你已经读完了本书的九章，我猜你可能会问：书中的内容意味着什么呢？这是一个很合理的发问。显然，这本书传达的信息是乐观取向的。科学研究的结果提出了三条寻找幸福的可靠路径：

- 培养具有深层依恋和承诺的关系；
- 参与到能够锻炼或培养自身品格、才能与兴趣的工作和休闲活动中；
- 培养对过去和未来的积极认知，对所有已经到来的好事表示感激，并对未来保持乐观。

如果你有足够的钱购买这本书，那么中彩票应该不会对你长期的幸福感水平产生持久的影响。不要只为物质利益而工作，因为这可能会让你不开心。

幸福感的设定值在很大程度上是由基因决定的，所以不断期待有一天你会欣喜若狂是不现实的，甚至可能会令你感到沮丧。因此，你的目标应该是让你的幸福感能够维持在设定值之上。

这些简单的结论对制定政策有着巨大的影响。政府应该吸引人们做以下事情：

- 建立并维持长期的友谊和家庭关系，包括婚姻、亲子和亲属关系；
- 从事符合自己优势、才能和兴趣的工作；
- 追求有吸引力的休闲活动，使人们的优势、才能和兴趣可以得到施展；
- 对过去心存感激，对未来保持乐观。

政府不应该制定鼓励人们过度重视长时间工作，以牺牲重要家庭关系为代价来增加财富的政策。应该制定灵活的政策，支持和奖励那些维持高质量和长期婚姻、照顾子女、长辈以及培养长期友谊的人。这些人际关系通常会受到社会流动性和工作压力的侵蚀。

政府应制定与教育、职业和休闲环境相关的政策，促使人们的优势和才能与其教育、职业、休闲角色的终身匹配。

政府应该立法禁止那些错误地传达长期的幸福来自获得越来越多的物质产品的广告。

从临床角度来看，积极心理学提供了一种基于优势的实践方法。这将补充大多数临床医生接受的以缺陷为导向的培训模式，并为患者和当事人提供看重其韧性而非缺点的服务。

从科学的角度来看，积极心理学是一个未来充满很多可能性的研究领域。年轻的科研工作者们有着大量的机会去修改旧的和建立新的复杂的关于幸福感的生物心理社会理论，并且有无数的机会来实证检验这些理论中关于大量生物、心理和社会变量与幸福感之间关系的假设。我相信，诺贝尔奖正在等待着积极心理学领域年轻的科研工作者们。

注　释

本书正文内上标注释的参考文献以 PDF 格式附上，读者可扫描以下二维码获取。